원문 사료로 읽는
한국 근대사

원문 사료로 읽는 한국 근대사

지은이 | 최익현, 황준헌, 이만손, 홍영식, 김옥균, 서재필, 조소앙, 한용운, 신채호 외 다수
편역자 | 이주명

2판 1쇄 펴낸날 | 2018년 2월 20일
2판 2쇄 펴낸날 | 2023년 3월 20일

펴낸이 | 문나영

펴낸곳 | 필맥
출판등록 | 제2021-000073호
주소 | 경기도 고양시 덕양구 중앙로 542, 910호
홈페이지 | www.philmac.co.kr
전화 | 031-972-4491   팩스 | 031-971-4492

ISBN 978-89-97751-37-2 (03910)

* 이 책의 저작권은 필맥에 있습니다. 이 책의 전부 또는 일부 내용을 재사용하려면 반드시 사전에 필맥의 서면 동의를 받아야 합니다.
* 인쇄, 제작, 유통 과정에서 파본된 책은 구입하신 서점에서 바꾸어 드립니다.

원문 사료로 읽는 한국 근대사

최익현 외 지음 | 이주명 편역

필맥

편역자의 머리말

역사를 시대별로 '고대, 중세, 근대, 현대'로 나눈다면 한국의 경우 근대에 해당하는 시기는 개항의 해인 1876년부터 광복의 해인 1945년까지로 볼 수 있다. 한국 근대사의 종점을 1945년으로 보는 데는 별다른 이견이 없으나 그 시점을 1876년으로 잡는 데는 다소의 이견이 있다. 특히 내발적 사회발전 흐름에 주목하는 이들은 개항 이전에 나타난 자본주의 요소와 개화사상을 근거로 1860년대나 1850년대부터 한국 근대사가 시작된 것으로 보기도 한다. 최근에는 한국 근대화의 시작을 16세기까지 끌어올리는 견해도 제시된 바 있다. 그러나 이 책에서는 개항과 광복을 한국 근대사의 시점과 종점으로 보는 가장 일반적인 관점을 취하여 그 사이에 씌어진 글 중에서 한국 근대사를 이해하는 데 중요하다고 생각되는 것들을 모아 시간순서로 배열했다.

동서양을 막론하고 근대는 중세를 지배하던 신분제의 구속을 떨쳐내고 모든 인간의 자유와 평등을 실현하기 위한 사상과 제도의 개혁을 추구한 시대였다. 그리고 그것을 떠받치는 물질적 토대는 자본주의의 발전에 의한 생산력의 확대로 형성됐다. 그러나 한국의 근대는 내발적 근대화의 자체 추동력을 갖추기 전에 제국주의의 침탈에 의해 초장부터 왜곡됐다. 처음에는 서구 제국주의 세력의 침탈이 있더니 곧이어 일본 제국주의의 국권찬탈에 의해 그 식민지로 전락했다. 이로 인해 한국 근대사는 '근대 아닌 근대'의 연속이 돼버렸다. 이는 민족적으로 크나큰 불행을 초래했다. 일제 치하에서 피지배민족으로서 겪은 고통도 그렇지만, 그 뒤로 오늘날까지 분단민족으로서 겪는 고통도 그러한 불행이 아닐 수 없다.

훗날 언젠가 남북통일이 이루어진다면 남북분단 시기도 포함시켜 한국 근대사를 통일 시점까지로 연장해야 할지도 모른다. 통일된 민족이라야 스스로를 위해서나 인류문명을 위해서나 제가 가진 역량을 백 퍼센트 발휘할 수 있을 것이고, 그래야 자유와 평등의 실현이라는 근대 이래의 보편적 가치를 구겨진 구석 없이 충실하게 실현할 수 있을 것이기 때문이다. 이런 관점에서 보면 한국 근대사는 미완성 상태에서 지금도 진행 중이라고 말할 수도 있다. 거꾸로 말하면, 지금 우리가 현대사로 부르는 광복 이후 한국의 역사는 그 전의 한국 근대사와 연관시켜가며 바라보지 않으면 안 된다.

그런데 이렇게 현재를 과거와 연관시키는 대목에서 우리 사회에 많은 갈등이 빚어지고 있다. 일제시대 한국 경제발전의 성격을 둘러싼 논쟁은 그나마 학술적 토론의 외양을 갖추고 있으나 일제시대 사회주의 운동의 성격 규정, 독립운동의 분파별 노선 평가, 광복 이후 남북분단의 원인 분석 등은 여전히 구시대적 이념논쟁의 틀에서 벗어나지 못하고 있다. 쟁점에 따라서는 이념차이 외에 정치적 의도나 현실적 이해관계가 얽히기도 한다. 국사 교과서 서술을 둘러싼 갈등도 미래지향적인 토론보다 과거회귀적인 편견의 충돌로 이어지는 경우가 많다.

1차 사료로 돌아가는 것이 이런 상황을 극복하는 데 하나의 길이 된다고 본다. 역사적 사건을 교과서나 해설서로 전달받기보다는 해당 사건에 대한 당대인의 기록을 통해 직접 들여다보자는 것이다. 이 책은 이런 취지에서 엮어본 것이다. 그러다보니 독립운동가의 글도 들어있지만, 친일행위자의 글도 들어있다. 또한 이 책에 수록할 글을 선정할 때 좌파, 우파를 가리지 않았다. 독자에게는 일단 마음속의 칸막이를 다 걷어내고 이 책에 실린 글들을 읽어주기를 바란다. 모든 글이 다 지금의 한국을 있게 한 역사적 거름이기 때문이다.

이주명

차례

편역자의 머리말 · 5

1876, 최익현, 〈지부복궐척화의소〉 · 11
1880, 황준헌, 〈사의 조선책략〉 · 23
1880, 김병국 등, 〈여러 대신이 의견을 올림〉 · 44
1881, 이만손 등, 〈영남만인소〉 · 47
1883, 홍영식, 〈미국 방문 보고〉 · 58
1884, 김옥균, 〈갑신일록〉 · 70
1895, 법무아문, 〈전봉준 공초록〉 · 128
1896, 서재필, 〈독립신문 창간사〉 · 147
1919, 조소앙 등, 〈대한독립선언서〉 · 150
1919, 이광수 등, 〈2.8 독립선언서〉 · 154
1919, 김인종 등, 〈대한독립 여자선언서〉 · 159
1919, 조선민족 대표 33인, 〈기미독립선언서〉 · 162
1919, 한용운, 〈조선독립의 서〉 · 166
1919, 여운형, 〈일본 관리와의 대담〉 · 180

1919, 여운형, 〈도쿄에서의 연설〉 · 190

1921, 프레드 돌프, 〈한국을 위한 변론 취지서〉 · 193

1922, 이광수, 〈민족개조론〉 · 216

1922, 최원순, 〈이 춘원에게 문하노라〉 · 280

1923, 신채호, 〈조선혁명선언〉 · 287

1928, 코민테른 집행위, 〈12월 테제〉 · 298

1931, 신채호, 〈조선상고사 총론〉 · 312

1932, 조소앙, 〈한국 혁명운동 추세〉 · 321

1934, 서재필, 〈회고 갑신정변〉·〈체미 50년〉 · 340

1938, 김성숙, 〈왜 전민족적 통일전선을 건립해야 하는가〉 · 353

1941, 임시정부, 〈대한민국 건국강령〉 · 361

1942, 임시정부, 〈23주년 3.1절 선언〉 · 369

1945, 박헌영, 〈현 정세와 우리의 임무〉 · 390

1945, 이승만, 〈건국과 이상〉 · 411

1876, 최익현, 〈지부복궐척화의소〉

1876년 2월 구로다 기요타카[黑田淸隆]와 이노우에 가오루[井上馨]가 이끄는 군함 7척이 강화도 앞바다에 들어왔다. 이들은 바로 전해에 일본이 일으킨 운양호 사건의 책임을 거꾸로 조선이 져야 한다고 주장하면서 이를 빌미로 통상문호의 개방을 요구했다. 이에 조선 조정은 접견대관(接見大官) 신헌(申櫶)과 윤자승(尹滋承)을 보내어 이들과 회담하고 수호조약(강화도조약)을 체결했다. 조약 체결 직전인 2월 16일 유학자 면암 최익현(勉菴 崔益鉉)은 이에 반대하는 상소문을 썼다. 이 글은 바로 이 상소문을 현대어로 옮긴 것이다. 제목 '지부복궐척화의소(持斧伏閤斥和議疏)'는 '도끼를 가지고 궁궐 앞에 엎드려 화의를 배척하는 상소'라는 뜻이다.

삼가 아뢰옵니다. 선대(先代)의 현인 문열공(文烈公) 신 조헌(趙憲)이 상소한 일로 길주(吉州)로 귀양을 가다가 영동역(嶺東驛)에서 왜인들이 쳐들어온다는 소식을 듣고 크게 걱정되는 바 있어 다시 피 끓는 소를 올렸습니다. "형산(荊山) 사람이 세 번이나 발을 잘리는 형벌[1]에도 응징된 태도를 보이지 않은 것은 가지고 있는 것이 옥이기 때문이요, 장준(張浚)[2]이 귀양지에서도 쉬지 않고 열 번이나 소를 올린 것은 원하는 바가 충성이기 때문입니다"라고 했습니다.

생각하건대 동인과 서인으로 당이 갈리고 풍신수길(豊臣秀吉)이 화친을 청해 오는 것을 보고 조헌이 깊이 근심하고 멀리 내다보고 걱정하면서 충성을 다해 진언했는데 온 조정이 그를 원수같이 미워해 죄를 만들어서 그가 귀양을 가 역졸의 일을 하게 됐습니다. 그러면 조헌으로서는 마땅히 그 일을 징계로 삼아 입을 다물고 붓대를 달아매고 월나라 사람이 진나라 사람 보듯이[3] 했어야 하는데 도리어 의리를 다하고 충성을 바치려는 마음이 한결같아 변하지 않았으니 오랜 세월이 흐른 뒤에 그의 소를 읽고 그 시대를 논하는 사람으로 하여금 감탄하며 눈물을 흘리게 합니다.

지금 신의 이름이 죄적(罪籍)에 있습니다. 그러나 지난번에 성상께서 자애를 베풀어 신에게 다른 마음이 없음을 살피시고 특별히 관대하게 처분하여 안치(安置)했다가 풀어주고 고향으로 보내어 편하게 지내면서 늙은 아비를 공양하게 하셨으니, 귀양살이와 비교하면 일의 본체에 있어 차이가 있습니다.

지금 적국의 배가 우리 바다에 들어와 성상께서 밤낮으로 근심하게 되었으니, 신은 더욱 여러 가지 생각을 갖게 됩니다. 비록 성상의 좌우에 있는 여러 대부(大夫)들이 모두 신을 가리켜 죽여야 한다고 말하고 있다고 한들 신이 어찌 차마 입을 다물어 우리 성상의 뜻을 저버리고 본마음을 저버려 선대 현인들에게 죄인이 되겠습니까.

신은 적의 배가 왔다는 소식을 듣고 생각하기를 조정 안에 마땅히 정해진 공론이 있어 신속히 흉측한 무리를 쓸어내는 일에 시일을 끌지 않으리라고 여겼는데 소식을 들은 지 며칠이 지나도 오히려 들리는 말이 없고 심지어 외부에서 떠드는 말에 첫째도 뜻이 화친을 구하는 데 있다고 하고 둘째도 뜻이 화친을 구하는 데 있다고 합니다. 이 때문에 많은 사람들이 다 같이 분하게 여기고 사방이 흉흉합니다. 신은 도대체 이것이 무슨 말인지 알지 못하겠습니다. 이 말이 실로 근거가 있는 말입니까. 안으로 나라를 다스리고 밖으로 외적을 막음에는 본디 정해진 계책이 있는데 위와 같은 말은 단지 민간에 와전된 것입니까.

만일 그 말이 와전된 것이라면 공적으로나 사적으로나 어찌 매우 다행한 일이 아니겠습니까. 그러나 만약 그 말이 사실이라면 이는 적들을 위한 것이지 국가를 위한 계책이 아니니 이 말이 시행된다면 전하의 일이 잘못될 것입니다.

대저 정자(程子)와 주자(朱子)는 아성(亞聖)[4]으로서 그 말이 믿을 수 있고 마땅히 오늘날 군자의 소견보다 나을 것입니다. 정자는 강화(講和)를 하는 것은 중화(中華)를 어지럽히는 길이라고 하였고 주자는 강화의 계책이 결행되면 삼강(三綱)이 무너지고 만사가 위태롭게 될 것이니 이는 큰 환란의 뿌리라고 하였습니다. 정자와 주자의 교훈으로써 오늘날의 일을 헤아려본다면 적과 더불어 강화하는 것은 반드시 난리와 멸망의 화를 부르는 까닭이 되니 만에 하나도 다행할 것이 없습니다.

대략 세어보아도 다섯 가지 폐단이 있으므로 신은 청컨대 죽음을 무릅쓰고 조목조목 열거하겠으니 바라옵건대 성상께서 여러 가지 방법을 찾아보소서.

신이 삼가 듣건대, 강화가 저들이 구걸하는 뜻에서 나온 것이라면 이는 강함이 우리에게 있는 것이므로 우리가 족히 저들을 제어할 것이니 그 강화는 믿을 수 있습니다. 강화가 우리가 약점을 보인 데서 나온 것이라면 이는 주도권이 저들에게 있는 것이므로 저들이 도리어 우리를 제어할 것이니 그 강화는 믿을 수가 없습니다. 신은 감히 알 수 없거니와 이번의 강화가 저들이 구걸하는 뜻에서 나온 것입니까, 우리가 약점을 보인 데서 나온 것입니까.

우리가 편하게 지내느라 방비가 없고 또 두렵고 겁이 나서 강화를 구하는 것이라면 눈앞을 가리려는 고식지계(姑息之計)[5]에 불과할 뿐입니다. 대개 사람들은 모두 자기의 약점을 가리려 하지만 그것은 되지 않는 것입니다. 저들이 우리가 방비가 없는 것을 알고서 우리와 강화를 맺는다면 향후 저들의 한없는 욕심을 무엇으로 채워주겠습니까.

우리의 물자는 한정이 있는데 저들의 욕구는 그침이 없을 것입니다. 한 번이라도 응해 주지 못하면 사나운 노기가 뒤따르고 침해와 약탈과 유린이 일어나게 되어 지난날의 공(功)을 다 버리게 될 것이니, 이것이 강화가 난리와 멸망을 부르는 까닭이 되는 첫째 이유입니다.

일단 강화를 맺고 나면 저 적들의 욕심은 물화를 교역하는 데 있습니다. 저들의 물화는 대개 지나치게 사치하고 기이한 노리개로서 손에서 생산되어 그 양이 한이 없는 것이요 우리의 물화는 대개 백성의 생명이 달린 것으로서 땅에서 나는 것으로 한정이 있는 것입니다. 따라서 이같이 백성의 목숨이 걸려있는 유한한 물화를 저 한없이 사치하고 기이한 노리개 따위의 물화와 교역한다면 우리의 마음을 좀먹고 풍속을 해치게 될 뿐 아니라 그 양이 틀림없이 해마다 반드시 수만에 달할 것이니, 그렇게 되면 몇 년 지나지 않아 우리나라 수천리는 땅과 집이 모두 황폐하여져 다시 보존되지 못하게 될 것이고 이에 따라 나라가 반드시 뒤따라 멸망하게 될 것입니다. 이것이 강화가 난리와 멸망을 부르는 까닭이 되는 둘째 이유입니다.

저들이 왜인의 이름을 칭탁하나 실은 양적(洋賊)입니다. 강화의 일이 한번 이루어지면 사학(邪學)[6]의 서책과 천주(天主)의 초상이 교역하는 속에 섞여 들어오게 되고 조금 지나면 전도사와 신도 간의 전수를 거쳐 사학이 온 나라에 두루 가득 차게 될 것입니다. 포도청에서 기찰하여 검문하고 잡아가 베려고 하면 그들의 극심한 분노가 더욱 커지게 될 것이고 강화한 지난 맹세가 허사로 돌아갈 것입니다. 한번 내버려 두고 불문에 붙이게 되면 조금 지나서 장차 집집마다 사학을 받들고 사람마다 사학에 물들게 될 것입니다. 아들이 그 아비를 아비로 여기지 않고 신하가 그 임금을 임금으로 여기지 않게 되어 예의범절이 시궁창에 빠지고 사람이 변하여 금수가 될 것입니다. 이것이 강화가 난리와 멸망을 불러오는 까닭이 되는 셋째 이유입니다.

강화가 이루어진 뒤에는 저들이 육지로 내려와 서로 왕래하고 혹은 우리 국토 안에 집을 짓고 살려고 할 것입니다. 우리가 이미 강화하였으므로 거절할 말이 없고, 거절할 수 없어서 내버려두면 재물이나 비단과 부녀자들을 약탈하고 겁취하는 등의 일을 마음대로 할 것이니 누가 능히 이를 막겠습니까.

또한 저들은 얼굴만 사람이지 마음은 짐승이어서 조금만 뜻에 맞지 않으면 거리낌 없이 사람을 죽이거나 짓밟을 것입니다. 이리 되면 열부(烈婦)나 효자가 애통하여 하늘에 호소하여 원수 갚아 주기를 바라도 위에 있는 사람들이 강화를 깨뜨리게 될까 두려워하여 감히 송사를 듣고 처리하지 않을 것입니다.

이와 같은 일들은 온종일 말하여도 다 열거할 수 없을 것입니다. 그러니 사람의 도리가 말끔하게 없어져 백성이 하루도 마음 놓고 살아가지 못할 것입니다. 이것이 강화가 난리와 멸망을 불러오는 까닭이 되는 넷째 이유입니다.

이런 말을 주창하는 사람들이 걸핏하면 병자호란 때의 남한산성 일을 끌어다가 말하기를 "병자년의 강화 뒤에 피차가 서로 좋게 지내어 천리 강토가 오늘에 이르도록 반석 같은 안정을 보존하였으니 오늘날 저들과의 화호(和好)가 어찌 유독 그렇지 않다고 하는가" 합니다. 신은 이는 어린 아이의 소견과 다르지 않다고 봅니다.

병자년의 강화는 의리를 해침이 큰 것이어서 예의범절을 아는 사람은 천지간에 서 있을 수 없는 일이었습니다. 이런 까닭으로 문정공(文正公) 신 김상헌(金尙憲)과 충정공(忠正公) 신 홍익한(洪翼漢)과 같은 이들이 크게 소리쳐 배척하면서 아홉 번 죽게 된다 해도 태도를 바꾸지 않았던 것입니다.

그러나 청나라 사람들은 뜻이 중국을 다스리는 황제국이 되어 사해를 어루만지고 쓰다듬는 데 있었기 때문에 그래도 능히 다소나마 중국의 패주(覇主)들을 본받아 인의(仁義)에 가까운 짓을 가장하였으니 이는 다만 이적(夷狄)에 그칠 뿐입니다. 이적도 사람이라 곧 도리가 어떠함은 물을 것이 없고 사대(事大)하기만 하면 피차가 서로 사이좋게 지내게 되어 지금에 이르렀고, 비록 그들의 뜻에 맞지 않는 것이 있더라도 관대하게 용서하는 아량이 있어 침해하거나 학대할 염려가 없었습니다.

저 외적으로 말하면, 한갓 재화와 여색만 알고 조금도 사람의 도리라고는 없으니 이는 곧 금수일 뿐입니다. 사람과 금수가 강화를 맺고 우호를 이루어 같이 무리를 짓고 있으면서 근심과 염려가 없기를 보장한다는 것은, 신은 그게 무슨 말인지 알 수 없으니, 이는 강화가 난리와 멸망을 불러오는 까닭이 되는 다섯째 이유입니다.

잠깐 동안 간략하게 들어도 이런 다섯 가지 폐단이 있습니다. 대략으로나마 방향을 아는 자라면 그것이 제대로 된 계책이 아님을 분간할 것인데, 심지어 강화한 뒤에는 '피차간에 영구히 사이가 좋게 되어 연해(沿海)에 경계할 것이 없고 백성의 생업이 안정되어 사교(邪敎)가 들어오지 않을 것이며, 비록 뜻이 맞지 않는 일이 생기더라도 걱정거리가 일어나지 않을 것을 보장한다'고 합니다.

그러나 신의 우매한 생각에는 크게 그렇지 않은 것이 있습니다. 훗날 중국에서 춘추강목(春秋綱目)의 붓을 든 사람이 그 일을 크게 쓰되 "어느 해 어느 달에 서양 사람이 조선에 들어와 어느 곳에서 맹약하였다"고 한다면 곧 이는 기자(箕子)의 옛 강토이며 대명(大明)의 동쪽 울타리로서 태조대왕 이래로 중국 문물로 오랑캐 풍속을 고쳐 예절을 제정하고 음악을 만들어 인륜을 크게 펴던 나라가 하루아침에 서양의 비린내와 누린내에 빠져들고 만 것입니다.

어찌 이뿐이겠습니까. 전부터 나라의 권력을 쥐고 국론을 주도하던 사람들이 앞장서서 이런 강화를 하자고 주창하고 있으니, 이들은 모두 진회(秦檜), 손근(孫近), 왕륜(王倫)[7] 등과 같은 자들로서 대부분 그 편의(便宜)와 연안(宴安)[8]을 이기지 못하여 자기 몸을 보전하고 처자를 보호할 사사로운 계책으로 이런 짓을 함부로 하면서 그 군부(君父)로 하여금 천하만세(天下萬世)에 홀로 나쁜 명성을 듣게 하고 있습니다.

아아, 신하 된 사람으로서 임금을 섬기려면 마땅히 선을 아뢰고 악을 방지하여 요순 같은 경지에 들게 해야 함에도 도리어 혼란과 멸망을 불러올 술책으로 임금을 만 길 깊이의 함정에 빠지게 하니 천하에 지극히 불인(不仁)하지 않고서야 어찌 차마 이런 짓을 하며, 천하에 지극히 불충하지 않고서야 어찌 감히 이런 짓을 하겠습니까. 신은 마음이 아파 차라리 죽을지언정 동료 신하 중 하나라도 혹시 이런 무리의 행동을 하는 자가 있다는 말을 차마 듣지 못하겠습니다.

엎드려 생각하옵건대 우리 순조(純祖) 때인 신유년(1801)에 서양 사람들이 우리나라에 몰래 들어와 우리 백성을 속이고 유혹하여 사학에 오염되는 사람이 날로 많아지자 순조 대왕께서 깊이 근심하고 멀리 염려하여 크게 노하셔서 조사하여 잡아들이고 베어 없애기를 조금도 가차 없이 하셨습니다. 또한 우리 헌종(憲宗) 대왕께서도 이를 잘 계승하시어 무릇 탐문조사에 걸려든 자를 모조리 베어 그 시체를 내보임으로써 그 종자가 나라 안에 심어지지 못하게 하셨습니다.

그러므로 예의범절을 보면 위로는 인륜이 밝아지고 아래로는 소민(小民)들이 화목하게 되어 자식은 어버이를 저버리지 않고 신하는 인군을 뒤로 돌리지 아니하여 예의염치가 견고하게 유지되어서 나라 형세가 편안히 안정되고 나라의 운수가 영장(靈長)하게 되어 능히 오늘에 이르도록 평안한 것입니다. 이는 위대한 성인들의 법칙이며, 자손들에게 물려주어야 할 것입니다. 그러므로 이것이 정녕 전하의 가법(家法)이 아니겠습니까. 그러므로 지난 병인년(1866)에는 전하께서 정사를 돌보시기 시작한 초기의 청명(淸明)을 유지하시고 호오(好惡)를 엄정히 하셨습니다. 적신(賊臣) 남종삼(南鍾三)이 조정을 떠보더니 그 뒤에 이양선(異樣船)이 바다에 출몰하자 이에 완고하고 우둔하게 이익을 즐기고 염치가 없는 무리가 강화를 하고 교역을 하자는 말을 주상하게 되었는데, 심한 자로는 이업(李鄴)이 금로(金虜)⁹를 장황하게 말했던 것과 같이 하는 자들의 무리가 번성했습니다.

조금이라도 그 계책에 빠졌다면 나라가 반드시 씨가 없게 되었을 것인데 다행히 성상의 뜻이 척화에 있는 데 힘입어 전 동돈녕(同敦寧) 신 기정진(奇正鎭)과 신의 스승 고 참판 이항로(李恒老)가 노성(老成)과 숙덕(宿德), 밝은 식견과 원대한 생각으로 피 흘리는 상소를 하여 강화가 불가함을 극구 말하자 전하께서 성실하게 그 말을 받아들여 지키기를 금석같이 하였습니다.

이런 연유로 10년 동안에는 양적(洋賊)들이 우리를 보고 탐내어 비록 마음을 고치지는 않았으나 또한 감히 서둘러 그 뜻을 펴지 못하였으니, 지금 조정 안의 문무 대신들은 진심으로 마땅히 조종(祖宗)의 뜻을 극력 체득하며 전하의 아름다운 방침을 받들어 따라야 하고 결코 눈앞의 편안에 빠져 전하의 총명을 그르처 이들 적과 강화하고 교역하여 스스로 혼란과 멸망의 화를 취하면 안 됩니다.

전하께서 두 성왕(聖王)의 대통을 계승하셨으니 두 성왕의 법도를 지키지 않고 예로부터 강화를 주장하여 나라를 망친 자들이 남긴 꾀를 따라서야 되겠습니까.

아아, 바다에 둘러싸인 땅덩이 중원 전체가 요순문무(堯舜文武: 요 임금, 순 임금, 주 문왕, 주 무왕)의 옛 강토인데 200년 이래로 머리를 깎고 의관을 훼손하여 오랑캐로 변했으니 무릇 사람의 마음을 가진 자라면 누가 낙심하고 가슴을 치지 않으리까.

하물며 다시 바다 건너의 진짜 오랑캐와 유유상종하여 기괴한 형태, 괴상한 종족이 중국에 발을 들여놓지 않음이 없게 되어 시간이 지날수록 예사로 여겨 이상하게 보지 않고 그 결과 드디어 양호(洋胡)[10]끼리 충돌하여 가는 곳마다 상대가 없게 되어 온 사해 안팎의 사람들이 대부분 두려워하고 순종하여 창귀(倀鬼)[11] 노릇을 하되 유독 우리나라 한 지역만이 조종(祖宗)의 위엄과 영기를 힘입어 좋아하고 미워하는 데서의 바른 천성을 잃지 않았으니 비유하건대 박괘 상구효(剝卦 上九爻)의 석과(碩果)의 형상과 같으나[12] 만약 이 한 지역의 신민마저 금수의 지경에 들여보내 순전한 곤괘(坤卦)의 양(陽)이 없는 세계가 된다면 이 어찌 어진 사람이나 군자가 차마 할 바이겠습니까.

온 나라 신민이 양호에게 제어를 받게 되어 얼마 못 가서 예의를 버리고 사교에 빠져 천리(天理)와 인륜이 어떤 것인지 알지 못하게 된다면 전하께서 장차 무엇을 의지하여 믿고 신민의 위에 서서 임금의 자리를 보존하시렵니까. 설령 베개를 높게 하고 편안히 잘 수 있어 다른 걱정과 화가 없다고 하더라도 전하께서는 무슨 면목으로 두 성왕의 사당에 들어가시며, 천하 후세에 또한 전하를 어떤 임금이라고 하겠습니까.

이는 그 사리의 옳고 그름과 앞날의 공효와 폐해가 불을 보는 것 같이 밝아서 우매한 사람과 지혜로운 사람이 모두 다 알고 거리의 아이들과 떠돌아다니는 하찮은 사람들, 농부, 촌로도 한심하고 속이 타지 않는 사람이 없거늘 유독 성명(聖明)하신 전하께서 이를 깨닫지 못하시니 신은 마음에 의혹이 생깁니다.

전하는 "저들이 왜인이지 양호가 아니고 저들이 말하는 것이 오래된 우호를 닦자는 것이지 다른 뜻이 없으니 왜와 더불어 오래된 호의를 닦는 것이 또한 어찌 도의에 해롭겠는가?"라고 생각하실지 모르지만, 신의 우매한 소견으로는 크게 그렇지 않음이 있습니다.

설사 저들이 참으로 왜인이고 양호가 아니라 하더라도 왜인의 실정과 자취가 예와 지금이 현저하게 다르니 살피지 않을 수 없습니다. 옛날의 왜는 이웃나라였으나 지금의 왜는 구적(寇賊)[13]입니다. 이웃나라와는 강화할 수 있지만 구적과는 강화할 수 없습니다.

왜인이 구적인 것을 과연 어떻게 참으로 아는가 하면 그들이 양적의 앞잡이가 됐기 때문이요, 그들이 필경 양적의 앞잡이가 된 것을 또한 무엇으로 분명히 살필 수 있는가 하면 왜와 양 두 무리가 뜻이 서로 통하여 중국을 횡행한지 오래기 때문입니다.

연전에 북경에서 온 총리아문(摠理衙門)의 글에 "법국(法國), 미국 두 나라가 왜와 더불어 같이 행동하고 있다"는 말이 있었고, 지난해에 동래(東萊)의 훈도(訓導)들이 전하는 말에 "왜인이 신궁(神宮)을 세우겠다고 청하니 이상한 옷차림을 한 사람들의 행동을 막지 말기 바란다"는 말이 있었습니다.

지금 온 왜인들은 서양 옷을 입고 서양 대포를 사용하고 서양 배를 타니 이 모든 것이 서양과 왜가 한 몸임을 분명히 보여주는 증거이며, 더구나 지난달 북경에서 온 자문(咨文)은 오로지 이번 왜선이 오는 것을 알리는 것이었는데 그 중에 병인년에 패하여 돌아갔다는 이야기가 있습니다. 병인년에 패하여 돌아간 것이 서양이고 왜가 아니었다면 양이 곧 왜요 왜가 곧 양임을 한 마디로 결정할 수 있으니, 그들의 소위 "왜인이지 서양 사람이 아니다"라는 말을 또한 어떻게 믿을 수 있겠습니까.

이러므로 우매한 신은 단연코 말합니다. 설사 저들이 참으로 왜인이고 서양 사람이 아니더라도 분명히 양적의 앞잡이요 지난날의 왜인은 아니라고 하겠습니다.

그러니 왜와 더불어 옛 호의를 닦는다는 것이 얼른 듣기에는 아무런 해가 없을 것 같으나, 왜와 더불어 옛 호의를 닦게 되는 날은 바로 서양과 더불어 화친을 맺게 되는 날인 것입니다.

서양과 더불어 화친을 맺음이 필연코 혼란과 멸망을 가져올 것이 이미 위에서 진술한 바와 같다면 어떻게 해야 좋겠습니까. 저들이 "왜인이지 서양인이 아니다"라고 하고 우리나라 사람으로서 저들에게 속임을 당하여 모두 "왜인이지 서양 사람이 아니다"라고 하니 지금 우선 시험 삼아 왜와 더불어 서로 접하는 한 가지 일로써 전하를 위하여 진달하겠습니다.

왜와 더불어 서로 접하는 데 또한 방법이 있으니 대관(大官)이 나가 보는 첫머리에 마땅히 그들에게 이렇게 선언해야 합니다.

"양적의 짐승 같은 행동으로 사람을 현혹시키는 것을 천지와 부모 앞에서 말한다면 이는 바로 용납되지 못할 적자(賊子)[14]요, 중화 성왕(聖王)의 세계에 말한다면 이는 곧 반드시 죽여야 할 난신(亂臣)이다. 무릇 천하 만고에 사람으로 이름 지어진 자라면 누구나 다 토죄(討罪)할 수 있고 조금이라도 무리가 되어 돕는 사람이 있다면 이는 곧 사람의 천성을 거스른 자. 귀국이 공자와 주자를 높이고 믿으며 예의를 돈독하게 숭상하여 우리나라에 신임을 받은 지 오래인데 지금은 도리어 저들에게 유인되고 위협 받는 바가 되어 창귀 노릇 하기를 달게 여기니 길이 귀국을 위하여 대신 부끄럽게 여긴다. 춘추의 법에 난신적자(亂臣賊子)는 먼저 그 무리를 다스렸으니 왕자(王者)가 나타난다면 귀국이 마땅히 양적보다 먼저 벌을 받을 것이므로 귀국은 시급히 도모해야 할 것이다. 우리나라가 비록 무용(武勇)하지는 않으나 서양을 배척하는 한 가지 일은 이미 조종 이래로 전해 받은 고칠 수 없는 가법(家法)이다. 지금 귀국과 더불어 옛 우호를 닦지 못하는 것이 어찌 다만 서계(書契)[15]에서 호칭의 외람됨이 해괴하게 된 것뿐이겠는가. 음양의 큰 방향이 이렇게 서로 반대되면 오직 서로 의논하지 못할 뿐 아니라 장차 성토하는 데도 겨를이 없을 것이다. 귀국이 지금 이후로 만약 번복하여 통절하게 고쳐서 엄하게 양적과의 관계를 끊어 좋아하고 싫어함을 바르게 할 것을 신명(神明)에게 맹세할 수 있다면 예와 같이 전일의 서로 화호하는 이웃나라일 것이요 더는 난적의 무리가 아닐 것이다. 이러한 연후에 비로소 우리나라에 우호를 체결하자는 말을 강정(講定)할 수 있을 것이다. 만일 그렇게 할 수 없다면 곧 마땅히 즉일로 배를 돌릴 것이요 오래 우리 강토에 머물러 있어 스스로 패망을 부르지 말라."

이와 같이 선언한 후에 그 대하는 바에 따라 처리하기를 의리로써 하면 명분이 바르고 말이 순조로워 천하 만세에 할 말이 있을 것입니다. 어찌하여 계책이 이에서 나오지 않고 그들에게 속임을 당하여 수호(修好)를 핑계로 헛되이 수백 년 이래의 보장(保障)인 중요한 땅을 버려 적의 무리로 하여금 잠시라도 그 위에 점거하고 있게 하겠습니까.

신이 견마(犬馬)의 정성과 규곽(葵藿)[16]의 마음을 이기지 못하여 죄를 진 여생(餘生)으로 앞뒤를 돌보지 않고 감히 고려 때의 우탁(禹倬)과 선정(先正) 조헌(趙憲)의 옛일과 같이 도끼를 가지고 대궐 문에 엎드려 하늘과 태양 아래 호소합니다.

삼가 바라건대, 전하께서는 조금이나마 불쌍하게 살펴주시어 시급히 큰 계책을 정하셔서 현명한 사람을 임용하고 유능한 사람을 써서 내정을 닦고 외적을 물리치게 하시고, 조신(朝臣)[17] 사이에서 하나라도 강화를 주장하여 나라를 팔아넘기고 금수를 몰아다가 사람을 먹게 하는 계책을 하는 자가 있으면 통절하게 엄중한 책망을 내려 큰 죄를 주시고 결단코 관대히 용서하지 마시기를 바랍니다. 손토로(孫討虜)가 책상을 부순 용기[18]를 가지시면 비록 벙어리, 소경, 절름발이일지라도 또한 기운이 백배나 생겨 모두 전하를 위해 한번 죽기를 원할 것이며 보잘것없는 흉한 무리들을 즉각 소탕할 수 있을 것입니다.

이렇게 함으로써만 우리 삼천리 백성을 전부 살리도록 우리 오백 년 종사(宗社)를 보호하여 안정시키게 될 뿐 아니라 천하의 대의가 전하로 말미암아 펴게 될 것이고 공덕의 훌륭함이 우(禹) 임금, 맹자와 같이 높고 클 것이니 어찌 매우 다행한 일이 아니겠습니까. 만일 그렇게 되지 않는다면 신은 당장 강토 안의 사람들이 금수로 몰락함을 보게 될 것이므로 진실로 부끄러운 얼굴로 구차하게 살며 같이 짝이 되기를 원치 않으니, 바라옵건대 이 도끼로 신에게 엄한 형벌을 내려 신으로 하여금 지하로 돌아가 두 성왕을 모시게 하여 주신다면 이 또한 조정의 큰 은혜이겠습니다.

신은 애통하고 박절함이 지극함을 견디지 못하여 삼가 죽음을 무릅쓰고 아룁니다.

1880, 황준헌, 〈사의 조선책략〉

1880년 7월 일본에 제2차 수신사로 파견된 예조참의 김홍집(金弘集)은 일본에 있는 청국 공관을 몇 차례 드나들며 일본 주재 청국 공사 하여장(何如璋) 및 참사관 황준헌(黃遵憲)과 국제 정세와 외교정책에 대해 의견을 주고받았다. 이때 황준헌은 자신이 지은 글 《사의 조선책략(私擬 朝鮮策略)》을 김홍집에게 주었고, 김홍집은 약 한 달간의 일본 체류를 마치고 귀국하여 고종에게 이 글을 올렸다. 러시아의 남진에 대응해 조선은 친중국(親中國), 결일본(結日本), 연미국(聯美國)의 외교전략을 구사해야 한다는 것이 골자다. 이 글에 대해 조선 조정에서 찬반 논의가 격렬하게 전개됐고, 재야 유림을 중심으로 이에 반대하는 상소가 빗발쳤다. 제목 '사의 조선책략(私擬 朝鮮策略)'은 '내가 헤아려본 조선의 책략'이라는 뜻이다. 한문으로 쓰인 원문의 표현을 가급적 살리면서 우리말로 옮긴 것이다.

지구상에 비할 데 없이 큰 나라가 있는데 러시아라고 한다. 그 땅이 넓어 세 대륙에 걸쳐 있고, 육군의 정병(精兵)이 100여만 명이나 되며, 해군의 거함이 200여 척이나 된다. 그러나 나라가 북쪽에 위치해 있어 기후가 춥고 땅이 척박하기 때문에 그 나라 사람들은 빨리 영토를 넓혀 사직을 이롭게 하려고 생각했다.

그리하여 선대(先代)인 표트르 왕 때부터 강토를 새로이 개척하기 시작해 이미 전보다 10배 이상으로 영토를 넓혔다. 지금의 왕[19]이 즉위한 뒤로는 더 나아가 사해를 포괄하고 팔방을 병합할 생각으로 중아시아에서 위구르를 비롯한 여러 부족을 차츰차츰 침략해 이제는 그곳을 거의 다 차지했다. 이에 천하의 모든 나라가 그 뜻이 작지 않음을 알고 왕왕 서로 합종하여 항거했다. 러시아는 터키라는 나라도 병합하려고 한 지 이미 오래지만 영국과 프랑스가 힘을 합쳐 버티므로 제 마음대로 하지 못했다. 이에 대해 오늘날 서양의 여러 대국, 예컨대 독일, 오스트리아, 영국, 이탈리아, 프랑스 같은 나라들은 모두 호시탐탐하며 단연코 한 치의 땅도 넘겨주려고 하지 않았다.

러시아는 서방을 공략할 수 없게 되자 번연히 계획을 바꾸어 동쪽 강토를 공략하기로 했다. 그리하여 10여 년 전부터 일본으로부터는 사할린, 중국으로부터는 흑룡강 동쪽의 땅을 얻었다. 또 도문강(圖們江)[20] 어귀에 군대를 주둔시켰다. 이로써 그 형세가 마치 높은 집에서 물병을 거꾸로 세워놓은 것처럼 됐다. 러시아가 이런 경영을 하는 데 여력을 남기지 않음은 분명 아시아에서 뜻을 이루기 위한 것이다.

조선이라는 땅덩어리는 실로 아시아의 요충을 차지하고 있어 그 형세가 반드시 다툼을 가져오게 돼있다. 조선이 위태로워지면 중동(中東) 아시아의 형세도 날로 위급해질 것이다. 그러므로 러시아가 아시아의 강토를 공략하려고 한다면 반드시 조선부터 공략할 것이다.

아! 러시아가 낭진(狼秦)[21]처럼 정벌에 힘써 경영을 해온 세월이 300여 년에 이른다. 그 대상은 처음에는 유럽이었고, 그 다음에는 중아시아였으며, 오늘날에는 동아시아로 옮겨졌다. 동아시아에서는 조선이 첫 번째 대상이 되어 피해를 입게 된 것이다.

그렇다면 오늘날 조선의 책략은 러시아를 막는 일보다 더 급한 것이 없다. 러시아를 막을 수 있는 조선의 책략으로는 어떤 것이 있을까? 그것은 중국과 친하고(친중국, 親中國), 일본과 맺고(결일본, 結日本), 미국과 이음(연미국, 聯美國)으로써 자강을 도모하는 길뿐이다.

중국과 친해야 한다는 것은 무엇을 말하는가? 동, 서, 북으로 러시아와 국경이 맞닿은 나라는 중국뿐이다. 중국은 땅이 크고 물자가 풍부하며 아시아의 땅을 많이 차지하고 있다. 그래서 천하의 여러 나라가 러시아를 제어할 나라로 중국만 한 나라가 없다고 생각하고 있다. 그리고 중국이 사랑하는 나라로는 조선만 한 나라가 없다.

조선이 중국의 번속(藩俗)이 된 지 이미 천 년이 지났지만, 그동안 중국은 덕으로써 편안히 지내게 하고 은혜로써 품어줄 뿐 한 번도 그 토지와 인민을 탐내는 마음을 가진 적이 없음은 천하가 다 믿는 바이다. 더구나 우리 대청(大淸)은 동쪽 땅에서 용흥(龍興)하여 먼저 조선을 평정하고 명나라를 정벌한 뒤 200여 년 동안 덕으로써 소국을 돌봐주었고, 조선은 예로써 대국을 섬겨왔다.

강희(康熙)[22]와 건륭(乾隆)[23] 조(朝)에 이르러서는 조선은 무슨 일이든 상문(上聞)하지 않는 것이 없어 마치 내지(內地)의 군현(郡縣)이나 다름없었다. 이는 문자와 정교(政敎)가 같고 정의(情誼)가 친목(親睦)할 뿐 아니라 또한 형세가 연접하여 신경(神京)[24]을 호위함이 마치 왼팔과 같기 때문이었다. 우리는 서로 휴척(休戚)[25]을 같이하고 환난을 함께하였으니 저 월남의 소원(疎遠)과 버마의 편벽(偏僻)과는 본디 상거(相距)가 아주 크다.

지난날 조선에서 일(임진왜란)이 있을 때 중국은 어김없이 천하의 군량을 다 소모하고 천하의 힘을 다 동원하여 싸웠다. 서양의 통례는 두 나라가 전쟁을 벌일 때에는 국외(局外)의 나라는 그 사이에서 중립을 지키고 어느 한쪽만을 돕지 않는 것이다. 다만 속국은 예외가 되고 있다. 오늘날 조선은 마땅히 전보다 더 중국 섬기기에 힘써 천하의 사람들로 하여금 조선과 우리는 그 정의(情誼)가 한 집안 같음을 환히 알도록 해야 할 것이다.

대의(大義)가 밝혀지고 성원(聲援)이 절로 커지면 러시아 사람들은 그 형세가 외롭지 않음을 알고 조금은 머뭇거리고 기피함이 있을 것이다. 또 일본 사람들은 그 힘이 겨룰 수 없음을 헤아리고 화친하고자 할 것이다. 그렇게 되면 기필코 외국의 흔단은 슬며시 사라지고 나라의 근본은 더욱 튼튼해질 것이다. 이것이 바로 중국과 친해야 하는 까닭이다.

일본과 맺어야 한다는 것은 무엇을 말함인가? 중국 외에 조선과 가장 가까운 나라는 일본이라고 할 수 있다. 일본은 과거에 선왕(先王)이 사신을 보내 통교한 나라다. 이런 사실은 맹부(盟府)[26]에 기록돼있고, 일본 사람들은 대대로 맡은 일에 충실하였다. 근일에 와서 북쪽에서 이리와 호랑이 같은 나라가 어깨와 등을 타고 앉아 있어, 만일 일본이 땅을 잃으면 조선 팔도도 스스로 보전할 수 없게 될 것이다. 또한 조선에 어떤 변고가 생기면 일본도 규슈와 시코쿠를 계속 차지하고 있지 못하게 될 것이다. 그러므로 일본과 조선은 실로 보거상의(輔車相依)[27]의 형세에 놓여 있다고 할 수 있다.

옛날 한(韓), 조(趙), 위(魏)가 합종하자 진(秦)이 감히 동쪽으로 내려오지 못했고 오(吳), 촉(蜀)이 서로 결합하자 위(魏)가 감히 남쪽으로 침략해오지 못했다. 저들이 지금 강대한 이웃나라의 핍박을 받아 순치(脣齒)의 교분을 맺고자 하니, 조선으로서는 작은 거리낌을 버리고 큰 계획을 도모해야 할 것이다. 즉 구교(舊交)를 가다듬고 외원(外援)과 연결해야 한다. 그리하여 훗날 양국의 윤선(輪船)과 철선(鐵船)이 일본의 바다를 종횡으로 누비게 되면 외해(外海)에는 침입의 길이 저절로 없어질 것이다. 이것이 곧 일본과 맺어야 하는 까닭이다.

미국과 이어야 한다는 것은 무엇을 말함인가? 조선의 동해를 넘어 곧장 가면 아메리카가 있으니 곧 합중국이 도읍한 곳이다. 그 나라는 본래 영국에 속해 있었는데 백 년 전에 워싱턴이란 자가 유럽인의 학정을 받기를 원치 않아 분발하여 들고 일어나 독립시켰다. 그때부터 미국은 선왕의 유훈을 지켜 예의로써 나라를 일으켜 세우되 남의 토지를 탐내지 않고 남의 인민을 탐내지 않았으며, 굳이 남의 정사에 간여하려고 하지도 않았다. 그 나라와 중국이 조약을 맺은 지 십여 년이 흘렀는데, 그동안 조그마한 분쟁도 없었다. 일본과의 왕래에서는 통상을 권유하고 연병(練兵)[28]을 권고하고 조약 개정에 협조하였으니, 이는 천하 만국이 다 알고 있는 사실이다.

대개 민주의 나라는 공화(共和)로 정치를 하기 때문에 불리한 사람이 있을 수 있고 미국은 나라를 세울 당시에 영국의 혹독한 학정에 발분하여 일어났으므로 항상 아시아를 친근히 하고 유럽을 멀리하였다. 그러나 그 인종은 실은 유럽과 동종이다. 그 나라의 강성함은 유럽의 여러 대국과 마찬가지로 동서양을 휩쓸 만한데도 항상 약소한 자를 부조하고, 공의(公義)를 유지하며, 유럽 사람들이 함부로 악한 짓을 하지 못하게 하고 있다. 그 국세는 대동양(大東洋)에 두루 가깝고 그 상무(商務)는 홀로 대동양에서 융성했다. 또한 동양 각국이 제 나라를 보전하고 평안무사하게 살기를 원할 뿐 동양 각국에 사절을 보내지 않았다. 그러나 조선으로서는 아무리 만리 대양을 건너야 하더라도 마땅히 사절을 보내어 그들과 수호(修好)를 맺어야 할 것이다. 하물며 그들이 이미 사신을 보내와 조선과 연결을 유지하려는 의사를 보이고 있음에랴! 미국을 끌어들여 우방으로 삼으면 도움을 얻고 화도 면할 수 있을 것이다. 이것이 바로 미국과 이어야 하는 까닭이다.

대체로 중국과 친하게 지내는 일에 대해서는 조선이 믿겠지만 일본과 맺는 일에 대해서는 조선이 반신반의할 것이고, 미국과 잇는 일에 대해서는 조선이 깊이 의심할 것이다. 그래서 의심하는 자는 이렇게 말한다.

"일본의 평수길(平秀吉)[29]이 명분 없는 전쟁을 일으켜 우리 변경을 뒤흔들고 우리 성곽을 파괴하고 우리 인민을 독해(毒害)하다가 우리가 명나라 군사의 도움을 받아 공격하자 비로소 물러갔다. 근년에 다시 일본이 태도를 변하여 서쪽으로 나타나 솔개와 독수리처럼 조선을 노리고 있으니 그 의중을 더욱 헤아릴 수 없다. 강화도에서의 전쟁[30]은 사이고 다카모리[西鄕隆盛][31]가 흔단(釁端)을 일으키려는 의도에서 벌인 사건인데 그가 이와쿠라[岩倉]와 오쿠보[大久保] 등과 힘껏 다툰 뒤에야 비로소 그쳤다. 그러나 저들이 어찌 잠시인들 침공할 마음을 잊은 적이 있겠는가? 조선이 조약을 체결한 것도 역시 강요를 못 이겨 어쩔 수 없이 좇은 결과일 뿐이다. 저들과 친밀해지는 것이 곧 문을 열고 도적을 맞아들이는 것과 무엇이 다르겠는가?"

일본에서 사이고가 조선 공략을 의논할 때 두세 명의 대신만이 중의(衆議)를 배격하고 불가하다는 입장을 고집했다. 그러나 그들도 일본이 조선의 변경을 침략하여 부강해지는 것을 원하지 않은 것은 아니었다. 다만 덕을 헤아리고 힘을 저울질해보니 그것이 불가능한 일임을 깨닫고 그만두는 것이 낫다고 생각했을 뿐이다.

조선이 건국한 이래 수천 년 동안 사람이 없었던 적이 없고 군사가 없었던 적이 없으므로, 저들이 조선을 공격한다고 해도 반드시 이기지는 못한다는 것은 두말할 나위도 없는 일이다. 설사 저들이 승리한다고 해도 군대를 철수하면 다시 배반당하게 될 것이고, 군대를 계속 주둔시킨다면 스스로 무력해질 것이다. 하물며 일본이 일을 터뜨리면 조선과 중국이 반드시 합세하여 싸울 형세임에랴! 저들은 조선을 침공한다 해도 일본이 반드시 이기기는 어렵다는 것과 조선이 중국의 원조를 얻어 좌우로 제휴하고 동서로 정토(征討)하고 나서면 도리어 일본이 지탱하지 못하리라는 것을 알고 있었기에 사이고의 주장을 실행에 옮길 수 없었던 것이다. 그리고 이왕 그런 일을 감히 실행할 수 없게 됐으니 다시 조선을 가까운 이웃으로 여겨 긴밀히 통교하고 침략을 삼간다는 마음을 갖게 됐다. 실은 이러한 생각이 절실했기에 그들이 끊임없이 외교를 맺고 친목을 닦고자 한 것이다. 따라서 이제 그 뜻은 조선이 스스로 강해져서 바다 서쪽의 울타리가 되도록 하는 데 있게 됐다.

시세를 헤아려 보건대 일본을 위한 계책은 결코 여기서 벗어날 수 없다. 하물며 오늘날의 일본은 겉으로는 강대한 듯하나 속으로는 허약하며, 조야(朝野)가 괴리되고 정부의 금고가 비어서 제 나라도 돌볼 겨를이 없음에랴! 병가(兵家)에서 말하기를 "자신을 알고 남을 알라"[32]고 했다. 그러니 반드시 일본이 조선과 결합하고자 하는 까닭에 의심할 바가 없음을 안 뒤에 조선이 일본과 결합하는 일에도 의심할 바가 없음을 알아야 한다.

의심하는 자들은 이렇게도 말한다. "그들이 지도를 그리고 지형을 측량했으니 우리가 이미 요새를 잃은 것과 마찬가지다. 인천 항구는 곧 우리의 문턱인데 그들이 이곳으로 왕래하는 것을 허용하게 됐으니 울타리가 다 철수된 셈이다. 남의 나라를 도모하려는 뜻이 없다면 어찌하여 연해의 암초(暗礁)를 측량하고 경기(京畿)의 요지를 침범한단 말인가?"

옛날에는 지도를 다른 나라에 판매하는 것을 금지했고, 이를 어기면 용서 없이 죽이기도 했다. 또 외국 사신이 오면 일부러 둘러가는 길로 인도하여 자기 나라의 요새를 알지 못하게 한 일도 있었다. 그러나 지금은 이와 다르다. 지금은 천하 각국이 서로 왕래하고 있다. 가까이는 동중(東中), 멀리는 구미 각국에 이르기까지 모든 연해의 암초를 도지(圖志)로 편찬해서 천하에 반포함으로써 항해에 편리를 주고 있다. 또한 모든 나라가 멀리는 바닷가에, 가까이는 국도(國都)에 외국 사신을 두어 일 년 내내 주차(駐箚)하게 하는 것이 통례다.

대개 힘이 부족하면 문 밖에서 방어를 한다 해도 스스로를 보전하지 못한다. 프랑스가 월남의 변경을 탈취한 것이나 영국이 버마의 국정에 간여한 것 등이 그러한 예다. 그러나 힘이 충족하여 스스로 강대하면 적을 방 안으로 들이더라도 전혀 해로울 것이 없다. 그래서 영국의 백성이 상트페테르부르크에서 섞여 살고 러시아 백성이 런던에서 섞여 살아도 해로울 것이 없었다. 자강(自强)의 길은 실력에 있는 것이지 허식에 있는 것이 아니다. 더구나 지금 일본은 이미 사람을 속일 수 없는 입장이므로 우리의 도리를 익히게 하면 그들은 곧 이로써 구원할 만하다.

조선은 본래 항해를 모르고 스스로 지형의 험준함만 믿어 이것으로 나라를 수호하는 방편으로 삼으려 했다. 전에는 일본도 효고[兵庫]를 개항함으로써 외국 사신들이 일본의 수도에 주차하는 것을 한사코 거절했다. 그러다가 한 번 싸우고 두 번 싸우고 난 뒤에야 비로소 번연히 생각을 고쳐 오늘날과 같은 제도를 시행한 지 이미 십여 년이 됐다. 왕공(王公)의 나라 지킴이 어찌 여기[33]에 달렸겠는가?

의심하는 자들은 또 이렇게 말한다. "조선의 풍습은 외국과 숙달되지 못하여 동인(東人)[34]의 이상한 말과 이상한 복장을 보면 떼를 지어 구경하기도 하고 짝을 지어 흉보기도 한다. 그리고 일본 사람의 뜻은 오직 위협하는 데 있어 관리를 하는 관원에게도 감히 칼을 뽑아 들고 사람을 죽이기까지 한다. 조선에 대한 그들의 친화와 우호가 진심에서 나온 것이라면 어찌 함부로 아무런 약속도 없이 끝내 그 악독한 성미만 부리는 것인가."

일본인은 그 성정이 이기기를 좋아할 뿐 양보함이 없고, 이익을 탐낼 뿐 염치가 적으며, 작은 것을 볼 뿐 원대한 것에는 어두워 이와 같은 일을 자주 일으킨다. 조선에서 특히 이와 같은 일이 일어나는 것은 두 나라 백성 사이에 시기와 원망이 깊이 깔려 있기 때문이며, 이것은 결코 저들 정부의 의사가 아니다.

전부터 초량의 왜관은 통상을 위한 것이라고는 하나 저들에게 곤욕을 치르게 한데다 금제(禁制)가 불비한 점이 없었다. 그렇기에 저들이 마음에 분노를 품어온 것이 일조일석의 일이 아니다. 뿐만 아니라 부산에 거주하는 저들의 무리는 대부분 대마도의 가난한 백성으로서 한낱 무뢰배에 지나지 않는다. 그 무뢰배는 자신들의 이익만을 탐할 뿐이니 어찌 대체(大體)를 알겠는가? 치고받고 하는 자질구레한 일은 본디 조약에서 논급할 바가 못 되며, 칼을 뽑은 사건에 대해서는 일본 정부가 산성(山城)을 철거한 것을 보더라도 또한 그 뜻을 알 수 있을 것이다.

조선으로서는 마땅히 조약을 충실히 지켜 저들 가운데 양순한 자는 힘써 보호해 주어야 한다. 그리고 난 뒤에 저들 가운데 무례한 자에 대해 잘못을 규명하여 처벌하도록 엄중히 요구한다면 뜻이 서로 맞아 모든 의심이 풀릴 것이다. 그럼에도 조그마한 일에 구애되어 거기에 주저앉아 큰 계책을 놓치는 것은 지혜로운 자가 할 바가 아닐 것이다.

의심하는 자들은 또한 이렇게도 말한다. "일본은 우리와 영토가 서로 인접해 있고 종족이 같으니 일본과 맺는 것은 본디 믿을 만한 일이다. 그러나 구미 제국으로 말하면 우리와 수만 리나 떨어져 있는데다가 음식과 의복이 우리와 같지 않고, 화폐가 상통하지 않으며, 언어가 통하지 않는다. 그런데도 그들이 굳이 우리와 결맹하려는 것은 자신들의 이익을 탐하는 것이 아니고 무엇이겠는가? 저들에게 이로운 것은 우리에게는 해로운 법이다. 그러므로 미국과 잇는 것은 물론이고 그러한 먼 고장 사람들과의 수교는 크게 의혹스럽게 여기지 않을 수 없다."

미국은 국가를 나누어 다스리고 있는데, 37개 주를 합쳐 합중국이라고 한다. 대통령이 통치하기 때문에 영토를 얻는다고 다른 나라로 확장하지 않는다. 그 남방에 있는 하와이라는 나라가 합중국에 스스로 병합할 뜻을 보였으나 저들이 거절했다. 그럼에도 불구하고 이 나라는 오히려 넓은 영토를 갖고 있다.

그 땅에서는 금과 은이 많이 산출되고, 그 나라 사람들은 공업과 상업에 능하여 천하에서 으뜸가는 부국을 이루고 있다. 그래서 영토를 더 얻더라도 부를 더 추구하려고 하지 않는다. 그들이 남의 토지를 탐내지 않고 남의 인민을 탐내지 않는다는 것을 천하만국이 모두 믿고 있다. 그럼에도 도리어 영국, 프랑스, 독일, 이탈리아 등의 여러 나라가 연이어 맹약을 간청하고 있으니, 이것이 바로 서양에서 말하는 '세력균형'이라고 하는 것이다.

오늘날 천하만국이 이리저리 서로 치고 물어뜯는 것이 전국 때보다 더 심하고, 열국이 별이나 바둑알처럼 널리 퍼져 있다. 이들이 무사하게 스스로를 보전하고자 한다면, 그런 일은 반드시 너무 약한 나라도 없고 너무 강한 나라도 없어 상호간에 세력이 유지되는 상태가 된 뒤에야 가능하다. 어느 한 나라가 다른 나라를 병합하면 힘이 커지고, 힘이 커지면 세력이 강해지고, 세력이 강해지면 다른 나라들도 스스로를 보전하지 못하게 될 것이다.

유럽 지역은 군웅(群雄)이 각립하고 있어 피차간에 호시탐탐 노린다고 해도 이미 기회를 탈 만한 틈이 없다. 따라서 그 뜻이 반드시 동양으로 향하리라는 것은 이미 천하가 다 알고 있다. 그리고 이처럼 동양으로 진출하고자 할 때에는 반드시 조선으로부터 시작할 것이다. 만약 러시아가 조선을 소유하게 되면 아시아의 전 형세가 그 나라의 손아귀에 들어가 하고 싶은 대로 무엇이든 할 수 있게 될 것이다. 그리고 아시아 전국(全局)의 세력을 끼고 거꾸로 유럽을 치면, 그때에는 그 세력이 유럽 쪽에서 거의 겨룰 수 없을 정도가 될 것이다.

서양의 공법은 남의 나라를 완전히 멸망시키지는 못하게 돼있다. 그러나 조약을 맺은 나라가 아니면 전쟁이 일어나도 참여하지 못하므로, 바로 이것이 서양 제국이 조선과 맹약을 맺으려고 하는 까닭이다. 그들이 조선과 결맹하려고 하는 것은 러시아 혼자서 차지하려는 세력을 빼앗아 천하와 더불어 상호균형을 유지하기 위해서다. 그들에게는 조선을 보전하는 것이 곧 스스로를 보전하는 길이기 때문이다. 비단 미국만이 그런 것이 아니다.

영국, 프랑스, 독일, 이탈리아는 조선이 토지가 메말라서 반드시 전쟁에 의지해 공격해서 취해야 한다고 생각할 것이고, 따라서 잇달아 침공하여 상처를 입히고 맹약을 강요하더라도 그것은 그들이 원하는 바가 아니다. 그러나 오직 미국만은 스스로 신의를 지닌 나라다. 미국은 오래 전부터 중국과 일본 양국이 믿고 따랐고, 옥과 비단으로 맹약을 할지언정 병과 수레로 하지 않기 때문에 여기에 홀로 먼저 왔던 것이다.

미국은 우리를 해칠 뜻을 가지고 있지 않을 뿐 아니라 오히려 우리를 이롭게 하려는 마음에서 오는 것이다. 그런데도 오히려 미국이 자기 이익을 도모한다고 의심하거나 우리를 해치지 않을까 의혹을 품는 것은 너무나 세상 형편을 모르는 것이다.

의심하는 자들은 또 이렇게 말한다. "조선은 나라가 작고 백성은 가난한데 여러 대국과 결맹했다가 쉴 새 없이 재물을 뜯기고 한없이 바치고 대접하다가는 어찌 장차 뒷바라지에 바빠 지쳐버리지 않겠는가? 풍속이 다르고 예절도 또한 다른데 그들의 방법대로 접대하지 않으면 장차 의심하여 말썽을 일으키지 않겠는가?"

옛날에는 이른바 '희생(犧牲)[35]과 옥백(玉帛)[36]을 국경에 진설하여 강국을 접대함으로써 자기 백성을 보호한다'는 것이 소로서 대를 섬기는 예법이었지만, 지금은 그러한 것이 없어졌다. 지금 소국인 벨기에나 스위스, 네덜란드 같은 나라는 모두 자립하고 있으며, 대국의 감독과 책망, 가렴주구를 받는다는 말은 전혀 듣지 못했다.

사신이 방문하거나 영사가 주차하는 데 필요한 양식과 여비는 모두 그들 스스로 부담한다. 사신이 처음 부임하면 한번 조현(朝見)하기만 하고 해가 바뀌기 전까지 한 차례 향응만을 베풀 뿐 멀리 마중 나가 위로연을 베풀거나 선물을 증여하는 일은 전혀 없다. 아무것도 바치는 것이 없는데 어찌 응접하는 데 피곤함이 있겠는가? 의례상의 작은 일이나 접대상의 세세한 일에 이르러서는 저들도 인정이 있으니, 다만 우리가 소홀히 하거나 업신여기는 마음이 없음을 안다면 저들인들 무엇을 독촉하고 허물하겠는가? 더군다나 조선은 궁핍하여 통상을 해봐야 이익이 되는 바가 없어서 그들이 지금은 맹약만 하고자 할 뿐이고 아직은 반드시 사신을 보내거나 영사를 두고자 하지는 않을 것인데, 또 무엇을 의심하겠는가?

또 "선교사들이 백성을 선동하고 유혹하며 국정에 간여하므로 이들을 조금이라도 법으로써 제재하면 이를 구실로 싸움을 벌이거나 갑자기 사변을 격발하니, 저들과 맹약을 하여 전교(傳敎)를 허락하면 어찌 후환이 그칠 날이 있겠는가?"라고도 한다.

천주교가 횡행하는 것은 천하가 다 아는 바인데, 이것이 감히 횡행하는 것은 프랑스가 보호해줌을 믿기 때문이다. 프랑스가 프로이센에 패전한 뒤 교주(敎主)[37]를 호위하던 군사를 철수하자 이탈리아가 갑자기 일개 부대로 로마를 탈취하고 그 교주를 축출했다. 교주는 의지하던 바를 잃게 되어 그 세력이 결국 약해질 수밖에 없었다. 근일에 이르러서는 프랑스도 여러 번 교주를 억압하니 국세의 변천과 더불어 교문(敎門)이 날로 쇠퇴하고 있다. 다만 처음 약조를 정할 때 선교사는 모름지기 국법을 준수해야 하고 만약 어길 경우에는 여느 백성과 같이 죄를 주겠다고 성명한다면 저들 선교사가 방자하게 굴지 못할 것이고, 그렇게 되면 우리 백성도 감히 말썽을 일으키는 데 이르지 않을 것이다.

미국에서 행하는 것은 야소교(耶蘇教)로서 천주교와 근원은 같으나 당파가 다르다. 그것은 마치 우리 유교에 주자(朱子)와 육구연(陸九淵)이 있는 것과 같다. 야소교는 정사(政事)에 간여하지 않는 것을 종지(宗旨)로 삼고 있고, 그 교인 중에 순박하고 순량(純良)한 자도 많다. 중국이 통상을 시작한 뒤로 살해의 문안(文案)이 자주 보이지만 야소교인은 하나도 없었다. 이는 야소교인은 근심될 것이 없음을 입증해주는 것이라고 할 수 있다. 그 종교의 교의 또한 사람들에게 착해지라고 권하는 데 있으니, 우리 중국의 주공(周公)이나 공자(孔子)의 도(道)가 어찌 몇만 배 더 낫다고만 할 수 있겠는가?

조선은 우리 유교를 따르고 익히기를 점점 더하여 이미 깊어져 있으니, 불초한 도(道)가 있어 이를 따르는 자가 있더라도 절대로 '교목(喬木)[38]에서 내려와 유곡(幽谷)[39]으로 들어가는' 지경에는 이르지 않을 것이다. 그렇다면 저들이 전교하도록 한들 또한 무엇이 해롭겠는가? 이 또한 의심할 것이 못 된다.

의심하는 자들은 또 말하기를 "참으로 그대의 말과 같다면 천하에서 유럽을 멀리하고 아시아와 가까이할 일이며 본래 예의의 나라로 일컬어지는 미국과 이어 통교하는 것도 나쁘지 않겠지만 영국, 프랑스, 독일, 이탈리아 등이 미국을 본받아 잇달아 오게 되면 어찌하겠는가?" 한다.

만약 러시아를 막고자 한다면 영국, 프랑스, 독일 등 여러 나라와 맹약을 하여 그들로 하여금 서로 견제하게 하는 것이 참으로 이로운 일이다. 또한 조선은 여러 나라가 오는 것을 불리하게 생각하지만, 끝까지 그들이 오지 못하도록 금할 수 있겠는가?

지금 지구상에는 대소국을 막론하고 천(千)을 헤아리는 많은 나라가 있다. 이들 가운데 능히 관문을 닫고 외국인을 거절할 수 있는 나라는 하나도 없다. 조선이라는 한 나라가 오늘 항구를 폐쇄하더라도 내일 개통하게 될 것이요 내일 항구를 폐쇄하더라도 모레면 반드시 개통하게 될 것이니, 관문을 닫고 스스로를 지키지는 못할 것이 분명하다. 만약 불행히도 러시아 군사가 한번 침략해

온다면 조선은 힘으로는 대항하지 못할 것이고, 그렇게 되면 아마도 조선은 조선 자신의 소유가 되지 못할 것이다. 게다가 영국, 프랑스, 독일, 이탈리아 등 여러 나라가 러시아인에 의해 조선의 땅이 전유되는 것을 그대로 놔두지 않고 떼를 지어 일어나서 다투다가 붕궤되고 결렬되면 조선은 거의 수습할 수 없게 될 것이다.

전에 폴란드라는 나라가 있었는데 러시아, 독일, 오스트리아가 이를 취하여 나누어가졌다. 지난해 투르크의 전쟁에서 러시아 군대가 철수하지 않자 여러 나라가 잇달아 일어났다. 이때도 투르크가 변경의 땅을 떼어 오스트리아, 영국, 독일에 나누어주고 수습했다. 조선이 구차하게 그 뒤를 밟으리라는 말을 나는 차마 할 수 없는 바이다. 선왕(先王), 선공(先公)의 영혼과 뭇 신령의 복으로 하늘이 조선을 도와 이런 일이 일어나지 않아야 할 것이다.

그런데 영국, 프랑스, 독일, 이탈리아 등 여러 나라가 번갈아 병선을 보내 강제로 맹약을 요구하면 어떻게 할 것인가? 싸우지 않고서는 그 소요를 견디지 못할 것이요, 싸워서도 이기지 못하면 버마가 영국의 제재를 받고 월남이 프랑스의 제재를 받는 것과 같은 일이 쉽게 일어나게 될 것이다. 다행히 이런 지경에는 이르지 않더라도 공평하지 못한 조약을 맺게 되어 백방으로 요구를 받게 되기 쉽다. 그렇게 되면 10여 년이 지나 군사력이 강해지고 나라가 부유해지지 않는 한 조약을 고칠 수 없을 것이니, 또한 그런 나라를 어떻게 나라라고 할 수 있을지 모를 일이다.

조선이 러시아에 병합되는 것을 막고 영국, 프랑스, 독일, 이탈리아의 위협을 피하려면 미국과 잇기를 서두르지 않을 수 없다. 얼른 미국의 사신을 오게 하여 공평한 조약 체결을 의논하면 서양에서의 우방의 예에 따라 만국공법(萬國公法)을 적용할 수 있을 것이다. 그렇게 되면 어느 한 나라의 전횡을 허용하지 않을 수 있을 뿐만 아니라 제국(諸國)의 선도(先導)가 될 것이다. 이는 조선의 복이요 또한 아시아의 복이 될 터인데 무엇을 더 의심하겠는가?

일단 이러한 모든 의심이 풀리고 국시(國是)가 하나로 정해지면 중국과 친해지는 데서는 기존의 장정을 약간 변경하고, 일본과 맺는 데서는 조규(條規)를 서둘러 수정하며, 미국과 잇는 데서는 급히 좋은 맹약을 해야 할 것이다. 그러고는 곧 황제에게 주청하여 배신(陪臣)[40]을 북경에 항상 주재시켜 아뢰게 하고, 또 사신을 보내 동경에 주재시키며, 사신을 워싱턴에 보내 소식이 통하게 해야 할 것이다. 그리고 곧 주청하여 봉황청(鳳凰廳)[41] 무역을 넓혀서 중국 상인이 배를 타고 부산, 원산, 인천 등 각 항구에 와서 통상하게 함으로써 일본 상인의 농단을 막고, 또한 조선 국민이 나가사키, 요코하마에 가서 물화 교역을 익히게 해야 할 것이다. 그리고 곧 주청하여 해군과 육군이 중국의 용기(龍旗)[42]를 사용하여 이를 전국의 휘장으로 삼고, 또 학생을 보내어 경사(京師)[43] 동문관(同文館)에서 서양어를 익히고 직례(直隷)[44]에 가서 회군(淮軍)[45]에서 군사훈련을 익히며 상해의 제조국(製造局)에 가서 기계 만드는 것을 배우고 복주(福州)의 선정국(船政局)에 가서 배 만드는 것을 배우게 해야 한다. 모름지기 일본의 선창(船廠), 포국(炮局), 군영(軍營)에 모두 가서 배우고, 서양인의 천문 등에 관한 법과 화학, 광학(鑛學), 지학 등도 모두 가서 배우게 해야 한다. 부산 등지에 학교를 열고 서양인을 불러들여 교습(敎習)하게 함으로써 무비(武備)를 널리 닦아야 할 것이다. 조선 자강의 터전은 이로부터 이룩될 것이다.

대체로 무사할 때 공평한 조약을 맺는 것이 하나의 이득이 된다. 중국과 그 동쪽의 일본 두 나라가 서양과 체결한 조약은 모두 만국의 공례(公例)에 따른 것이 아니다. 그것은 우리의 자주권을 침해하고 우리 자연의 이익을 탈취한 것으로서 결함과 손해가 너무나 많은 것이었다. 이는 본디 바깥 정세에 어두웠기 때문인 동시에 위세에 억눌려 그렇게 되도록 놔둔 것이다. 지금 조선이 무사할 때 외국 사람과 교섭하여 조약을 맺는다면 저들이 스스로 많은 위협을 가하지는 못할 것이다.

사람들이 말하는 대로 유럽과 아시아 두 지역은 풍속이 같지 않고 법률이 같지 않으므로 우리가 외국에서 온 상인을 갑자기 지방관할로 돌리기는 어려울 것이다. 그러나 함께 성명(聲明)하여 잠시 영사관 관리 아래 두었다가 언제든 우리가 필요할 때 적당히 관할을 고치고 영사의 권한을 확실히 정하면 된다. 그들은 호부인(護符印)이 없으면 감히 많은 일을 일으키지 못할 것이다. 이 밖에 독약[46] 수입의 근원을 끊어버리고 선교사가 만연하는 화를 막는 일은 모두 함께 상의하여 결정할 수 있는 것으로서 이에는 제한을 명시해야 한다. 이것이 곧 자강의 기초가 될 것이다.

통상에도 이득이 있다. 아시아는 천지(天地)의 중심부에 위치해 물산이 매우 풍성하다. 중국은 당과 송 이래로 시박사(市舶司)[47]를 설치하여 외국 사람과 통상해 대금으로 금전을 받았는데, 그것은 모두 외국에서 흘러들어온 것으로 수백 년 동안 그 수량이 이루 헤아릴 수 없이 많았다. 근일에 와서 금전이 조금씩 흘러나가고 있는 것은 아편을 넣은 담배를 먹기 때문이다. 일본이 통상의 폐해를 입게 된 것은 옷을 양복으로 바꿔 입고 양화(洋貨)[48]를 쓰기 때문이다. 만일 양약(洋藥)을 먹지 않고 양화를 쓰지 않는다면 통상에서 이익만 볼 뿐 손해는 없을 것이다.

조선이라는 한 나라는 비록 메마르고 가난하기는 하지만 그 땅에서도 금과 은이 생산되고, 벼와 보리가 생산되며, 쇠가죽이 생산되니 물산이 본디 풍요하지 않은 것이 아니다. 내가 지난해 일본과 통상한 수치를 계산해보니 수입한 화물 값은 62만 원, 수출한 화물 값은 68만 원이며 이 해에 7만~8만 원의 이득이 있었다. 만약 잘 경영하여 차츰 어려움을 극복하고 개척해나가다 보면 백성에게도 이익이 돌아갈 듯하고 관세수입도 국용(國用)에 조금은 보탬이 될 것이니, 이 또한 자강의 기초가 된다고 할 것이다.

국가의 부에도 또한 이득이 있다. 영국 삼도(三島)에서는 석탄만 생산되고 프랑스에서는 포도만 생산되며 페루에서는 금과 은만 생산되는데도 모두 부유하기로 천하에 소문이 났다. 이밖에 인도의 차, 쿠바의 사탕수수, 일본의 면 같은 것은 모두 예전에 없던 것이 지금은 있으니, 이는 인력(人力)으로 개발하여 마침내 큰 이익을 얻게 된 것이다. 조선은 오히려 토지가 기름지고 물산 역시 넉넉하며 그 인민 또한 매우 총명하고 일을 잘한다. 먼 남쪽의 오스트레일리아와 극북의 캄차카는 모두 예부터 인적이 이르지 않던 곳인데도 오히려 황무지를 개척하여 옥토로 만들었거늘 하물며 본디 천하의 중앙에 위치한 조선에 있어서랴!

만약 서양 학문에 종사하여 재정 관리에 힘쓰고, 농사 권장에 힘쓰고, 공업 육성에 힘쓰고, 있는 것은 널리 옮겨 심고, 없는 것은 옮겨 심게 하면 장래에 부국이 될 것이다. 더구나 땅에서 금과 은이 생산되는 것을 세상 사람이 다 아는데, 만약 서양인의 개광법(開鑛法)을 배워서 땅에 따라 찾아보고 때에 따라 채굴하면 땅은 보화를 내놓기를 아끼지 않고 백성은 노는 사람이 없어져 이익이 무궁할 것이니, 이 또한 자강의 기초가 될 것이다.

군사훈련에도 이득이 있다. 중국 성인(聖人)의 도는 무(武)를 숭상하지 않고 교(巧)도 숭상하지 않으며 성(誠)으로써 나라를 다스리되 오직 문(文)을 닦고 질(質)을 지켜 안정(安靜)을 기하였을 뿐 사나운 습관과 기계의 무기로써 백성을 전쟁으로 인도하려고 하지 않는다. 다만 다른 나라가 그 장점을 숨겨 가지고 있지 않다면 나도 또한 옛것을 지켜서 변함이 없을 것이다. 그러나 강대한 인국이 교대로 핍박하여 날로 우리를 강제하고 날로 우리를 업신여기고 있다. 같은 배를 타는데도 옛날에는 범선(帆船)이었지만 지금은 기선(汽船)이다. 같은 수레로 가는데도 옛날에는 노새나 말이었고 지금은 철도다. 같은 우체이지만 옛날에는 역전(驛傳)이었고 지금은 전선(電線)이다. 같은 병기이지만 옛날에는 활과 화살이었고 지금은 총과 대포다. 양국 군사 간에 전쟁이 일어났을 때 저쪽에서 갖고 있는 것이 우리에게는 없고 저쪽은 정교한데 우리는 거칠다면 화해하고 서로 퇴진하기 전에 이미 이기고 짐, 날카로움과 무딤의 형세가 판정이 난 것이나 다름없다.

조선이 외교를 좋아하게 되어 그 기풍이 날로 열리고 견문이 날로 넓어져 갑옷과 창이 믿을 것이 못 되고 돛대나 노가 쓸모없음을 알게 되면 새 군비를 강구하고 새 길을 개척해야 함을 깨닫게 될 것이다. 그리하여 변방을 튼튼히 하고 사방 방위군의 힘을 굳세게 하면 이 또한 자강의 기초가 될 것이다.

일단 이익을 도모할 수 있고 또 강함을 도모할 수 있다면 나라가 작은 것은 문제가 되지 않는다. 단지 사람이 있고 재화가 있고 군사가 있으면 족히 자립할 수 있다. 저 스위스와 벨기에는 여러 대국 사이에서 견아교착(犬牙交錯)[49]의 형세를 이루고 있으면서도 오히려 나라 구실을 하고 있는데, 하물며 본래 명도(名都)[50]로 일컬어지고 홀로 일면(一面)을 당해낼 수 있는 조선에 있어서랴! 조선이 능히 강대해지면 장래 유럽과 아시아의 여러 대국이 반드시 합종하여 러시아에 대항할 것이다. 그러지 않으면 러시아 군사가 멀리서 휘몰아오는 것을 앉아서 바라만 보고, 남들이 오이를 쪼개듯 국토를 나누어 가지고 기와조각처럼 나라가 부서지는 것을 앉아서 듣기만 하게 될 것이니, 그 해를 어찌 이루 다 말할 수 있겠는가? 흔히들 하는 말로 "두 이익을 저울질할 때에는 중한 쪽을 취하고, 두 손해를 저울질할 때에는 경한 쪽을 취한다"고 했는데, 하물며 이렇게 이해의 상거가 매우 현격한데 어찌 일찍 계책을 결정하지 않을 수 있겠는가?

아! 조선은 삼면이 바다여서 예로부터 천연의 요새로 일컬어져왔다. 오직 서북쪽의 강토가 우리와 연접해 있을 뿐이다. 그래서 조선은 수천 년 전부터 신령을 우러러 받들고 덕화(德化)를 흠모하여 오직 중국만이 있는 줄 알았다.

중국이 정치의 근본으로 삼는 바를 보면, 안을 피폐하게 하여 바깥을 섬기는 것을 결코 원하지 않는다. 무릇 먼 변방의 나라에 대해서도 매어만 두고 끊어내지 않으면서, 우리 왕조에 복종하고 감히 무례하게 중국을 대하지 않는다면 단 한 명의 군사, 단 한 개의 화살이라도 손상시켜가며 위엄을 보이기를 원하지 않았다. 그 덕분에 조선은 조야(朝野)와 상하가 모두 문학(文學)을 닦고 예의를 지켰으며, 중국의 의관(衣冠)과 예악(禮樂)을 여러 대에 걸쳐 엄격히 지키고 감히 실추시키지 않았다. 노자가 이르기를 "비록 배와 수레가 있으나 탈 필요가 없고, 비록 군사와 병기가 있으나 벌여놓을 필요가 없다. 그리하여 늙어죽을 때까지 서로 왕래하지 않으니, 이것이 참으로 천하의 낙국(樂國)이 아니고 무엇이겠는가?"라고 했다. 비유하자면 집에 인자한 아비가 있어 그 자식이 고된 일 하지 않고도 배불리 먹고 편하게 사는 것과 같으니, 이는 조선의 큰 행복인 것이다.

그러나 불행히도 오늘날에 와서는 홀연히 천하에 막강한 러시아가 나타나 조선이 이 나라와 이웃하게 됐고, 또한 바닷길이 사방으로 열렸으나 막을 만한 요새가 없다. 하지만 나라가 아직 동쪽 구석에 치우쳐 있는데다 백성이 가난하고 땅이 메말라서, 인도가 그 땅을 몽땅 영국에 바치고 월남이 그 땅의 일부를 프랑스에 떼어주고 남양(南洋)과 카리브 및 소(小)여송(呂宋)[51]의 여러 나라가 네덜란드나 스페인에 합병된 것과 같은 지경에는 아직 이르지 않았다.

러시아는 한쪽으로 치우쳐 세워진 작은 나라였고 여러 대국의 견제를 받아왔기 때문에 동쪽을 돌볼 겨를이 없었다. 그러다가 하늘이 내린 복으로 그 나라를 대대로 이어 물려줌으로써 오늘에 이르렀다. 오늘에 와서는 러시아를 방어하는 계책이 부득불 시급하게 됐으나 조선이 나라의 힘을 다 기울인다 해도 러시아를 방어함에 있어 작은 것은 진실로 큰 것을 대적하지 못하고, 적은 것은 진실로 많은 것을 대적하지 못하며, 약한 것은 진실로 강한 것을 대적하지 못하는 형세다.

그러나 조선은 다행히 중국이 있어 친할 수 있고, 또한 러시아의 위협을 받으면서도 힘으로 조선을 제어할 수 없는 일본이 있어 가히 맺을 수 있으며, 유럽을 멀리하고 아시아를 친근히 하며 남의 나라를 침략하는 것을 싫어하는 미국이 있어 가히 화친할 수 있다. 대체로 보아 선세(先世)의 기자(箕子) 이래로 지금 세대에 이르기까지 대대로 나라를 세우고 하늘에 있는 여러 군후(君侯)의 영혼이 감싸주고 보호함으로써 이런 기회가 마련된 것이다. 이 기회를 이용할 시기는 바로 지금이다.

지금으로부터 30년 전에 중국이 아편을 불태우면서 무역항을 폐쇄하기로 의결하고 처음에는 광동(廣東)에서, 두 번째에는 강녕(江寧)[52]에서 싸웠다. 그러나 지금은 통상하는 곳이 19개나 되고 조약을 맺은 나라가 14개국에 달한다. 지금으로부터 20년 전에 일본도 서양으로부터 맹약을 강요받자 양이(攘夷)에 뜻을 두고 처음에는 시모노세키에서, 두 번째는 가고시마에서 싸웠다. 그러나 지금은 온 영토에 서양 사람이 깔려 있고 온 나라가 서양의 법도를 배우고 있다.

20~30년 전에는 동서 제국의 선박과 총기가 정밀하지 못했고 영국, 프랑스, 미국이 요구하는 것도 통상에 불과했다. 이 때문에 설령 전쟁에 패하더라도 강화를 하면 그만이었다. 그리고 비록 체결한 조약이 큰 상처를 입히는 것이기는 했으나 그로 인해 크게 잃는 것은 없었다. 그러나 오늘날 러시아인의 큰 욕망은 오로지 영토를 넓히는 데 있고, 그 선박의 튼튼함과 대포의 날카로움이 또한 전보다 훨씬 나아졌다. 이런데도 조선이 항구를 폐쇄한다고 하는 것은 지금도 조선이 20~30년 전의 중국, 일본과 같다는 말이다. 계책을 변통할 줄 모르면 아마도 전쟁을 하더라도 패할 것이고, 패한 뒤에는 화친을 하고자 해도 다시는 전처럼 그것이 이루어지지 않을 것이다.

아! 슬프고 슬프도다! 시세의 절박함은 위태롭고도 위태로우며 기회가 오는 것은 은미하고도 은미하다. 이 기회를 지나쳐버리면 알거나 모르거나 친숙하거나 소원한 오대부(五大部)의 종족들이 모두 조선을 위태한 나라로 보는데도 조선 저만이 절박한 재앙을 도리어 알지 못하고 있을 터이니, 이것이야말로 처마의 제비가 불이 붙은 것도 모른 채 아무 근심 없이 즐겁게 지저귀는 것과 무엇이 다르겠는가? 지혜로운 자만이 시기를 탈 수 있고, 군자만이 은미함을 알 수 있으며, 호걸만이 능히 위태로움을 안정시킬 수 있다. 이것이 바로 조선에 인재가 있어 급히 일어나 도모하기를 바라는 까닭이다.

급히 일어나 도모할진대, 나의 책략인 이른바 중국과 친하고 일본과 맺고 미국과 잇는 안(案)을 힘써 행하는 것이 상책이다. 주저하여 결단을 내리지 못하고 질질 끌면서 시간만 보내는 가운데 중국과 친하게 지내되 옛 장전(章典)을 지키는 데 불과하고, 일본과 맺되 새 조약을 행하는 데 불과하며, 미국과 잇되 표류한 배나 건져주고 관문 개방을 요구하는 문서나 접수하면서 다만 격변이 일어나지 않고 흔단이 생기지 않기만 바라는 것은 하책(下策)이다. 오직 내가 속을 것을 근심한 나머지 스스로 날개를 잘라버리고 한 덩어리의 진흙으로 관문을 봉하여 깊이 닫고 굳게 일체를 거절하며 남을 오랑캐라 배척하면서 그들과 동열에 서는 것을 기껍게 여기지 않다가 변이 일어난 뒤에야 비로소 비굴하게 온전하기를 바라고 다급하여 어찌할 바를 모르는 것은 무책(無策)이라 할 것이다.

조선은 나라를 세운 지 이미 수천 년이나 되었는데 어찌 사람이 없다 할 것이며, 능히 이해를 알면서 도리어 무책을 달게 여기겠는가? 계책을 결정하는 일은 국주(國主)에게 있고, 보필하고 모의(謀議)하는 일은 추부(樞部)에 있고, 무릇 시무(時務)를 강구하여 분열을 나타내지 않는 일은 조정 대신에게 있고, 힘써 묵은 인습을 깨뜨리고 얕은 식견을 계발하는 일은 사대부에게 있고, 분발하여 일어나 동심합력(同心合力)하는 일은 국민에게 있다. 그 방도를 얻으면 강해지고, 그 방도를 잃으면 망한다. 어느 한쪽으로 움직이는가에 조선의 종묘사직이 걸려 있고, 또 아시아의 대국(大局)도 걸려 있다.

대체로 충직한 말은 귀에는 거슬리지만 행하는 데는 이롭고, 좋은 약은 입에는 쓰지만 병에는 이로운 법이다. 내가 어찌 짐짓 위태롭고 겁나는 말을 하여 남을 불안에 떨게 하겠는가? 내가 차저(借箸)[53]하여 이 계책을 마련한 것은 내 마음이 차마 조선이 시세(時勢)에 의해 핍박받는 것을 그대로 두고만 볼 수 없어서다. 그래서 얼굴 두껍게도 내가 대신 모책(謀策)을 하여 외람되이 고언(苦言)으로 간하는 것이다. 만약 내 계책이 행해져서 지혜와 용기로써 이루어 나가고 충심과 믿음으로써 지키며 때에 따라 변통하고 일에 따라 적응하여 아래로는 뭇 백성을 기르고 안으로는 서정(庶政)을 닦는다면, 그것은 환해생령(環海生靈)의 경사이지만 이 《책략》에서는 미처 다 서술할 수 없는 일이다.

1880, 김병국 등, 〈여러 대신이 의견을 올림〉

앞의 《사의 조선책략》에 대해 조정 내 찬반 논쟁이 일어나자 영의정 이최응, 좌의정 김병국, 영부사 이유원, 영돈 홍순목, 판부 한계원 등 다섯 명의 고관이 김병국의 집에 모여 의견을 모아 이 글을 써서 왕에게 올렸다. 1871년에 1차 수신사로 파견됐던 김기수(金綺秀)가 쓴 《수신사 일기》의 2권에 '제대신헌의(諸大臣獻議)'라는 제목 아래 기록되어 전해졌다.

러시아가 북쪽에 위치하여 호시탐탐 기회를 노리고 있어 전 세계가 호랑이를 두려워하듯 이 나라를 두려워한 지 이미 오래입니다. 근년에는 중국과 기타 각국의 문자가 한결같이 이 나라에 대한 우려를 나타내고 있습니다. 조선은 이 나라와 국경이 서로 닿아 있으니 어찌 그 폐해를 남보다 먼저 입지 않겠습니까? 이번에 수신사(修信使)가 가지고 와서 바친 중국인의 책자는 그 대책으로 삼은 바에 대해 자문자답의 형식으로 스스로 의문을 제기하여 스스로 논의를 폈는데, 그 깊은 걱정과 멀리 내다본 생각이 지난날에 보던 각국 문자에 비해 더 상세하고 정밀합니다. 비록 그 말이 다 옳은지는 알 수 없으나 안불망위(安不忘危)[54]의 뜻을 한층 더 깊이 강구한 것입니다.

그런데 거기서 이르기를 친중국(親中國)이라 했으나, 200년 동안 우리나라의 사대(事大) 정성이 조금도 늦추어진 적이 없고 상국(上國) 또한 우리를 내복(內服)으로 대하여 지금까지 간곡히 비호해왔는데 이제 와서 새삼 권친(勸親)할 일이 무엇이 있겠습니까? 이것은 이해할 수 없는 일입니다.

거기서 이르기를 결일본(結日本)이라 했으나, 근년에 조약을 체결하고 수교를 다짐하여 공사가 해마다 오가고 어려운 청을 들어주었으니 우리나라로서는 성의를 다하지 않은 것이 없습니다. 다만 우리나라의 습속이 그들의 눈을 놀라게 하여 그들이 공관에 머무는 동안에 못마땅한 느낌을 품은 일이 없지 않았습니다. 이로 말미암아 우리가 그들을 불신하는가 하고 그들이 의심했으니, 이는 실로 우리의 정성과 믿음이 미흡한 데서 나온 것입니다. 공사(公使)가 머지않아 온다고 하니, 우리가 먼저 우리의 도리에 따라 정성과 믿음을 다하고 조금이라도 지난번과 같은 경홀함이 없도록 하여 우호의 뜻을 보여야 할 것입니다.

공사가 오면 반드시 체결하려는 조약이 있을 것이니, 그것은 본래부터 말해오던 경성(京城) 주재관 설치와 인천 개항 문제일 것입니다. 그들이 들어주기 어려운 요청을 해온다면야 어찌 쉽게 허락할 수 있겠습니까? 주재관 설치를 허락한다면 인천 개항은 허락하지 말아야 할 것입니다. 서울은 인천에 이어져 있어 매우 불안하기 때문입니다. 만일 인천 개항을 허락하고 서울 공관 설치를 허락하지 않으면 그들은 또 자기들이 하고 싶은 대로 억지를 쓰고 떠들어댈 것입니다. 만일 공관 설치와 인천 개항을 한꺼번에 허락하면 그들은 우리가 하는 말을 듣지 않고 아득히 흘려보내고 말 것입니다. 그렇게 되면 사태를 만회할 수 없을 것이니 장차 어떻게 대처해야 하겠습니까? 이 문제에서는 결국 공사가 일을 시작할 때 그의 소청(所請)이 무엇인가를 알게 될 것입니다.

거기서 이르기를 연미국(聯美國)이라 했으나, 오늘날 세계 각국이 모두 힘을 합쳐 타국을 경멸하는 러시아의 위세를 저지하려고 하지 않는 나라가 없습니다. 하물며 우리나라는 해로의 요충에 위치하되 의지할 데가 없이 외로우니 연합은 좋은 계책일지언정 나쁜 계책이라고 할 수는 없습니다. 그러나 우리나라의 규범은 본래부터 오랑캐와 통하지 않는 것이었을 뿐만 아니라 미국은 우리나라와 서로 수만 리나 떨어져 있어 소식이 미치지 않는 땅인데, 오늘날 어떻게 우리가 먼저 통해서 외교를 맺고 후원을 받을 수 있겠습니까?

　배가 정박하여 서신을 보내오면 그 글을 보고나서 좋은 말로 답해주고, 바다에 표류하여 어려움을 알려오면 힘이 닿는 대로 구제하여 어루만져주면 유원지도(柔遠之道)[55]에도 어긋나지 않을 것입니다. 이렇게 한 뒤에는 그 나라가 반드시 우리를 잘 대하려고 할 것이니 통할 수 있지 않겠습니까? 일의 성패는 시기에 따라 어떻게 조치하느냐에 달려 있습니다.

　우리나라의 안위(安危)가 청나라, 일본과 관련돼 있으므로 이처럼 자세히 서술한 것이옵니다. 우리나라 스스로도 예사롭게 보아 넘길 수 없는데, 더욱이 그의 말이 이처럼 급박하오니 어찌 유한하게 세월을 허송할 수 있겠습니까?

1881, 이만손 등, 〈영남만인소〉

《사의 조선책략》에 동조하는 대신들에 의해 개혁정책이 추진되고 일본 등 외국과의 교류가 늘어나자 1881년 2월 이만손(李晩孫)을 소두(疏頭)로 한 영남의 유생들이 《영남만인소(嶺南萬人疏)》라는 상소문을 조정에 올렸다. 이 글에서 유생들은 《사의 조선책략》을 쓴 황준헌은 중국인이지만 일본을 위해 세객(說客) 노릇을 하는 자라고 비판한다.

엎드려 아뢰옵건대 신들은 영외(嶺外)에 멀리 떨어져 사는 백성입니다. 못난 선비의 천한 이름은 사적(仕籍)에 오르지 못했고, 지푸라기 같은 보잘것없는 재주는 세무(世務)에 통하지 못했습니다. 다행히 성덕이 빛나고 밝은 때에 태어나 추(鄒),[56] 노(魯)[57]와 같은 인현(仁賢)의 고장에서 살고 있으므로 외우고 말하는 것이 주공(周公), 공자의 책이요 따르고 익히는 것도 주공, 공자의 가르침입니다. 그러나 벽지에 멀리 떨어져 있고 또한 미천하여 유신(維新)의 정치에 만 분의 일도 도움을 드리지 못하고 있습니다. 다만 성현의 길을 강구하고 밝혀서 굳이 이를 수행하고 있으며, 그것을 높이고 지키는 성품을 더욱 다지고 꾸준히 갈고 나아가 사악(邪惡)을 물리치는 의기를 더욱 굳건히 하여 위로는 임금님의 가르치고 기르시는 교화(敎化)를 저버리지 않고 아래로는 인간의 타고난 떳떳한 성품을 저버리지 않음으로써 미처 보답하지 못한 것을 보답할 수 있기를 바랄 뿐입니다.

엎드려 수신사 김홍집이 가지고 와서 유포한 황준헌이 쓴 책을 보건대 어느새 털끝이 일어서고 쓸개가 떨리며 이어서 울음이 복받치고 눈물이 흐릅니다.

아아! 천하가 생긴 지는 이미 오래됐습니다. 요, 순, 주공, 공자가 앞에서 열고 자사, 맹자, 정자, 주자가 뒤에서 밝힘으로써 백성은 그 도리를 다하고 만물의 근본법칙을 지키는 데 온힘을 다했으며, 하늘이 정한 질서를 펴고 악을 다스리는 성과를 거두기 위해 항상 조심해왔습니다.

어쩌다 간사한 말과 빗나간 행동이 그 사이에서 싹트면 반드시 그것을 물리치고 끊어버리며 몰아내고 또한 없애버렸습니다. 양묵(楊墨)[58]의 학문이 인의(仁義)를 논하지만 이를 홍수(洪水)보다 더 강력히 배척했고, 노불(老佛)[59]의 견해가 심성(心性)을 가르치지만 이를 사사로운 원수보다도 더 공박했습니다. 옳지 못한 길로 사람을 유혹하는 자를 베어죽임은 왕법(王法)에 나타나 있고, 같은 무리를 먼저 다스리라는 교훈은 춘추(春秋)에 실려 있습니다. 1500년에 걸쳐 이를 따르면 다스려지고 이를 저버리면 어지러워졌고, 이를 따르면 편안해지고 이를 저버리면 위험해졌으며, 이를 따르면 민생이 편안한 자리에서 안정되고 이를 저버리면 인류는 마귀의 꾐에 빠졌습니다. 백 가지를 가지고 백 가지를 비교할 때 누구도 그 도리를 위반할 수 없는 이유는 대개 천지(天地)를 위해 마음을 쓰고 국가를 위해 천명(天命)을 따르는 자로서는 이를 버리고는 다른 길이 없기 때문입니다.

삼가 생각건대 우리 조선 왕조가 창건되어 역대 성왕(聖王)이 차례로 대를 이어받고 유교를 숭상하고 도를 중히 여기어 오늘날과 같이 탁월하게 된 까닭은 육예(六藝)[60]의 가르침에 있는 것이 아니라 함부로 속셈을 드러내지 못하게 하고, 얼굴이나 말재주만으로 농간을 부리지 못하게 하며, 한 길(道), 같은 풍속의 아름다움이 풍만하여 삼대(三代)[61] 이래로 이처럼 성한 적이 없는 데 있습니다.

그러하나 불행히도 예수교라는 사교(邪敎)가 해외의 오랑캐 종자로부터 나

오매 예의염치는 말할 나위도 없고 오륜, 삼강, 법칙을 모조리 쓸어버리고 말았습니다. 그 말은 한없이 넓고 커서 노자, 석가도 감히 하지 못할 말이고, 그 술책은 간사하고 기만적이어서 양자, 묵자도 참을 수 없는 것입니다. 황건(黃巾)[62]과 백운(白運)[63]의 요사스러움을 이어받고 있으나 교활하기는 그들을 능가합니다. 예수교도들은 붉은 옷을 휘감고 검은 모자를 쓴 귀신에 의탁하여 말이나 하는 짓이 허황하기 그지없으니, 그들은 곧 금수요 견양(犬羊)입니다. 우리에게 사람이 없는 기회를 틈타 그들이 천하를 바꾸려고 하고, 중국을 좀먹으며, 조선에 침입해 휩쓸고 있으니 주공, 공자는 아득히 밀려나고 정자, 주자도 끝장났습니다. 평탄한 시운(時運)이 한결같이 못하고 선을 좇고 악을 싫어하는 백성의 뜻이 흐트러지고 막히면, 이를 파헤쳐서 쓸어버리는 책임은 우리 임금과 재상들에게 있지 않겠습니까?

　우리 선왕인 정종, 순조로부터 현종에 이르기까지, 특히 경신, 신유를 전후해서는 법제를 더욱 넓히고 바로잡아 사교에 관련된 자에게는 반드시 용서 없이 죽음을 내리시고, 잘못된 길로 나아가는 자는 비록 그 죄과가 적다고 해도 그대로 용납하지 않으셨습니다. 헌경(軒鏡)을 높이 달고 우정(禹鼎)을 더욱 무겁게 하여 요사스러운 무리와 어지럽히는 자들에게는 과감히 죽음을 내리셨습니다. 성상께서도 즉위한 후 멀리 선왕의 뜻과 하신 일을 좇고, 또 선왕의 전범(典範)과 법도를 따르셨습니다. 병인양요의 변란을 당하여 저들은 스스로 죽음 속으로 뛰어들었고, 우리는 곧 저들을 격퇴했습니다. 하늘의 분노가 이처럼 치열하자 추악한 무리는 놀라서 도망치고 말았습니다.

　그러하나 명치에 박힌 송곳이 아직 남아 있고 빛을 발하던 해와 별이 아직 어두워지지 않았는데, 십 년이 채 안 되어 흉측한 말과 추잡한 소문이 낭자하게 나돌고 있습니다. 지난날 몰래 서로 짜고 속여서 꾀거나 잘못된 길로 나아가던 자들이 이제는 의젓하게 책을 쓰고 있습니다. 지난날 저희끼리 전해 익히고 저희끼리 주고받던 것을 이제는 내놓고 우리에게 던져 보내고 있습니다. "주공이나 공자보다도 낫다"는 말이나 "우리도 주희(朱熹)나 육구연(陸九淵)과 같다"는 구절은 얼마나 성인(聖人)을 속이고, 얼마나 현인(賢人)을 모욕하며, 얼마나 나라를 욕되게 합니까?

그런데도 이런 것을 가지고 들어와 임금에게 주달(奏達)하는 자가 있는가 하면, 마주 대하고 전파하는 자도 있습니다. 그럼에도 윗사람들은 오히려 태연한 태도로써 이를 괴이하게 여기지도 않고, 아랫사람들은 초목이 바람에 쓰러지듯 이를 부끄럽게 여기지도 않은 채 작은 물건, 하찮은 문제로 보고 흐린 달빛이 스쳐가는 것처럼 생각하고 있습니다. 눈을 부릅뜨고 담을 키우고 피를 뿌리고 머리를 부수면서 주공, 공자를 위하고 정자, 주자를 위해 저들의 거짓을 드러내어 밝히고 선왕과 전하를 위해 절의(節義)를 다하려는 충의(忠義)의 선비는 한 사람도 없나이다. 겨우 미천한 벼슬아치 유원식(劉元植) 한 사람이 있었으나, 그에게는 바로 사흉(四凶)의 형벌이 내려졌습니다.

전하께서 한번 살펴보십시오. 예부터 임금이 주신 옷을 입고 임금이 주신 밥을 먹고, 선비의 갓을 쓰고 선비의 옷을 입으며, 외국의 사신을 응대하는 직책을 맡고 지체 높은 자리에 있으면서 나라에 욕되는 책을 가지고 와서 어전에 올리고, 성현을 조롱하고 기만하는 학설을 간직하고 와서 이를 조정에 심어 도적 떼가 세력을 떨치게 하며, 백성의 마음을 동요시키고 무력의 위세를 빙자하여 뭇 사람의 입에 재갈을 물리는 자는 과연 누구이겠습니까? 더구나 선왕께서는 그처럼 엄격히 물리쳤는데 전하께서는 이처럼 허용하시고 병인양요 때에는 그처럼 정도를 지키셨는데 오늘날에는 오히려 그 무리를 우대하시니, 신들은 전하가 장차 무엇으로 선왕에게 보답하고 무엇을 후세에 남기려고 하는지 알 수가 없습니다.

궁궐은 깊고 조용하며 그 뜰은 호수처럼 잔잔한데 고요한 한밤에 잠자리에 들어도 잠을 이루시지 못하여 전하가 몸을 뒤척이며 생각할 적에 반드시 걱정스러운 마음으로 지난날을 회상하는 감회가 있을 것입니다. 그러하고는 한숨을 쉬며 사람은 끝마무리가 어렵다는 뉘우침에 잠길 것입니다. 공자는 "예부터 누구에게나 다 죽음은 있는 법이나 백성은 믿음이 없으면 존립할 수 없다"고 했고, 맹자는 "죽음이란 나 또한 싫어하는 바이지만 죽음보다도 싫어하는 것이 있다"고 했습니다.

신들은 어리석게도 죽을죄를 지었습니다. 황공하오나 신들은 차라리 나라를 위해 죽을지언정 선왕의 법도가 전하의 대에 이르러 파괴되고, 선왕의 예악(禮樂)이 전하의 대에 이르러 가벼이 여겨지고, 선왕의 강토가 전하의 대에 이르러 버려지고, 선왕의 신민이 전하의 대에 이르러 구렁텅이에 빠지도록 할 수는 없습니다.

이는 의리상 마땅히 그러할 뿐 아니라 그 이해(利害)로 말하더라도 지극히 교묘하고 또한 참담한 일이니 막아야 하기 때문입니다. 저들은 형적(形迹)도 없는 러시아를 꾸며대고, 아무 관계도 없는 미국을 등장시키며, 강하고 사나운 일본을 앞잡이로 삼아 중간에서 연결하려는 것입니다. 그리하여 듣는 자는 이를 두려워하고, 논의하는 자는 이에 물의를 일으키고, 공을 세워 원수를 갚으려는 자는 이에 의탁하여 사욕을 채우려고 하고, 의를 위하여 가세(加勢)하려던 자는 이를 꺼려 입을 다물고 부질없이 세월만 보내며 점점 깊숙이 그 속으로 빠져들고 있습니다.

들어주기를 청컨대 신들이 그 이른바 사의서(私擬書)라고 하는 것에 대해 조목을 들어가며 아뢰고자 합니다. 그 논의의 요점은 "오늘날 조선의 다급한 정세는 러시아를 방어하는 것보다 더한 것이 없으며, 러시아를 방어하는 계책은 중국과 친하고 일본과 맺고 미국과 잇는 것보다 더 급한 일은 없다"고 했습니다.

무릇 중국은 우리가 신하로서 섬기는 나라여서 해마다 옥과 비단을 보내는 수레가 요동(遼東)과 계주(薊州)를 이었습니다. 중국에 대해 삼가 신의와 절도를 지키고 번속의 직분에 충실한 지 벌써 200년이나 됐습니다. 그러하기에 '황

(皇)'과 '짐(朕)'이라는 두 존칭을 쉽게 받아들였고, 그 사신들을 총애하는 한편 그들이 전해온 글을 간직해 두었습니다. 그런데 이제 더 친할 것이 무엇이 있겠습니까? 만일 이것을 붙잡고 말을 만들어 번거롭게 굴고 문책하는 일이 있다면, 전하는 장차 이를 어떻게 해결하시겠습니까? 이것이 이해(利害)가 뚜렷이 드러나는 사실 중 첫째입니다.

일본은 우리에게 매여 있던 나라입니다. 그런데 삼포왜란이라는 지난 일이 어제와 같고 임진왜란의 숙원(宿怨)이 아직 가시지 않았는데 그들은 이미 우리 관문(關門)의 좁은 목과 땅의 험하고 평탄함을 잘 알아 수륙의 요충을 점령했습니다. 그들은 본래 우리와 같은 종족이 아니므로 그 마음 또한 반드시 다를 것입니다. 어느 때라도 저들이 날뛰는 날이면 어찌 마음대로 침입할 기회가 없겠습니까? 만일 지방마다 방비하지 않았다가 저들이 산돼지처럼 함부로 돌진해 오면, 전하는 장차 이를 어떻게 제어하겠습니까? 이것이 이해가 분명한 사실 중 둘째입니다.

미국은 우리가 본래 모르던 나라입니다. 갑자기 남의 종용을 받고 우리 스스로 끌어들여 그들이 풍랑을 몰고 험한 바닷길을 건너와 우리 신료를 괴롭히고 우리 재산을 쉴 새 없이 빼앗아 가거나, 저들이 우리의 허점을 엿보고 우리의 약함을 업신여겨 들어주기 어려운 청을 강요하고 감당하지 못할 책임을 지운다면 전하는 장차 어떻게 이에 대응하겠습니까? 이것이 이해가 분명한 사실 중 셋째입니다.

러시아 오랑캐는 본래 우리와는 꺼리고 싫어함이 없던 나라입니다. 공연히 남의 이간을 듣고 우리의 위신을 손상시키거나 원교(遠交)를 핑계로 근린(近隣)을 배척하면 행동과 조치가 전도(顚倒)되고 허(虛)와 정(靜)이 앞뒤가 뒤바뀌게 될 것입니다. 그러다가 만일 저들이 이를 구실 삼아 분쟁을 일으킨다면 전하는 장차 어떻게 이를 구제하겠습니까? 이것이 이해가 분명한 사실 중 넷째입니다.

하물며 러시아, 미국, 일본은 똑같이 오랑캐입니다. 그들 중에서 누구는 후하게 대하고 누구는 박하게 대하기란 어려운 일입니다. 또한 두만강 일대는 국경이 서로 맞닿은 곳인데, 러시아가 일본에서 이미 시행된 예에 따라 미국이 신설한 조약을 근거로 터전을 요구하여 거기에 와서 살고 물품을 요구하여 교역을 독점한다면 전하는 장차 어떻게 이를 장악하겠습니까? 이것이 이해가 분명한 사실 중 다섯째입니다.

더욱이 해내외(海內外)에 널리 깔린 미국, 일본 같은 나라가 수를 헤아릴 수 없이 많은데, 만일 저마다 빈축(嚬蹙)[64]하고 저마다 이익을 추구하고 땅이나 물품을 요구하기를 마치 일본과 같이 한다면 전하는 장차 어떻게 이를 막아내겠습니까? 허락하지 않으면 지난날의 은공(恩功)이 모두 없어지고 뭇 원망이 집중하여 조선 삼천 리 강토 어느 한 구석도 장차 용납할 곳이 없어질 것입니다. 이것이 이해가 분명한 사실 중 여섯째입니다.

더욱이 오랑캐 종자는 그 본성이 탐욕하기가 예나 지금이나 한결같으며, 이는 남북의 오랑캐가 마찬가지입니다. 만일 저들이 공궐(蛩蟨)[65]처럼 서로 의지하고 방휼(蚌鷸)[66]처럼 안으로 응하고 밖으로 합하여 앉아서 이익을 도모한다면 전하는 장차 어떻게 이를 금지시키겠습니까? 이것이 이해가 분명한 사실 중 일곱째입니다.

이 일이 있은 다음부터 무지한 자는 벼슬아치들을 나무라고 원망하며 유식한 자는 가슴을 치며 통분히 여겨왔습니다. 민심은 이미 어지러워졌고, 국세는 이미 약해졌습니다. 왜구로 하여금 줄곧 대안(對岸)을 바라보고 있게 한다면 모르겠으나, 참으로 황준헌의 말처럼 그들의 힘이 집어삼킬 수 있고 뜻이 침략에 있다면 전하는 장차 앉아서 만 리 밖의 구원을 기다리겠습니까? 아니면 홀로 수레 앞에 들이닥친 오랑캐를 막아내겠습니까? 이것이 이해가 분명한 사실 중 여덟째입니다.

전하께서는 어찌하여 이처럼 백해(百害)는 있되 일리(一利)도 없는 일을 거론하여 러시아에 대해 없는 마음을 열어주고 미국에 대해 없는 일을 발생시켜 오랑캐로써 오랑캐를 부르고 살을 긁어 부스럼을 만드십니까?

황준헌은 논의에서 또한 "서학을 배우고 치재(致財), 권농, 용공(用工)에 힘을 다하라"고도 말했습니다. 대개 농공업을 경제의 바탕으로 삼는 것은 예부터 내려오는 선왕의 훌륭한 법도입니다. 선왕의 도(道)보다 가볍게 하려는 자가 있다면 그는 오랑캐요, 선왕의 법도(法度)보다 지나치게 하려는 자가 있다면 그는 걸(桀)[67]과 같은 자입니다. 오는 자를 위로하고 덕으로써 일깨우되 상해(傷害)를 입히지 않으면 백성은 언제나 편안할 것입니다. 절제의 법도로써 관리의 수를 줄이고 다스림을 느슨하게 하면 재정은 언제나 족할 것입니다. 무익으로써 유익을 해치지 않고 이물(利物)을 밝히지 않고 용물(用物)을 취하면 공업은 언제나 성장할 것입니다. 당우(唐虞)[68]의 시대에는 집집마다 풍요했고, 성주(成周)의 시대[69]에는 곡식을 집에 쌓아놓고 있었으며, 한(漢)나라 시대에는 곡식이 붉게 썩을 정도로 많았으니 이 모두가 용기, 지혜, 방략(方略)에서 우러나온 것입니다. 어찌하여 일찌감치 선왕의 도를 버리고 다른 모양의 요사한 술책을 따르겠습니까?

정말로 저들이 기괴한 기술, 요사스러운 재간으로 폭력을 휘둘러 빼앗거나 이익을 도모하고 기계를 만들어 농간을 부리며 큰 갈고리로 재화를 끌어간다면, 하늘과 땅 사이의 물질(物質)이란 그 수량이 한정돼 있으므로 신운(神運)의 도움으로 귀신이 재물을 보내주거나 물에서 솟아 바다에 넘치도록 하기를 기대할 수는 결코 없을 것입니다. 하물며 선왕의 가르침이 이미 끝장나고 선왕의 법이 이미 파괴되어 적자(赤子)[70]는 뱀 같은 속물(俗物)로 화하고 관상(冠裳)[71]은 구탈(甌脫)[72]로 변할 것이니, 비록 식량이 있다 한들 전하가 그것을 얻어 드실 수 있겠으며 군사가 있다 한들 전하가 그것을 얻어 쓰실 수 있겠습니까?

청컨대 신들은 다시 사적(史籍)에 실린 사실들을 따라 엎드려 아뢰고자 합니다. 옛적에 6국[73]이 합종하여 진(秦)을 물리친 것은 모두 영토가 서로 연접해 있고 풍속이 서로 비슷했기 때문입니다. 일찍이 겹겹이 막혀 있는 국경을 넘고 만리 바다를 건너 순치(脣齒)의 외교를 맺은 일이 있었다는 말은 들어보지 못했습니다. 오(吳)와 촉(蜀)이 맹약하여 위(魏)를 장악한 적은 있으나, 이들은 모두 국경을 엄수(嚴守)하고 그 봉토(封土)를 잘 다스렸습니다. 내 땅을 빌려주고 저들의 사교(邪敎)를 의지하여 세력을 펴나간 일이 있었다는 말은 들어보지 못했습니다.

진(晉) 무제(武帝)는 저강(氐羌)[74]을 관서(關西)에 놓아주고, 유한(維翰)은 거란(契丹)에 외진 곳의 땅을 떼어주었습니다.[75] 이를 두고 어찌 당시 스스로 항복해온 자를 죽이지 않은 '인(仁)'이라 하지 않을 수 있으며, 때에 맞추어 일을 이룬 '지(智)'라 하지 않을 수 있겠습니까? 그러나 저들은 꼬리가 커져서 본체(本體)를 흔들리지 않게 놔두지 못하는 세력을 이루었으며, 드디어 오랑캐가 중화(中華)를 어지럽히는 변란을 일으켰습니다. 이 어찌 역사의 거울이 비추어주고 뒤집혀진 수레가 가르쳐주는 당연한 교훈이 아니겠습니까?

더욱 통분하게도 저 황준헌이란 자가 중국 사람을 자칭하면서 일본의 세객(說客)이 되고 예수의 선신(善神)이 되고 기꺼이 난적(亂賊)의 효시가 되어 스스로 금수와 같은 무리에 끼어드니, 고금 천하에 어찌 이런 도리가 있습니까? 이는 필시 지난날 그물을 빠져나간 구괴(渠魁)가 강화도의 패전을 분개하면서도 병력으로 승리를 취할 수 없음을 알고, 또한 동방의 바른 예속으로 보아 사설(邪說)로 속이지 못함을 알기 때문에 감언(甘言)으로 꾀고 격한 말로 위협하여 요행으로 이 땅을 잠식할 욕망을 채우고자 여기저기 돌아다니면서 사방을 물들게 할 간계를 펴려는 것이 아니겠습니까? 그렇지 않으면 그가 달콤한 말에 깊이 빠져버렸거나 위혁(威嚇)에 극도로 겁을 집어먹었을 것입니다.

또한 어찌된 영문인지 그 뒤로 전교무해(傳敎無害)의 설이 나돌았습니다. 생각하건대 그 사람의 진가(眞假)는 도무지 알 길이 없사오나, 설사 참이요 거짓이 아니라 할지라도 그는 사교도(邪敎徒)에 지나지 않으며 사교로써 재상(宰

相)을 속이고 재상이 또한 그것으로써 전하를 속인 것은 틀림없습니다.

엎드려 바라건대 전하께서는 엄연(儼然)히 심사(深思)하여 밝게 파헤치고 과감히 결단하며 지나간 실수를 깊이 느껴 장래의 화근을 뼈저리게 통촉하소서. 그런 인간은 모조리 쫓아내고 그런 글은 물, 불 속에 던져 넣어 선을 좋아하고 악을 미워함을 명시하여 중외(中外)에 포고하소서. 그리하여 한 나라의 백성으로 하여금 성의(聖意)가 어디에 있는지를 명백히 깨닫도록 해주시고 주공, 공자. 정자, 주자의 도를 더욱 밝게 가르치시면 모두가 윗사람을 섬기고 어른에게 헌신하는 마음이 생길 것입니다. 주공, 공자, 정자, 주자의 법을 더욱 닦도록 하면 백성은 모두 안정된 생활과 생업의 낙을 누리게 될 것입니다. 그렇게 되면 뭇 사람의 마음이 저절로 품속에 들어오게 될 것이고, 압록강 이동과 대마도 이북에서는 그 더러운 무리, 사악한 종족의 간사한 발길이 얼씬거리지 못할 뿐 아니라 이보다 더한 벌(蜂)의 독침으로도 차마 쏘지 못할 것이니, 그때에야 가히 막대를 들어 그들의 굳은 갑옷, 날카로운 칼날을 제압할 수 있을 것입니다.

신들이 외람되이 봉액(縫掖)[76]의 대열에 서서 고루 보살펴주시는 혜택을 입고 있고, 차마 선사(先師)를 저버리지 못하고 차마 성상(聖上)을 저버리지 못하여 머나먼 길을 걸어서 부르튼 발을 이끌고 3천 리나 되는 길을 걸어와 부르터서 누에고치처럼 쭈글쭈글한 발을 하고 궐문 아래 나와 엎드렸습니다.

이제 크고 작은 슬픈 일들을 돌이켜볼 때 단 하나의 모사(謀事)나 신기한 꾀를 내어 국가의 걱정을 풀었다는 말은 듣지를 못했습니다. 뒤에서 은연히 성인을 모욕하고 중화를 어지럽힌 오랑캐, 왜놈과 화친을 구하여 구차스럽게 눈앞의 무사함만을 추구하고, 한번 그들을 반대하면 거듭거듭 형벌을 가하여 위세를 보이는 것을 대할 따름입니다.

신들은 멀리 떨어져 있는 미천한 존재로서 어찌 넓은 강물에 한 자의 징검다리가 될 수 있고 요원의 불길에 쏟아 붓는 한 주걱의 물만이나 되겠습니까? 산과 바다, 쇠와 나무는 마땅히 분리돼야 한다는 것을 모르는 바 아니나 주공을 위해 죽고 공자를 위해 죽고 선왕을 위해 죽고 전하를 위해 죽어서 그 옛날의 호전(胡銓),[77] 어림(於琳)과 함께 땅 밑에서 노닐 수만 있다면 더없는 영광이겠습니다. 비록 우리 전하께서 넓은 도량으로 죽을 죄인을 살려주는 덕을 베풀어 광망(狂妄)의 죄에 벌을 내리지 않고 용서한다고 하더라도 신들은 차라리 바닷물을 딛고 죽을지언정 차마 금수견양과 함께 어울려서 구차히 살 수는 없습니다. 사람과 귀신이 오늘날에 판가름되고 중화와 오랑캐가 이번 길에 구별될 것입니다.

울분이 가슴을 메우니 진정할 수가 없습니다. 큰소리로 울부짖는 마음을 글로 어떻게 써야 할지 모르겠습니다. 엎드려 비옵건대 전하께서 신들을 어여삐 보셔서 용서해주고 이 소를 채납(採納)해 주신다면 이는 다만 한 나라의 다행이 아니라 실로 천하의 다행이겠습니다. 또한 한 시대만의 다행이 아니라 실로 만세(萬歲)의 다행이겠습니다.

1883, 홍영식, 〈미국 방문 보고〉

1883년 5월 조선 주재 초대 미국 공사인 푸트(Lucius Harwood Foote)는 고종에게 미국에 사절단을 파견할 것을 권고했다. 고종은 이를 받아들여 민영익(閔泳翊)을 전권대신, 홍영식(洪英植)을 전권부대신으로 한 사절단을 구성하여 미국에 파견했다. 이들이 미국을 방문하고 돌아온 뒤인 같은 해 12월 20일 고종은 경연(經筵) 자리에서 홍영식에게 미국에 대해 궁금한 점들을 질문했다.

고종: 갈 적에는 더위가 한창이었으나, 올 적에는 추운 날씨이다. 먼 여행길에 무사히 돌아왔는가?

홍영식: 왕령(王靈)의 도움을 받아 탈 없이 다녀왔습니다.

고종: 일행은 모두 뱃멀미가 없었는가?

홍영식: 모두 감내할 수 있었으며, 아직도 그 피로가 남아 있지만, 어찌 감히 이를 노고(勞苦)라고 말하겠습니까? 전권대신 민영익은 이미 성지(聖旨)를 받들어 미리견(美利堅)[78]에 가 있을 때 미리견 정부가 민 특사 일행에게 미리견 군함을 타고 구주(歐洲)를 돌아 아세아(亞細亞)로 출항하라고 권고한 바 있었으므로 일찍이 종사관 서광범과 더불어 군함의 출항을 기다리고 있습니다. 민 전권대신의 미리견 출항 시기는 신 일행이 미리견을 떠나 귀국하는 날짜로부터 약 보름 뒤입니다. 신 등은 배의 기일을 맞추어 먼저 돌아온 것입니다.

고종: 그러면 민 전권대신 일행은 언제쯤 귀국한단 말인가?

홍영식: 신이 들은 바에 의하면 섣달 그믐께나 내년 정초가 될 듯합니다. 그러나 귀국일자의 지속(遲速)을 정확하게 알 수 없습니다.

고종: 수로(水路)의 오고가는 리수(理數)는 모두 얼마나 되는가?

홍영식: 인천으로부터 화성돈(華盛頓)[79]까지 수륙으로 계산하면 영국 해리로 1만 8990영리(英里)나 됩니다.

고종: 횡빈(橫浜)[80]으로부터 구금산(舊金山)[81]까지 수로로 몇 리나 되는가?

홍영식: 미리견으로 갈 때는 북쪽으로 조금 한대(寒帶) 가까운 항로로 갔는데, 4500영리나 되며, 귀국할 때는 남쪽으로 멀리 돌아 회항(回航)했기 때문에 5300영리나 됩니다. 이를 우리나라 리법(里法)으로 계산하려면 이 수에다가 3배를 더해야 합니다.

고종: 참으로 멀고도 멀구나. 왕래하는 수로는 모두 새로 개설한 항로인가?

홍영식: 신은 수로를 따라 구금산으로부터 남쪽으로 열대 가까운 항로를 돌아 단향산(檀香山)[82]에 기항(寄港), 체박(滯泊)했다가 횡빈, 향항(香港)[83] 등지에 이르렀는바, 현행 수로에 비하면 그 거리가 훨씬 멉니다.

고종: 대통령을 만나 보았는가?

홍영식: 처음 그곳에 도착해서 뉴약(紐約)[84] 객루(客樓)[85]로 찾아가서 국서를 제정(提呈)했고, 귀국할 때는 화성돈의 대통령관을 예방, 사퇴인사를 했습니다.

고종: 그들의 대접은 과연 관곡(款曲)[86]했는가?

홍영식: 우리 대신(大臣)이 그곳에 도착하기 전에 보빙사 일행의 도착 예정을 미리 전보로 알렸기 때문에, 뉴약에 도착했을 때 국무성 관리가 직접 정거장까지 나와 우리 일행을 영접하였는바, 이는 흔히 볼 수 없는 이례(異例)입니다. 이것 외에도 숙소와 음식 대접의 범절 또한 상절(常節)이 아니었습니다. 사신의 치사(致詞)에 대한 대통령의 답사의 사의(辭意)는 형식적인 문투가 아니고 간락(刊落) 구문(具文) 하고 실심(實心) 실어(實語)로서 충곡(衷曲)[87] 어린 답사였습니다. 우리 일행이 이르는 곳마다 그 나라 국민은 우리를 지극히 관대(款

待)⁸⁸했습니다. 뉴약에 체류했을 때 체재(滯在) 비용도 모두 뉴약 상인들이 이를 부담하였으니, 더욱 보기 드문 일입니다.

고종: 그 나라를 처음 가 보았는데, 마땅히 그 장점을 취할 바 있겠다.

홍영식: 신 등은 그곳에 도착한 이래 언어가 통하지 않고 문자가 같지 않아 눈과 귀로만 보고 들어서 대강 파악할 수는 있어도 도무지 잘 이해하지 못했습니다. 그런데 기기(機器)의 제조 및 배, 수레, 우편, 전보 등은 어느 나라를 막론하고 급선무가 아닐 수 없습니다. 특히 우리가 가장 중요시할 것은 교육에 관한 일인데, 만약 미리견의 교육방법을 본받아 이를 도입해 인재를 양성해서 백방으로 대응한다면 아마도 어려움이 없을 것이므로 반드시 미리견의 교육제도를 본받아야 합니다.

고종: 그 나라의 사려(奢麗)⁸⁹함은 일본과 비교해서 어떠하던가?

홍영식: 미리견은 토지가 비옥하고 넓고 이원(利源)⁹⁰이 광대하며, 제치(制置)⁹¹에 속한 모든 것에 이르기까지 일본은 모두 이에 미칠 바가 못 됩니다. 일본 같은 나라는 서양법(西洋法)을 채용한 지 아직 일천하며, 비록 일본이 서양법을 약간 모방했다 치더라도 진실로 미리견의 예에 견주어 논할 수 없습니다.

고종: 이같이 그 나라가 부강하다면, 그 나라의 병제(兵制)는 어떠한가?

홍영식: 군용(軍容)의 정숙함과 기기(器機)⁹²의 정리(精利)함은 구주에 비해 손색이 없고, 현재 액병(額兵)⁹³을 보면, 그 수가 2만여 명에 불과하며, 이를 10개 처에 나누어 주둔하고 있습니다. 그 나라 넓이와 군대 수를 비교해 보면, 그 대소(大小)가 아주 달라서 이처럼 소수의 군대로 국토방위를 충분히 담당할 수 없는 것처럼 보입니다. 그러나 미리견의 국민은 문맹자가 거의 없고, 또한 해군과 육군의 병예(兵藝)를 겸습(兼習)하지 아니한 자 없으므로 국민 모두가 장수가 될 수 있고 병졸도 될 수 있어서, 갑자기 어떤 긴급사태가 발생하더라도 백만 군대를 빨리 동원할 수 있습니다. 가령 남북미리견교장(南北美利堅交仗)⁹⁴ 발생 시 그 실례를 볼 수 있습니다.

고종: 그러면 집집마다 양병(養兵)한단 말인가?

홍영식: 그렇습니다. 액병수는 아주 적으며, 평화시에는 양병하는 명목이 없지만, 각 지방에 민병이 많이 있으므로 이같이 위난을 당하더라도 양병의 실효를 충분히 거두고 있습니다. 이같은 제도는 참으로 좋다고 봅니다.

고종: 해군은 육군에 비하여 어떠하던가?

홍영식: 해군과 육군은 일반적으로 정예합니다. 그리고 군함도 구주 각국과 비교해서 이를 장황하게 설명할 필요가 없습니다. 그러므로 상민(商民)을 보호하고 외부로부터 침략을 방어하는 데 족하다고 합니다.

고종: 정치제도는 어떠하던가?

홍영식: 미리견의 정권(政權)은 삼항(三項)으로 나뉘어 있습니다.

제1항은 의법지권(議法之權)[95]인데 상하의원이 주재(主宰)하고 부통령이 입법을 주장(主掌)합니다.

제2항은 행정지권(行政之權)이니 대통령과 각 6부 장관이 이를 주장하고 있습니다. 6부란 외부(外部), 내부(內部), 육군부, 해군부, 호부(戶部), 신부(信部) 등입니다.

제3항은 사법지권((司法之權)인데, 법부장(法部長)[96] 및 심판각관(審判各官) 등이 이를 주관하고 있습니다. 그러나 대개 이들 모두는 대통령의 통할을 받고 있기 때문에 대통령의 인가(印可)를 받아서 처리한다고 합니다.

고종: 대통령의 교임(交任)하는 기간은 얼마나 되나?

홍영식: 4년마다 한 번씩 교체됩니다.

고종: 조정의 각직(各職)도 다 4년마다 교임되는가?

홍영식: 상하의원의 임기는 6년 또는 8년으로 차이가 있습니다. 행정부의 관원도 대통령이 교체될 때마다 수시로 체임(遞任)됩니다.

고종: 정권이 교체될 때 큰 폐단이 없지 않던가?

홍영식: 신이 듣자오니 호부는 재부(財簿)를 관장하고 있는데, 화성돈의 독립

건국 이래 100여 년이 지나도록 화폐가 유실된 것도 없고 어느 누구에게 귀속되지 아니하여 오늘날까지 원전(元錢) 그대로 남아 있습니다. 이 한 가지 일만 보더라도 그 폐단이 없음이 가히 입증되고 있습니다.

고종: 미리견의 관제(官制)는 유럽 여러 나라와 다르단 말인가?

홍영식: 영국, 덕국(德國) 같은 나라에는 세작(世爵)[97] 제도가 있고, 그 나머지 직사지원(職事之員)[98]도 자주 교체되지 않고 흔히 오랫동안 유임해서 치적을 올린다고 합니다. 이런 점으로 볼 때 아마도 군주(君主)와 민주(民主)의 정치제도는 그 법(法)이 다른 듯합니다.

고종: 민주제도는 등위(等威)의 차별이 현격하지 아니해서, 우리나라처럼 존위(尊位)와 제민(齊民)[99] 간의 차별이 있는 것과 달리 그다지 계급차별이 현절(懸絶)하지 않다는 말이 되겠구나. 그런데 부통령이 매양 대통령으로 승진하는가?

홍영식: 공선(公選) 시 최다득표자가 대통령으로 선출되고, 차점자가 부통령이 됩니다.[100]

고종: 현금 민주제도를 실시하고 있는 나라는 몇이나 되며 구주(歐洲)에도 민주국가가 있는가?

홍영식: 구주에는 서사(瑞士),[101] 불란서 등의 나라가 있고 남아미리가주(南亞美利加洲)에는 묵서가(墨西哥),[102] 비로(秘魯),[103] 지리(智利)[104] 등의 나라가 모두 민주국가입니다.

고종: 기왕 외국에 가 보았으니, 천하의 형편을 알 수 있었는가?

홍영식: 신 등이 왕환지간(往還之間)에 바쁜 여행일정을 보내다보니 천하형편에 대해서는 전에 이미 들었던 이상으로 새로 들은 바 없습니다.

고종: 미리견에는 모두 며칠간 체류했는가?

홍영식: 미국 경내에 40여 일간 체류했는데, 화성돈에 체재한 기간은 보름도 되지 않습니다.

고종: 미주와 구주 간의 거리는 얼마나 되는가?

홍영식: 대서양만 건너면 바로 영길리(英吉利)[105]인데, 10일 내외면 구주에 도달할 수 있다고 합니다.

고종: 대서양의 파도가 험함은 태평양에 비해 어떠한가?

홍영식: 태평양에 비해서 대서양의 풍파는 더 위험하다고 합니다.

고종: 아라사는 그곳 미리견으로부터 멀겠구나.

홍영식: 북아미리가주 북쪽에 아라사 속지가 있으므로 양국 간의 거리는 그다지 멀지 않습니다. 수도 동쪽으로 건너 서쪽으로 돌아와서 영길리, 불란서, 덕국, 오지리 등 나라를 지나게 되는데, 거기서 또 다시 동쪽으로 간다고 합니다.

고종: 대통령 궁실(宮室)의 제도는 어떠하던가?

홍영식: 백악관은 민가에 비해 현저하게 다른 데가 없고, 다만 내부시설만 일반 민가의 상제(常制)와 조금 다를 뿐입니다.

고종: 대체적으로 가옥의 제양(制樣)은 어떠하던가?

홍영식: 가장 좋은 가옥은 문석(文石)[106]으로 축조했고, 그 다음 가옥은 벽돌과 기와로 축조했으며, 연철(鉛鐵) 및 돌로 지붕을 이었으며, 최하급 주택은 나무로 지었습니다. 높은 건물은 13층, 낮은 건물은 3~4층으로 그 층수가 같지 아니합니다.

고종: 일반 백성은 범사(凡事)에 자유로운 생활을 누리고 있던가?

홍영식: 좋은 일을 하는 자는 골고루 자유를 누리고 있지만, 그렇지 않은 자는 법을 제정해서 법의 제재를 받는다고 합니다.

고종: 무릇 흥작(興作)[107]에 있어서는 민판(民辦)[108]이 많던가?

홍영식: 다소 대흥작(大興作)에 속한 것은 모두 민판에 의해 경영되고 있으며, 관에서는 다만 문빙(文憑)[109]만 발급해서 세금을 거두어들일 뿐입니다.

고종: 기계의 정예하기로는 과연 천하제일이라 말할 수 있던가?

홍영식: 무릇 모든 기계는 정예하면 정예할수록 더욱 정밀을 요하며, 이로써 더욱 발전하는 것이므로 거의 진선진미(盡善盡美)했습니다. 다만 신이 각국을 두루 살펴보지 못했기에 그 우열을 쉽게 판단할 수 없습니다.

고종: 절서(節序)[110]의 한난(寒暖)은 어떠하던가?

홍영식: 신이 일로(一路)의 경황(景況)을 보니 해상 항행시 태평양의 북항로로 도항했는데, 그때는 유월과 칠월(음력)이 바뀌는 철인데도 오히려 한기를 느꼈지만, 구금산에 도착해보니 한훤(寒喧)[111]의 기온이 고르기 때문에 흡사 우리나라의 팔월 중추절기와 같은 날씨였습니다. 화성돈은 찌는 듯한 더위로 숨 막힐 듯했으며, 일로의 한난한 기온이 이같이 같지 않습니다.

고종: 금번 같이 온 동행인은 몇 사람이나 되는가?

홍영식: 신과 외국 참찬관 노월(魯越),[112] 중국인 오례당(吳禮當) 및 수행원 3인입니다.

고종: 미리견에 있을 때 언어는 어떻게 소통했는가?

홍영식: 수행원 중에 일본어를 하는 사람이 있었고 미리견 접반사가 또한 일본어를 해독하고 있었기 때문에 정지(情志)를 서로 통할 수 있었습니다.

고종: 미리견의 접반사는 어떤 관직인 사람인가?

홍영식: 해군대원 2인인데, 미리견의 관례에 따르면 외국 국빈을 잘 대접하려면 반드시 해군 무관을 접반사로 임용하고 있습니다. 그것은 대개 해군무관은 각국 예속(禮俗)에 익숙하기 때문입니다.

고종: 각 부가 주관하는 판사(辦事)[113]는 어떻게 구별되는가?

홍영식: 외부는 본국의 각 방(邦) 및 외교관계 업무를 관장(管掌)하고, 내부는 본국의 공예(工藝), 신빙(信憑),[114] 토인(土人)[115] 양휼(養恤) 등의 일을 관장하며, 해육부(海陸部)는 해군 및 육군에 관한 업무를 주관하고, 호부는 조세업무를 관장하며, 신부는 우편전신업무를 관장하고, 형부(刑部)는 형심(刑審) 관계 업무를 관장하고 있습니다.

고종: 농무(農務)는 어떠하던가?

홍영식: 대농(大農)은 기계로 농사짓고, 소농(小農)은 수동식 농기구를 사용해서 편리하게 농사일을 하며 황무지를 개간하여 척박한 땅을 옥토로 만듭니다. 농기계의 신발명품이 1년에 천백 가지가 된다고 하니 농전(農田)의 이익이 각국 중 제일가는 것도 이 때문이라고 합니다.

고종: 가고 오는 데 모두 며칠이 걸렸는가?

홍영식: 모두 5개월 8일 걸렸습니다.

고종: 어느 덧 150여 일이나 되었구나. 미리견에 가 있는 동안 본국 소식을 들어본 일이 있었던가?

홍영식: 가서(家書)[116]를 세 번 받아 보았습니다. 그리고 풍문으로 얻어 들은 일이 있는데, 대개 미국 신문에 보도된 신문기사를 번역해서 한두 가지 본국 소식을 전문한 일이 있습니다.[117]

고종: 이번 외국에 나가기는 초행길인데, 필연코 여러 가지 생소한 일이 많았겠다.

홍영식: 신 등이 미리견으로 가는 길에 일본에 잠시 들렀을 때, 일본 수도에 주재하는 미리견 흠차(欽差)[118]가 신 등이 외국 사정에 생소하다는 것을 알고 노월을 외국 참찬관에 임명하고 동행하도록 하여 우리 일행이 미리견에 도착한 이후부터는 이 사람이 극력 주선해 주었으므로 도움을 많이 받았습니다.

고종: 미리견은 참찬관을 많이 기용하고 있던가?

홍영식: 무릇 어떤 나라의 사신이 다른 나라에 가게 될 경우 그 나라의 사정을 잘 모르기 때문에 그 나라 사람 가운데 외국 형편을 잘 알고 있는 자를 발탁해서 참찬관에 임명하여 외국사신을 접대하는 일을 도와주는 사례가 흔히 있다고 합니다.

고종: 노월 참찬관이 우리 사신 일행을 위해 극력 주선해 주었다고 하니 참으로 쉬운 일이 아니다. 모름지기 그를 잘 대접하라.

홍영식: 삼가 있는 힘을 다해 극진히 대접하겠습니다.

고종: 미리견에 가 있는 동안 우리나라가 영국, 덕국과 조약을 체결한 바 있는데, 이 소식을 들었는가?

홍영식: 미리견에 있을 때 다만 영국과 덕국이 특사를 파견했다는 소식을 들었을 뿐입니다. 귀국하는 길에 일본에 들렀을 때 천약(蕆約)[119] 소식을 들었는바, 참으로 타당한 일입니다. 이와 같은 때에 이러한 조약을 체결한 것은 신의 생각으로는 참으로 다행한 일이며, 외국인도 우리나라를 위해 치하하는 자가 많습니다.

고종: 영국 사신을 접견했을 때 저들도 또한 환흡(歡洽)[120]하고 있는 것 같더라.

홍영식: 외국과 교제함에 있어서 그 나라로부터 환심을 얻는 것이 무엇보다도 중요한 일이며, 양국 사신이 이미 우리나라와 조약을 체결하고 돌아갔다니 참으로 양국 간 교제에 있어서 다행한 일입니다.

고종: 불국(佛國)도 우리나라와 입약하기 위하여 곧 내조(來朝)하겠는가?

홍영식: 그 나라는 현재 전쟁[121] 중인데 그 지속을 미리 점칠 수 없습니다.

고종: 화성돈에 있을 적에 각국 공사를 만나 본 일이 있는가?

홍영식: 우리 보빙사 일행은 각국 공사를 방문하였던바, 그들도 회사(回謝)로 우리를 답방하였습니다. 다만 영길리와 아라사 등 두 나라 공사만은 마침 출타 중이어서 만나보지 못했습니다.

고종: 미리견 공사 복덕(福德)[122]의 친구들도 역시 보빙사 일행을 방문한 일이 있었던가?

홍영식: 복덕 공사가 우리 일행이 미리견으로 떠나기 전에 미리견에 있는 그의 친구들에게 보빙사의 방미 소식을 편지로 알렸기 때문에, 그들이 우리 일행을 찾아보았을 뿐 아니라 미리견 각지의 유람을 주선한 바 많았습니다.

고종: 설비이(薛斐爾)[123]도 만나 본 일이 있는가?

홍영식: 신은 그를 여러 번 만나 보았습니다. 그 사람은 우리나라에 와서 체약(締約)하고 귀국한 이래로 우리나라가 날로 문명진보해지는 것을 바라는 마음이 우리나라 사람이 염원하는 것보다도 못하지 않으니 그의 뜻이 자못 훌륭합니다.

고종: 백리새천덕(伯理璽天德)[124]은 어떤 사람인가?

홍영식: 신이 외국인을 많이 만나 보았지만, 그처럼 성품이 너그럽고 포용성이 있는 분은 처음 보았습니다. 그리고 그 나라 국민의 신망도 대단하고 또한 흡연(洽然)히 칭찬하고 있습니다.

고종: 미리견에 있을 적에 침식은 편안했는가?

홍영식: 상장(床帳)[125]과 금욕(衾褥)[126]을 갖추고 있어서 기거에 편안했고, 특히 어육(魚肉), 채소, 과일은 아주 맛이 좋아서 조금도 어려움이 없었습니다.

고종: 화성돈은 미리견의 서울인데, 응당 주둔한 육군의 수가 적지 않겠다.

홍영식: 불과 수 개 부대가 요진(遙鎭)[127]의 요해지에 주둔하고 있을 뿐입니다.

고종: 미리견은 이미 국방을 민병에 의존하고 있으므로 군대 수가 적어도 걱정이 없겠다.

홍영식: 진실로 지당하신 말씀입니다. 화성돈에 있을 때 수백 명의 군대가 공원에서 군사훈련하는 광경을 목격한 바 있는데 그 사람들에게 심문(審問)해 보았습니다. 그 사람들 말이, 모든 관리들이 판공(辦公)의 여가를 이용하여 군사훈련을 실시하고 있다고 말했습니다. 이로 미루어 보더라도 그 사람들이 평소에 무사(武事)를 잊지 않고 있다는 사실을 알 수 있습니다.

고종: 낮에는 각자 직무에 충실히 근무하고 밤이면 무사를 익히고 있다니 이것이 바로 그 나라가 부강하게 된 소이가 아닌가? 남북 아미리가주의 분합(分合)은 어떠한가?

홍영식: 북아미리가주의 경우 아라사와 영길리의 속령[128]을 제외하고는 모두

아미리가합중국의 영토입니다. 남아미리가주에는 파서,[129] 묵서가,[130] 비로,[131] 지리[132] 등 여러 나라가 있고 또한 서반아(西班牙)[133] 속지도 있습니다.

고종: 미리견 땅에서 배를 타고 며칠이면 일본에 도달하는가?

홍영식: 25일 걸립니다.

고종: 그렇다면 어찌 이리 지체되었는가?

홍영식: 귀국 해로의 항로가 미리견으로 갈 때의 항로에 비한다면 훨씬 멀었고, 게다가 풍랑에 막힌 바 되어 해상에서 며칠 간 허비했기 때문입니다.

고종: 바다 가운데 섬이 있었던가?

홍영식: 일본 횡빈에서부터 구금산[134]에 이르기까지 조그마한 편토(片土)도 보지 못했습니다.

고종: 이를 가리켜 수천(水天)의 일망무제(一望無際)라고 말할 수 있겠다. 해상에서 선함(船艦)의 왕래를 본 일이 있는가?

홍영식: 우편선이 한 달에 두 번씩 왕래하는 데 대개 동일 항로를 따라 항행하고 있습니다. 작은 배는 대양을 항행할 수 없으므로 해상에서 단 한 척의 배를 볼 수 없었습니다.

고종: 듣자하니 대서양에는 왕래하는 배가 많다고 하는데 태평양에는 어찌하여 왕래하는 배가 희소하단 말인가?

홍영식: 전 세계의 상황(商況)[135]을 보면 아세아주가 구주보다 뒤떨어지고, 특히 미리견의 상황을 보더라도 구금산이 뉴약만 못한 것은 이 때문입니다.

고종: 미리견의 생산물 가운데 어떤 것이 가장 많이 생산되는가?

홍영식: 미리견의 토산물로는 밀, 보리, 옥수수, 면화, 소, 양, 매(煤),[136] 철 등이 그 대종을 이루고 있습니다.

고종: 그러면 금은은 미리견에서 생산되지 않는가?

홍영식: 가끔 생산되기도 합니다. 가령 구금산 같은 도시는 금이 많이 생산된다 해서 유래된 도시명입니다. 금은이 많이 생산되지 않는 바 아니나, 앞에서

열거한 품목보다는 적게 생산됩니다.

고종: 백리새천덕의 연기(年紀)는 얼마이던가?

홍영식: 50여 세입니다.

1884, 김옥균, 〈갑신일록〉

《갑신일록(甲申日錄)》은 1885년경 일본에 망명 중이던 갑신정변의 지도자 김옥균(金玉均)이 갑신정변을 회고하며 쓴 글로 알려져 있다. 서론과 일지(日誌)로 구성돼 있는데 서론에는 1881년부터 3년간의 상황이, 일지 부분에는 1884년 10월 3일부터 3일천하의 마지막 날인 12월 6일까지 전개된 갑신정변의 과정이 사실적으로 기록돼있다. 이 글에 대해서는 일본인에 의한 위작(僞作)이라는 주장도 학계에서 제기된 바 있다. 한문으로 쓰인 원문을 오늘날의 한글로 옮겼다.

개국 490년 신사년(1881) 12월 우리 대군주의 명을 받들어 일본으로 건너가 유람하고 이듬해 임오년(1882) 6월 돌아오는 길에 배로 적마관(赤馬關)[137]에 들렀다가 본국에 변란[138]이 있다는 소식을 들었다. 이에 일본 공사 하나부사 요시타다[花房義質]와 함께 배를 타고 인천에 닿았다. 그때 허다한 사건들이 있었으나 기록할 수 없다.

  변란이 다소 가라앉자 마땅히 사신을 일본에 보내야 했다. 정부에서는 나에게 그 책임을 맡기려 했다. 그러나 나는 굳이 이를 고사하고 금릉위(錦陵尉) 박영효(朴泳孝)를 천거했다. 그러나 주상은 나에게 명하여 잠시 일본의 정세를 탐지하기 위하여 박영효와 함께 일본에 가서 고문 노릇을 하라고 하셨다. 나는 이를 감히 사양하지 못하고 그해 8월 다시 일본으로 건너가 동경에 도착했다.

  당시 일본 정부는 바야흐로 조선에 주의하기 시작하여 우리나라를 독립국으로 대했고, 공사를 대접하는 태도도 자못 은근했다. 나는 그들의 실제 마음과 실제 일을 살피고 박 군과 의논한 끝에 마침내 마음을 기울여 일본에 의뢰하기로 했다.

우리나라는 변란을 막 겪어 모든 재정이 고갈되어서 공사가 써야 하는 여비조차 넉넉히 쓸 수 없는 형편이었다. 그래서 할 수 없이 일본 외무경(外務卿) 이노우에 가오루[井上馨]에게 청해 간신히 요코하마의 쇼킨은행[正金銀行]에서 12만 불의 돈을 꾸어서 휼금(恤金)[139]도 생각하게 하고 그 밖의 모든 비용을 썼다. 그때 공사에게 국채위임장(國債委任狀)이 없다 하여 자못 곤란했다.[일본 정부의 특별한 우의로 돈을 꾸어 쓸 수 있었다.]

박 군은 일을 마치고 돌아가 복명(復命)했으나 나는 좀더 일본에 남아 다시 일본의 사정과 천하의 형편을 살피라는 명을 받고 몇 달 더 머무르기로 했다.

그때 일본 정부는 술과 담배에 대한 세금을 올려 받아서 그 돈으로 열심히 해군과 육군을 확장하고 있었다. 어느 날 나는 외무경을 찾아가 여러 가지를 이야기했는데, 그때 이노우에가 이렇게 말했다. "지금 우리나라 일본이 군세를 확장하고 있는 것은 우리나라의 근본을 견고히 하려는 것뿐만이 아니요. 이는 귀국의 독립에 관한 일에도 또한 마음을 기울인 바가 있기 때문이오." 일본 정부의 동향은 대체로 이와 같았다.

나는 또 일본 조정의 당국자 여러 사람과 때때로 동양의 정세에 대해 토론했는데, 우리나라는 재정이 곤란해서 떨쳐 일어설 수가 없다는 데 논의가 이르면 여러 사람이 똑같이 "조선 정부가 국채위임장만 발행한다면 일을 성공시킬 수 있다"고 말했다. 나는 마침내 뜻을 결정하고 계미년(1883) 5월에 귀국했다.

그때 조영하(趙寧夏)가 청국에서 독일사람 묄렌도르프[穆麟德]를 데려와 정부에 채용했다. 서양 사람을 우리 정부에 쓴 것은 이것이 처음이었다. 이는 대체로 민영목(閔泳穆), 민영익(閔泳翊)의 무리가 모두 따라 붙어서 이루어진 일이었고, 그들은 자기들에게 이로운 일을 계획하고 그리 한 것이었다. 나는 묄렌도르프와 외아문(外衙門)에서 같이 일하면서 그가 하는 말도 듣고 그가 하는 일도 보게 됐는데, 그의 언사와 행동이 의심스러웠지만 뭐라고 단정해 말할 수는 없었다.

하루는 당오전(當五錢)과 당십전(當十錢)을 주조하는 일을 가지고 청나라 장수 오장경(吳長慶)이 꼬투리를 잡았다. 민태호(閔台鎬), 윤태준(尹泰駿)의 무리가 그 일을 주장했고, 주상을 속여서 그 계획이 이윽고 시행되게 됐다. 내가 주상 앞에서 민 씨 일파, 윤태준과 면쟁한 것이 여러 번이고 글로 주상께 아뢴 것은 수십 번에 이르렀다. 또한 재보(宰輔)의 직에 있는 민씨 일파 모두와도 입이 아프도록 다투어 입술과 혀가 거의 닳아 없어질 지경이었다.

그때 민영익이 마침내 주상에게 이렇게 아뢰었다. "묄렌도르프는 외국사람이므로 반드시 정치와 학문에 뛰어날 것입니다. 그러니 이제 마땅히 그에게 화폐에 관한 일을 물어볼 수 있겠습니다." 이에 주상은 "김옥균과 함께 의논하고 함께 계략을 짜서 아뢰라"고 지시했다.

민영익은 나와 묄렌도르프를 민씨네 집으로 불러 놓고 드디어 화폐에 관한 일을 논했는데 그 말이 몹시 길었다. 묄렌도르프는 "금화와 은화를 고루 주조하는 것이 좋겠으나 우선 일상경비가 급하니 당오전, 당십전 내지 당백전을 주조하여 목전의 급함을 해결하는 것이 마땅하며, 그렇게 해도 조금도 폐해가 될 게 없소"라고 말했다.

나는 곧 반박했다. "그대가 구라파 사람이라면 재정에 대해 응당 보고 들은 바가 있을 것이오. 그런데 지금 그대의 말을 들으니 대단히 수상하고 의심스럽소. 당신이 만일 이런 갑작스런 화폐정책은 나라에 해독이 됨을 모른다면 무학무식한 사람이요, 만일 그것이 폐단이 됨을 알면서도 공연히 구차스럽게 남의 말을 소중히 여기는 것이라면 심술(心術)이 바르지 못한 것이오." 나는 이렇게 반나절 동안 다투다가 돌아왔다.

나는 곧 주상 앞에 나아가 낱낱이 실상대로 아뢰었다. 주상은 나의 주달을 윤허하여 300만 원의 국채위임장을 써달라는 청을 들어주고 모든 것을 부탁하면서 매우 간곡한 당부의 말씀을 하셨다.[이즈음 미국 공사 푸트(Lucius Harwood Foote)가 조선에 왔다. 그는 일본에 유학 중인 생도 윤치호(尹致昊)를 통역으로 삼아 함께 왔다. 윤치호가 일본 도쿄를 떠날 때 외무대보(外務大輔) 요시다 기요나리[吉田淸成]를 만났더니 그가 이렇게 말했다고 한다. "그대는 반드시 내 말을 김옥균에게 전하게. 국채위임장을 얻어가지고 오면 큰일을 이룰 수 있을 것이니 내 말을 소홀히 여기지 말도록 하게." 내가 마침내 그와 같은 뜻을 주상에게 고했더니 주상도 몹시 기뻐했다.] 이때 민씨의 무리가 묄렌도르프와 부동(符同)하여 갖은 방법으로 지근덕거리며 방해하는 등 못하는 짓이 없었다. 그러나 임금의 마음은 굳게 결정됐기 때문에 저들 무리도 틈을 엿볼 수 없었다. 그리하여 나는 다시 일본으로 건너갈 뜻을 정했다.

이즈음 다케조에 신이치로[竹添進一郞]가 일본 공사로서 경성(京城)에 주재하고 있었는데, 나와 바르고 두터운 교분이 있었다. 묄렌도르프가 외아문의 관리가 되고 나서 때로 다케조에와 서로 사이좋게 지내게 되면서 다케조에는 날로 나를 소활(疎闊)하게 대하고 의심하는 것으로 보였다. 나는 일본으로 떠나는 날 다케조에를 만나서 "묄렌도르프는 믿을 수 없는 인물"이라고 말했다. 그랬더니 다케조에는 오히려 크게 화를 내는 뜻을 비치면서 "그렇지 않다"는 것이었다.

나는 마침내 임금에게 하직인사를 하고 떠나 동경에 도착했다.[내가 떠난 뒤에 민씨들이 임금의 마음을 속여서 결국 당오전을 주조해 시행했다. 그런데 그 폐단이 날로 심해져서 백성들이 견딜 수 없는 지경에 이르렀다고 한다.] 가장 먼저 외무경 이노우에 가오루[井上馨]를 만났더니, 그의 언사와 기색이 전일과 아주 달라졌고 나에 대해 꺼리는 태도도 함께 보였다. 그제야 나는 다케조에가 묄렌도르프 무리의 모함하는 말을 듣고 이미 본국에 보고한 바 있음을 알았다.[다케조에는 "김옥균이 가지고 가는 위임장은 위조된 물건이니 믿을 것이 못 된다"고 보고했다고 한다.]

일본 조정의 사정을 대략 논하면, 다케조에가 이러한 반간(反間)질을 했을 뿐 아니라 이삼 개월 사이에 정략의 방향이 갑자기 바뀌어 조선을 향해서는 당분간 움직이지 말자는 것이 그들의 주된 의사가 된 것이었다.

내가 이미 그 실정을 안 이상 길게 변명할 것은 없지만 대체로 사세를 논하면, 내가 돌아가서 임금에게 고하고 정부에 고한 것으로 인해 지난날 마음을 기울여 일본에 의뢰하기로 한 계책이 모두 무망(誣罔)의 죄과로 돌아간 게 아닐 수 없었다. 그러나 어찌할 수 없는 형세였다.

나는 곧 실상을 들어 미국 공사 빙엄(J. A. Bingham)에게 의논했고, 그 결과로 그의 주선을 통해 요코하마에 있는 미국 상인 모스(J. R. Morse)를 미국으로 보냈다. 그는 곧 영국으로 가서 그 일을 도모했다. 그러나 모든 나라가 아직 우리 조선이 어떤 나라인지를 모르기 때문에 일이 뜻대로 되지 못했다.[들으니 일본 조정이 방해하고 묄렌도르프가 경성에서 영국 상인의 무리와 더불어 여러 모로 방해했다고 한다. 그러나 이것은 깊이 믿을 수는 없는 일이었다.] 모스는 일을 이루지 못한 채 중도에 돌아왔다.

그래서 마침내 일본 제일국립은행(第一國立銀行)의 시부사와 에이이치[澁澤榮一]를 찾아가 의논하고 10만 원이나 20만 원을 꾸어달라고 교섭했으나, 그는 외무경의 허락을 얻지 못하여 그렇게 할 수 없다고 했다.[들으니 일본 조정에서는 김옥균, 박영효의 무리가 경조부박(輕躁浮薄)해서 같이 일을 의논할 수 없다 했다고 한다.]

이에 나는 갑신년(1884) 3월에 다시 돌아왔다. 이때 다케조에도 역시 일본으로 잠시 돌아가고 시마무라 히사시[島村久]가 공사의 일을 대리하고 있었다. 시마무라는 종종 나에게 정성스러운 뜻을 보였지만, 나는 이미 일본 정부의 정황을 알고 있었기 때문에 처음에는 그와 깊이 관계를 갖지 않았다. 그 사이 허다한 일이 있었으나 적지 않는다.

이때 민영익은 미국에 사신으로 갔다가 구주를 두루 돌아보고 귀국하여 그 뜻이 자못 방자했다. 그는 여러 번 임금에게 아뢴 일이 있는데, 그중에는 내가 찬성한 일도 있고 내가 반박한 일도 있었다. 그래서 민영익이 드디어 나를 반대하는 뜻을 품었으나, 나는 그의 예봉을 피하고 함께 다투지 않았다. 이때의 국면을 개론하면 민태호(閔台鎬), 민영목(閔泳穆), 민영익(閔泳翊), 민응식(閔應植) 네 사람이 민씨 중에서 권력이 있는 자들이었다. 이들은 때때로 권력을 다투어 그 형세가 서로 용납할 수 없는 바가 있었다. 여기에 이조연(李祖淵), 한규직(韓圭稷), 윤태준(尹泰駿)의 무리는 권세를 꾀하기 위해 시세를 탄 권력이 많은 자에게 아부하는 것을 스스로를 위한 계책으로 삼고 있었다.

소위 당오전이 폐단 위에 폐단을 만들어 민정이 날로 고달파지고 국가의 형세가 날로 위축되어 거의 지탱할 수가 없었고, 주상은 우려하여 때로 나에게 의논한 적도 있었다. 여러 민씨들과 당초에 이 일을 주장하던 사람들은 스스로 그 실책을 부끄럽게 여기고 여러 번 그 폐단을 고칠 방법을 생각하다가 묄렌도르프에게도 방책을 물었다.[내가 돌아온 후에 묄렌도르프와는 외아문에서 그 세가 양립할 수 없는 형편이었다. 이때 때로 의견이 맞지 않으면 끝없이 논쟁을 벌였다. 묄렌도르프가 또 세관에 관한 일에 실수가 극히 컸다. 내가 이를 면박했더니 묄렌도르프도 또한 부끄러워하면서도 나를 미워하였다. 마침내 그는 협판(協辦)의 직에서 갈리게 되었는데, 이런 뒤로 그는 나에게 원수와 같은 감정을 품었다.]

이에 묄렌도르프는 한 꾀를 내어 여러 민씨들의 사이를 중재하며 이렇게 말했다. "지금 조선의 폐해를 제거하려면 그 방책은 당오전에 있지 않고, 마땅히 먼저 급히 김옥균을 제거하는 데 있다. 백 가지로 군상에게 무함하여 여러분을 해치려 한 사람은 김옥균 하나뿐이다. 그대들은 어찌해서 폐해의 근본을 생각하지 않고 그 말단만을 다스리려고 하는가. 또 그대들은 동문동종(同門同種)인데도 때때로 서로 정의(情誼)가 틀어지니 이것은 나라의 복이 아니다. 청컨대 그대들은 서로 화합해서 국가에 제일 폐해가 되는 자를 제거하라. 이것이 곧 그대들에게 이득이 되는 계책이 아니겠는가."

여러 민씨들이 드디어 함께 계략을 세웠다. 민영익은 청당(淸黨)[140]의 수괴가 되어 밖으로 우리 당을 공격해 배척할 계략을 세우고 안으로는 민태호, 민영목이 우리 당을 모함할 계획을 세웠다. 이런 일이 날이 갈수록 더욱 심해졌고, 이로 인해 곧 두 당은 서로 용납하지 못하는 형세를 이루었다.

어느 날 나는 주상에게 이렇게 아뢰었다. "지금 국내의 형세를 살펴보건대 정령(政令)은 하나도 이루어지는 것이 없고 다만 분당이 번져서 어디서나 나타날 염려가 있으니 염려하지 않을 수 없습니다. 신은 잠시 시골로 물러가 그 화를 이완시키고 후일의 방책을 도모하고자 합니다." 주상은 속으로는 그럴 만하다고 여기면서도 차마 나를 떠나보내지 못했다.[저들의 당이 이때 자질구레한 일을 가지고 갖은 음모를 꾸민 것은 여기에 다 기록할 수가 없다.]

이에 나는 잠시 동교(東郊)의 별사(別舍)로 나가서 정황을 살피고 있었다. 이때 일본과 맺은 통상장정의 내용 가운데 균점(均霑)이라는 한 가지 일로 인해 자못 시끄러운 의논이 있었는데, 이 일로 나는 세 번이나 소명(召命)을 받고 조정에 돌아왔다. 당시 일본 공사관의 형편을 살펴보면 우리 당에 꽤 주의를 기울이는 빛이 있었다. 그런데 약간 의심스러운 빛이 있어서 나는 속으로 의심했다. 그때 다케조에가 아무런 까닭도 없이 나와 관계를 끊고 시마무라에게 나를 헐뜯는 말을 하여 시마무라가 자못 한탄하는 속마음을 가지고 있었다. 한편 민영익은 구주와 미국을 유람하고 돌아온 뒤로 청나라에 붙을 뜻이 더욱 굳어져서 일본 사람을 증오하는 빛이 겉으로 드러났다.[이에는 그럴 만한 이유가 있었다. 민영익이 처음 미국으로 갈 때 일본을 거쳐서 가고 미국 사람 조단(造端)이라는 자를 통역으로 보임하기로 약속했는데 일본 정부가 훼방하여 이 약속이 파기됐기 때문이다.]

시마무라도 역시 들어서 알고 있었던 터라 때때로 이 일을 언급했는데 나는 그때마다 좋은 말로 풀어주었다. 그러나 민 씨는 여러 간사한 무리와 더불어 당파를 만들 뜻을 우리 당에게 보이고 위협하는 형세를 취하면서 날마다 청국 사람들을 불러 회식을 하는 것이었다. 그러나 우리 당에 소속된 사람들은 모두 처음부터 여기에 관계하지 않았다. 나는 어느 날 일본식 주연을 준비하고 시마무라, 이소바야시[磯林] 중대장, 다카키[高木] 및 그 밖의 일본인 10여 명을 초대했다. 또 청당으로 지목되는 민영익의 무리도 모두 불렀더니 저들은 사양하지 못하고 모두 약속대로 와서 모였다. 술자리가 한창 무르익었을 때 일본 사람들을 쳐다보니 모두 저들에게 대들 것 같은 기색이었다. 나는 혹시 몹시 취한 중에 어떤 사단이 생길까 걱정하여 마침내 여러 사람을 권해서 돌아가게 했고, 새벽 두 시에 주연이 끝났다. 이를 계기로 우리 당과 일본 공관의 교계(交契)는 전일과 달라졌다.

하루는 나 혼자 일본 공사관에 가서 시마무라와 만나 이야기했다. 그때 시마무라는 국가의 대세를 가지고 말을 걸어왔다. 이에 나는 조선이 홀로는 오래 지탱할 수 없는 형세에 있음을 통론하고, 일본 정부가 정략을 변경하기를 어린아이 장난처럼 하는 것을 몹시 한탄한다고 말했다.

그러나 시마무라는 결코 그렇지 않다면서 이렇게 말했다. "각하(閣下)가 지난해 겪은 일은 다케조에와 통정(通情)을 다하지 못했기 때문이오. 또한 일본 정부가 각하를 소원하게 대한 것은 모두 다케조에의 보고가 있었기 때문이오. 다케조에가 의심을 품은 것은 그때의 사세가 그러했기 때문이오. 조선에 대한 우리 정부의 정략이 어찌 그동안 조금이라도 변함이 있겠소. 하물며 지금 동양의 대세를 보면 청나라와 프랑스의 관계가 몹시 급박해져서 누란처럼 위태로운데 말이오. 만일 그대들이 능히 국가를 위해서 개혁을 하려고 한다면 우리 정부에서도 역시 불가하게 여기지 않을 것이오."

대체로 그의 말이 활달한 게 그럴듯했다. 하지만 그래도 나는 그것이 시마무라 한 사람의 뜻인지도 모르고, 혹은 일본 조정에서 무슨 교사를 해서 그가 그런 말을 한 것인지도 모른다고 생각하여 완전히 믿지는 않았다. 그러나 차츰 교제하면서 보니 그의 말 중에 가끔 깊숙이 파고드는 이야기가 있었다.

하루는 다케조에 공사가 장차 다시 와서 경성에 주재한다는 말을 듣게 되어 몹시 걱정됐다. 그렇지 않아도 한쪽 당에서 청나라 세력을 빙자하여 은연히 화단을 일으킬 조짐이 있었는데 거기에 더하여 다케조에가 다시 와서 묄렌도르프와 부합(符合)한다면 그 해악이 어느 정도에 이를지 알 수 없는 일이었다.

그래서 나는 곧 시마무라를 찾아가서 만나 진심으로 말을 꺼냈더니 시마무라는 또 그렇지 않다며 이렇게 말하는 것이었다. "다케조에가 지난날 그대들을 의심하고 꺼린 것은 그 자신의 사사로운 일이요, 오늘날 공들이 도모하는 바는 국사요. 그런데 어찌 사사로운 일을 가지고 국가의 일을 폐하겠소. 결코 근심할 만한 일이 아니오." 나는 이 말을 듣고 그럴 만한 까닭이 있음을 알았다. 그러나 그것은 나 혼자만의 가슴속에 품어 두었다.[그 사이에 기록할 만한 것이 숱하게 있었지만 일절 적지 않는다.]

*

신력 10월(구력으로는 갑신 9월) 30일 다케조에 공사가 인천을 거쳐 경성으로 들어왔다. 외무독판(外務督辦) 김홍집(金弘集)과 협판(協辦) 김윤식(金允植)이 나에게 편지를 보내어 함께 다케조에를 방문하자고 했다. 이날 나는 새로 만든 운동장에서 척구(蹴球) 놀이를 벌이고 함께 저녁을 먹기로 돼있었고, 미국 공사 푸트 부처와 영국 영사 애스턴 부처가 그 모임에 오고 민씨 일당의 괴수들도 모두 와서 모였다. 그래서 독판이 함께 다케조에를 찾아가 만나자는 제의를 사양했다.[들으니 이날 김홍집과 김윤식이 다케조에를 방문했을 때 다케조에는 지금의 천하대세와 청불관계에 대해 통절하게 말하고 계속하여 김홍집에게 "내가 듣기로는 귀국 외아문 안에도 역시 청국의 노예가 된 자가 여럿 있다고 하는데 나는 그들과 함께 일을 주선하기가 부끄럽다"고 했다는 것이다. 그는 또 김윤식에게 "그대는 본디 한학(漢學)에 능하고 청나라에 붙을 뜻이 깊을 터인데 왜 청나라에 가서 벼슬을 하지 않는가" 등의 말을 했다는 것이다. 그 밖에도 말이 많았지만 하는 말이 모두 기가 막히지 않는 것이 없었다고 한다.]

31일 아침 일찍 나는 이노우에 가쿠고로[井上角五郎]를 오라고 해서 다케조에가 새로 온 뒤에 무슨 들을 만한 말이 있었느냐고 물었다. 이노우에는 "어제 가보았으나 하는 말은 별로 없었다"며 "그러나 그 기색은 크게 활발한 데가 있어서 실로 전일의 다케조에 신이치로가 아니었다"고 말했다. 나는 그에게 사정을 다시 탐지하고 나서 듣고 본 대로 내게 알려달라고 부탁했다.

오후 3시에 나는 혼자서 다케조에를 찾아갔다. 다케조에는 배 안에서 감기가 들어 아직도 이불을 덮고 누워 있었으므로 나를 침실로 안내하여 맞았다. 인사가 끝나자 나는 앞뒤 가리지 않고 곧바로 우리나라 국내 정세가 위망한 지경에 이르고 있음을 말하고, 또 지난해부터 까닭 없이 그대에게 의심을 받아 나의 계략이 더 저해되어 모두 실패로 돌아간 상황을 말하면서 욕하고 성내기를 한없이 했다. 그러나 다케조에는 묵묵부답일 뿐이었다. 그의 기색을 살펴보니 과연 전일과 크게 달라진 바가 있을뿐더러 오히려 부끄러워하는 뜻도 있었다. 그는 내가 하는 말에 대해 대체로 구절마다 찬성했고, 저지하려는 뜻은 없었다.

작별할 적에야 그가 "만약 귀국의 개혁을 돕겠다는 다른 나라가 있다면 그대들은 어떻게 하겠는가?" 하고 묻는다. 나는 웃으면서 대답했다. "나는 3년 전부터 어리석은 소견이긴 하나 우리나라를 독립시키고 구습을 변혁하자면 일본의 손을 빌리는 것 외에는 달리 방책이 없다고 생각했기에 그동안 시종 부지런히 그렇게 애써 왔소. 그러나 귀 정부의 무상한 변화로 인해 우리 당이 견줄 데 없는 큰 낭패를 당했소. 그런데 지금 공이 그런 말을 하니 그 뜻이 무엇인지 알 수 없소." 이에 다케조에도 웃으면서 말했다. "무릇 국가의 정략이란 때에 따라 변하고 사세에 응해 움직이는 것인데 어찌 한구석에만 고착시켜 볼 수 있겠소."

나는 그와 작별하고 돌아오다가 도중에 금릉위(박영효)를 만나 그 일을 자세히 이야기했다. 나와 박 군은 몹시 기뻐했다. 일본 정부의 정략이 크게 바뀌었음을 알 수 있기 때문이었다. 이 기회를 타서 움직이지 않으면 기회를 잃을까 염려되어 우리는 약간의 의논을 했다. 그러고는 박 군으로 하여금 자주 다케조에를 찾아가서 그의 속마음을 다시 살피도록 했다.

그길로 나는 또 홍영식(洪英植)을 찾아갔더니 서광범(徐光範)도 그 자리에 있었다. 나는 다케조에를 만난 일을 모두 말했다. 홍 군은 손뼉을 치고 크게 웃으면서 이렇게 말했다. "우리가 오늘 같은 절박한 형세에 일신의 성명(性命)을 버리고 한번 개혁해보자는 뜻을 세워 일을 도모하는데 하늘이 다행히 가엾게 여겨주고 시운이 맞아주어 마치 물줄기가 합쳐 흐르는 것처럼 됐습니다. 그렇다면 저번에 일본 사람을 구하려던 [우리들은 이미 한번 거사하려는 뜻을 결정하고 일본 용사 수십 명을 얻기 위해 일본에 사람을 보낸 일이 있기 때문에 그렇게 말한 것이다] 계획 또한 있으나 마나 하게 됐어요." 그 말을 듣고 나도 또한 웃고 돌아왔다.[밤에 이노우에가 와서 "오늘 다케조에와 시마무라가 나와 같이 한자리에 앉았는데 공사가 말하기를 이번에 우리 정부가 지나(支那)를 공격할 계획을 이미 결정했다고 한다"며 "많은 논의가 있었지만 내가 다 말할 수는 없다"고 했다. 나는 그의 말에 의심스러운 점이 있다고 생각했다.]

11월 1일에 금릉위가 다케조에를 만나 말한 것이 많았는데 그때 다케조에가 "청국은 장차 망할 터이니 귀국의 개혁에 뜻을 둔 선비들은 이 기회를 잃지 말라"는 등 큰소리를 쳤다고 한다. 들으니 오후에 윤태준(尹泰駿)이 다케조에에게 가보았더니 다케조에는 윤 군에게 몹시 심하게 공갈을 했다고 한다.[이 일로 인해 윤태준은 돌아오자마자 소를 올리고 외무협판 자리를 사퇴했다.] 그러나 그 말을 다 적을 수는 없다.

또 들으니 독판[141]도 다케조에를 가서 만났는데 그때 다케조에가 "이번에 여러분을 뵙고 나서 비밀히 귀국 대군주에게 주달할 일이 생겼으니 청컨대 밀실에서 뵐 수 있도록 주선해달라"고 했다는 것이다. 그래서 한쪽[142]에서는 이 때문에 매우 말이 많았다.

이날 밤 박영효, 홍영식, 서광범 세 사람이 와서 같이 술을 조금 마시면서 다음과 같이 의논했다. "우리의 거사 계획이 이미 결정된 마당에 다케조에가 마침 와서 몹시 염려되더니, 그가 온 뒤에 보니 거동이 크게 변하여 도리어 우리 일을 찬성하는 형세가 보인다. 전일에 그를 의심하고 염려하던 일과 비교하면 그 변화가 과연 두드러진다. 그러나 지금 세력이 나뉘어 우리 당이 그 다툼에 나서게 된 때를 당하여 다케조에가 시세를 알지 못하고 경솔하게 이렇듯 괴이하고 과격한 행동을 하고 있으니 행여 저들이 화가 오는 것을 재촉할까 두려운 일이다." 우리는 이런 생각으로 서로 염려하고 탄식하면서 헤어졌다.

11월 2일 오전 10시에 주상이 다케조에 공사를 접견했다. 다케조에는 무라타[村田] 총과 외무경이 드리는 총을 합쳐 모두 16자루의 총을 올렸다. 이때 나는 외무협판의 직책으로 나아가서 그 예식의 식전에 참석했다. 식이 끝나자 즉시 다케조에가 독판에게 대고 "이제 임금을 밀대할 때에는 결코 다른 사람이 옆에 모시지 못하게 해달라"고 말했다. 주상은 그의 주달을 듣고 나더러 옆에 시립(侍立)하라고 명했다. 그러나 나는 혐의를 피하기 위하여 시립하기를 굳이 사양하고 이조연(李祖淵)으로 하여금 대신 접대하게 했다.

　이때 일본 사신들은 성정각(誠正閣)을 쉬는 곳으로 삼고 있었는데 여러 민씨와 모든 대신이 거기에서 자리를 함께 했다. 나는 일본말로 비밀히 시마무라에게 이렇게 부탁했다. "지금 공사의 거동을 보니 자못 격한 바가 있어서 지나친 일이 있을까봐 걱정이오. 장차 크게 할 일이 있는데 어찌 이같이 경솔하게 행동해서 남의 의심을 산단 말이오? 오늘 군주를 밀대할 때에는 부디 완강한 말로 주달하지 말도록 나 대신 충고해 주시오." 시마무라는 그러겠다고 했다. 나는 일본 정부의 근황에 대해서도 자세하게 물었다.

　시마무라는 "의심하고 염려할 것이 없다"면서 "다케조에가 본성이 유약하다는 것은 그대도 깊이 알고 있지 않은가. 만일 조정의 의논으로 결정한 것이 없다면 어찌 자기 소견으로 이같은 일을 할 수 있겠는가"하고 말했다. 이에 나는 "나도 실은 귀국 정부의 정략이 갑자기 변했다는 것은 알고 있다"며 "그러나 지금 공사를 보니 너무 지나치므로 매우 걱정된다"고 말했다. 그러자 시마무라는 "그것은 걱정하지 말고 오직 조속히 착수할 생각을 하는 것이 좋겠다"고 했다.

　다케조에가 주상을 밀대할 때 전년의 보상금[143] 40만 불을 도로 바치면서 "이것은 우리나라 황상이 특별히 귀국의 양병 비용으로 쓰이기를, 그리하여 귀국의 독립 자금으로 쓰이기를 원하며 다른 비용으로 쓰이는 것은 결코 원하지 않는다"고 했다. 계속하여 그는 현재의 천하대세를 논하고, 청나라와 프랑스의 전쟁에서 청나라가 장차 쓰러질 형세에 있다고 말했다. 또한 대원군을 구류한 것은 사리에 맞지 않음을 지적하고, 조선의 내정은 불가불 개혁하여 구미의 법을 따르지 않을 수 없으니 조선이 조속한 독립을 도모하는 것이 일본 정부의 바라는 바라고 말하고는 조금 더 있다가 물러갔다.

11월 3일. 이날은 일황의 천장절(天長節)이었다. 교동에 새로 지은 공사관에서 축연이 베풀어졌다. 초청을 받은 자는 나와 박영효, 홍영식, 서광범 세 사람과 한규직(韓圭稷)[일본 사람이 일당(日黨)으로 지목한 사람이다], 김홍집[독판이어서 초청됐다]뿐이었다. 그 밖에 각국 공사, 영사는 모두 와서 모였다.[이날 나는 무라카미[村上] 중대장과 교분을 맺고자 했다.]

술이 반쯤 취하자 서로 축사를 했다. 축사를 연설처럼 한 자도 있었다. 심지어 진수당(陳樹棠)을 뼈 없는 해삼으로 지목하여 말하는 사람도 있었다. 진수당은 이것을 조선어로 번역하여 전하는 것을 알아듣지 못하고 묄렌도르프에게 물었다. 묄렌도르프도 해득하지 못하여 다시 애스턴에게 물었으나 그도 모른다고 대답했다.

다케조에는 나를 보고 이렇게 말했다. "내가 지난해에 곁에 있는 사람이 아첨하는 말을 듣고 그대를 믿지 못할 사람이라고 생각하여 그대의 단점을 여러 번 외무경 이노우에와 대장경 마쓰카타[松方] 및 그 밖의 여러 참의(參議)에게 말했소. 이 때문에 그대가 지난해에 일본에 갔을 때 무한한 곤란을 당한 것을 내가 다 아오. 나는 진실로 한없이 뉘우치고 있소. 그러나 이것은 그대와 마찬가지로 국가를 위한 것이었을 뿐이오. 그대는 마음에 개의치 않을 줄로 생각하오." 나는 여기에 간단히 대답하고 말았다.

11월 4일 오후 2시에 다케조에가 외무아문에 와서 무역장정 중 균점이라는 한 가지 일을 가지고 담판했다. 담판이 끝나자 천하의 대세와 지금 청나라가 곤란한 실정, 예컨대 재정이 군색하고 병졸에 규칙이 없고 정부에 정략이 없는 등의 일을 가지고 한 차례 심각하게 통론하고 돌아갔다.

이때부터 일본과 청나라가 장차 교병(交兵)한다는 말이 세상에 널리 퍼져 인심이 자못 들끓었고, 한편(사대당)의 거동도 점차 헤아릴 수 없는 지경에 이르렀다.

이날 저녁 시마무라를 박 군의 집으로 초대했다. 나와 홍영식, 서광범 두 사람도 자리를 같이했다. 이 자리에서 곧 우리가 개혁의 일거를 행할 것임을 내가 밝혔는데 시마무라는 놀라거나 괴이하게 여기지 않고 오히려 "행사는 어떠한 방법으로 할 것이냐"고 물었다. 나는 세 가지 계책을 말했다. 그 중 한 가지 계책은 우정국(郵政局)에서 잔치를 열고 즉석에서 행사하는 것이었다.[이때 말한 소위 세 가지 계책 중 다른 두 가지는 이렇다. 대체로 이번 개혁은 어두운 밤에 행사하지 않으면 안 된다는 점에서 그중 하나의 계책은 자객을 청나라 사람으로 가장시켜 민영목, 한규직, 이조연 세 사람을 한꺼번에 찔러 죽이고 그 죄를 민태호 부자에게 돌리는 것이었다. 그러나 이것은 너무 교묘하고 복잡해서 그만두었다. 또 하나의 계책은 경기감사 심상훈(沈相薰)을 시켜 백록동(白鹿洞) 정자에서 잔치를 베풀게 하고 그 자리에 가서 행사하는 것이었다. 이 정자는 홍영식의 별장으로 산속 후미진 곳에 있어 행사하기에 편리했다. 그러나 이것은 심 씨의 유고로 인해 미루다가 그만두었다.] 나는 이어 한규직은 믿을 수 없다는 뜻을 거듭 밝혔다. 그때 주상의 소명이 있어 곧 돌아왔다.

11월 5일 오후 4시부터 애스턴 영국 공사와 푸트 미국 공사를 방문해 어제 있었던 일에 대해 의논했다. 애스턴에게 "어젯밤 일본 공사관 연회에 모였을 때의 거동에 대해 공은 어떻게 생각하오?" 하고 물으니 그는 웃으면서 "뼈 없는 해삼을 먹으려 한 것 말이오?" 한다. 나도 또한 웃으면서 "다케조에의 행동을 보니 전일과 크게 다르니, 이것으로 미루어 보면 일본이 장차 청나라와 불화의 빌미를 만들려는 것 아니겠소?" 하고 말했다. 그러나 애스턴은 "그렇지 않을 것"이라며 이렇게 말했다. "지금 일본 해군과 육군의 군사가 청나라보다 정예한 것처럼 보이나 일본은 재정이 몹시 곤란하고, 또한 청나라와 일을 벌여봐야 일본에 유익함이 없을 것이오. 내가 보기에 다케조에는 일본이 강하다는 것을 조선 사람들에게 과시하고 싶어 하는 것 같소." 그 밖에 다른 이야기도 많았으나 번잡해서 다 기록할 필요가 없다.

다음으로 나는 미국 공사를 찾아가 만나 우리의 내정이 어렵다는 것과 시세가 곤란하다는 것을 대충 말했더니, 미국 공사는 내가 말한 바에 찬동하지 않는 것이 없었다. 그리고 어젯밤의 동정(動靜)은 다 같이 본 바라면서 이렇게 말했다. "다케조에가 새로 온 뒤로 그의 유약하던 태도가 갑자기 변했으니, 이것은 몹시 기뻐할 일이오. 그러나 지금 귀국을 위해서는 청국과 일본의 군사를 깨끗이 내보내는 것이 가장 급선무요. 진실로 그대가 전일에 한 말에서 변함이 없다면 나도 또한 다소간의 주선은 하겠소. 바라건대 당분간 안심하고 서서히 시세를 살피기 바라오." 이 밖에도 수많은 말을 교환했지만 이루 다 쓸 수가 없다. 7시 반경 돌아오던 길에 잠시 다케조에에게 들렀더니 그는 집에 없었다. 나중에 들으니 그때 그는 박영효, 홍영식, 서광범 등 세 사람을 방문했다고 한다.

11월 6일 일본의 초혼제(招魂祭)를 맞아 일본의 병사, 관리, 상인들이 모두 남산 밑에 모여 씨름, 칼싸움 등 놀이를 했다. 다케조에가 사람을 보내어 나를 청했다. 무라카미(村上) 중대장도 서재필 군을 청하는 동시에 나를 청했다. 그러나 나는 병을 핑계로 사양하고, 다만 서광범과 서재필로 하여금 사관생도 여러 명을 데리고 가서 참석하도록 했다.

들으니 무라카미 중대장이 자기가 거느린 군사를 두 부대로 나누어 각각 적과 백의 두 기로 구분하여 표시하고 적기 부대는 일본, 백기 부대는 중국으로 삼아 경기를 하게 했다고 한다. 그리하여 적기 부대가 이기자 다케조에가 크게 기뻐하며 길한 징조라고 말하면서 일본인은 누구나 다 가까운 장래에 일본이 취할 정략(政略)을 이미 살펴 알고 있다고 말했다는 것이다. 이날 밤 우리는 홍영식 군의 집에 모여 이야기하다가 먼동이 튼 뒤에야 헤어졌다.

11월 7일 나는 일본 공사관을 찾아가 바둑 모임을 가졌다. 경성 안의 고수 두 사람을 뽑아 데리고 가서 공사관의 관속 우치카키[內垣]와 대국하게 했다. 그러나 이것은 바둑을 구실로 삼기 위한 것이었다. 나는 이날 헤어질 때 다케조에와 이야기를 나누었다. 내가 하는 말 중에 다케조에가 숙연히 듣지 않는 것이 없었다. 거사의 대계(大計)가 결정된 것은 실로 이날 이 모임에서였다. 그때 한 말을 모두 기록하지는 못한다.

11월 8일 밤에 이인종(李寅鍾)을 비롯한 여러 사람을 불러 모아 우리 집 밀실에서 같이 술을 마셨다. 이인종은 이 모임을 전후하여 저쪽에서 하는 일과 계획하는 일을 탐정했다. 들으니 청나라 장수 원세개(袁世凱)가 비밀히 군중(軍中)에 명령을 내려 수일 전부터 밤에도 띠를 끄르지 않고 신을 벗지 않게 하는 등 병사들을 단속하기를 마치 전쟁 때와 같이 한다는 것이었다. 또한 민영익은 우영사(右營使)로서 늘 동별궁(東別宮)에 머물면서 역시 원세개가 하듯이 하며 한규직, 이조연도 모두 경계를 엄중히 하고 있다고 했다.

11월 9일 서재필로 하여금 무라카미를 찾아가서 만나 청나라 진영과 민영익이 하는 행동을 전하게 했고, 또 홍영식, 박영효 두 사람을 다케조에에게 보내 이 일을 전하게 했다. 이날 밤에 우리는 서광범의 집에 모여서 이야기를 했는데, 이인종을 비롯한 다른 여러 사람도 이 자리에 참석했다.

11월 10일에는 전날의 바둑 잔치에 대해 회사(回謝)하기 위해 다케조에, 시마무라와 고바야시[小林] 영사를 새로 만든 내 방에 초대했다. 제일은행의 지점원 기노시타[木下]와 속관(屬官) 스즈키[鈴木], 우치카키, 통역 아사야마[淺山]도 함께 와 자리를 같이 했다. 우리쪽 좌객(座客)으로는 오직 서광범, 박제경(朴齊絅), 유홍기(劉鴻基)가 있었다. 밤이 되자 홍영식 군과 윤치호(尹致昊)가 와서 함께 술을 마셨다. 이따금 나는 옆방에서 시마무라와 이야기했다.

11월 11일 여러 사람이 더 와서 산정(山亭)에 모여 술을 조금 마셨다. 신응희(申應熙), 정행징(鄭行徵), 임은명(林殷明) 세 사람이 시골에서 돌아왔다. 이들은 남쪽의 물정과 강원도 횡성, 홍천 지방의 물정을 자세히 탐지해 와서 들려주었다.

11월 12일 아침 8시에 급히 들라는 명이 있어 곧 대궐로 들어갔다. 주상은 밤새 조금도 주무시지 못했다고 했다. 입대(入對)하자 주상이 "어젯밤 일을 경은 아는가 모르는가"라고 하교하셨다. 나는 "무슨 일이 있었는지 모릅니다"라고 아뢰었다. 그러자 주상은 이렇게 말씀하셨다. "어젯밤 5경 이후에 남산 아래 하도감(下都監) 근처에서 별안간 포성이 마구 울려 전쟁 때 무기 소리와 같아 놀랍기 그지없어 사람을 보내어 알아보았다. 그것은 일본 병사들이 밤에 불시에 조련을 하느라 난 소리라고 했다. 비록 이러한 의외의 일이 없더라도 지금 두 나라의 병정들이 와서 주둔하고 있으므로 늘 뜻밖의 사단이 있을까봐 걱정하고 있던 터이다. 더구나 다케조에가 이곳에 온 뒤로 나에게 대고 아뢰는 것과 여러 사람을 접촉하며 하는 수작과 거동으로 보아 은연중에 청일 양국이 교전할 형세에 있는 듯하다. 이 때문에 상하의 인심이 흉흉해지고 있음을 느낀다. 그런데 일본 사람은 무슨 까닭으로 애초에 보고도 없이 갑자기 조련을 한 것인가? 이 일에 대해 곧 다케조에에게 비밀히 물어보고 회보하라." 나는 처음으로 들은 일이어서 그저 명을 받고 물러 나왔다.

　11월 13일 외아문에 출사(出仕)했다. 다케조에가 스스로 와 있기에 그저께 밤에 조련을 한 일에 대해 들은 것을 가지고 힐문했더니 그는 웃으면서 이렇게 대답했다. "지금 천하 각국의 소위 병사라 일컫는 자들은 모두 운동(運動)을 조련법으로 하고 있소. 큰 사격을 하는 조련이 있을 때에는 마땅히 귀 아문에 알리는 것이 사리에 당연하겠지요. 그러나 밤에 훈련하는 것은 사실 불시에 시행하는 일이요, 병정들이 부지런한지 게으른지를 살펴보기 위한 일이오. 그래서 이것은 본 공사도 모르는 일이며, 오직 병사들을 통솔하는 지휘자가 자기 뜻대로 행하는 일이오. 그런데도 중국 사람과 조선 사람들이 놀라고 두려워한다니 참으로 뜻밖이오." 그는 이렇게 말하면서 자못 득의한 기색을 드러냈다. 이어 미국 공사와 영국 영사, 독일 영사도 모두 그 일을 담판하기 위해 차례로 내방했다. 나는 8시가 되어서야 비로소 일을 끝내고 돌아왔다.

돌아오는 길에 홍영식을 만났다. 그는 우려하는 빛으로 이렇게 말했다. "일본 병사의 조련에 관한 일로 매우 소요해졌습니다. 다케조에가 새로 와서 과격한 행동이 허다하게 있는 것을 모르는 사람이 없습니다. 청국 병사의 계엄이 더욱 심해지고, 또 한편으로는 의심하고 꺼리는 마음이 갈수록 더 깊어져서 장차 어떠한 화가 어느 때 일어날지 모르겠으니 어찌해야 하겠습니까?" 나는 웃으면서 대답했다. "그것은 뜻밖의 일이었소. 우리는 오늘날 이러한 절박한 상태에서 누란의 처지에 있으니 좌우를 돌아보지 않고 변혁을 도모하고자 했고, 이는 사세를 따라 결정한 일이오. 다케조에가 와서 하는 일이 과격한 일이 많아 비록 걱정스럽기는 하지만 도리어 복이 될는지 어찌 알겠소. 폐일언하고 속히 도모하고 늦추지 않는 것이 상책이오."

홍 군은 "나도 역시 당신과 같은 뜻을 가지고 있습니다. 그런데 다케조에가 하는 일이 일본 정부의 정략에서 나온 것인가요? 그렇지 않으면 혹시 다케조에 개인이 일시적 기분에서 하는 일인가요?" 나는 짐짓 얼굴빛을 고치고 그를 책망했다. "그대는 참으로 어리석구려. 무릇 외국에 사신으로 나간 자가 어찌 본국 정부의 훈령을 받지 않고 제 마음대로 자기 뜻을 행한단 말이오. 하물며 다케조에는 본디 겁이 많고 나약해서 일개 서생에 불과한 인물인데, 어찌 정부의 명령을 받지 않고서 그렇게 천만 뜻밖의 거동을 하겠소. 그대는 너무 의심하지 마시오." 우리는 여러 가지 계획을 의논하여 결정했다. 홍 군은 본래 뜻을 같이하는 사람이긴 했지만, 이날 밤에야 그의 뜻이 확실하게 굳어져서 흔들림이 없게 됐다. 나는 동이 튼 뒤에야 집으로 돌아왔다.

11월 14일 미국 공사가 부인과 함께 내방했다. 나는 공사와 잠시 밀담할 일이 있으니 부인은 먼저 돌아가게 하도록 청했다. 그러고 나서 나는 나라 안의 사세가 이대로 오래 지탱되어 보존되지 못할 것이라고 통렬하게 말하고[그 전에도 서로 왕래하며 만날 때에도 그에게 이런 이야기를 한두 번 한 것이 아니었다. 그럼에도 이날 그와 논한 것은 바로 나의 포부를 한번 깊이 있게 드러내어 그의 뜻을 시험해보기 위해서였다.]

은연중 가까운 시일 내에 한번 개혁을 도모하고자 하는 뜻을 비쳤다. 이에 미국 공사는 놀라지도 않았고, 괴이하게 여기지도 않았다.[미국 공사도 이미 살펴서 우리의 일을 알고 있다고 나는 들은 바 있었다.] 그는 천천히 대답하기를 "전부터 나라를 위하여 한번 죽을 뜻을 가지고 있는 공들을 나도 깊이 믿어 흠모하고 존경하던 터요. 다만 내가 귀국에 도착한 뒤로 우리나라 정부로부터 지시를 받은 것과 나 개인의 심중에 품은 것을 하나도 전개하지 못했소. 그러니 나는 마땅히 일찍 돌아가야 하는데도 이렇게 아직도 돌아가기를 늦추고 머뭇거리고 있소. 이것은 사실 귀국의 독립을 위하여 그대들에게 바라는 바가 있기 때문이오. 다만 청나라 병사를 철수시키는 일에 대해서만큼은 공들도 간절히 바라고 있으나 나 역시 깊이 생각하는 바가 있소. 지난날 다케조에가 다시 오기 전에 나는 시마무라와 상의한 바가 있어 그로 하여금 일본 외무경과 의논하게 했소. 이것은 나 한 사람의 소견으로 한 일이 아니지만, 나도 생각이 없는 것은 아니오. 바라건대 공들은 나라를 위하고 몸도 위하고, 또한 나의 충고도 헤아려서 아직은 조용히 조금 더 기다리시오."

이에 나는 웃으면서 대답했다. "내가 지금 말하는 것도 역시 오늘 내일 일을 이야기하는 것은 아니오. 그대가 우리나라를 위해 진력하시는 뜻을 늦추지 말기를 바랄 뿐이오." 그러자 미국 공사도 역시 웃고 이야기하다가 돌아갔다. 허다한 이야기가 있었으나 다 적을 필요가 없다.

11월 15일 나는 다케조에를 방문하여 밤에 병정들을 조련시킨 일에 대해 이야기했다. 이에 다케조에는 "대군주께서 지나치게 놀라시지나 않았는가" 하고 물었다. 내가 사실대로 말해주었더니 다케조에는 "그대가 좋은 말로 아뢰어달라"고 했다. 나는 다케조에가 온 뒤에 영국, 미국 공사와 주고받은 이야기와 지금 경성의 흉흉한 물정을 대강 말하고 돌아왔다.

밤에 입대해서 아뢰었다. "오늘 다케조에에게 가서 물어봤더니 다케조에가 대답하기를 '지금 청국과 프랑스가 교전하는 때를 당했으니 이는 비유하건대 이웃집에 도둑이 들고 불이 난 것 같다, 수비하는 행동을 조금도 소홀히 해서는 안 된다, 야간 조련과 같은 일은 실로 불시에 행해지는 일이다, 일본 국내에서도 병사(兵事)를 정리(整理)하는 것이 평상시와는 아주 달라졌다, 외국에 나가 주둔하는 군사도 역시 다른 때와 같을 수 없다, 일전 밤에 있었던 일은 실로 나는 몰랐던 일이다, 나중에 들으니 청국 진영의 원세개와 조선 우영(右營) 등에서도 모두 밤이 되면 계엄을 실시하여 병사들이 띠를 풀지 않는 등 마치 전쟁 때와 같이 한다고 한다, 그래서 무라카미[村上] 대위가 군기(軍機)를 밀탐하려고 한 것이다, 군사란 곧 뜻밖의 일에 대비하기 위한 것인데 지금 두 나라 군사가 한 곳에 주둔하고 있어 비록 서로 적으로 보는 거동은 없다고 하지만 이미 한쪽이 계엄을 하고 있는 터에 우리만 어떻게 그대로 앉아서 보고만 있을 수 있겠는가, 일의 형편은 이러할지라도 대군주께서 놀라셨다고 하니 황송스러운 마음을 견딜 수 없다' 했습니다."

주상께서는 진실로 탄식하면서, 청국 진영과 전영(前營), 좌영, 우영이 까닭 없이 계엄을 해서 일본 사람들의 의심을 사게 했다고 생각하여 자못 불만스러워 하는 기색이었다. 나는 다시 지금의 대세를 한 차례 죽 되풀이하여 아뢰었더니 주상께서 매우 옳게 여기셨다. 주상께서 말씀하시고자 하는 것이 있었으나 곁에서 듣는 자가 있어 마음에 있는 말을 서로 다하지 못한 채 나는 물러났다.

11월 16일 박영효 군, 두 서(徐) 군[144]과 약속을 하고 함께 묘동(廟洞)에 있는 관관 이인종(李寅鍾)의 집에 모여 술을 마셨다. 이창규(李昌奎), 이규정(李圭禎), 김봉균(金鳳均), 유혁로(柳赫魯), 박제경(朴齊絅)도 자리를 같이하여 다소의 이야기가 있었다. 유대치(劉大致)[145]는 병으로 여기에 오지 못했다. 9시경에 광교(廣橋)로 그를 찾아가 문병했다. 대치는 병을 참고 억지로 일어나 앉아서 이렇게 물었다. "들으니 일본 공사가 다시 온 뒤로 온 세상이 시끄러워서 물정이 마치 파도가 치고 구름이 이는 듯하다고 하니 그대들이 몹시 위태롭지 않을까 생각된다. 지금의 계책으로는 일찍 도모하는 것만 한 것이 없다. 그런데 일본 정부의 정략을 그대들은 탐지했는가?" 나는 이렇게 대답했다. "일본 조정에서 논의가 있다면 물론 좋은 일입니다. 그러나 설혹 일본 조정에 우리를 원조할 뜻이 없더라도 우리의 뜻이 우리나라 사세에 있는데다가 지금 배수의 진을 치고 양식이 떨어진 형편에 이른 것과 같이 상황이 절박하여 일본 조정의 거동을 기다릴 수 없게 됐습니다. 마침 다케조에가 새로 왔는데 그 기색을 살펴보니 과격한 점이 있어서 우리에게 화를 재촉하게 할 한탄의 소지가 있습니다. 그러나 이 또한 시운인즉 운수는 하늘에 맡기고 한번 죽을 뜻으로 우리는 이미 마음을 정했으니, 바라건대 선생께서는 안심하시고 잘 조섭하십시오." 대치는 이렇게 말했다. "다만 내가 염려하는 것은 일본 병사가 단지 백 명뿐이라는 것일세. 그들이 절제하는 바가 비록 청국 병사보다는 나아 보이기는 하지만, 사람 수를 논하면 크게 다르고 보니 이것이 몹시 우려되네." 나와 박 군은 같이 웃고 대답하면서 그의 병중의 마음을 위로하고 3시나 되어 흩어져 나왔다.

11월 17일 주상의 부름을 받고 입시(入侍)했다가 5고(鼓)에 집으로 돌아왔다. 갑자기 이인종과 이창규가 황망히 오는 것이 보였다. 그들을 밀실로 불러들여 물었더니 이인종이 이렇게 대답했다. "민영익[민영익은 근래 목구멍에 병이 났다고 칭탁하면서 오랫동안 대내(大內)에 입참(入參)하지 않고 사람들과 접촉하지도 않은 지 여러 날이 지났다]이 오늘 밤 4고에 돌연히 원세개를 찾아가 밀담하더니, 둘이 헤어질 때 원세개가 즉시 진중에 영을 내려 단속을 다시 엄밀하게 하라고 했습니다. 이에 곧 고영석(高永石)을 보내어 그가 몇 시에 돌아왔는가를 탐지하게 했더니, 3시 40분에 민영익이 원세개와 함께 우영(右營)으로 돌아왔고 원세개는 그길로 오조유(吳兆有)의 진영을 찾아갔다가 동틀 때 하도감(下都監)으로 돌아갔다고 했습니다." 이날 박 군은 다케조에를 방문하여 많은 이야기를 하고 돌아왔다.

11월 18일 아침에 서신으로 오위장(五衛將) 양홍재(梁鴻在)[이 사람은 곧 민영익이 가까이하고 믿기를 조아(爪牙)[146]와 같이 여기는 자이지만, 그 역시 세상에 큰 뜻을 두어 때로 민영익의 비밀한 일을 내게 알려주었다]를 불렀다. 나는 어젯밤에 민영익이 원세개를 방문한 까닭을 물었다. 양홍재는 자기도 그 일은 이미 알고 있다면서 몹시 괴이하게 여기는 빛을 보였다. 민영익이 원세개의 진중에 간 뒤에 무슨 일이 있었는지는 알 수 없지만, 원세개가 우영에 가서 필담한 종이가 있는데 민영익이 그것을 가져다가 광주리 속에 깊이 감추어 두었으니 자기가 서서히 기회를 보아 꺼내 보고 거기에서 본 바가 있으면 마땅히 와서 보고하겠다고 했다. 그 밖에도 대략 들은 말이 있었다. 밤에 모군(某君)[이 사람은 환관 중에서 걸출한 자인데, 그 이름은 적지 않는다]이 찾아와 대내 소식을 대략 들려주었다. 들으니 이날 낮에 서 군이 다케조에를 방문하고 돌아왔다고 했다.

11월 19일 각감(閣監) 박대영(朴大榮)이 와서 "묄렌도르프가 무역으로 들여온 대포 2좌(座)를 그동안 연경당(延慶堂)에 두었는데, 어젯밤 3경(更)에 민영익이 수리할 데가 있다고 말하고 그것을 비밀히 오조유의 진영으로 실어 보냈다"고 했다. 밤에 이동(泥洞)에 모여 이야기했는데, 모군도 역시 와서 참석했다.

11월 20일 밤에 신중모(申重模)와 이인종(李寅鍾)이 와서 "오늘 8시경 오조유의 진영에서 대포 2좌를 수레에 실어 하도감으로 보냈다"고 전했다. 5고(鼓)에 모군, 모군[앞의 모군으로 인하여 우리 당의 의거에 함께 참가하게 된 자인데, 모군보다 나이가 조금 적었다] 두 사람이 함께 와서 크게 취하도록 마시고 헤어졌다.

11월 21일 오후 2시에 애스턴이 찾아왔다. 그는 러시아와 청나라에 관계되는 일로 파크스(H. S. Parkes) 공사의 비밀한 통지를 가지고 와서 많은 이야기를 했다. 땅거미가 질 때 이노우에 가쿠고로[井上角五郞][147]가 찾아와서 "일본 공사관의 동정이 전일과 크게 다른데, 공들과의 관계는 어떻게 되느냐"고 물었다. 나는 처음부터 아무런 깊은 관계가 없다고 했다. 이노우에는 나에게 "이런 좋은 기회를 타서 일을 도모하도록 하라"고 권했다. 나는 이렇게 대답했다. "나도 또한 그런 뜻이 없지는 않으나, 아직 귀국 정부의 뜻을 분명히 알지 못하고 있소. 다케조에가 하는 일만 보고서는 우리가 경솔히 움직일 수 없소. 그러니 그대는 모름지기 나를 위해서 후쿠자와 유키치[福澤諭吉] 선생에게 세밀히 알아보고 최근 일본 정부의 동향을 자세히 탐지해 알려주기 바라오." 이노우에는 이렇게 말했다. "내가 이미 편지를 미타[三田]에 보냈으니, 다음 배편에는 회보가 있을 것 같소. 공들이 하는 일을 내가 살펴 알고 있는 것이 있는데, 그대들은 나에게 감추고 있으니 한스럽고 한스럽소." 그는 또한 민영익, 김윤식과 종종 필담한 것을 모두 말해주고 돌아갔다.

11월 22일 밤에 나는 이현(泥峴)으로 무라카미 대위를 찾아가 보았다.

11월 23일 윤태준이 찾아왔다. 나는 외무협판을 사퇴한 이유를 물으며 그를 책망했다. "직무를 가벼이 사직한 것은 다케조에의 훼방이 있었기 때문이오?" 윤은 이렇게 말했다. "이 일은 내가 결단한 일도 아니요 또 지나간 일이니 지금 와서 논할 일이 아니오. 요사이 듣건대 다케조에가 그대와 새로 교분을 맺어 그 새 자못 친밀해졌다 하니 그대는 대체로 일본 정부의 근황을 자세히 들었을 것이 아닌가. 이것은 숨기지 말기를 바라오." 나는 이렇게 대답했다. "내가 묄렌도르프와 사이가 좋지 않다 보니 그가 다케조에에게 이간을 했고, 그래서 내가 작년에 일본에 갔을 때 허다한 곤란과 애로에 봉착했다는 사실을 그대도 환히 아는 바이니, 다케조에와 나의 교분은 이로 미루어 알 수가 있을 것이오. 이번에 다케조에가 다시 와서 한 여러 가지 온당치 못한 일을 나는 몹시 비웃어왔소. 가령 일본이 장차 중국과 싸울 생각이 있다면 어찌 어린애들 장난처럼 먼저 나서서 일을 저지르겠소? 나는 이것으로 보아 일본 조정이 반드시 청나라에 대해 전쟁을 일으킬 뜻을 갖고 있지 않다는 것을 알았소. 내가 살펴본 바로는 다케조에가 우리나라에 온 뒤로 꾸미고 한 일들이 하나도 유약하지 않은 것이 없고 특히 강한 자에게 허리를 굽히는 본색을 나타내고 있으니, 이것이 외인(外人)에게 비웃음거리가 되는 것이요, 일본 안에서도 비평의 논의가 없지 않소. 그렇기에 지금 다케조에가 배상금을 상환하는 일을 가지고 무식무학한 조선 사람들에게 강경한 태도를 보이려고 하는 것이오. 그대가 사직한 것도 역시 그의 농락술책에 떨어진 것이니, 나는 이것을 몹시 한탄하는 마음을 가지고 있소. 또 균점의 일을 가지고 시마무라가 오랫동안 머뭇거리며 완결하지 못하고 있었기에 이번에 다케조에가 온 것은 실상 이것을 결정짓기 위한 것이오. 그런데 그가 겉으로는 공연한 공갈을 하는 허세를 부리고 있는데, 이 또한 모를 일이오. 그러나 나에게는 그가 말한 것이 한 가지도 없으니 그대는 나를 의심치 마오." 윤태준은 조용히 내 말을 듣다가 옳게 여기는 빛으로 돌아갔다.

11월 24일 애스턴에게 회사(回謝)하고 이야기하던 차에 나는 청나라와 프랑스에 관계되는 일과 일본과 청나라의 장래 일에 대해 말한 뒤 계속하여 이렇게 말했다. "조선의 내정이 날로 위급해지고 있으므로 나는 청나라와 프랑스가 싸우는 틈을 타서 한번 내정개혁을 도모하려고 하는데, 어떨는지 모르겠소."

이에 애스턴은 이렇게 말했다. "공들이 나라를 위하여 결정한 뜻은 나도 역시 살펴 아는 바가 있고, 이미 파크스 공사에게 보고한 바도 있소. 공사는 내년 봄에 꼭 한번 동방으로 와서 공들과 상의할 것으로 나도 확신하고 있소. 그러니 바라건대 그대들은 조금 더 시기를 기다리는 것이 어떻겠소?" 나는 이렇게 대답했다. "만일 기다리기만 하다가 일은 되지 않고 우리에게 위급만 닥쳐오면 어떻게 합니까?" 애스턴은 다시 이렇게 말했다. "그것은 내가 대답할 수 없는 일이오. 그러나 내가 보기로는 이웃나라가 귀국을 위해서 한번 변혁을 꾀할지도 모를 일이오."

내가 웃으면서 "그대는 일본이 그러한 행동을 하리라고 보는 것이오?" 하니 애스턴도 웃으면서 이렇게 말했다. "그건 농담으로 한 말이었소. 그러나 내가 보기에 귀국 안에서 머지않아 반드시 하나의 변사(變事)가 있을 것이니, 공들은 모름지기 스스로 신중해야 할 것이오."

나는 이렇게 대답했다. "그것은 나도 역시 염려하는 일이오. 우리로 말하면 조선 사람이니 비록 죽어도 한이 없는 터요. 만일 변사가 있어서 각국 사람에게 누가 된다면 이것이 실로 염려되는 일이오." 애스턴은 웃으면서 "만일 변사가 있다면 그대들은 어떻게 처신하겠소?" 하고 물었고, 나는 "만일 일이 있으면 사리로 보아 마땅히 국왕과 더불어 사생을 같이할 뿐이오"라고 대답했다.

애스턴이 "나는 어떻게 몸을 가져야 하겠소?"라고 물었다. 나는 이렇게 대답했다. "그대도 역시 나처럼 처신해야 할 듯하오. 외국에 사신으로 나와서 그 나라에 변란이 생기면 어느 나라 사신이든 그 나라 임금과 더불어 안위(安危)를 같이하는 것이 곧 공법(公法)이오."

애스턴은 이렇게 말했다. "공의 말이 참으로 옳소. 그러나 그 나라 임금이 만일 위태로워져서 지탱할 수 없는 형편이 된다면 어떻게 해야 하겠소?" 나는 웃으면서 대답했다. "그것은 지나친 걱정이오. 사세가 그 지경에 이른다면 사람이 미리 헤아릴 수 있는 것이 아니오. 그러나 만일 그렇지 않다면, 우리 대군주께서도 각국의 공사, 영사를 위하여 늘 생각하고 계시니 아마도 위험한 처지에 이르지 않도록 보호할 것이오." 나는 또 이렇게 말했다. "사기(事機)가 변하는 것은 누구도 예측하기 어려운 일이오. 그러나 만일 조만간에 뜻밖의 일이 일어난다면, 당장의 안위는 나와 그대가 같이 넘길 수 있겠지만 나중에는 그대가 파크스 공사와 함께 선후책(善後策)을 도모해야 하오. 나는 이것을 그대에게 깊이 바라오."

애스턴은 "그대의 말이 심중(深重)하므로 나 또한 심중하게 들었소"라고 말했다. 나는 그와 작별하고 나서 그길로 미국 공사에게 가서 또 한바탕 격론을 했다. 미국 공사는 맨 나중에 간절하게 말했다. "공들이 만일 시일을 끌 수 없는 상황이거든 잠시 국내 산천이나 유람하든지, 또는 상해나 나가사키 같은 데 갔다가 몇 달 뒤에 돌아와서 일을 도모하는 것도 나쁠 것이 없소. 이것이 내가 진정을 토로한 것이니 공은 양찰하시오." 그러나 나는 이때를 당하여 외지에 나갈 수는 없다는 뜻으로 말했다. 그럼에도 미국 공사는 다시 이렇게 말했다. "나는 오래 전부터 평안도 평양 등지를 구경하고 싶었지만 여가가 없어 떠나지 못했소. 지금이 비록 추운 철이기는 하지만 내가 공을 위하여 춥고 더운 것을 불구하고 잠깐 같이 가서 구경할까 하오. 우리나라 군함이 나가사키에 와 있는데 급히 인천에 와서 대도록 일본 우편선 편에 급히 연락했으니, 그 배가 오기를 기다려 나와 함께 잠깐 평양에 가보는 것이 어떻겠소?" 은근한 그 뜻이 실로 깊어 고마웠다. 나는 그와 함께 저녁을 먹고 밤이 깊어서 돌아왔다.

11월 25일 오후 2시경에 나는 홀로 다케조에를 방문하여 그동안의 일을 두루 말해주었다. 또 영국 영사, 미국 공사와 이야기한 것도 대략 말해주었다. 다케조에는 손뼉을 치며 칭탄(稱歎)하며 말했다. "공은 과연 남과 교제하는 것이 민첩하오." 나는 계속하여 여러 민 씨와 간신 두세 명을 제거할 계획을 밝혔더니 다케조에가 찬성하지 않는 것이 없었다.[이때 한 말을 자세히 다 기록할 수는 없다.]

나는 이렇게 말했다. "지금 우리가 거행하고자 하는 일은 곧 단서를 여는 일에 지나지 않소. 끝맺음은 오직 귀국 정부의 취향을 볼 따름이오. 나는 이미 조금도 그대에게 숨기지 않고 말하는 것이니 그대도 역시 조금도 숨기지 마오." 다케조에는 웃으면서 "공은 어이 그리 의심이 많소? 내가 비록 못났지만 이미 공사의 직책을 가지고 외국에 와 있으니 그 직의 책임이 중하오. 무릇 외교에 있어서는 천리만리 사이를 두고 정부끼리 조석으로 연락할 수 없는 형편이므로 공사라는 직책을 두어 정부를 대신하여 교제의 업무를 보게 하는 것인데, 그대는 어찌 이것을 알지 못하는 것이오."

나는 대답했다. "그것은 나도 본디 아는 바이오. 그러나 나는 다만 내가 겪은 바를 가지고 다시 한 번 말씀드린 것이오. 내가 당초 공사 박영효와 함께 귀국에 갔을 때 귀국 정부의 도움을 많이 받아 사절로서 일을 잘 마치고 돌아왔소. 이로부터 우리는 귀국을 의뢰하여 우리나라를 독립시키겠다는 깊은 뜻을 갖게 됐는데, 이것은 그대도 알 것이오. 그때 귀국의 정략이 해군과 육군을 확장하는 것이었는데 이는 비단 자기 나라를 견고히 하려는 것만이 아니라 겸하여 조선의 독립을 위하고 이로써 동양의 대세를 보전하려는 것을 대의로 하는 것이었음을 내가 바로 목격하고 귀로 들었소. 내가 잠시 귀국하여 위임장을 얻어 가지고 다시 귀국으로 건너가려고 하다가 일이 결국 이루어지지 못했소. 그때 우리 두 나라 사람들은 모두 '다케조에 공사가 묄렌도르프의 이간에 넘어가 김옥균이 하는 일을 미워하여 방해하지 않는 일이 없다'고 했소. 그러나 나는 마음속으로 그렇지 않음을 알았소. 김옥균 무리의 사람됨이 어떠하고 꾀하는 바가 어떠한 일이라는 것에 대해서는 귀국 정부가 틀림없이 당신의 말을 들은 것 같은데, 그 정략이 삼사 개월 사이에 갑자기 변했소. 그 의도는 단지 조선을 향한 정략을 착수하면 청국의 의심만 초래할 뿐이니 그렇게 할 필요가 없다는 것이었소. 그래서 내가 도모하던 바도 틀어지게 됐소. 이것으로 보아 귀국 정부가 정략 변경을 손바닥 뒤집듯 했음을 알 수 있소. 설사 공사가 올 때 본국에서 받은 지령이 있다고 하더라도 몇 달이 지난 뒤에는 또 무슨 변동이 있을지 알 수 없는 일이오. 이것은 내가 경력한 일을 그대에게 말하는 것이오. 이제 우리나라의 사세(事勢)를 말한다면, 그 형세가 잠시도 늦출 수 없소. 공사가 여기에 오기 전에 우리 당 사람들이 이미 맹세하고 결정한 바가 있었으므로 일본의 원조는 본디 바란 것이 아니었소. 그래서 공사가 다시 올 때 들려온 말 때문에 우리가 몹시 근심했소. 그런데 오늘날 그대와 모의하게 되니, 참으로 세상일은 변화하는 것이라 하겠소. 내 뜻은 이미 결정됐으니 다시 여러 번 되풀이 말할 필요가 없소."

다케조에는 "내 뜻도 역시 그대의 뜻과 같이 결정됐으니 맹세코 서로 의심하지 맙시다"라고 했다. 계속하여 우리는 해야 할 일의 세목을 가지고 말하게 됐다. 이에 대해서는 그가 혹 찬조(贊助)하겠다는 일도 있었고, 혹 좇지 않으려 하는 일도 있었다.

가장 먼저, 강화로 대가(大駕)를 옮기는 일에 대해 나는 우리의 의견을 내세웠다. 다케조에는 여기에 수긍하지 않고 이렇게 말했다. "대군주 한 사람을 강화로 옮겨 모시는 것은 실로 어려운 일이 아니오. 그러나 비빈과 여러 궁인들은 동행할 수 없는 형편이니 이들이 만일 청나라 수중에 떨어지게 되면 뒷일이 몹시 어렵게 될 것이오." 나는 여기에 대해 변론을 하다가 다케조에의 의견을 좇는 척하며 대가를 옮겨 모시는 일은 더 논하지 않기로 했다. 그러자 다케조에는 "임금이 계시는 곳의 대문이 가장 수위(守衛)하기에 좋다"고 말했다. 그러나 나는 크게 그렇지 않다고 말했다. "그것은 결코 그렇지 않소. 임금이 만일 옮겨 거동하시지 않는 경우라면 일본 군사가 와서 호위하는 것은 실로 명분이 없는 일이 될 터이니 가까운 곳에라도 잠시 거동하시게 하는 것이 좋겠소." 그래서 이 문제는 미결로 놔두었다가 나중에 다시 상의해 정하기로 했다.

나는 또 이렇게 말했다. "일이 발생한 뒤에 더욱 중요한 것은 돈에 관한 대책이오. 이것은 장차 어떻게 하면 좋겠소? 내가 지난해에 이 일을 가지고 미국 사람과 의논했지만 성사가 안 된 적이 있소. 지금에 이르러 생각해보니, 무릇 돈을 빌리는 일에 관계되는 일 한 가지만은 영국 사람과 의논하는 게 가장 좋을 듯하오." 그러자 다케조에는 웃으면서 "귀국이 비록 큰돈은 없지만 그래도 힘을 쓸 만하고 몇백만 원 정도의 돈은 우리나라에서도 충분히 빌려줄 방도가 있으니, 그리 걱정할 것이 없소" 하고 말했다.

내가 웃으면서 "이 일을 공이 보증할 수 있겠소?" 했더니 다케조에도 역시 웃으면서 "그대는 아직도 내 말을 의심하는가?" 했다. 이에 나는 "몇백만 원의 돈은 당장 쓸 것이 아니니 십수만 원의 돈이라도 예비하여 뜻밖의 용도에 대비하고자 하는데 어떻겠소?"하고 물었다. 다케조에는 아사야마[淺山]를 향해 "조선의 인천, 부산, 원산 및 서울에 있는 일본 상인들에게서 얼마의 돈을 거둬들일 수 있겠소?" 하고 물었고, 아사야마는 "십여만 원은 염려할 것이 없습니다" 하고 대답했다.

다케조에가 나를 보고 "이 일은 상인들에게 미리 말해 기미를 누설시켜서는 안 되오"라고 말했다. 나는 웃으면서 "오늘은 돈이 있어도 쓸 곳이 없으니 나중에 돈이 필요할 때 공이 힘써주시오"라고 말했다. 이에 다케조에는 "그런 일에 대해서는 모름지기 걱정하지 말고, 오직 거사하는 방법에만 충분히 마음을 쓰시오"라고 말했다.

나는 계속하여 이렇게 말했다. "내정을 개혁하는 일과 간사한 무리를 제거하는 계책은 나에게 맡기고 만일 일이 일어났을 때 군사를 내어 보호하고 무너지지 않도록 막는 일은 공사가 담당한다는 뜻을 결정하고 맹세했으니 다시 더 할 말이 없소." 이에 다케조에는 이렇게 말했다. "그대의 말이 거리낌 없고 통쾌하여 나도 또한 안심이 되오. 그런데 변이 일어난 뒤에 국왕께서 들어와 보호하라고 부르실 때의 대책은 어떻게 하면 됩니까?" 내가 웃으면서 "국왕께서 친히 쓴 편지가 있으면 됩니까?"라고 물었더니 다케조에가 역시 웃으면서 "한 글자만 써준다 해도 좋다"고 대답했다. 이어 내가 "칙사(勅使)는 일등대신 박영효면 되겠는가?" 했더니 다케조에는 또 웃으면서 "더욱 좋다"고 했다.

다케조에는 또 말했다. "가령 중국 병사가 천 명이 된다고 해도 우리가 한 개 중대의 병사만을 가지고도 먼저 북악(北岳)을 점거하면 두 주일은 지탱할 수 있소. 만약 남산을 점거한다면 두 달은 수비할 수 있으니 결코 걱정할 것이 없소."

나는 곧 그에게 고별하면서 말했다. "지금부터는 내가 다시 귀 공사관을 방문하지 않겠소. 다만 거사할 일시를 가려서 정하거나 모의를 실행할 절차를 결정하게 되면 박영효, 홍영식 두 사람 중 한 사람을 보내 공사에게 알리도록 하겠소. 오늘 우리가 작별하면 생사가 어떻게 될지 알 수 없으니 일단 결별하는 것이 옳겠소." 다케조에는 손뼉을 치고 웃더니 중문(重門) 밖까지 나와 전송해 주었다.

11월 26일에 박 군, 서 군과 약속하고 동대문 밖 탑동(塔洞)에 사는 승니(僧尼)의 방에 가서 이인종(李寅鍾)을 비롯한 여러 사람들에게 종근(從近)해서 거사한다는 뜻을 대략 알려주고 여러 가지로 세목을 이야기했다. 그리고 이은석(李殷石)으로 하여금 곧 걸음 빠른 사람을 부평(富平)에 보내어 신복모(申福模)를 불러오게 했다.[신 군은 민영익을 위하여 해방총관(海防總管)의 직책으로 부평에 가서 양병하고 있었다. 신 군은 곧 그곳의 교사(敎師)로 가 있었던 것이다.]

11월 27일 오후에 서재필 군, 무라카미 대위와 약속하여 잠시 내 집에 모이기로 했다. 3시에 두 사람이 함께 와서 한동안 격렬한 토론을 한 뒤 무라카미는 곧바로 이현(泥峴)으로 돌아갔다. 밤에 다른 여러 사람과도 의논하여 계책을 결정한 바도 있다. 윤경완(尹景完)이 밤을 틈타 찾아왔다.

11월 28일 아침 일찍 홍영식 군이 급히 편지를 보내와 이렇게 일러주었다. "어젯밤 다케조에를 만났더니 그가 말하기를 '오늘 독일 영사를 만났는데 그가 요새 조선의 국내 정세를 살펴보니 조정 안에 당파가 나뉘어 있어 반드시 한바탕 변동이 있을 것 같다면서 만약 그러한 때를 당하면 우리로서도 처신할 바를 상의해야 하지 않겠느냐고 말했다'고 했습니다. 그리고 '그 말을 들으니 기밀이 누설된 듯한 염려가 없지 않으니 모름지기 김 군과 다시 의논해야 할 것'이라고 하더군요."

나는 아침식사를 끝내고 곧 돌아왔다. 돌아오는 길에 홍 군을 찾아가 상세히 물어본즉, 독일 영사가 한 말은 묄렌도르프가 지껄인 바에서 나온 말인 듯싶었고, 어쩌면 민씨 측에서 모의하는 것을 묄렌도르프가 듣고서 비밀히 독일 영사에게 전한 것인지도 모르겠다는 생각이 들었다. 그래서 즉시 홍 군을 시켜 다케조에를 찾아가 보고 내가 생각한 바를 모두 자세히 말하게 했고, 이어 동지들과 약속하여 내일 다시 나의 동동(東洞) 별실에 모여 거사할 시기를 결정짓자고 했다.

11월 29일 소명을 받고 입대했다. 마침 곁에 듣는 사람이 없기에 나는 옷깃을 여미고 일어나 절하고 아뢰었다. "지금 천하의 대세는 날로 서로 갈등하고 있고 국내 정세도 날로 위태롭고 어려워지는 형편임은 전하께서 모두 통촉하시는 일이오니 지금 새삼스럽게 덧붙여 여쭐 필요는 없습니다. 그러나 신은 여기에 대하여 다시 한 번 자세히 아뢸까 하는데 들으시겠습니까?" 주상께서 "좋다"고 말씀하셨다.

이에 나는 청국과 프랑스가 싸우는 일, 일본과 청국이 불화하는 일, 노국의 동쪽 나라 침략이 날로 절박해지는 일, 십여 년 전부터 동양에 대한 서양 제국의 정략이 점차 변했으므로 옛 규범에 얽매여 안온하게 스스로를 지킬 수 없게 된 형세, 그리고 심지어 나라 안의 정치에서는 당오전의 폐단이 혹심하여 백성이 지탱해나갈 수 없고, 묄렌도르프를 그릇 고용하여 실책이 많고, 간신들이 주상의 총명을 가리고 청국을 업고 권세를 부리는 일 등(수많은 말이 있었으나 다 기록할 수는 없대)을 거침없이 아뢰었다.

그런데 곤전(坤殿)께서 갑자기 안에 있는 침실에서 나와 "내가 조용히 오랫동안 경의 말을 들었는데, 사세의 절박함이 그 지경에 이르렀다면 앞으로 어떻게 해야 하겠소?" 하고 물었고, 주상도 또한 간절히 그 방법을 물었다. 나는 이렇게 아뢰었다. "다케조에와 처음에는 의논이 맞지 않아 그의 방해를 많이 받은 일은 주상께서 통촉하시는 일입니다. 그러나 다케조에가 이번에 다시 온 뒤에는 도리어 신에게 공손하고 성의 있는 뜻을 보이고 있어 신이 짐작하건대 전일과 아주 달리 변했습니다. 이로 미루어 일본과 청국 사이에 거사가 머지않아 있을 것 같습니다. 그때를 당하면 조선은 당연히 일본과 청국의 전쟁터가 되고 말 것이 틀림없으니, 장차 무슨 계책으로 스스로를 위한 도모를 하겠습니까?"

주상과 곤전이 심히 그렇다고 여기고 몹시 걱정하는 빛으로 "일본과 청국이 싸우면 그 승부가 어찌 되겠느냐?"고 물었다. 나는 "단지 일본과 청국 두 나라가 교전하면 최후의 승패에 대하여는 미리 짐작할 수가 없으나, 이제 일본과 프랑스가 합치면 승산은 단연코 일본에 있을 것입니다"라고 대답했다. 주상께서 다시 "그렇다면 우리나라의 독립을 도모하는 계책도 또한 여기에 있는 것이 아니겠는가?" 하고 말씀하셨다.

나는 이렇게 대답했다. "참으로 지금 성상이 하신 말씀과 같습니다. 그러나 전하의 폐부(肺腑)에 해당하는 신하들이 모두 청나라에 빌붙어 청나라를 위하여 사냥개나 개와 양 노릇을 하고 있으니, 일본이 아무리 우리의 독립을 도와주고자 해도 그것이 이루어질 수 없을 것 같습니다. 신이 이런 말을 내는 것은 본디 생사에 관계되는 일입니다. 하지만 나라가 지금 조석간에 위망(危亡)하게 됐으므로 신이 일신의 화를 두려워하지 않고 이렇게 털어놓고 아뢰는 것입니다."

곤전께서는 이렇게 말씀하셨다. "경의 말을 들으니 나를 의심하는 것 같소. 하지만 이 일은 국가의 존망과 관계가 있는데 내가 어찌 한 부인으로서 대계를 그르치게 하겠는가? 경은 숨기지 마시오."[이 말은 진실인지 거짓인지 알 수 없었다.] 주상께서는 이렇게 말씀하셨다. "경이 품고 있는 마음을 내가 잘 알겠다. 무릇 국가의 대계에 관계되는 일에서 위급할 때에는 경의 계책에 일임할 터이니 경은 다시는 의심하지 말라."[이것은 사실 실제의 마음이요 실제의 말이었다.]

나는 이렇게 대답했다. "신이 비록 감히 떠맡을 능력은 없으나 이 밤에 내려 주신 성교(聖敎)가 분명히 귀에 남아 있을 터인데 어찌 감히 명을 저버리겠습니까? 원컨대 전하께서 손수 쓰신 밀칙을 주시면 그것을 항상 몸에 지니고 다니겠습니다." 이에 주상께서 기꺼이 밀칙을 쓰시고 거기에 보압(寶押)을 그은 뒤 큰 옥새를 눌러 주셨다. 나는 절을 하고 삼가 그것을 받았다. 곤전께서 주찬(酒饌)을 내어와 대접해주셨다. 이날 나는 먼동이 튼 뒤 물러 나왔다.

11월 30일에 여러 사람들이 약속한 대로 동동(東洞)에 와서 모였다. 이 자리에서 별궁(別宮)에 불을 놓기로 결정됐다.[별궁이란 세자의 혼례 때 행사를 하는 궁으로서 특히 중대한 곳이다. 이곳은 또 서광범 군의 집과 담을 사이에 두고 있어 궁의 후문이 서 군 집의 뜰 앞이므로 하수하기에 편리했다. 이 때문에 여기를 불을 놓는 곳으로 결정했다.] 이어 화재가 난 곳에 가서[국가의 관례로, 화재가 나면 뭇 장병이 반드시 급히 달려가서 불을 꺼야 한다] 일을 치른다는 계책을 정했고, 그 기일은 삼사 일을 넘기지 않기로 했다. 이날 늦게 홍 군과 서 군에게 소명(召命)이 있었기에 산회했다.

12월 1일 오후 7시에 애스턴과 회식할 약속이 있었다. 이 자리에는 박 군과 서 군 두 사람과 내가 초대를 받았다. 6시 반에 모임에 가려는데 홍 군이 편지를 보내와 "전에 본 일본 공사관 사람이 와서 다케조에가 오늘 밤에 다시 우리를 만나고 싶어 한다고 말했습니다"라고 전했다. 나는 "지금 애스턴과 약속이 있어 가는 길이니, 그대는 먼저 일본 공사관으로 가서 기다리시오. 그러면 9시를 전후해 우리 세 사람이 함께 가겠소"라고 회답하고 곧바로 모임에 갔다. 이 모임은 9시 반에 끝났다. 돌아오는 길에 종로 네거리에 이르러 보니 달이 밝아 마치 온통 은을 녹인 것과 같았다. 여기서 수종들을 다 놓아 돌려보내고 동행 세 사람만 곧장 교동(校洞)의 일본 공사관으로 갔다.[전에는 일본 공사관에 파수병이 있어 사람들이 마음대로 문 안으로 들어가는 것을 허락하지 않고 우선 명찰을 들여보내 공사에게 보인 뒤에야 들어가게 했다. 그러나 다케조에가 온 뒤로는 내가 말한 바가 있어 우리 당 사람들은 명찰 없이도 바로 통행할 수 있었다.]

가보니 홍 군이 이미 자리에 앉아 있었다. 주인의 자리에는 시마무라가 앉아 있고 아사야마가 통역을 하기 위해 있었으나 다케조에는 보이지 않았다. 차를 마시고 나자 시마무라가 이렇게 말했다. "당초에는 다케조에 공사가 공들을 면회하려고 했소. 하지만 심중에 이미 결정한 바가 있고, 이미 결정된 마음을 가지고 또 면회를 해봐야 말만 허비할 뿐 아무런 유익함이 없다고 했소. 그래서 오늘 밤에 이런 실례를 범했지만, 그의 마음이 금석처럼 굳음을 표시하여 알리기 위해 나더러 대신 그대들을 접대하라고 한 것이오."

이에 내가 마침내 별궁에 방화하기로 한 계획을 말했다. 시마무라는 몹시 기뻐하면서 "날짜는 언제로 정했소?" 하고 물었다. 나는 "일단 이달 20일로 결정했소"라고 대답했다.[구력 10월 20일은 신력으로 12월 7일이었다. 우리가 결정한 날짜는 실제로는 이날이 아니었지만, 우선 이렇게 말해두었다.]

시마무라는 "왜 그렇게 늦게 잡았는가?" 하고 물었다. 나는 웃으면서 "20일 이전은 달이 밝은 것이 흠인데, 팔(八)과 인(人) 두 글자[148]는 어두운 밤을 만나야만 광채를 내는 법이오" 했더니 시마무라는 또 웃는다. 내가 "거사할 날짜는 귀국 우선(郵船) 지토세마루[千年丸]가 인천항 부두에 도착하기 전으로 잡는 것이 좋겠소" 했더니 시마무라는 "무슨 까닭으로 그렇게 말하시오?" 하고 묻는다. 나는 이렇게 대답했다. "귀국 정부 묘의(廟議)의 변화를 나는 헤아릴 수 없소. 만일 조금의 변동만 있어도 다케조에 공사가 오늘 결정한 뜻이 또 바뀔까 두렵소. 그래서 우선이 도착하기 전에 하수(下手)하자는 것이오."[지토세마루는 매월 20일 인천에 도착하게 돼 있었다.] 그러자 시마무라는 또 크게 웃었다. 네 사람[149] 모두 다케조에게 그동안 미처 말하지 못한 세목을 자세히 말하고 그에게 전달하도록 했다.[대가를 강화로 옮겨 모시는 일은 이미 다케조에가 힘껏 말린 바 있으므로 그렇게 하지 않기로 했다. 그리고 대궐에 군사를 거느리고 들어가 호위를 하는 계책은 실행할 때 곤란한 일이 있을 듯했다. 따라서 대가는 일이 발생한 뒤에 경우궁(景祐宮)으로 옮겨 모시려고 한다는 뜻을 자세하게 말했다. 이에 시마무라는 "마땅히 공사에게 고하겠다"고 말했다.]

 2시에 헤어져 돌아왔다. 돌아오는 길에 바로 이동(泥洞)에 있는 박 군의 집으로 갔다. 여기에는 일찍부터 되어 있는 약속대로 여러 장사(壯士)들이 모여 있었다. 이인종(李寅鐘), 이규정(李圭貞), 황용택(黃龍澤), 이규완(李圭完), 신중모(申重模), 임은명(林殷明), 김봉표(金鳳杓), 이은종(李殷鐘), 윤경순(尹景純)이 모두 왔다. 그들에게 17일[구력 10월 17일, 신력 12월 4일] 오후 8~9시에 별궁에 불을 놓으라고 계책을 지시했다. 만일 그날 비가 와서 불리하면 18일에 그렇게 하기로 했다. 거사에 관하여 여러 사람에게 각각 지휘한 사항은 다음과 같다.

— 별궁에 불을 놓는 일은 오로지 이인종에게 전적으로 맡겨 지령하게 한다. 이규완, 임은명[호산학교(戶山學校)[150] 사관(士官) 졸업생], 윤경순, 최은동(崔殷童) 등 네 사람으로 하여금 포대(布袋) 수십 개를 만들게 하여[포대는 변수(邊樹)에게 부탁하여 미리 만들어오게 했다] 그 속에 잘게 쪼갠 땔나무를 넣게 한다. 이것을 가지고 미리 서 군의 집 남쪽 뜰, 즉 별궁 북문으로부터 어둠을 타서 담을 넘어 들어가 별궁 정전(正殿) 안에 쌓아두게 한다. 또 불이 잘 붙는 석유를 작은 병 30개에 넣어서 장두(墻頭)[151]로부터 연달아 가지고 들어가 나뭇조각을 담아둔 포대 안에 붓게 한다. 자기황(自起磺)[152]을 가지고 동쪽과 서쪽 행랑에 불을 일으킨다. 또 여러 가지 불이 붙는 약을 안치하여[조심하여

먼저 화약이 발화하지 않도록 한다] 대세가 만연할 때 그 세에 따라 폭발하게 하고, 이것으로 성위(聲威)를 돕게 한다. 8시 반이나 9시경에 불이 크게 일어나는 것을 신호로 삼는다.

― 불이 나면 각 영(營)의 영사(營使)들이 마땅히 급히 와서 불을 끄게 되겠지만 혹시 병을 이유로 오지 않는 자가 있거나, 대궐에 들어가 있어서 오지 못하는 자가 있거나, 그 위에 또 걱정스러운 것으로 다케조에가 온 뒤에 저편 사람들의 의심이 크게 일어났는데 이 때문에 오지 않는 자가 있으면 일이 성공할 수 없다. 그래서 우정국에서 연회를 벌이기로 하고, 홍 군으로 하여금 먼저 사영(四營)의 영사(營使)가 무고한지 유고한지를 탐지한 뒤 연회 일자를 정하게 했다. 그리고 그 날짜는 다음날을 첫날로 하여 세어서 사흘을 넘지 않도록 한다. 불이 일어난 뒤에는 이미 우정국에 모인 자들은 형세가 불가불 가서 불을 끄지 않을 수 없을 것이니 그 화재 장소에서 일을 행하되 한 사람 앞에 두 사람씩을 배정해 하수하게 한다. 그리고 한 사람당 단검 한 자루와 단총 한 자루씩을 가지고 있도록 했다. 혹시 담이 약하고 겁이 많아 실수하는 사람이 있을까 염려되므로 이들 외에 따로 일본 사람 4명을 선정하여 한 사람 앞에 한 명씩을 배정한다. 이들 일본 사람에게는 우리 옷을 입힌다.

― 민영익은 윤경순, 이은종이 맡는다. 윤태준은 박삼룡, 황용택이 맡는다. 이조연은 최은동, 신중모가 맡는다. 한규직은 이규완, 임은명이 맡는다.

― 이인종(李寅鐘), 이희정(李熙禎)은 나이가 많다는 점을 고려해 호령(號令)의 소임만 맡도록 한다. 이 두 사람은 불이 나고 사람들이 모여들고 여러 장사들의 준비가 뜻대로 된 뒤에 포를 쏘아 신호하여 일시에 하수가 이루어지게 함으로써 더디고 빠른 일이 없도록 한다.

― 여러 곳을 왕래하면서 정탐하는 통신(通信)은 유혁로(柳赫魯)와 고영석(高永錫)이 맡는다.

— 금호문(金虎門)[이것은 창덕궁의 사문(四門) 가운데 하나다. 대신이 별입시(別入侍)[153] 할 때에는 모두 이 문으로 출입한다] 밖에서 신복모가 동지 장사들[전영의 병대(兵隊) 중에서 13인은 때가 오면 즉시 의거에 참여하기로 했고, 이로써 의거 참여자는 모두 43인이 됐다]을 불러 모아 이동(泥洞) 근처[박 군의 별가를 가리킨다. 그의 집에서 주찬(酒饌)을 미리 준비했다가 대접하기로 했다]에 매복하게 한다. 그리고 이들은 별궁에서 불이 일어나는 것을 보고 곧 금호문 밖으로 달려가 파수하다가, 민태호, 민영목, 조영하 세 사람이 궐에 도착하는 것을 기다렸다가 그 자리에서 바로 하수한다.[불이 나거나 소동이 일어나면 모든 근시(近侍)와 승후관(承候官)은 입궐하여 문안하게 돼있다.]

— 전영의 소대장 윤경완(尹景完)은 곧 경순(景純)의 아우이다. 윤경순은 여러 해 동안 우리 당과 친근하게 지냈지만, 오직 경완은 나이가 어린 때문에 처음에는 교제가 없다가 요새 와서 비로소 그 형을 따라서 의거에 가담하게 되었다. 그런데 이 사람이 마침 이날 밤에 궁내 합문(閤門)[국왕 침실의 앞문]의 파수[밤에는 각 영의 소대장 중 돌아가며 1인이 으레 50명의 병정을 거느리고 합문(閤門) 안팎을 수직(守直)하게 돼있다. 윤경완으로 하여금 여러 날 병을 칭탁하고 나가지 않다가 거사일 밤에 자원해서 나가 수직하도록 했다]를 담당한다. 그는 전영의 병졸 50명을 거느리고 기다리다가 외간(外間)에서 불이 일어나면 병정들을 단속하는데, 만일 그물에서 새어 궐내로 들어오는 자가 있으면 형세에 따라 처치하기로 약속했다.

— 궁녀 모씨[나이가 지금 42세로 몸이 건강하고 크기가 마치 남자 같으며 힘이 세어 남자 오륙 명은 당해낼 만하다. 그래서 그는 본디 고대수(顧大嫂)[154]라는 칭호로 불린다. 그가 이 별호(別號)를 얻은 것은 중전이 파위(罷位)당했을 때 그가 가까이 모셨기 때문이다. 10년 전부터 우리 당에 붙어 이따금 비밀을 통보해온 자다]는 폭렬약(暴烈藥)[폭렬약은 2년 전에 내가 일본을 유람할 때 탁정식(卓挺埴)을 시켜 서양 사람에게 부탁하여 구입해 가져온 것이다]을 대통(竹管)에 조금씩 넣어 가지고 있다가 외간(外間)에 불이

일어나는 것을 신호로 삼아 통명전(通明殿)[국가에 상례(喪禮)가 있을 때 사용하는 곳으로, 보통 때에는 많은 사람이 지키지 않는다]에 불을 붙이기로 약속했다.

— 김봉균(金鳳均), 이석이(李錫伊)도 역시 화약을 가져가서 미리 궁내 인정전(仁政殿)의 행랑 몇 곳에 몰래 숨겨두었다가 우리 당이 변고 소식을 듣고 입궐할 때 따라 들어가 즉시 명령을 이행한다.

— 일본 사람 4명을 후미로 삼아 깜깜한 데 매복시켰다가 만일 화재가 일어난 장소에서 실수가 있을 경우에 형세를 보아 그들로 하여금 하수하게 한다.

— 별궁에 불이 난 뒤에 일본 공사관에서 병사 30명을 보내어 금호문(金虎門)과 경우궁(景祐宮) 사이[곧 관현(觀峴)이다]를 왕래하면서 의외에 일어날 일들을 막게 하도록 약속한다.

— 일이 나서 혼란한 중에는 우리끼리 서로 밟을 염려가 있고, 또 일본 사람과 서로 들어맞지 않아 울퉁불퉁한 일이 있을 수 있으므로 암호를 모든 장사들 각각에게 준다. 암호를 주되 곧 천(天) 한 자로 응하게 한다. 일본 말로는 요로시[155]로 한다. 먼동이 트면 흩어져 돌아간다.

12월 2일 아침 일찍 신복모(申福模)가 부평에서 올라왔다.[이인종(李寅鍾)으로 하여금 거사할 모든 사람들을 데리고 압구정(鴨鷗亭) 근처에 있는 박 군의 별장으로 가서 새 사냥을 하면서 일본 사람 4명 각각과 낯을 익혀 두도록 했는데, 날이 저물어서야 모두 흩어져 돌아갔다고 했다. 이로써 약속이 모두 가지런히 정돈됐다.] 밤에 동지 여러 사람들과 약속하고 사동(社洞)에 있는 서재창(徐載昌) 군의 집에 모여 술을 마셨다. 그들은 돌아가는 길에 우리 집에 들러 거사 절차를 더욱 논의하고 다짐었다. 신복모도 또한 용기를 내어 기꺼이 우리를 따르기로 했다. 날이 샌 뒤에 헤어졌다.[이날 밤 홍 군이 크게 취해 서 군의 집에서 돌아오는 길에 말에서 떨어져 왼쪽 팔을 조금 다쳤다. 그는 우리 집에 와서 종이를 찾더니 서서(誓書) 한 장을 썼는데 그 내용은 이러했다. "내가 땅에 떨어질 때에는 피가 땅을 적시고, 내가 죽을 때에는 하늘이 내 마음을 굽어보리라. 오로지 나는 같은 마음으로 맹세하노니 만일 이 마음을 배신하면 하늘이 반드시 베어 죽이리라[我落地時 地沾我血 我死之時 天鑑我心 惟我同心 同我誓心 若背此心 天必誅殛]." 그가 이 글을 써서 내게 보이는데 나는 이것을 보고 매우 언짢게 여겼고, 박 군도 역시 괴이하게 생각했다.]

들으니 다케조에가 사람을 보내서 경우궁의 형편을 두루 살펴보게 했다고 한다. 또 이현의 둔병소(屯兵所)로부터 교동(校洞) 공사관으로 암암리에 탄환을 옮겨 놓았다는 것이다.[병졸을 직공처럼 꾸며서 운반했다고 한다.]

12월 3일 박 군을 시켜서 일본 공사관에 가서 다케조에를 만나 우리가 추려 정한 안을 고루 말하게 했다. 다케조에는 그 말을 듣고 좋게 여기지 않는 것이 없었으나, 다만 "대가를 경우궁으로 옮겨 모시는 계책이 성사되지 않으면 어떻게 할 것이오?" 하고 물었다고 한다. 이에 박 군이 "그것은 모두 우리가 담당할 것이니 공은 염려하지 말라"고 했다. 그러자 다케조에는 "대군주께서 나를 부르는 칙서 문제가 중요한 관계가 있으니, 모름지기 김 군과 함께 깊이 상의해서 이 문제를 신중히 처리하도록 하라"고 당부했고, 박 군은 하나하나 그러겠다고 대답하고 돌아왔다고 한다.

홍 군은 이미 각 영사(營使)에게 별일이 없는 날을 가려서 거사 일시를 4일 오후 7시로 정하고, 각 공사와 회합에 모일 여러 사람에게 초청 편지를 써 보냈다.

이날 밤에 나는 변수(邊樹) 군을 시켜 환관 모군[연소한 재]을 내 집에 불러 상의하고 그 결과로 하나의 확정을 지었다. 그것은 이런 것이었다. 군주께서는 날마다 밤에 모든 근신(近臣)을 접견하고 서무를 총재(總裁)하느라 해가 돋은 뒤 잠자리에 들었다가 황혼이 되어야 기침하셨다. 그래서 근신은 누구나 밤에야 대내에 들어갔다. 이것은 다음 날 행사를 하는 데 방해가 되는 일이었다. 그러니 다음 날만은 군주께서 밤에 일찍 잠자리에 들게 하는 계책을 도모하자는 것이었다.[당시 임금은 때로는 일로 인해 새벽까지 잠자리에 드시지 않는 일도 있었다.]

환관 모군은 이렇게 말했다. "여기에는 참으로 방책이 있다. 정원(政院)에 쌓아둔 문안(文案)[평소에 밀려서 완료하지 못한 문안이 정원(政院)에 쌓여 있었다]을 꺼내다가 원리(院吏)[정원의 역인(役人)]를 시켜 다음 날 아침에 갖다 바치게 하면 그때의 상황에 따라 어떤 방편이 있을 것입니다. 이 밖에 다른 방책도 없지 않습니다."

모군을 보내고 나서 밤이 깊은 뒤에 나는 일본 음식을 준비해 놓고 일본 사람 4명을 밀실로 초청했다. 그러고는 낮에 정해진 계책을 자세히 가르쳐 주고, 모두 취하도록 술을 먹여 돌려보냈다.[밤에 갑자기 다케조에가 사람을 시켜 이런 전갈을 보내왔다. "이노우에 가쿠고로[井上角五郎]가 전하기를, 자기가 근간에 민영익을 만났더니 그가 '우리나라는 지금부터 30일 이내에 반드시 변사가 있을 것'이라며 '그대 같은 사람은 외국인이니 반드시 스스로 근신해야 할 것'이라고 말했다 하오." 다케조에는 그런 말을 전해 듣고 염려하여 거사의 시기를 늦추어 저들의 의심을 풀어주는 것이 좋겠다는 의견을 냈다.]

12월 4일[구력 10월 17일]. 이날은 우정국 연회가 밤에 있으므로 우리 당 동지들이 각각 밀약을 받고 모두 몹시 마음을 경계하고 신중한 태도를 취했다. 박 군은 다시 다케조에를 찾아가서 맹세를 서로 어기지 말자는 뜻으로 다짐했다. 이에 다케조에는 웃으면서 "명을 받든다"고 말했다고 한다.

오후 4시에 나는 전동(典洞)에 있는 우정국에 가서 연회를 열 준비가 됐는지를 살펴보았다. 홍 군은 아침부터 거기에 와 있었다. 들으니 각국 공사 중에서 다케조에가 병으로 오지 못하고, 독일 영사도 또한 병으로 오지 못한다고 하고, 그 나머지 사람들은 모두 뜻한 대로 모이기로 약속했다고 한다. 오직 윤태준만이 마침 궁중에서 야직(夜直)하게 되어 오지 못한다고 했다. 하지만 윤태준은 본디 걱정할 것이 없는 사람이므로 있으나 없으나 근심할 것이 없었다. 나는 곧 집으로 돌아왔다.

변수 군이 와서 모군의 말을 전했다. 대군주께서는 날이 밝을 때부터 밀린 공사(公事)를 처결하느라 잠자리에 들지 않았고, 모든 승후관이 오후 2시에 입대했는데 그들을 일찍 물러가게 했다고 한다. 나는 변 군더러 바로 궁중으로 들어

가라고 했다[변 군은 늘 궁중에 있으면서 주상을 가까이 모시는 자다]. 그리고 듣고 보는 모든 일을 기억해 두었다가 내가 오늘 밤 입궐하기를 기다려 보고해주기로 약속했다.

나는 이어 서재필 군의 집[그의 집은 우리 집과 이웃하고 있다]에 갔다. 약속을 받은 모든 사람이 여기에 모여 나를 기다리고 있었다. 자세한 절차를 죽 이야기하고 결정지으니 날이 저물어 어두워졌다. 급히 우정국으로 달려갔다.

모이기로 약속한 사람들은 모두 모였다. 미국 공사 푸트, 미국 서기관 스커더, 영국 영사 애스턴, 청국 영사 진수당, 서기관 담갱요(譚賡堯), 일본 서기관 시마무라, 통역 가와카미[川上], 세관고인(稅關雇人) 묄렌도르프 등이 왔고, 우리나라 관원으로는 주인인 홍영식, 금릉위 박영효, 독판 김홍집, 전영사 한규직, 우영사 민영익, 좌영사 이조연, 승지 서광범, 승지 민병석(閔丙奭), 주사(主事) 윤치호, 사사(司事) 신낙균(申樂均)과 나까지 18인이 자리를 같이했다.[나는 비밀리에 요리를 맡은 사람에게 부탁하여 음식을 천천히 올리도록 했다.] 좌석배치는 다음 그림과 같다.

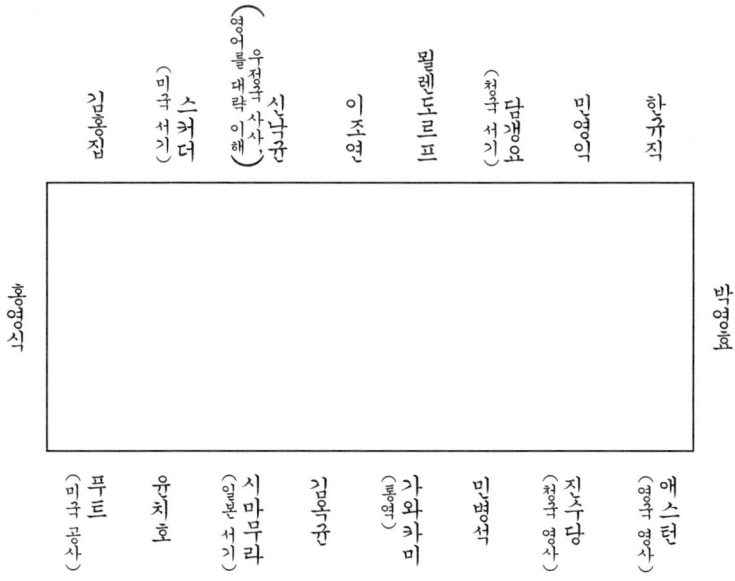

주찬이 나왔다. 시마무라는 나와 나란히 앉아서 때때로 나와 일본말로 이야기했다. 내가 "그대는 하늘(天)을 아는가?" 했더니 시마무라는 "요로시(좋소)"라고 답했다. 술이 몇 순배에 이르렀을 때 어떤 사람이 갑자기 "홍현(紅峴)[곧 우리 집]에서 사람이 와서 그대를 찾는다"고 했다. 곧 문밖으로 나가 보니 박제경이 숨이 차서 헐떡거리며 이렇게 말했다. "별궁에 불을 놓는 일은 기량(技倆)을 다 써보았으나 도저히 되지 않습니다. 일이 이미 급하게 됐으니, 이 일을 어찌하면 좋습니까?"

나는 "별궁에 불 놓는 일이 이미 성공하지 못했으면 비록 다른 곳이라도 초가 중 불길이 번지기 쉬운 것을 골라 곧 도모하는 것이 좋겠소"라고 말해주고 총총히 내 자리로 돌아왔다.

시마무라가 무슨 일이 있느냐고 묻기에 나는 사실대로 말했다. 그러자 시마무라는 얼굴빛이 변하면서 "그러면 어찌하렵니까?" 하고 물었다. 나는 "또 다른 방편이 있으니 염려하지 마시오"라고 말해주었다. 다시 반시간쯤 기다리니 음식이 거의 다 나왔다.

나는 초조함을 이기지 못하여 견딜 수 없어 문밖으로 나와 사방을 바라보았다. 그때 갑자기 유혁로가 급히 달려와서 말했다. "다시 다른 몇 곳에 불을 놓았으나 모두 뜻대로 되지 않습니다. 처음에 별궁의 일이 발각되어 순포(巡捕)가 사방으로 나왔으니 위험하기 이를 데 없습니다. 그래서 여러 장사들이 한꺼번에 몰려오려고 하는데, 어떨는지 모르겠습니다."

그러나 나는 그렇게 하지 말도록 만류하면서 이렇게 말했다. "도저히 다른 방도가 없게 됐으면 그것도 하나의 방책이기는 하다. 하지만 혼잡한 중에 잘못하여 외국 공사를 다치게 할까 염려되니, 반드시 순포가 이르지 않는 곳으로 가서 다시 하수를 도모하는 것이 좋겠다." 나는 다시 내 자리로 돌아왔다.

이때 민영익의 무리는 자못 의심하는 듯한 빛을 보였고, 시마무라도 매우 불안한 기색이었다. 이윽고 다과가 나오는데 갑자기 밖에서 사람들의 소리가 혼잡했고, 그중에서 "불이야! 불이야!" 하는 소리가 들렸다.

나는 놀라 일어나서 북쪽 창문을 열어 보았다. 우정국의 지척에서 화광이 하늘에 닿게 치솟고 있었다. 좌중이 다시 어수선해지고 앉았다 일어났다 하며 밖을 내다보았다.

한규직이 먼저 말했다. "우리는 장수의 소임을 갖고 있으니 급히 달려가 불을 끄지 않을 수 없소." 그 말이 채 끝나기도 전에 민영익이 문밖에서 들어오는데 온몸에 피를 흘리고 있었다.[나중에 들으니, 우정국 북쪽 인근에서 불이 일어난 뒤 여러 순포들이 일제히 급히 와서 불을 끄는 동시에 경비순찰을 하므로 여러 장사들이 각기 병기를 갖고는 있었으나 맞붙을 수는 없는 형편이었다고 한다. 그래서 우정국 문 밖에서 엎드려서 엿보던 중에 민영익이 제일 먼저 나오므로 일본 사람들이 앞서서 공을 차지하려고 서둘러 하수한 것이라고 한다.] 이때 바깥에서 떠드는 소리가 들끓었다. 나는 곧 박 군, 서 군과 함께 북쪽 창문으로 뛰어나와 바로 우정국 앞문을 나섰다. 사람들은 다 도망쳐서 보이지 않았다.

즉시 입으로 암호['천천(天天)' 이다. 조선 속어(俗語)로 풀면 '서서히' 라는 뜻이다]를 부르며 빠른 걸음으로 갔다. 길에서 이인종과 서재필을 만나 그들로 하여금 여러 장사들을 이끌고 경우궁 문밖에 가서 기다리게 했다. 일본 사람들은 곧 내 집 후원으로 가서 몸을 숨기도록 했다.

그길로 나는 일본 공사관으로 향했다. 그것은 별궁의 방화가 전에 한 약속과 어그러졌기 때문에 한번 가보고 그들의 기색을 살피려던 것이었다.

공사관 앞에 이르자 병정들이 빽빽이 늘어서서 빈틈이 없다. 즉시 안으로 통보하고 아사야마를 만나 다케조에를 만나자고 했다. 이미 공사관에 들어가 있던 시마무라가 내 목소리를 듣고 내당(內堂)에서 나오며 큰소리로 "그대들은 왜 대궐로 가지 않고 이리로 왔소?"라고 했다. 나는 웃으면서 "공들의 뜻이 변치 않았으니 나는 안심하겠소"라고 말하고 곧 대궐로 가기 위해 이동으로 향했다. 동네 어귀에 김봉균, 이석이 등이 이미 오래 전부터 기다리고 있었다. 또 둘러보니 신복모가 용사 40여 명과 함께 사방에 숨어 있었다.

금호문에 도착하니 문이 이미 닫혀 있었다. 즉시 문 지키는 군사(軍士)들에게 문을 열라고 했더니 그들은 "열쇠가 정원(政院)에 있어서 문을 열 수 없습니다"라고 말했다. 나는 목소리를 높여 그들을 꾸짖으며 "지금 화사(禍事)가 일어났으니 급히 문을 열라"고 했다. 수문장이 내 음성을 듣고[수문장은 나의 심복으로서 약속이 된 자였다] 바로 와서 자물쇠를 풀었다.

세 사람이 바로 봉균과 석이를 거느리고 들어갔다. 군졸들만 이따금 순라를 돌 뿐 고요하기만 하고 아무 인적도 없었는데, 그때 달이 밝아 낮과 같았다. 숙장문(肅章門) 안에 이르러 봉균과 석이더러 인정전 아래의 화약 묻은 곳에 가서 30분간 기다렸다가 불을 붙이라고 지시하고 더 들어갔다.

협양문(協陽門) 밖에서 파수하던 무감(武監)이 큰소리를 치며 막아섰다.[무릇 입궐하는 자는 대례복(大禮服)을 입지 않으면 들어가지 못하지만, 이때 우리는 모두 평복 차림이었기 때문이다.] 이에 나는 그를 크게 꾸짖으며 "너희들은 궐문 밖에 무슨 큰일이 났는지도 모르고 감히 우리가 가는 길을 막는거냐" 하고 그대로 밀고 들어갔다. 모든 사람이 놀라고 두려워하며 까닭을 물었다. 나는 대답도 하지 않고 급히 합문(閤門)[156] 밖으로 나갔다. 거기에서는 윤경완이 병정 50명을 거느리고 기다리고 있었다.

비밀히 윤경완으로 하여금 병정들을 단속하면서 호령(號令)을 기다리도록 하고 곧바로 전내(殿內)로 들어갔다. 주상께서는 이미 잠자리에 드셨고[변수(邊樹)가 나와서 나를 맞으며 내 귀에 입을 대고 "궁중에는 아직 추호도 의심스러운 일이 없습니다"라고 말했다], 오직 환관의 무리만 대청 밖에 나와 있다가 우리가 평복 차림으로 황망히 들어오는 것을 보고 놀라고 괴이하게 여겨 나에게 그 까닭을 물었다. 나는 즉시 유재현(柳在賢)[환관 중에서 가장 총애를 받고 권력이 있는 자였다. 이 사람은 전내에서 찔러 죽이기로 이미 작정해둔 자였다]을 시켜서 급히 기침하시도록 청하게 했다.

유재현은 나에게 여러 번 사유를 캐물었다. 나는 큰소리로 "지금 나라가 위난한 때를 당한 마당에 너희 환관의 무리는 어찌 그다지도 말이 많은 것이냐"하고 꾸짖었다. 그제야 유재현은 놀라고 두려워하면서 즉시 안으로 들어갔다.

주상께서는 이미 내 목소리를 듣고 침실에서 급히 나를 부르며 "무슨 사고가 있느냐?"고 물으셨다. 나는 즉시 박, 서 양군과 함께 침실로 들어가 우정국의 변을 일일이 아뢰고 나서 "일이 급하니 청컨대 잠시 정전(正殿)을 피하십시오"라고 말씀드렸다. 곤전께서 내게 비밀히 "이 변이 청국 쪽에서 나왔는가, 아니면 일본 쪽에서 나왔는가?"라고 물으셨다. 내가 미처 대답하기도 전에 동북간에서 갑자기 하늘을 울리는 포 소리가 들려왔다.[이는 모 씨가 통명전(通明殿)에서 행사함에 따른 것이었다.] 이 때문에 모두들 놀라 편전(便殿) 뒷문으로 빠져나갔다. 나는 급히 윤경완 등을 불러 호위하고 가도록 했다.[기록할 만한 것이 많지만 번다하고 자질구레하여 쓸 필요가 없다.]

이때 나는 임금께 "지금 이런 일을 당해서는 일본 병사를 요청해 호위하도록 해야만 만전을 기할 수 있을 것입니다" 하고 아뢰었다. 주상께서는 "그렇게 하도록 하라" 하셨다.[이때 주상은 마음속으로 살핀 바가 있었다.] 그런데 곤전께서는 "일본 병사를 청하여 호위하도록 한다면 청국 병사는 장차 어찌 할 것이오?" 하고 물으셨다. 이에 나는 급히 "청국 병사도 역시 청하여 와서 호위하도록 해야 합니다"라고 대답했다. 나는 즉시 유재현(柳在賢)에게 "일본 공사관에 가서 반드시 일본 군사를 보내어 호위하게 하도록 하라"고 지시하고 "이것은 장차 그대의 공이 될 것"이라고 했다. 또 나는 모군에게 청국 진영에 가서 청국 병사로 하여금 호위하게 하라고 했다.[그러나 이것은 사실은 나의 거짓말이었다. 나는 미리 모군과 약속한 바가 있었다.]

계속하여 나는 변수에게 "즉시 일본 공사관에 가서 대사(大事)가 뜻대로 됐다는 뜻을 전하라"고 한 뒤 주상에게 "이미 다케조에를 부르기는 했지만, 만일 친히 쓰신 칙서가 없으면 하명하신 대로 오지 않을 듯합니다"라고 아뢰었다. 주상은 "그러면 어떻게 하면 좋겠는가?" 하고 물으셨다. 내가 연필을 꺼내 올리니 박 군은 백지를 내놓았다. 요금문 안 노상에서 임금께서 '일본공사래호짐(日本公使來護朕)'[157]이라는 일곱 자를 친히 쓰셨다.

　나는 급히 박 군에게 이것을 가지고 다케조에에게 가서 전하라고 하고, 그길로 경우궁 후문으로 갔으나 문에 자물쇠가 채워져 들어갈 수 없었다. 이에 나는 윤경완을 시켜 담을 뛰어넘어 들어가 자물쇠를 부수게 했다. 모두 여섯 겹의 문을 부수고 열었다.

　이때 윤태준(尹泰駿)과 심상훈(沈相薰)이 궁내 직소(直所)에 있다가 변을 듣고 왔다. 또 보니 한규직이 이미 우정국에서 도망하여 병정의 옷을 아무렇게나 입고 대궐에서 곧장 이리로 왔다. 유재현도 일본 공사관에 갔다가 돌아왔다.[일본 공사관의 문을 출입하는 것이 금지되어 들어갈 수 없었다고 한다.] 그들은 다 같이 외간(外間)에는 놀랄 일이 없다고 말했다. 곤전께서는 다시 나에게 일의 전말을 물으셨다.

　바로 그때 인정전(仁政殿) 근처에서 하늘을 뒤흔드는 포 소리가 연달아 두 번 났다. 이에 나는 한규직을 보고 이렇게 꾸짖었다. "네가 군사를 통솔하는 장수의 소임을 띠고서 이런 변란을 당했으면 병사들을 거느리고 와서 호위해야 하건만 그렇게 할 생각은 하지 않고 혼자 몸으로 이런 불경한 복장을 하고 와서 주상의 마음을 어지럽힌단 말이냐? 이 변사가 어디에서 나온 것인지를 너는 본디 알고 있을 것이다!" 나는 또 유재현을 향해서도 꾸짖어 말했다. "너 같은 쥐나 벌레 같은 무리가 대세도 알지 못하고서 오히려 아녀자의 짓을 하고 있으니, 이 같은 변사 중에 이제부터 말을 많이 하여 인심을 어지럽히는 자가 있으면 찔러 죽일 것이다." 곧이어 윤경완을 불러서 소리 높여 다짐하니 일행이 숙연해진다. 한규직도 사세가 좋지 않음을 보고 묵묵히 뒤따를 뿐이었다.

　이윽고 경우궁 정전 뜰에 이르니 박 군과 다케조에가 일본 병사들을 거느리고 오는 것이 보였다. 이것을 보고서야 내 마음이 비로소 안정됐다. 임금과 여러 비빈은 이미 정전(正殿)에 안좌했고, 일본 공사와 우리는 좌우에서 시위(侍

衛)했으며, 일본 병사들은 대문 안팎에서 경호하면서 사람들의 출입을 금했다.

　전영(前營)의 소대장 윤경완은 당직 병졸을 거느리고 전정(殿庭) 안팎에 늘어섰다. 서재필은 사관생도 정난교(鄭蘭敎), 박응학(朴應學), 정행징(鄭行徵), 임은명, 신중모, 윤영관(尹泳觀), 이규완, 하응선, 이병호, 신응희, 이건영, 정종진, 백낙운(白樂雲) 등 13명을 거느리고 정전 위에 시립(侍立)했다. 또 이인종, 이창규, 이규정은 이은감(李殷鑑), 황용택, 김봉균, 윤경순, 최은동, 고영석, 차홍식을 거느리고 정전 문 밖에 시립하여, 경계가 철통과 같아 물샐 틈도 없었다.[들으니 청국 병사 한 지대(枝隊)가 경우궁 근처에 이르러 멀리서 살펴보고는 곧바로 귀영했다고 한다.]

　곧 무감 중에서 가깝고 믿을 만한 자 10명가량을 시켜 경우궁 대문 밖에 나가 있게 했다. 여러 재신(宰臣) 중 변을 듣고 오는 자들이 있었다. 그들에게 명찰을 먼저 들여보내게 하여 확인하고 나서 들어오는 것을 허락한 뒤 홍영식에게 보내도록 했다.

　이조연이 일찍 우정국에서 도피하여 궁중에 갔다가 대가(大駕)가 경우궁으로 옮겼다는 말을 듣고 이리로 왔다. 이조연은 한규직, 유재현 두 사람과 마주 보고 이야기하는 것이 장차 무엇인가 꾸미는 바가 있었다.[그것은 곧 청국 병사를 끌어들이는 계책이었다.]

　박 군은 이조연, 윤태준, 한규직 세 사람을 보고 이렇게 말했다. "지금 변란을 당하여 일본 공사에게 병사를 거느리고 와서 호위해 달라고 요청한 마당인데, 삼영(三營)의 영사들은 병사를 맡은 소임을 가지고 어찌하여 일찌감치 병사를 거느리고 오지 않고 이렇게 서로 얼굴을 쳐다보며 마주보고 수군거리고만 있는가?"

　윤태준이 먼저 나가겠다고 하여 그를 데리고 나가게 했다. 그가 겨우 소중문(小中門) 밖에 이른 시점에 이규완, 윤경순이 그를 끝장냈다. 그러나 다른 사람들은 아무도 이런 사정을 알지 못했다.

이조연과 한규직이 나를 바라보고 무슨 말인가 하려고 했다. 이에 나도 박 군이 좀 전에 한 말을 그대로 되풀이하는 것으로 대응했다. 그랬더니 이조연이 목소리를 높여 부르짖었다. "나는 들어가 주상을 뵙고자 한다. 나를 문 안으로 들어가게 해달라." 그러나 서재필 군이 칼로 앞을 가로막고 꾸짖으며 "내가 문을 지키라는 명령을 받고 여기 있으니 명이 없는 한 들어가게 할 수 없다"고 말했다. 이와 함께 여러 장사들도 모두 분연히 일어날 형세를 보였다. 이에 한규직과 이조연은 어찌할 수 없어서 부득이 경우궁 후문[이 문 밖에 각 영의 병졸이 다 와서 모여서 수위하고 있었다]으로 나갔다. 문 밖에서 황용택, 윤경순, 이규완, 고영석이 기다리고 있다가 하수했다.

민영목이 경우궁 정전 밖에 이르러 명찰을 들여보내 일본 통역 풍현철(楓玄哲)에게 자기를 들여보내주기를 청했다. 이에 이규완, 고영석으로 하여금 그를 옹호하고 들어오게 했다. 그가 겨우 대문 안에 들어서자 일본 병사가 호위하고 서있는 가운데 그를 해치웠다. 조영하가 그 다음으로 들어왔고, 민태호가 뒤이어 들어왔다. 둘 다 같은 방식으로 끝장냈다.

보국(輔國) 이재원(李載元)에게 입시(入侍)하게 하여 그와 함께 마음을 터놓고 시사(時事)가 어렵다는 것과 이번에 개혁하는 거사가 있었다는 것을 말하자 그는 기꺼이 우리를 따르겠다고 말했다.

나는 또 중사(中使)[158]를 시켜 변수와 함께 각국 공사관에 가서 위로하도록 했다. 미국 공사가 해군사관 버너두(蕃於道)를 윤치호와 함께 경우궁으로 보내왔다. 나는 곧 사람을 시켜 그들을 들어오게 하여 비밀히 버너두에게 오늘 있었던 일을 대략 말해준 뒤 뒷마무리를 잘하는 방도를 공사에게 물어달라고 했다. 그는 만일 공사의 대답이 있으면 곧 통보해주겠다는 뜻의 약속을 하고 갔다.[즉시 회답이 왔다. "일이 이미 여기에 이르렀으니 오직 내정을 잘 개혁하라"는 내용이었다.]

대강 먼저 시행해야 할 급한 정령(政令)을 품주(稟奏)하여 시행하려고 했다. 곤전과 동조(東朝)[159]는 그저 급히 대궐로 돌아가고 싶다고 했다. 환관과 궁녀 수백 명은 한 방에 뒤섞여 있으면서 재잘거릴 뿐 조금도 놀라거나 두려워하는 빛이 없이 모든 일에 꾸물거리기만 했다.[이 역시 곤전의 계책에서 나온 것이었다.]

날이 환히 밝았다. 서재필 군으로 하여금 여러 장사들에게 영을 내려 환관 유재현을 정전 위에 결박해 놓게 했다. 이어 그의 죄목을 하나하나 들어가며 책망하고 뭇 칼날이 번득이는 가운데 곧 육살했더니 그제야 모든 사람이 실색하고 다들 숨을 죽였다. 곧바로 궁녀와 환관들 가운데 쓸모없는 자들을 모두 내쫓았다. 이어 크게 개혁을 실행하고 중대하거나 필요한 임무들을 먼저 실행했다. 이 때 관리를 갈아 바꾼 내용을 추려내어 적으면 다음과 같다.

　영의정---이재원(대군주의 종형)
　좌의정---홍영식
　전후영사 겸 좌포장---박영효
　좌우영사 겸 대리외무독판, 우포장---서광범
　좌찬성 겸 좌우참찬---이재면(대원군의 사자(嗣子))[160]
　이조판서 겸 홍문제학---신기선
　예조판서---김윤식
　병조판서---이재완(이재원의 아우)
　형조판서---윤웅렬
　공조판서---홍순형(왕대비의 조카)
　한성판윤---김홍집
　판의금---조경하(대왕대비의 조카)
　예문제학---이건창
　호조참판---김옥균
　병조참판 겸 정령관---서재필
　도승지---박영교(박영효의 맏형)

동부승지---조동면(대왕대비의 종손)

동의금---민궁식

병조참의---김문현(순화궁(順和宮)의 아우)

수원유수---이희선

평안감사---이재순(대원군의 지친(至親))

설서---조한국(대원군의 외손)

세마---이준용(대원군의 손자, 즉 이재면의 아들)

[민씨 일파에게 억눌림을 당했던 자들은 대개 천거하여 벼슬을 주었다. 자질구레한 것들은 다 기록하지 못한다.]

12월 5일 오전 8시에 미국 공사, 영국 영사, 독일 영사가 있는 곳에 각각 전영(前營)의 병정 30명씩을 보내어 그들을 보호해 데리고 오도록 했다. 주상께서 그들을 접견했다. 그런데 미국 공사는 나를 대하여 은밀히 부탁하는 뜻이 있었고, 영국 영사는 자못 불평스러운 기색을 밖으로 나타내고 있었다.

이때부터 내전(內殿)의 여러 분이 기어코 대궐로 돌아가려고 했는데, 이것은 배겨낼 수가 없었다. 경우궁은 비좁아서 몸을 붙이고 지낼 수 없다고들 했다. 계동 이보국의 집[경우궁의 남쪽 이웃이다]이 경우궁보다 조금 넓다고 하여 잠시 그곳으로 임금의 거소를 옮기기로 했다.[허다한 절차가 있었으나 이에 대해서는 언급할 수 없다.]

이재완도 불러들였다. 독일 영사도 나중에 들어왔다. 미국, 영국, 독일 세 나라의 공사, 영사들이 저마다 하는 말이 있었지만, 대체로 이번 정변을 관망하겠으며 오직 자기들 외국 사람을 보호해 달라는 뜻만 전하고 물러갔다.

다케조에는 대군주께 나아가 아뢰는 말이 많았다. 그는 역시 지금 천하 각국의 대세와 형편을 보면 내정을 개혁하지 않을 수 없다는 등의 말을 하고, 계속하여 양병을 정예롭게 하지 않으면 안 된다고 아뢰었다. 이어 그는 이렇게 말했다. "지금 귀국의 병사 중에서는 오직 전영이 다른 영들보다 조금 나을 뿐입니다. 사실 전영은 박영효가 조련한 것인데 지금은 박영효가 여기에 관여하지 않고 있습니다. 무슨 까닭에서 그런지를 알 수 없습니다. 나라를 위하여 힘을 다한 사람이 이처럼 버려진 채 쓰이지 않는 것은 참으로 애석한 일입니다." 이에 주상은 즉시 명령하여 박영효에게 전영사의 벼슬을 내리셨다.

이때 곤전과 동조(東朝)가 자주 나를 불러 대궐로 돌아가게 해달라고 요청하셨다. 그러나 우리가 염려하는 바가 있었다. 차라리 계동(桂洞)이라면 적은 수의 군사를 가지고도 싸우고 지키기에 용이하지만, 대궐로 말하면 지리로 보아도 합당하지 못한 곳이었다. 그래서 당초에도 강화로 대가를 옮기기로 계획을 정했던 것이지만 이것은 다케조에 공사가 만류했고, 오직 경우궁 한 곳만이 여러 번의 상의를 거쳐 합당한 곳으로 결정됐다. 그런데 이제 와서 대궐로 돌아간다면 기어이 걱정스러운 일이 생길 것이 분명했다. 이에 나는 다케조에에게 "주상께서 하교하시거든 반드시 지세의 불리함을 아뢰고 이틀만 더 기다리게 해달라"고 부탁하고 "이틀이면 우리 당의 자립하는 일이 모두 준비될 것이니 그때는 비록 대궐에 돌아가도 방해될 것이 없다"는 뜻을 거듭 말했다.

나는 잠시 계책을 결정할 것이 있어서 홍 군, 이보국과 함께 외청(外廳)으로 나갔다. 이때 갑자기 들려온 말이, 주상께서 다케조에를 불러 장소가 비좁고 거칠어 잠시도 더 그곳에 거처할 수 없다는 대왕대비의 뜻을 간절히 전하면서 "뜻밖에 청국 사람들에 의한 변을 당한다고 하더라도 대궐에서 당하나 여기서 당하나 조금도 다를 것이 없다"고 말씀하셨다는 것이다. 이에 다케조에가 "즉시 중대장을 시켜서 먼저 궁중의 일을 탐지해본 뒤 아뢰겠습니다"라고 거듭 말했다고 한다. 그러고 나서 한 시간 뒤에 환궁해도 좋다는 뜻으로 주상께 아뢰었다는 것이다.

나는 이런 말을 듣고 급히 여러 사람을 데리고 들어가 먼저 다케조에를 책망했다. 다케조에는 웃으면서 이렇게 말했다. "수비가 한결같으니 조금도 걱정하지 마시오. 내가 이미 주상께 아뢰었으니 당신들은 여러 말 하지 마시오." 주상도 환궁에 대해 다케조에의 허락을 얻은 일로 매우 기뻐하며 나를 불러 그에 관한 말씀을 하셨다.

일이 여기에 이르렀으니 어쩔 수 없는 형편이었다. 즉시 박 군으로 하여금 무라카미[村上] 중대장과 함께 약간의 병사를 거느리고 대궐 안에 들어가 두루 지세(地勢)를 살펴보고 관물헌(觀物軒)으로 결정해도 좋은지 확인하고 돌아와 보고하게 했다.

오후 5시에 제관(諸官)이 대궐로 돌아갔다. 다케조에와 우리는 한 방에 같이 거처하기로 했다. 안팎의 수위는 경우궁에서와 같이 하되 내위(內衛)는 모두 우리 당 장사, 중위(中衛)는 일본 병사, 외위는 사영의 병사[그중 전영의 병정이 근위(近衛)를 담당했다]가 각각 맡았다.

해가 저물자 자물쇠를 보내어 모든 궐문을 잠그려 하는데[이것은 국례(國例)에 따른 것이었다] 갑자기 들려오는 말이, 선인문(宣仁門) 밖에 있는 청국 병영(兵營) 중 오조유의 진영에서 병정을 보내와[들으니 원세개와 장광전(張光前)이 오조유(吳兆有)의 진영에 가서 모였다고 한다] 선인문 잠그는 것을 멈추라고 했다고 한다. 박 군이 이 말을 듣고 노여워하며 과격한 일을 먼저 저지르려고 하므로 나와 다케조에가 그를 제지했다. 궐문을 닫지 않는 것도 무방한 일에 속하기 때문이었다. 이에 나는 전영과 후영의 병사 400명을 내어 각각 100명씩 나누어 요지에 주둔하면서 동정을 살피게 했다. 다케조에는 곧바로 일본 병사에게 명하여 밤새도록 매우 엄중히 경계하도록 했다. 이날 포고한 정령(政令)을 대략 기록하면 다음과 같다.[조공(朝貢)의 허례는 의논하여 폐지하기로 했다.]

― 대원군을 불일내(不日內)로 모셔 돌아오게 한다.
― 문벌을 폐지하고, 인민이 평등한 권리를 갖는 제도를 마련한다. 사람으로써 벼슬을 택하며, 벼슬로써 사람을 택하지 않는다.

— 온 나라를 통해 지조법(地租法)을 개혁하여 관리의 간사한 짓을 막고 백성의 어려움을 덜어주는 동시에 국용(國用)을 여유롭게 한다.
— 내시부(內侍府)를 혁파하되, 그 가운데 우수한 인재가 있으면 모두 등용한다.
— 전후(前後) 간에 간사하고 탐욕스러워 나라를 병들게 한 자들 가운데 가장 심한 자는 정죄(定罪)한다.
— 각 도의 환상(還上)[161]은 영구히 와환(臥還)[162]한다.
— 규장각(奎章閣)을 혁파한다.
— 급히 순사(巡査)를 두어 도둑을 막는다.
— 혜상공국(惠商公局)을 혁파한다.
— 전후 간에 유배되거나 금고에 처해진 사람을 가려서 방면한다.
— 4영을 1영으로 통합하고, 각 영에서 장정을 뽑아 급히 근위대를 설치한다.[육군 대장에 임명할 사람에 대해서는 먼저 세자궁(世子宮)의 추천을 받기로 했다.]
— 무릇 국내 재정에 속하는 것은 모두 호조(戶曹)로 하여금 관할하게 하고, 재부(財簿)를 맡은 그 밖의 관서(官署)들은 일체 혁파한다.
— 정령은 대신과 참찬[새로 차임(差任)한 6인. 지금 그 이름을 다시 쓸 필요는 없다]이 날마다 합문(閤門) 안에 있는 의정소(議政所)에서 회의를 하여 원만히 결정한 다음에 반포하고 시행한다.
— 의정부와 6조 이외의 용관(冗官)[163]에 속하는 것은 다 혁파하되, 대신과 참찬으로 하여금 상의하여 아뢰게 한다.

12월 6일 아침 일찍 편지 한 통을 원세개에게 보내어 그가 궐문 닫는 것을 저지한 일에 대해 책망하고, 만일 차후에 다시 그런 사리에 어긋나는 일을 하면 결단코 좋은 말로 서로 대할 수 없을 것이라고 했다.

이어 나는 호조참판의 직책을 맡은 자로서 재정에 관한 것은 모두 생각하여 계획한 바가 있었으나 군무(軍務)가 제일 급하다고 보고 박 군, 서 군에게 부탁하여 급히 가서 영문(營門)의 모든 일을 가지런히 정돈하도록 했다. 각 영 소유의 총칼로 불리는 것은 모두 녹슬어 아무리 급한 변사에 임하게 되어도 처음부터 탄환을 장전할 수 없을 형편이었다. 이에 신복모 및 각 사관(士官)의 무리로 하여금 병정을 거느리고 총을 모두 분해하여 소제하게 했다.[여러 가지 일이 있었으나 다 기록할 수는 없다.]

다케조에가 갑자기 이재원, 홍영식 두 대신을 바라보고 "일본 병력은 오래 주둔할 수 없는 형세이므로 오늘 철수시켜야 하겠소"라고 말했다. 나는 깜짝 놀라 말했다. "아니, 이게 무슨 말이오? 우리가 자립하는 방도를 조금이라도 착수하여 진행시킨 뒤라면 공사의 말을 기다릴 것도 없을 것이오. 그러나 지금 각 영의 병정이 가지고 있는 총칼을 검사해보니 모두 녹이 종이처럼 두껍게 슬어 탄환이 장전되지도 않는 형편이오. 그래서 방금 이것을 분해하여 소제하고 있소. 이런 때에 만약 공사가 군사를 철수시킨다면 일이 실패로 돌아가고 말 것이오. 앞으로 사흘만 더 기다린 뒤에 귀국 군사를 철수시킨다면, 그사이에 우리 당의 일이 차츰 준비되어 근심이 없을 것이오. 또한 그때에는 설령 군사를 철수시킨다고 해도 우리 사관(士官) 10명을 교사로 정하여 항상 근위대에 상주하며 군사를 조련하게 할 수 있소." 여러 차례 반복하여 거듭 이렇게 설명했더니 다케조에가 비로소 내 말을 듣는 것 같았다.

나는 계속하여 말했다. "국가가 근본으로 삼아야 할 것은 곧 재정이오. 그런데 지금 우리나라 재정이 군색한 것은 공도 깊이 알 것이오. 이 점에 대해서는 저번에 약속한 바도 있소. 이제 귀국 우편선이 불일내에 입항할 터이니 불가불 급히 먼저 의논하여 정해야 할 일이 있소." 이에 다케조에는 "돈이 얼마나 필요하오?" 하고 물었다. 나는 이렇게 대답했다. "필요한 금액은 500만 금을 기준으로 하지만, 우선 300만 금은 있어야 목전의 급함을 해결할 수 있소. 그런데 정작 생각해보니, 귀국 상인들이 300만 금이나 500만 금이라는 돈을 모아 가지고 오기란 실로 용이한 일이 아닐 것이오. 그래서 차관에 관한 일을 외국과 의논하고

자 하는데 어떨는지 모르겠소."[나는 실제로 내가 본 바를 가지고 거듭 말한 것이었다.]

그러자 다케조에가 웃으면서 이렇게 말했다. "전일부터 그대는 내 말을 믿지 않았소. 또한 우리나라 상인들이 졸지에 큰돈을 변통하기는 어려울 것이오. 그렇지만 대장성(大藏省)에 말하면 300만 금의 돈은 그 자리에서 될 수 있으니 그대는 안심하시오." 이에 나는 "귀국이 유신을 한 뒤로 화폐에 관계된 일을 해오면서 재정에 능통하게 된 자 몇 명을 우리가 고용하고 싶으니, 이것도 속히 귀 정부에 보고하여 도모해주기를 바라오"라고 말했더니 다케조에가 이 일에 대해서도 동의했다.[이에 비단 나 한 사람뿐만 아니라 우리 당 사람들 모두가 기쁨을 스스로 이기지 못하는 기세였다. 다케조에의 성의 있는 마음 씀과 일본 정부의 믿을 만함을 보고 믿고 의지함이 금석과 같았다.]

이에 우리는 계속하여 청국 군사에 대해 방어할 계책을 논의하고 크게 개혁을 실행할 일을 계획하는데, 갑자기 들으니 청국 진영에서 사관(士官)이 와서 주상을 뵙기를 요구한다고 했다. 나는 이렇게 말했다. "그것은 불가하다. 만일 오(吳), 원(袁), 장(張) 세 사람이 들어왔다면 접견하는 것을 허락할 수 있지만, 한 무명의 사관을 어찌 용이하게 접견하게 한다는 말이냐." 이어 나는 이, 홍 두 대신으로 하여금 성정각(誠正閣)에 나가 앉아 상황을 의논하게 했다. 그런데 이때 청국 사관이 대군주에게 올리는 서신 하나를 가져왔다.

"통령주방각영기명제독 과용파도로(統領駐防各營記名提督 果勇巴圖魯) 오조유(吳兆有)가 대왕 전하께 상진하옵니다. 어제 저녁에 공연히 놀라시는 일이 있었다고 들었는데, 지금은 다행히 대왕의 홍복으로 경성(京城) 안팎이 평상시와 같이 평정(平靜)하니 대왕께서는 안심하시기를 간절히 바랍니다. 폐군(敝軍) 3영도 또한 비호해주신 덕분으로 무사함을 아울러 성명(聲明)하나이다. 정중히 머리를 조아리며 편안하시기를 빕니다. 제독 오조유가 삼가 대왕께 아룁니다."

도승지 박영교(朴泳敎)가 칙명을 받아서 답서를 써 주었더니[이 일 때문에 변란

이후에 박 군은 원세개의 손에 의해 해독(害毒)을 입었다] 그 사람은 이것을 받아 가지고 물러갔다.

조금 지나니 청국 진영에서 통역이 와서 이렇게 고했다. "원세개가 폐알(陛謁)을 청하면서 병사 600명을 거느리고 입궐하고 있습니다. 2대(隊)로 나뉘어 300명씩이 동문과 서문으로 들어오고 있습니다." 나는 통역과 차비관(差備官)을 불러서 타일러 말했다. "원 사마(司馬)의 알현은 본디 사리로 보아 막을 수 없지만, 병사를 거느리고 들어오는 일만은 결단코 허락할 수 없다. 만일 이것을 고집하고 강행한다면 마땅히 좋지 못한 일이 있을 것이다."[이때 청국 군사가 장차 불측한 일을 하려 한다는 이야기를 듣게 되어 이것을 다케조에에게 말했다. 이어 각 영의 병사들을 단단히 타일러 경계하게 했고, 총과 칼 소제를 더욱 서두르게 했다.]

그러고는 참찬 여러 사람들과 함께 관물헌(觀物軒) 후당(後堂)에서 묘의(廟議)를 열었다.

오후 두 시 반에 봉서(封書) 하나가 다케조에에게 왔다. 다케조에가 그것을 뜯어보기도 전에 갑자기 포성이 마구 울려오고 동문, 남문으로 청국 병사가 협공해 들어왔다. 이 때문에 궁중이 소연해졌다. 그러는 중 어느새 왕비와 세자, 세자빈은 이미 궁궐을 나가 북산을 향해 갔고, 왕대비와 대왕대비, 순화빈(順和嬪)도 모두 궁문 밖으로 이미 나갔다고 했다.

얼른 침실로 들어가 보니 사람 하나 없이 고요했다. 급히 서 군과 함께 후문으로 나가 멀리 바라보니 대군주께서 무감(武監)과 병정 4~5명을 거느리고 벌써 뒷산 기슭을 올라가고 계셨다. 나는 급히 소리를 질러 불러서 대군주의 걸음을 멈추게 한 뒤 급히 따라가 만류했다. 이어 산 밑에 있는 연경당(延慶堂)으로 모시고 도로 내려왔고, 급히 변(邊) 군에게 다케조에를 불러오라고 했다. 그런데 이때 총탄이 비 오듯 쏟아져 사람이 다닐 수 없었다. 변 군은 탄우(彈雨)를 무릅쓰고 가서 다케조에와 함께 왔다. 다케조에는 손에 들고 있던 청국 진영의 서신을 바야흐로 펴서 읽었다.

이때 다케조에와 우리 당의 몇 사람만 임금을 시위했고, 일본 병사들은 관물헌 앞뒤에서 항전하고 있었다. 우리의 전후영 군사들은 총을 이미 분해한 뒤에서 모두 맨손으로 도망하여 흩어져 버렸다. 그러니 어떠한 계책도 나올 수 없었다.

나는 다케조에에게 의논했다. "일이 여기에 이르렀으니 형세를 어찌할 수가 없소. 마땅히 대군주를 모시고 급히 인천으로 가서 다음 계책을 도모하는 것이 좋겠소." 그러나 임금께서는 이 말을 듣고 이렇게 말씀하셨다. "나는 결코 인천으로는 가지 않겠다. 대왕대비가 가신 곳으로 가서 비록 죽더라도 한 곳에 같이 있겠다." 다케조에는 나를 보고 "대군주께서 이같이 동의하지 않으시니 어떻게 하면 좋겠소?" 하고 물었다.

이때 탄환이 점점 많이 날아와 거기에 오래 머무를 수가 없었다. 그래서 다시 뒷산 기슭으로 올라가 잠시 있노라니 탄환이 또 쏟아진다. 모두 다섯 번을 옮기다가 마침내 동북쪽 궁문 안에 이르렀는데, 임금께서는 기어코 북묘(北廟)로 가자고 하셨다.[왕비와 제전(諸殿)이 북묘에서 사람을 보내와 주상의 임어(臨御)를 청했다.] 나는 박 군, 서재필 군, 홍 군과 함께 힘껏 만류했다. 우리는 비록 강제로 주상을 모시게 되더라도 마땅히 인천으로 가야겠다는 뜻을 다케조에에게 여러 번 말했다. 다케조에는 이에 대답을 하지 않았고, 뭔가 따로 생각하는 바가 있는 것 같았다.

이때 별초군(別抄軍)이라고 부르는 자 백여 명[이들은 각 영의 정원 외에 별도로 뽑은 자들이었다. 청국 진영에서 미리 이들을 불러서 어떤 약속을 했다고 한다]이 대궐 뒤에 있는 북산(北山) 위에서 맹렬히 포를 쏘았다[일본 복색을 보고 포를 쏜 것이었다]. 내가 무감(武監)들을 통해 "대군주께서 이곳에 임어하여 계신데 어찌 감히 포를 쏜단 말인가" 하고 꾸짖었더니 그들은 멈칫거리는 기세를 보였다.

날이 저물어가고 있었다. 일본 군사 역시 차츰 해산하여 산 아래로 돌아왔다. 전하는 말에 의하면, 청국 군사는 대궐 각처의 전각(殿閣)을 점거하고 사방에 불을 놓기만 할 뿐 다가와서 도전하지는 않았다고 한다.

다케조에는 이렇게 말했다. "일본 병사가 주상을 보호하려고 한 것이 도리어 성궁(聖躬)에 누를 끼치는 결과를 초래했소. 사세로 보아 차라리 잠시 퇴병했다가 선후책(善後策)을 강구하는 것이 낫겠소." 나는 크게 놀라 일본말로 서둘러 말했다. "대군주께서 기어코 북문으로 나가시려고 한 것이 이미 일고여덟 번이나 되오. 그런데도 우리가 번번이 무리한 행동까지 하면서 만류했고, 이렇게 한 것은 오로지 공사가 끝까지 보호해줄 것으로 믿었기 때문이오. 그런데 이제 와서 군사를 물린다면 뒷일을 장차 어찌한단 말이오."

다케조에는 이렇게 대답했다. "그것은 그렇지 않소. 방금 포를 쏜 자들이 모두 청국 군사인 것이 아니오. 조선 사람들도 향응하고 있었소. 저들이 군주에게까지 포를 쏜 것은 우리 일본 군사가 호위를 하고 있기 때문이었소. 이러다가 만약 불행한 일이 발생하게 되면 대사(大事)가 와해되고 말 것이오. 나는 결단코 물러가서 다시 다음 계책을 도모하고자 하오."

아사야마가 다케조에의 이 말을 통역하여 임금께 아뢰었다. 임금께서는 이 말을 들으시고는 서둘러 북문으로 나가려고 하셨다. 나는 북묘 근처에는 반드시 청국 군사가 매복하고 있을 것이므로 우리가 임금을 모시고 따라가다가는 반드시 적병의 독수에 걸릴 것이라고 생각했다. 그래서 나는 박 군 및 두 서 군과 함께 다케조에에게 이렇게 말했다. "우리는 이제 어찌하면 좋겠소? 사리로는 마땅히 대군주를 따라가야 하겠지만, 공사가 돌아간 뒤에는 무슨 방책으로 뒷일을 도모해야 하겠소?"

다케조에는 이렇게 대답했다. "저들이 먼저 무례하고 무리한 일을 하여 우리 두 나라를 욕보였으니, 우리나라 일본도 마땅히 군사를 일으켜 대처해야 할 것이오. 그러니 공들은 나를 따라오는 것이 좋겠소." 나는 곧 그렇게 하기로 결정했다. 다만 홍 군은 본래 인후(仁厚)하여 평일의 교제가 몹시 원융했고, 변이 일어난 뒤에도 병정을 보내어 민영익을 보호해주었으며, 원세개와의 교분도 두터웠으니 혹 안전하기를 바랄 수도 있는 터였다. 이에 우리는 다케조에를 따라가는 일에 대해 의논하다가 그에게는 스스로 결정하도록 했다.

그러자 홍 군은 "나는 마땅히 대가(大駕)를 따를 것"이라고 말했다. 이에 나는 이렇게 말했다. "그대는 비록 대가를 호종하더라도 다른 걱정이 없음을 보장할 수 있으니 안에 있도록 하시오. 우리는 밖으로 나가겠소. 장차 일을 회복할 날이 있을 것이오."[마침내 원세개의 독수에 걸렸으니 지금도 한이 맺힌다.] 그러고는 급히 대군주를 향해 사퇴를 아뢰니 임금께서 놀라며 "지금 이같이 위난한 때를 당하여 경들은 나를 버리고 어디로 가려는 것이냐"하고 물으셨다. 나는 제군과 더불어 눈물을 머금고 주상께 이렇게 고했다. "신들이 국가의 두터운 은혜를 입었사온데 어찌 감히 전하의 뜻을 어기겠습니까. 그럼에도 오늘 전하를 따라가 죽으려고 하지 않는 것은 다른 날 국가를 위하여 할 일이 있고, 또한 전하가 다시 청천백일(靑天白日)을 보실 때가 있게 되기를 바라기 때문입니다. 그래서 권도(權道)로 잠시 고별하고자 합니다." 이때의 정상(情狀)을 무엇에 견주어 말할 수 있겠는가? 나와 제군은 다케조에를 따라 궁문을 나서서 북산에 이르렀다.

거기서 나는 동지들과 이렇게 의논했다. "지금 다케조에를 따라간다고 해도 우리의 생사를 또한 알 수 없다. 그러니 차라리 여기서 각각 헤어져 혹은 인천을 향하여 가고 혹은 원산, 부산을 향하여 간다면 그중 한두 사람은 생명을 보전할 수 있을 것이다. 만일 모두 다케조에를 따라갔다가 우리 군사가 전부 함몰하게 되면 다시는 여망(餘望)이 없게 된다." 이런 의논을 하던 중에 다케조에가 아사야마를 시켜 급히 우리를 불러 이렇게 말했다. "우리 병사가 잠시도 여기에 머물러 있을 수 없어서 바로 인천을 향해 떠나야 하오. 그대들은 의심을 하지 말고 빨리 따라오시오." 우리는 그를 따르기로 결심하고 좇아갔다.[이 뒤의 일도 있으나 기록해둘 만한 것이 못 된다.]

1895, 법무아문, 〈전봉준 공초록〉

조선 말기의 반봉건·반외세 민중운동인 동학농민운동의 지도자 전봉준(全琫準)은 1894년 12월 30일 순창에서 체포됐다. 서울로 압송된 전봉준은 1895년 3월 5일부터 4월 4일까지 5차례에 걸쳐 조선 정부(법무아문권설재판소) 재판관과 일본 영사의 심문을 받았다. 주로 일본 영사가 묻고 전봉준이 답변하는 방식이었다. 전봉준은 1895년 4월 23일 사형선고를 받고 다음날인 24일 새벽 2시에 교수형으로 사형을 당했다. 1차와 2차 심문 및 판결문을 간추려 싣는다. 한문으로 작성된 원본을 한글로 옮긴 것이다.

제1차 심문

개국(開國) 504년 2월 초9일 (서기 1895년 3월 5일)

―너의 이름은 무엇인가?

=전봉준이다.

―나이는 몇 살인가?

=41세다.

―살고 있는 곳은 어느 고을인가?

=태인 산외면 동곡리(東谷里)다.

―하는 일은 무엇인가?

=선비를 업으로 삼고 있다.

―오늘 법무관원과 일본영사가 회동·심판하여 공정히 처결할 터이니 일일

이 바로 고하라.

＝일일이 바로 고하겠다.

－아까 이미 명백히 설명하였거니와 동학의 일은 일신에만 관계된 일이 아니라, 국가에 크게 관계되는 일이다. 비록 어떠한 높은 지위의 관리에 관계되는 것이 있어도 숨기지 말고 바로 고하라.

＝마땅히 이른 대로 하겠으나, 당초 본심에서 나온 일로 다른 사람과는 관계가 없다.

－너는 전라도 동학의 괴수(魁首)라 하는데 과연 그런가?

＝처음에 창의(倡義)[164]로 기포(起包)[165]했고, 동학 괴수라 일컬은 바는 없다.

－너는 어느 곳에서 무리를 불러 모았느냐?

＝전주와 논산 등지에서 불러 모았다.

－작년 3개월 동안 고부 등지에서 민중을 모았다고 했는데, 무슨 사연이 있어 그리하였는가?

＝그때 고부군수는 액외(額外)[166]의 가렴(苛斂)[167]이 수만 냥인 고로 민심의 원한으로 인해 이 거사가 있었다.

－비록 탐관오리라고 해도 반드시 명색(名色)이 있은 연후의 일일 터이니 상세히 말하라.

＝지금 그 세목을 다 말하지 못하겠으나 그 개략을 고하겠다. 첫째는 민보(民洑)[168] 밑에 보를 새로 쌓고 늑정(勒政)으로 민간에 영을 내려 상답(上畓)은 1두락(斗落)에 2두(二斗)의 세를 거두고, 하답(下畓)은 1두락에 1두(一斗)의 세를 거두니 거두어들인 것이 도합 700여 석인데다가 진황지(陳荒地)[169]를 백성에게 주어 경작하여 살아가도록 허락하고 관가에서 문권(文券)을 내주되 징세는 하지 않겠다고 하다가 추수할 때 억지로 세를 거두어들인 일이다. 둘째는 부민(富民)에게 2만여 냥을 늑탈한 것이다. 셋째는 그의 아비가 일찍이 태인 현감을 지냈다 하여 그 아비를 위하여 비각(碑閣)을 세운다고 하면서 1천여 냥

을 억지로 거두어들인 것이다. 넷째는 대동미(大同米)를 민간에서는 정백미(精白米)로 16두씩을 준가(準價)로 거두어들이고 상납(上納)할 때는 추미(麤米)[170]로 보내어 차액을 다 착복한 것이다. 그 외의 허다한 조목과 건수는 이루 다 말할 수 없다.

―지금 고한 내용 가운데 2만여 냥을 늑탈한 것은 어떠한 명목으로 했는가?
=불효, 불목(不睦), 음행(淫行), 잡기(雜技) 등의 죄목을 구성해서 그리했다.
―이 같은 일은 한 곳에서만 행했는가? 또는 각처에서 행했는가?
=이 같은 일은 한 곳에서 그친 것이 아니라 수십 처에서 행했다.
―수십 처에 이른다 했는데, 그 가운데 혹시 이름을 아는 곳이 있는가?
=지금은 이름을 기억할 수 없다.
―그 외에 고부 군수는 어떠한 일을 행했는가?
=지금 진술한 사건이 모두 민간에 탐학한 일일뿐더러 보를 쌓을 때 다른 산에서 수백 년 된 거목을 멋대로 베어 갔고, 보 쌓는 일에 동원한 사람들에게 1전(錢)도 주지 않고 강제로 일을 시켰다.
―고부 군수의 이름은 무엇인가?
=조병갑(趙秉甲)이다.
―이러한 탐학의 일은 다만 고부 군수에 그쳤는가? 혹시 이속배(吏屬輩)[171]의 작간(作奸)은 없었는가?
=고부 군수 단독으로 행했다.
―너는 태인 땅에 거주하며 살았는데, 어떤 연유로 고부에서 소요를 일으켰는가?
=태인에서 살다가 고부로 이사한 지 수년이 됐다.
―그렇다면 고부에는 너의 집이 있느냐?
=이번에 불타 잿더미가 되고 말았다.(안핵사로 파견된 이용태(李容泰)가 태웠다.)

—그때 너는 늑징(勒徵)의 피해가 없었는가?

=없었다.

—그 지역 일대의 인민이 다 늑렴(勒斂)의 피해를 입었는데 너 홀로 피해가 없었던 것은 무슨 까닭에서인가?

=학구(學究)를 업으로 삼아서 전답이라고는 3두락에 불과했기 때문이다.

—너의 가족은 몇 사람인가?

=가족은 모두 6명이다.

—그 지역 일대의 인민이 모두 늑렴의 피해를 입었는데 너 홀로 피해가 없다 하니 참으로 매우 의혹이 든다.

=나는 아침에는 밥, 저녁에는 죽을 먹을 정도이니 어찌 늑렴할 것이 있겠는가?

—고부 군수가 도임(到任)한 때는 몇 년 몇 월인가?

=재작년 동짓달과 섣달 양월간이다.

—도임은 정확히 어느 달이었는가?

=상세히 알 수 없으나 지난해가 1주년이었다.

—도임하자마자 즉시 학정(虐政)을 행했는가?

=처음부터 행했다.

—학정을 처음부터 행했다면 무슨 이유로 즉시 소요를 일으키지 않았느냐?

=그 지역의 모든 인민이 참고 또 참고 하다가 종말에 부득이 그렇게 했다.

—너는 피해가 없었다고 했는데 무엇 때문에 소요를 일으켰는가?

=제 한 몸의 피해로 기포하는 것이 어찌 남자의 일이라 하겠는가? 민중이 원망하고 한탄하는 까닭에 백성을 위해 피해를 제거하고자 했다.

—기포 시에 너는 무엇 때문에 주모자가 됐는가?

=중민(衆民)이 모두 나를 추대하며 주모(主謀)를 하라 하기에 백성의 말에 따랐다.

-중민이 너를 주모로 삼을 때 너의 집에 왔는가?
=중민 수천 명이 나의 집 근처에 모인 고로 자연히 된 일이다.
-수천 명 중민이 무엇 때문에 너를 추대하여 주모를 하게 했는가?
=중민은 비록 수천 명이나 모두가 어리석은 농민인데 나는 조금 문자를 알기 때문이었다.
-네가 고부에 거주할 때 동학을 가르치지 않았는가?
=나는 훈도(訓導)로서 어린 아이들을 가르쳤으나 동학을 가르친 일은 없다.
-고부 땅에는 동학이 없었는가?
=동학이 역시 있었다.
-고부 기포 시에 동학이 많았는가? 원민(冤民)¹⁷²이 많았는가?
=기포 시에는 원민과 동학이 비록 합(合)하였으나 동학은 적고 원민이 많았다. (봉기한 군중의 구성을 보면 동학교도는 소수였고 다수가 농민이었다고 진술함. 그러나 주도세력은 동학의 지도인물들이었다.)
-기포 후에는 어떤 일을 했는가?
=기포 후에는 진황지 늑징세를 돌려주고 관에서 축조한 보를 부수었다.
-그때가 언제인가?
=작년 3월 초다.
-그 후에는 어떤 일을 행했는가?
=그 후에는 흩어졌다.
-흩어진 후에는 무슨 일로 다시 기포했는가?
=그 후 장흥부사 이용태가 안핵사로 우리 읍(邑)에 와서 기포한 인민을 동학으로 통칭하며 이름을 나열하여 체포하고 그 가옥을 불살랐고, 당사자가 없으면 그 처자를 붙잡아 살육을 행하는 까닭에 다시 기포했다.
-그래서 네가 처음에 일차로 관청에 글을 써서 올렸는가?
=처음에 40여 명이 소를 올렸으나 붙잡혀 갔고, 60여 명이 재차 호소하다

가 쫓겨났다.

―언제 호소했는가?

＝처음 호소는 재작년 11월이었고 재차 호소는 같은 해 12월이었다. (전봉준은 2차에 걸쳐 진정(陣情)했다. 첫 번째는 1893년 11월로 농민 40여 명이 진정했다가 구속됐고, 두 번째는 같은 해 12월 농민 60여 명이 진정하다가 쫓겨났다.)

―재차 기포는 안핵사 때문이었는데 그때도 네가 주모했는가?

＝그렇다.

―재차 기포 후 어떤 일을 했는가?

＝영군(營軍) 만여 명이 고부 인민을 도륙하고자 하는 고로 부득이 접전(接戰)했다.

―어디서 접전했나?

＝고부 땅에서 접전했다.(황토현(黃土峴) 전투를 말함.)

―군기(軍器)[173]와 군량은 어디서 마련했는가?

＝군기와 군량은 모두 민간에서 마련했다.

―고부 군기고(軍器庫)의 군물(軍物)[174] 역시 네가 탈취하지 않았는가?

＝그때는 탈취한 일이 없었다.

―그때도 역시 네가 주모를 했는가?

＝그렇다.

―그 후 오래도록 고부에 있었는가?

＝장성(長成)으로 갔다.

―장성에서도 접전했는가?

＝경군(京軍, 초토사 홍계훈(洪啓薰)의 부대)과 접전했다(황룡(黃龍) 전투).

―경군과 접전해서 어느 쪽이 이기고 어느 쪽이 패했는가?

＝아군이 모여 밥을 먹을 때 경군이 대포로 사격해서 사오십 명의 아군이 죽

었다. 아군이 일제히 추격하니 경군은 패주하여 대포 2문과 탄환을 탈취하여 돌아왔다.

―그때 양군의 수는 각각 얼마나 되었는가?

＝경군은 700명, 아군은 4천여 명이었다.

―그때 장성에서 행한 일을 일일이 직고하라.

＝경군이 패주한 후 아군은 두 배로 빨리 진군하여 경군보다 먼저 전주(全州)에 들어가 수성(守成)했다.

―그때 감사(監司)는 없었나?

＝감사는 우리 군대가 오는 것을 보고 도주했다.

―수성 후 무엇을 행했는가?

＝그 후 경군이 뒤따라 완산(完山)에 이르러 용두현(龍頭峴)에 유진(留陣)[175] 하면서 성 안을 향해 대포로 공격하여 경기전(慶基殿)을 훼손시켰다. 이 연유(緣由)를 경군에게 알렸더니 경영(京營)[176] 중에서 효유문을 지어 "너희가 원하는 대로 따르겠다" 한 고로 감격하여 해산했다.

―그 후에는 어떤 일을 행했는가?

＝그 후에는 각각 집으로 돌아가 농사에 힘쓴 이도 있었고, 그 나머지 중에서 불항(不恒)의 무리가 되어 민간을 표략(剽掠)[177]하는 경우도 있었다.

―불항의 무리와 표략군은 너와 관계가 없었는가?

＝관계가 없었다.

―그 후 다시 행한 일은 없었는가?

＝작년 10월 나는 전주에서 기포했고, 손화중(孫化中)은 광주(光州)에서 기포했다.

―다시 기포한 것은 무엇 때문인가?

＝그 후 들은즉 귀국(貴國)이 개화를 한다면서 처음에는 민간에 일언반구도 없었고, 또 격서(檄書)[178]도 없이 군대를 이끌고 도성에 들어와 야반에 왕궁을

공격하여 주상(主上)을 놀라게 했다는 말이 들리는 고로 초야의 사민(士民)들이 충군애국의 마음으로 분개함을 이기지 못하여 의병을 규합하고 일인(日人)과 접전하여 일차로 이런 사실을 묻고자 했다.

―그 후 다시 어떠한 일을 행했는가?

＝그 후 곰곰이 생각해 보니 공주(公州) 감영(監營)은 산이 막히고 강이 둘러 있어 지리가 유리한 형세인 까닭에 그 땅에 웅거(雄據)하여 굳게 지키고자 한다면 일병(日兵)이 용이하게 쳐들어오지 못할 것을 알고 공주로 들어가 일병과 대치하고자 했다. 그러나 일병이 먼저 공주에 확거하였으므로 사세는 접전이 없을 수 없었다. 그런 고로 2차 접전 후 1만여 명의 군병을 점검한즉 남은 자가 불과 3천 명이요, 그 후 또다시 접전 후 점검한즉 500여 명에 불과했다. 그런 고로 패주하여 금구(金溝)에 이르러 다시 군사를 모으니 수효는 약간 증가했으나 기율(紀律)이 없어 다시 개전하기는 극히 곤란했다. 그런데 일병이 뒤따라와 2차례 접전하여 우리가 패주하고 각기 해산했다. 금구에서 해산한 후 나는 서울의 내부 사정을 상세히 알고자 상경하려다가 순창 땅에서 민병(民兵)에게 붙잡혔다.

―전주에 들어가 군사를 모집할 때 전라도 한 도의 인민만 모였는가?

＝각도 인민이 다소 많았다.

―공주로 향했을 때에도 각도 인민이 다소 많았는가?

＝그때도 역시 그러했다.

―재차 모집할 때는 어떠한 방책으로 규합했는가?

＝모집할 때는 충의지사(忠義之士)로서 같은 창의의 뜻을 방문(榜文)으로 내걸었다.

―모집할 때 다만 자원자만 규합했는가? 혹시 강제로 몰아서 모으지는 않았는가?

＝내가 거느린바 4천 명의 군졸은 모두 자원자이나 그 외는 각처에 통문(通文)을 보내어 "이 거사에 불응하는 것은 불충무도(不忠無道)"라고 해서 모았다.

―작년 3월 고부에서 기포하여 전주로 향하는 동안 몇 개의 읍을 경유했고, 접전은 몇 차례 했는가?

＝무장(茂長), 고부를 경유하고 태인, 금구도 경유하여 전주에 도달하려 했는데, 영병(營兵) 만여 명이 내려온다 하기에 부안(扶安)으로 갔다가 되돌아와 고부에 이르러 영군과 접전했다.

―그 후에는 어느 곳으로 갔는가?

＝정읍에서 고창, 무장, 함평을 거쳐 장성에 이르러 경군과 접전했다.

―전주에 들어간 것은 언제이며 해산한 때는 어느 때인가?

＝작년 4월 26일과 27일에 전주에 들어왔으며, 5월 초의 5일과 6일 간에 해산했다.

―재차 기포할 때는 어느 곳에서 시작했는가?

＝전주에서 시작했다.

―재차 기포할 때 모집한 인원은 전부 몇 명인가?

＝4천여 명이다.

―공주에 이르렀을 때는 몇 명이나 됐는가?

＝만여 명이었다.

―공주 접전은 언제였는가?

＝작년 10월 23～24일이다.

―당초 고부에서 기포할 때에 동모(同謀)한 자는 누구 누구였는가?

＝손화중, 최경선, 그리고 모모인(某某人)이었다.

―그 외에 또 다른 사람은 없었는가?

＝이 세 사람 외에 허다한 사람이 있었으나 다 헤아릴 수 없다.

―4천 명을 규합했다면 이 세 사람에만 그치지 않았을 것이니 그 외 사람들을 상세히 말하라.

＝그 외의 수많은 사람들을 어찌 다 말할 수 있겠는가?

-작년 10월 기포했을 때 동모한 자가 없었는가?

=그 외에 손여옥(孫汝玉), 조준구(趙駿九) 등이다.

-손화중, 최경선은 그때에는 아무런 상관이 없었는가?

=그 두 사람은 광주의 일이 긴급하다 하여 미처 오지 못했다.

-손, 최 두 사람은 광주에서 어떠한 일을 했는가?

=이 두 사람은 즉시 공주로 향했다가 일병이 바다로 온다는 말을 듣고 해안을 막아야 되겠다 하여 광주를 고수했다.

제2차 심문
개국 504년 2월 11일(서기 1895년 3월 7일)

-네가 작년 3월에 행한 기포는 백성을 위해 제해(除害)할 뜻으로 했다는데 그러한가?

=그렇다.

-그런즉 내직에 있는 자들이나 외임의 관원들도 모두 탐학스러운가?

=내직에 있는 자들도 매관육작(賣官鬻爵)[179]을 일삼으니 내외를 물론하고 다 탐학스럽다.

-그렇다면 전라도 한 도의 탐학스러운 관리를 제거하고자 기포했는가? 그렇지 않으면 조선 팔도를 한가지로 이같이 할 의향이었는가?

=전라도 한 도의 탐학을 제거하고 또 내직의 매작하는 권신(權臣)을 쫓아내면 팔도가 자연히 한 몸이 될 것이라고 생각했다.

-전라도 감사 이하 각 읍의 수령이 모두 탐욕스러운 관리인가?

=열에 여덟, 아홉이 그렇다.

-무슨 일을 가리켜 탐학이라 하는가?

=각 읍 수령은 상납을 칭탁하여 혹 토지를 가렴(加斂)[180]하고 세금을 함부로 거둬들이고 조금 부유한 백성이 있으면 공연히 죄를 만들어 재물을 강제로 빼앗으며 토지를 함부로 침탈하는 일이 비일비재하다.

―내직에 있으면서 매관한 자는 누구인가?

=민영준(閔泳駿), 민영환(閔泳煥), 고영근(高永根) 등이다.

―이들뿐인가?

=이들 외에도 역시 허다하나 다 기억할 수 없다.

―이들이 매관한 것을 어떻게 분명히 알 수 있는가?

=세상에 훤자(喧藉)[181]하여 모르는 사람이 없다.

―너는 어떤 계책으로 탐관을 제거하고자 했는가?

=별도로 계책이 있는 것이 아니라 본심의 간절한 바가 백성을 편안히 하는 데 있으므로 탐학을 본즉 분노를 이기지 못해 이 일을 했다.

―그렇다면 왜 소를 올려 원통함을 말하지 않았는가?

=영읍(營邑)[182]에 진정한 것이 몇 차례인지 모른다.

―영읍에 진정할 때 네가 친히 그곳에 갔는가?

=매번 소장(진정서)은 내가 제작했고, 제출은 원통한 백성으로 하여금 하게 했다.

―그렇다면 조정에도 역시 소를 올렸는가?

=조정에는 진정할 길이 없어 홍계훈 대장이 전주에 진을 치고 있을 때 이 연유를 써서 드렸다.

―그때는 모든 수령이 탐학했다면서, 소를 제출해도 들어줄 것이라 생각하여 그랬다는 말인가?

=비록 그러하나 호소할 곳이 없어 부득이 그곳에 소를 올렸다.

―영읍에 진정한 것은 어느 때인가?

=작년 정월, 2월, 3월이다.

―정월 이전에는 소를 올리지 않았는가?

=정월 이전 고부에서는 민장(民狀)[183]뿐이었고 달리 소를 올리지는 않았다.

―누차 소를 영에 드리고 읍에 드렸으나 끝내 듣지 아니하는 고로 기포했는가?

=그렇다.

―너는 고부 군수에게 입은 피해가 많지 않았는데 어떠한 생각으로 이 거사를 행했는가?

=세상 일이 날로 그릇되어 가므로 개연히 한번 세상을 건져보고자 하는 생각이었다.

―너와 공모한 손화중, 최경선 등은 모두 동학을 매우 좋아했는가?

=그렇다.

―소위 동학이라는 것은 어떤 주의이며 어떤 도학(道學)인가?

=마음을 지켜 충효로 본을 삼고 보국안민하고자 하는 것이다.

―너도 동학을 매우 좋아하는 자인가?

=동학은 마음을 맑게 지키고 하늘을 공경하는 도(道)이기 때문에 매우 좋아한다.

―동학은 언제부터 시작됐는가?

=동학의 시초는 30년 전부터다.

―어떤 사람이 시작했는가?

=경주에 사는 최제우(崔濟愚)가 시작했다.

―지금 역시 전라도 내에 동학을 존중하는 자가 많은가?

=난을 겪은 후 죽는 자가 계속 있어 지금은 크게 줄어들었다.

―네가 기포할 때 거느린 자들은 모두 동학인가?

=소위 접주(接主)는 다 동학이나 그 나머지 솔하에는 충의지사(忠義之士)로 일컬은 자가 많았다.

―접주와 접사(接司)는 어떤 명색(名色)인가?

＝영솔(領率)의 호칭이다.

―그러면 기포할 때 군기와 군량을 조달하는 자인가?

＝무슨 일에 있어서나 다 지휘한다.

―접주와 접사는 본래부터 있었는가?

＝이미 전부터 본래 있었으나 기포할 때 창설한 것도 있다.

―동학 가운데 영솔의 명색은 접주와 접사뿐인가?

＝접주와 접사 외에 교장(敎長), 교수(敎授), 집강(執綱), 도집(都執), 대정(大正), 중정(中正) 등 6종이 있다.

―소위 접주라 하는 사람은 평상시에는 어떤 일을 하는가?

＝별로 하는 일이 없다.

―소위 법헌(法軒)이란 어떤 직책인가?

＝직책이 아니라 장로(長老)의 별칭이다.

―이상의 여섯 직책은 각각 어떤 일을 하는가?

＝교장과 교수는 어리석은 백성을 교도하는 자이고, 도집은 위세 있고 기강에 밝아 경계(經界)[184]를 알아야 하고, 집강은 시비에 밝아 기강을 잡고, 대정은 공평을 갖고 삼가 후원하며, 중정은 직언과 강직에 능해야 한다.

―접주와 접사는 같은 직책인가?

＝접사는 접주가 지휘하는 것을 듣고 행하는 사람이다.

―이상 많은 명색은 누가 차출하는 것인가?

＝법헌으로부터 교도가 많고 적은 것을 보아 차례로 차출한다.

―동학 가운데 남접, 북접이라고 말하는데 무엇으로 구별하여 남과 북이라 하는가?

＝호남(湖南)을 남접, 호중(湖中)[185]을 북접이라 일컫는다.

―작년 기포 시에 이상 각종 명색 등이 어떠한 사건들을 지휘했는가?

=각기 담당하는 직무로 나누어 행했다.

−각각의 직을 맡은 자들이 모두 그대의 지휘를 듣고 행했는가?

=내가 모두 지휘했다.

−마음을 맑게 지키고 하늘을 공경하는 도(道)를 일컬어 무엇 때문에 동학이라 하는가?

=우리 도는 동쪽에서 나온 까닭에 동학이라 일컫는다. 처음의 본의(本意)는 시작한 사람은 분명히 얻어서 알지만, 나는 다른 사람의 일컬음을 따라 이를 일컬은 것이다.

−동학에 들어가면 능히 괴질(怪疾)을 면한다고 하는데 그러한가?

=동학의 책 가운데 말하기를, 3년 괴질이 앞으로 있으니 마음을 맑게 지키고 하늘을 공경하면 가히 면한다고 한다.

−동학은 팔도에 다 전포했는가?

=다섯 도에는 모두 교가 행하여져 있으나 서북 3도는 모른다.

−동학을 배우면 병을 면하는 것 외에 다른 이익은 없는가?

=다른 이익은 없다.

−작년 3월 기포 시에는 탐관을 제거한 후 어떤 일을 하려고 했는가?

=다른 뜻은 없었다.

−작년에 절목(節目, 전주화약(全州和約) 시의 폐정개혁안)을 홍 대장(홍계훈)에게 제출했다 하는데 그러한가?

=그렇다.

−절목을 드린 후 홍 대장이 탐관을 제거하려는 어떤 징조가 있었던가?

=별로 없었다.

−그러면 홍 대장이 백성을 속인 것 아닌가?

=그렇다.

−그런데 백성은 왜 다시 칭원(稱寃)[186]하지 않았는가?

=그 후 홍 대장은 서울에 있었으니 다시 무엇을 칭원하겠는가.

−재차 기포는 일병이 왕궁을 침범한 까닭에 했다고 하였는데 기포 후 어떤 일을 하고자 했는가?

=왕궁을 침범한 연유를 따져 물으려 했다.

−그러면 일병과 서울에 거주하는 각국 사람들을 모두 쫓아내려 했는가?

=그렇지 않다. 각국 사람들은 다만 통상만 할 뿐인데 일인은 군사를 거느리고 서울에 주둔하는 고로 우리나라 국토를 침략하는 것으로 의심했다.

−이름을 이건영(李建永)이라고 일컫는 사람을 아는가?

=잠시 만나보았다.

−만났을 때 어떤 말이 있었는가?

=소모사(召募使)[187]라고 일컫는 고로 내가 말하기를 "소모사라면 마땅히 어느 곳에 소모영(召募營)을 설치하라"고 했지만 "나와는 상관이 없다" 하니 금산으로 갔다.

−어디서 만났는가?

=삼례역에서 만났다.

−이건영을 만났을 때 그가 어디서 왔다고 하던가?

=경성으로부터 왔다고 말했다.

−누가 보냈다고 하던가?

=정부가 보냈다고 했는데, 3~4일 후에 들으니 소모사를 가칭한 자이니 체포하라는 명이 있다고 했다.

−그가 소모사라고 입증할 만한 문적(文蹟)이 있었던가?

=증거라고 할 만한 문적을 보지 못했다.

−그때 너의 도당은 몇 명이었나?

=수천 명이었다.

−그 외 소모사라 일컫고 기포를 권한 사람은 없었는가?

=그런 사람은 없었다.

－송정섭(宋廷燮)을 아는가?

=다만 충청도 소모사라고만 소문으로 들었다.

－재차 기포할 때는 최 법헌(최시형)과 의논했는가?

=의논하지 않았다.

－최 법헌은 동학의 괴수인데, 동학당을 규합하면서 어찌 의논하지 않았는가?

=충의는 각기 본심인데 하필 법헌과 의논한 후에 이 일을 해야 하는가?

－작년 8월에 그대는 어디에 있었는가?

=태인 집에 있었다.

－나머지 도당은 어느 곳에 있었는가?

=각기 자기 집에 있었다.

－충청도 천안 지방에 너의 도당이 있었는가?

=그곳에는 도당이 없었다.

전봉준 판결선고문

판결선언서

전라도 태인군 산외면 동곡 거 농업 평민
피고 전봉준 연(年) 41

위에 기록한 자 전봉준에 대하여 형사피고사건을 심문하여 본즉 피고는 동학당이라 칭하고 비도(匪徒)의 거괴(巨魁)로 접주라 부르고 개국 501년 정월에 전라도 고부 군수 조병갑이가 처음 도임하여 자못 학정을 행하매 그 지방민 등이 질고(疾苦)를 견디지 못하고 다음해 11~12월경에 군수를 향하여 그 가정(苛政)을 고쳐 달라고 애원했더니 도리어 다 잡히고 옥에 갇히고 그 후에도 수삼 차 청원했건만 즉시 물리치고 터럭만큼도 효험이 없는 고로 인민 등은 매우 분하게 여겨 수십 명이 못 되는 수로 장차 거사하려 할 때 피고도 마침내 그 무리에 들어 드디어 중인(衆人)에 의해 접주로 뽑혀 작년 3월 상순에 그 무리를 영솔하여 고부의 외촌(外村) 창고를 털고 전곡을 빼앗아 무수히 인민에게 배급하고 1~2처에 행패를 부린 후 한번 해산했으나, 그 후 안핵사 이용태가 고부로 내려와서 행패를 부린 것은 모두 동학당의 소위(所爲)라 하고 동학을 수도하는 자를 잡아 살육을 지나치게 하므로 이에 피고는 다시 그 무리를 규합하여 모집하되 만일 불응자는 불충불의한 사람이니 반드시 벌을 주리라 하고 다른 사람을 협박하여 그 무리 4천여 명을 얻어 가지고 각기 소유한 흉기를 가지고 양식은 그 지방 부민(富民)에게 거두어 그 해 4월 상순경에 피고가 친히 그 무리를 영솔하여 전라도 무장에서 일어나 고부, 태인, 완평, 금구 등처(等處)를 갈 새 전라감영 포군(砲軍) 1만여 명이 동도(東徒)를 치러 온다는 말을 듣고 한번 고부로 물러갔다가 하루 밤낮을 접전 후 영문 포군을 격파하고 전진하여 정읍, 홍덕, 고창, 무장, 영광, 함평을 지나 장성에 이르러 경군 70여 명을 만나 격파하고 주야겸행(晝夜兼行)으로 행군하여 4월 26~27일경 관군보다 먼저 전주성에 들어가니 그때 전라감사는 이미 도망하여 간 곳을 모르거늘, 그 익일에 이르러 초토사 홍재희(洪在義)가 군사를 거느리고 성 밑에 박도하여 성 밖에서 거포를 놓고 공격하기로 피고가 그 무리와 더불어 응전하여 자못 관군을 괴롭게 하니라. 이에 초토사가 격문을 지어 성중(城中)에 던지고 피고 등의 소원을 들어줄 터이니 속히 해산하라 효칙했는데, 피고 등이 곧 전운소(轉運所)는 혁파할 것, 국결(國結)은 증가시키지 말 것, 보부상인의 작폐를 금단할 것, 도내 환곡(還穀)으로서 전(前) 감사가 이미 징수한 것은 민간에게서 다시 징수하지 말 것, 대동미 상납 전에 각 포구의 잠상(潛商)들이 쌀을 사는 것을 금단할 것, 동포전(洞布錢)은 매호 춘추에 2냥씩으로 정할 것, 탐관오리는 모두 파면하여 쫓아낼 것, 임금의 총명을 가리고 매관매직을 일삼으며 국권을 조롱하는 인사들은 모두 쫓아낼 것, 관장(官長)은 자기 임지 내에서 분묘를 쓰는 것을 금하고 전답을 사들이는 것을 금할 것, 전세(田稅)는 이전의 예에 따라 행할 것, 연호잡역(烟戶雜役)은 줄일 것, 포구의 어염세는 혁파할 것, 보세(洑稅)와 관방전(官房田)은 시행하지 말 것, 각 읍 군수가 민인(民人)의 산지에 내려와서 강제로 표식하여 투장(偸葬) 하지 말 것 등 27조목을 내어 가지고 상주하기를 청했더니 초토사가 즉시 승낙한 고로 피고는 동년 5월 초5~6일에 쾌히 그 무리를 해산하여 각기 취업(就業)하게 하고, 또 그때에 피고는 최경선 이하 20여 명을 데리고 전주로부터 금구, 태인, 장성, 담양, 순창, 옥과, 창평, 순천, 남원, 운봉 등 각처를 두루 돌아다니며 유세하여 7월 하순 자기 집으로 돌아가니라. 그 후 피고는 일본 군대가 대궐로 들어갔다는 말을 듣고 필시 일본인이 우리나라를 병합코자 하는 것인 줄 알고 일본병을 물리치고 그 거류민을 나라 밖으로 쫓아낼 마음으로 다시 기병(起兵)을 도모하여 전주 근처 삼례역이 토지가 광활하고 전라도의 요충지이기로 동년 9월 중에 태인을 떠나서 완평을 지나 삼례역에 이르러 그곳을 기병하는 대도소로 삼고 진안에 거주하는 동학접주 문수팔, 김영동, 이종태, 금구에 거주하는 접주 최대봉, 송일두, 정읍에 거주하는 손세옥, 부안에 거주하는 김석원, 김세중, 최경선, 송희옥 등과 동모하여 상년 3월 이후 피고와 일을 같이 한 비도(匪徒) 거괴(巨魁) 손화중 이하 전주, 진안, 홍덕, 무장, 고창 등처 원근 각 지방 인민에게 혹 격문을 돌리며 혹 사람을 시켜 유세하고 전라도에서 군사를 모으기를 4천여 명이 되매 곳곳의 관아에 들어가 군기(軍器)를 강탈하고 또 각 지방 부민에게서 전곡을 거둬들여 삼례역을 지나면서 도당을 모집하고 은진, 논산을 지나 1만여 명의 도당을 거느리고 동년 10월 26일쯤 충청도 공주에 다다랐더니 일본병이 먼저 공주성에 웅거하고 있기에 전후 2차 접전하여 보았지만 두 번다 대패했는지라, 그러나 피고는 더 일본병을 치려 했더니 일본병이 공주에 있어 움직이지 않고 그간에 피고의 포중(包中)이 점점 도산(逃散)하여 수습치 못하게 되었기로 부득이하여 한번 고향으로 돌아가 다시 모병하여 전라도에서 일본병을 막으려 했더니 응모자가 없는 탓으로 동모(同謀) 35인과 의론하고 각기 변복(變服)하여 가만히 서울로 들어가 정탐코자 하여 피고는 상인 모습으로 변장하고 단신으로 상경하여 태인을 떠나 전라도 순창을 지날 때 민병(民兵)에게 잡힌 것이다. 앞에 기록한 사실은 피고와 그 동모자 손화중, 최경선 등이 자복한 공초(供招), 압수한 증거문적에 분명할지라. 그 소행은 대전회통 형전 중의 '군복기마작변관문자 부대시참(軍服騎馬作變官門者 不待時斬, 군복을 입고 말을 타고 난리를 일으켜 관을 침범한 자는 즉시 목을 벤다)'이라 하는 율(律)을 조(照)하여 처죄(處罪)할 것이니라. 위의 이유로써 피고 전봉준을 사형에 처하노라.

개국 504년 3월 29일
법무아문권설재판소(法務衙門權說裁判所) 선고
법무아문 대신 서광범(徐光範)
협판 이재정(李在正)
참의 장박
주사 김기조 오용묵
회심 경성주재 일본제국 영사 우치다 사다쓰지(內田定槌)

1896, 서재필, 〈독립신문 창간사〉

한국 최초의 근대 민간 신문인 〈독립신문〉이 간행되는 데서는 서재필이 핵심적인 역할을 했다. 서재필은 1884년 갑신정변이 실패하자 김옥균 등 갑신정변 주모자들과 함께 일본으로 망명했다가 1885년 미국으로 건너갔다. 미국에서 독지가의 도움을 얻어 대학에서 수학한 뒤 1895년 연말에 조선으로 돌아왔다. 귀국한 서재필은 개화사상을 민중 사이에 불러일으키고 민중의 요구를 정부에 전달하는 계몽의 도구로서 신문을 창간할 것을 김홍집 내각에 제의했다. 1896년 2월 아관파천으로 김홍집 내각이 무너졌으나 새로 조직된 친러 정권의 박정양이 예산을 할당해주어 서재필은 신문을 발행할 수 있었다. 이 글은 1896년 4월 7일 발행된 〈독립신문〉 창간호에 실린 서재필의 창간사이다.

우리가 독립신문을 오늘 처음으로 출판하는데 조선 속에 있는 내외국 인민에게 우리 주의를 미리 말씀하여 아시게 하노라.

    우리는 첫째 편벽되지 아니한 고로 무슨 당에도 상관이 없고 상하귀천을 달리 대접하지 아니하고 모두 조선 사람으로만 알고 조선만 위하며 공평히 인민에게 말할 터인데 우리가 서울 백성만 위할 게 아니라 조선 전국 인민을 위하여 무슨 일이든지 대언하여 주려고 함. 정부에서 하시는 일을 백성에게 전할 터이요 백성의 정세를 정부에 전할 터이니 만일 백성이 정부 일을 자세히 알고 정부에서 백성의 일을 자세히 아시면 피차에 유익한 일이 많이 있을 터이요 불평한 마음과 의심하는 생각이 없어질 터임. 우리가 이 신문을 출판하기는 취리하려는 게 아닌 고로 값을 헐하도록 하였고 모두 언문으로 쓰기는 남녀 상하귀천이 모두 보게 함이요 또 구절을 떼어 쓰기는 알아보기 쉽도록 함이라. 우리는 바른대로만 신문을 할 터인 고로 정부 관원이라도 잘못하는 이 있으면 우리가 말할 터이요 탐관오리들을 알면 세상에 그 사람의 행적을 펼 터이요 사사 백성이라도 무법한 일 하는 사람은 우리가 찾아서 신문에 설명할 터임. 우리는 조선 대군주 폐하와 조선 정부와 조선 인민을 위하는 사람들인 고로 편당 있는 의논이든지 한쪽만 생각하고 하는 말은 우리 신문 상에 없을 터임. 또 한쪽에 영문으로 기록하기는 외국 인민이 조선 사정을 자세히 모른즉 혹 편벽된 말만 듣고 조선을 잘못 생각할까 보아 실상 사정을 알게 하고자 하여 영문으로 조금 기록함.

그러한즉 이 신문은 똑 조선만 위함을 가히 알 터이요 이 신문을 인연하여 내외 남녀 상하 귀천이 모두 조선 일을 서로 알 터임. 우리가 또 외국 사정도 조선 인민을 위하여 간간이 기록할 터이니 그걸 인연하여 외국은 가지 못하더라도 조선 인민이 외국 사정도 알 터임. 오늘은 처음인 고로 대강 우리 주의만 세상에 고하고 우리 신문을 보면 조선 인민의 소견과 지혜가 진보함을 믿노라. 논설 그치기 전에 우리가 대군주 폐하께 송덕하고 만세를 부르나이다.

우리 신문이 한문은 아니 쓰고 다만 국문으로만 쓰는 것은 상하귀천이 다 보게 함이라. 또 국문을 이렇게 구절을 떼어 쓴즉 아무라도 이 신문 보기가 쉽고 신문 속에 있는 말을 자세히 알아보게 함이라. 각국에서는 사람들이 남녀 물론하고 본국 국문을 먼저 배워 능통한 후에야 외국 글을 배우는 법인데 조선서는 조선 국문은 아니 배우더라도 한문만 공부하는 까닭에 국문을 잘 아는 사람이 드묾이라. 조선 국문하고 한문하고 비교하여 보면 조선 국문이 한문보다 얼마가 나은 것이 무엇인고 하니 첫째는 배우기가 쉬우니 좋은 글이요 둘째는 이 글이 조선 글이니 조선 인민들이 알아서 백사를 한문 대신 국문으로 써야 상하 귀천이 모두 보고 알아보기가 쉬울 터이라, 한문만 늘 써 버릇하고 국문은 폐한 까닭에 국문만 쓴 글을 조선 인민이 도리어 잘 알아보지 못하고 한문을 잘 알아 보니 그게 어찌 한심치 아니하리오.

또 국문을 알아보기가 어려운 건 다름이 아니라 첫째는 말마디를 떼지 아니하고 그저 줄줄 내려쓰는 까닭에 글자가 위에 붙었는지 아래 붙었는지 몰라서 몇 번 읽어본 후에야 글자가 어디 붙었는지 비로소 알고 읽으니 국문으로 쓴 편지 한 장을 보자 하면 한문으로 쓴 것보다 더디 보고 또 그나마 국문을 자주 아니 쓰는 고로 서툴러서 잘못 봄이라. 그런 고로 정부에서 내리는 명령과 국가 문적을 한문으로만 쓴즉 한문 못하는 인민은 남의 말만 듣고 무슨 명령인 줄 알고 이편이 친히 그 글을 못 보니 그 사람은 무단히 병신이 됨이라. 한문 못한다고 그 사람이 무식한 사람이 아니라 국문만 잘하고 다른 물정과 학문이 있으면 그 사람은 한문만 하고 다른 물정과 학문이 없는 사람보다 유식하고 높은 사람이 되는 법이라. 조선 부인네도 국문을 잘하고 각색 물정과 학문을 배워 소견이 높고 행실이 정직하면 물론 빈부귀천 간에 그 부인이 한문은 잘하고도 다른 것 모르는 귀족 남자보다 높은 사람이 되는 법이라. 우리 신문은 빈부귀천을 다름없이 이 신문을 보고 외국 물정과 내지 사정을 알게 하려는 뜻이니 남녀노소 상하귀천 간에 우리 신문을 하루 걸러 몇 달간 보면 새 지각과 새 학문이 생길 걸 미리 아노라.

1919, 조소앙 등, 〈대한독립선언서〉

이 글은 1919년 2월 1일 중국, 만주, 연해주, 미국 등 해외에서 활동하던 독립운동가 39명의 명의로 만주 길림에서 발표된 독립선언서다. 선언문 기초는 조소앙(趙素昻)이 한 것으로 알려져 있다. '대한독립선언서'라는 제목으로 발표됐으나 음력으로 무오년(戊午年)인 1918년 12월에 작성됐다고 하여 '무오독립선언서(戊午獨立宣言書)'로도 불린다. 이는 최초의 독립선언서이며, 며칠 뒤 일본 도쿄에서 발표된 '2.8 독립선언서'와 함께 3.1운동의 전초 역할을 했다. 서명자 명단은 당시 해외의 저명한 독립운동가들이 거의 망라돼있다. 서명자 수는 39인이며, 그 명단은 다음과 같다. 김교헌(金敎獻), 김동삼(金東三), 조용은(趙鏞殷=조소앙), 신규식(申圭植), 정재관(鄭在寬), 여준(呂準), 이범윤(李範允), 박은식(朴殷植), 박찬익(朴贊翊), 이시영(李始榮), 이상룡(李相龍), 윤세복(尹世復), 문창범(文昌範), 이동녕(李東寧), 신채호(申采浩), 허혁(許爀), 이세영(李世永), 유동열(柳東說), 이광(李光), 안정근(安定根), 김좌진(金佐鎭), 김학만(金學滿), 이대위(李大爲), 손일민(孫一民), 최병학(崔炳學), 박용만(朴容萬), 임방(林邦), 김규식(金奎植), 이승만(李承晩), 조욱(曺煜), 김약연(金躍淵), 이종탁(李鍾倬), 이동휘(李東輝), 한흥(韓興), 이탁(李沰), 황상규(黃尙奎), 이봉우(李奉雨), 박성태(朴性泰), 안창호(安昌浩).

대한독립선언서

우리 대한 동족 남매와 온 세계 우방 동포여. 우리 대한은 완전한 자주독립과 신성한 평등복리를 우리 자손 여민(黎民)[188]에게 대대로 전하기 위하여 이에 이민족(異民族) 전제의 학대와 억압을 해탈하고 대한 민주의 자립을 선포하노라.

우리 대한은 예부터 우리 대한의 한(韓)이요 이민족의 한(韓)이 아니라. 반만년 역사를 이어온 내치와 외교는 대한의 왕이나 대한 황제의 고유권한이요, 백만 리에 걸쳐 있는 높은 산과 아름다운 물은 대한 남녀의 공유재산이요, 기골(氣骨)과 문언(文言)이 유럽과 아시아의 다른 민족보다 뛰어난 우리 민족은 능히 자기 나라를 옹호하고 모든 나라를 화합시키며 세계와 더불어 나아갈 천민(天民)이라. 일부의 권한이라도 이민족에게 양보할 의무가 없고, 일척의 토지라도 이민족이 점유할 권한이 없으며, 일개 인민이라도 이민족이 간섭할 조건이 없으니, 우리 한은 완전한 한인의 한이라.

슬프도다, 일본의 무뢰배여. 임진왜란 이래로 반도에 쌓은 악은 만세에 가리어 숨기지 못할지며, 갑오 이후 대륙에서 지은 죄는 만국이 용납하지 못할지라, 전쟁을 좋아하는 저들의 악습은 자보(自保)니 자위(自衛)니 하는 구실을 만들더니 마침내 하늘에 반하고 인도에 거스르는 보호합병을 멋대로 하고, 맹세를 어기는 저들의 패습은 영토니 문호개방이니 기회니 하는 구실을 거짓으로 내세우다가 결국은 정의에 어그러지고 법도가 아닌 비밀 약관과 협박에 의한 조약을 강제로 체결하고, 저들의 요망한 정책은 감히 종교와 문화를 말살하였고, 교육을 제한하여 과학의 유통을 막았고, 인권을 박탈하며 경제를 농락하며 군경의 무단과 이주민의 암계(暗計)로 한족을 멸하고 일인(日人)을 증식하려는 간흉을 실행한지라. 적극적, 소극적으로 우리 한족을 마멸시킴이 그 얼마인가. 십년에 이른 무뢰배의 작란이 여기서 극에 이르므로 하늘이 저들의 못된 행태를 싫어하여 우리에게 좋은 기회를 주실새, 우리는 하늘과 인도에 순응하여 대한의 독립을 선포하는 동시에 합병을 한 저들의 죄악을 선포하고 징계하노니,

1. 일본이 합방을 한 동기는 저들의 소위 범일본주의를 아시아에서 실행함이니, 이는 동아시아의 적이요,

2. 일본이 합방을 한 수단은 사기강박과 불법무도와 무력폭행을 구비하였으니, 이는 국제법규상 악마이며,

3. 일본이 합병을 한 결과는 군경의 야만적 권세와 경제적 압박으로 종족을 마멸하며, 종교를 억압하고 핍박하며, 교육을 제한하여 세계문화를 저지하고 방해하였으니, 이는 인류의 적이라.

그러므로 하늘의 뜻과 인간의 도리, 정의와 법리에 비추어 만국이 입증하는 가운데 합병의 무효를 선포하며, 저들의 죄악을 응징하며, 우리의 권리를 회복하노라.

슬프다, 일본의 무뢰배여. 작게 징계하고 크게 타이르는 것은 너희의 복이니, 섬은 섬으로 돌아가고 반도는 반도로 돌아오고 대륙은 대륙으로 회복할지어다. 각기 원상을 회복함은 아시아의 다행인 동시에 너희에게도 다행이거니와, 만일 미련하여 깨닫지 못하면 화근의 전부가 너희에게 있게 될 터이니 원상을 회복하고 스스로 깨우쳐 새로워지는 것의 이익을 반복하여 알아듣게 타이르노라.

보라! 인민의 마적이던 전제와 강권은 남은 불꽃마저 다 꺼졌고, 인류에 부여된 평등과 평화는 밝은 빛을 받아 명백하니 공의(公義)의 심판과 자유의 보편화는 실로 지극히 오랜 세월의 액운을 일거에 씻어내려는 하늘의 뜻이 실현되는 것이요, 약한 나라와 망한 민족을 구제하는 대지의 복음이라.

장하도다, 시대의 정의여. 이런 때를 만난 우리가 함께 나아가 무도한 강권과 속박을 해탈하고 광명한 평화와 독립을 회복하는 것은 하늘의 뜻을 높이 받들고 사람들의 마음에 순응하려는 것이며, 지구에 발을 딛고 선 민족의 권리로 세계를 개조하여 대동건설을 찬동하여 돕기 위한 것으로서 우리가 이에 이천만 대중의 충성을 대표하여 감히 거룩하신 하느님께 분명히 아뢰고 세계만방에 널리 알리니, 우리의 독립은 하늘과 인간이 합응하게 하려는 순수한 동기로 민족자보(自保)의 정당한 권리를 행사함이요 결코 눈앞의 이해에 우연히 충동된 것이 아니며, 은혜와 원한에 관련된 감정으로 문명에 어긋나는 보복수단에 자족하는 것이 아니라 실로 항구적 일관성을 가진 국민의 지극한 정성이 격발하여 저 이민족으로 하여금 느끼고 깨달아 스스로 새로워지게 하려는 것이며, 우리의 결실은 야비한 정략의 궤도를 초월하여 진정한 도의를 실현함이라.

아, 우리 대중이여. 공의로 독립한 자는 공의로써 진행할지라. 일체의 방편으로 군국과 전제를 삭제하여 민족평등을 전 세계에 널리 펼칠지니 이는 우리 독립의 으뜸가는 의미요, 무력겸병을 근절하여 평등한 천하의 공도(公道)로 진행할지니 이는 우리 독립의 본령이요, 비밀 약속과 사사로운 싸움을 엄금하고 대동평화를 선전할지니 이는 우리 복국(復國)의 사명이요, 동등한 권리와 부를 일체의 동포에게 베풀며 남녀와 빈부의 차별 없이 고르게 다스리며, 동등한 현명과 동등한 목숨을 지혜로운 이와 어리석은 이, 늙은 자와 어린 자 모두에게 고르게 하여 세계 인류를 제도할 것이니 이것이 우리 입국(立國)의 기치요, 나아가 국제 불의를 감독하고 우주의 진선미를 체현할 것이니 이는 우리 대한 민족이 시세에 응하여 부활함의 궁극적 의미이니라.

아, 마음이 같고 덕이 같은 우리 이천만 형제자매여. 우리 단군 대황조(大皇祖)께서 상제(上帝)에 좌우로 명하시어 우리에게 기운(機運)을 내리시며, 세계와 시대가 우리의 복리를 돕는도다. 정의는 무적의 칼이니 이로써 하늘을 거스르는 악마와 나라를 도둑질하는 적을 한손에 무찔러라. 이로써 오천 년 조종의 광휘를 드높이며 이로써 이천만 백성의 운명을 개척할지니, 궐기하라 독립군아, 세상을 바로잡으라 독립군아.

천지로 쳐진 망(網) 속에서 한 번 죽음은 사람의 피할 수 없는 것인즉 개나 돼지와 같은 일생을 누가 구차하게 도모하리오. 살신성인하면 이천만 동포와 한 몸으로 부활할 것이니 일신을 어찌 아낄 것이며, 집안을 기울여 나라를 회복되면 삼천리 옥토가 자기 집안 소유이니 한 집안을 희생하라.

아, 마음이 같고 덕이 같은 우리 이천만 형제자매여. 국민본령을 자각한 독립인 것을 기억할지며, 동양평화를 보장하고 인류평등을 실시하기 위한 자립인 것을 명심할지며, 황천의 밝은 명령을 받들어 일체의 사악한 망에서 해탈하는 건국인 것을 확신하여 육탄혈전으로 독립을 완성할지어다.

건국기원 4252년 2월

1919, 이광수 등, 〈2.8 독립선언서〉

이 글은 1919년 2월 8일 동경 유학생들이 조선청년독립단 명의로 동경 현지에서 발표한 독립선언서다. 기초는 이광수(李光洙)가 한 것으로 알려져 있다. 조선청년독립단은 이 선언서 600매와 청원서 1천 매를 인쇄하여 배포했다. 제1차 세계대전의 뒤처리를 위해 전승국들이 프랑스에서 개최한 파리 강화회의에서 우드로 윌슨 미국 대통령이 제창한 14개 조의 평화원칙 중 '민족자결주의(民族自決主義)'의 영향을 받아 작성된 선언서다. 2.8 독립선언은 3.1 독립선언의 도화선 역할을 한 것으로 평가된다. 서명자 명단은 다음과 같다. 최팔용(崔八鏞), 윤창석(尹昌錫), 김도연(金度演), 이종근(李琮根), 이광수(李光洙), 송계백(宋繼白), 김철수(金喆壽), 최근우(崔謹愚), 백관수(白寬洙), 김상덕(金尚德), 서춘(徐椿).

전조선청년독립단(全朝鮮青年獨立團)은 아(我) 이천만 민족을 대표하여 정의와 자유의 승리를 득(得)한 세계만국의 전(前)에 독립을 기성(期成)하기를 선언하노라.

사천삼백 년의 장구한 역사를 유(有)하는 오족(吾族)은 실로 세계최고 문명민족의 일(一)이라 비록 유시호(有時乎)[189] 지나(支那)[190]의 정삭(正朔)[191]을 봉(奉)한 사(事)는 유(有)하였으나 차(此)는 조선 황실과 지나 황실의 형식적 외교적 관계에 불과하였고, 조선은 항상 오족의 조선이요 일차(一次)도[192] 통일(統一)한 국가를 실(失)하고 이족(異族)의 실질적 지배를 수(受)한 사(事) 무(無)하도다.

일본은 조선이 일본과 순치(脣齒)의 관계가 유(有)함을 자각함이라 하여 1895년 일청전쟁의 결과로 일본이 한국의 독립을 솔선 승인하였고 영(英), 미(美), 법(法), 덕(德), 아(俄) 등 제국도 독립을 승인할뿐더러 차를 보전하기를 약속하였도다. 한국은 그 은의(恩義)를 감(感)하여 예의(銳意)[193]로 제반 개혁과 국력의 충실을 도(圖)하였도다.

당시 아국(俄國)의 세력이 남하하여 동양의 평화와 한국의 안녕을 위협할새 일본은 한국과 공수동맹(攻守同盟)을 체결하여 일아전쟁을 개(開)하니 동양의 평화와 한국의 독립보전은 실로 차 동맹의 주지(主旨)요 한국은 더욱 그 호의에 감(感)하여 육해군의 작전상 원조는 불능하였으나 주권(主權)의 위엄까지 희생하여 가능한 온갖 의무를 다하여서 동양평화와 한국독립의 양대 목적을 추구하였도다.

급기(及其) 전쟁이 종결되고 당시 미국 대통령 루스벨트 씨의 중재로 일아간에 강화회의가 개설될새 일본은 동맹국인 한국의 참가를 불허하고 일아 양국 대표자 간에 임의로 일본의 한국에 대한 종주권을 의정(議定)하였으며, 일본은 우월한 병력을 지(持)하고 한국의 독립을 보전한다는 구약(舊約)을 위반하여 암약(暗弱)한 당시 한국 황제와 그 정부를 위협하고 기망하여 '국력의 충실함이 족히 독립을 득할 만한 시기까지' 라는 조건으로 한국의 외교권을 탈(奪)하여 차를 일본의 보호국을 작(作)하여 한국으로 하여금 직접으로 세계열국과 교섭할 도(道)를 단(斷)하고 인(因)하여 '상당한 시기까지' 라는 조건으로 사법·경찰권을 탈하고 경(更)히 '징병령 실시까지' 라는 조건으로 군대를 해산하며 민간의 무기를 압수하고 일본 군대와 헌병, 경찰을 각지에 편치(遍置)[194]하며 심지어 황궁의 경비까지 일본 경찰을 사용하고 여차(如此)히 하여 한국으로 하여금 전혀 무저항자(無抵抗者)를 작한 후에 다소 명철(明哲)의 칭(稱)이 유(有)한 한국 황제를 방축(放逐)하고 황태자를 옹립하고 일본의 주구로 소위 합병내각을 조직하여 비밀과 무력의 리(裏)에서 합병조약을 체결하니 자(玆)에 오족은 건국 이래 반만년에 자기를 지도하고 원조하노라 하는 우방의 군국적 야심에 희생되었도다.

실로 일본의 한국에 대한 행위는 사기와 폭력에서 출(出)한 것이니 실상 여차히 위대(偉大)한 사기의 성공은 세계 흥망사 상에 특필할 인류의 대욕치욕(大辱恥辱)이라 하노라. 보호조약을 체결할 시(時)에 황제와 적신(賊臣) 아닌 기개(幾個) 대신들은 온갖 반항수단을 다하였고 발표 후에도 전 국민은 적수(赤手)[195]로 가능한 온갖 반항을 다하였으며 사법·경찰권의 피탈과 군대해산 시에도 연(然)하였고[196] 합병 시를 당(當)하여는 수중에 촌철(寸鐵)이 무(無)함을 불구하고 가능한 온갖 반항운동을 다하다가 정예한 일본 무기에 희생이 된 자 부지기수이며 이후 10년간 독립을 회복하려는 운동으로 희생된 자가 수십만이며 참혹한 헌병정치 하에 수족(手足)과 구설(口舌)의 겸제(箝制)[197]를 수(受)하면서도 증(曾)히[198] 독립운동이 절(絶)한 적이 없나니 차(此)로 관(觀)하여도 일한합병이 조선민족의 의사가 아님을 가지(可知)할지라. 여차히 오족은 일본 군국주의적 야심의 사기폭력 하에 오족의 의사에 반하는 운명을 당하였으니 정의로 세계를 개조하는 차시(此時)에 당연히 광정(匡正)을 세계에 구(求)할 권리가 유(有)하며 또 세계 개조에 주인 되는 미(米)와 영(英)은 한국의 보호와 합병을 솔선 승인한 이유로 차시에 과거의 구악을 속(贖)할 의무가 유하다 하노라.

또 합병 이래 일본의 조선통치 정책을 보건대 합병 시의 선언에 반하여 오족의 행복과 이익을 무시하고 정복자가 피정복자에게 대하는 고대의 비인도적 정책을 응용하여 오족에게는 참정권, 집회결사의 자유, 언론출판의 자유를 불허하며 심지어 신교(信敎)의 자유, 기업의 자유까지도 불소(不少)히 구속하며 행정, 사법, 경찰 등 제 기관이 조선민족의 인권을 침해하며 공사(公私)에 오족과 일본인 간에 우열의 차별을 설(設)하며 일본인에 비하여 열등한 교육을 시(施)함으로써 오족으로 하여금 영원히 일본인의 피사역자(被使役者)를 성(成)하게 하며 역사를 개조하여 오족의 신성한 역사적, 민족적 전통과 위엄을 파괴하고 능모(凌侮)[199]하며 소수의 관리를 제(除)한 외에 정부의 제 기관과 교통, 체신, 병비(兵備) 제 기관에 전부 혹은 대부분 일본인만 사용하여 오족으로 하여금 영원히 국가생활의 지능과 경험을 득(得)할 기회를 부득(不得)케 하니 오족은 결코 여차한 무단전제하고 부정불평등한 정치 하에서 생존과 발전을 향수(享受)키 불능(不能)한지라. 그뿐더러 원래 인구 과밀한 조선에 무제한으로 이민을 장려하고 보조하여 토착(土着)한 오족은 해외에 유리(流離)함을 불면하니 국가의 제 기관은 물론이요 사설의 제 기관에까지 일본인을 사용하여 일변 조선인으로 직업을 실(失)케 하며 일변 조선인의 부를 일본으로 유출케 하고 상공업에서 일본인에게는 특수한 편익을 전(典)하여 조선인으로 하여금 산업적 발흥의 기회를 실(失)케 하도다.

여차히 하방면(何方面)으로 관(觀)하여도 오족과 일본인의 이해(利害)를 호상배치(互相背馳)하면 그 해를 수(受)하는 자는 오족이니 오족은 생존의 권리를 위하여 독립을 주장하노라. 최후에 동양평화의 견지로 보건대 그 위협자이던 아국(俄國)은 이미 군국주의적 야심을 포기하고 정의와 자유와 박애를 기초로 한 신국가를 건설하려고 하는 중이며 중화민국도 역연(亦然)[200]하며 겸하여 차차(此次)[201] 국제연맹이 실현되면 다시 군국주의적 침략을 감행할 강국이 무(無)할 것이라. 그러할진대 한국을 합병한 최대 이유가 이미 소멸되었을 뿐더러 종차(從次)로 조선민족이 무수한 혁명난(革命亂)을 기(起)한다 하면 일본에 합병된 조선은 반(反)하여 동양평화를 교란(攪亂)할 화원(禍源)이 될지라. 오족은 정당한 방법으로 오족의 자유를 추구할지나 만일 차로써 성공치 못하면 오족은 생존의 권리를 위하여 온갖 자유행동을 취하여 최후의 1인까지 자유를 위하는 열혈(熱血)을 천(濺)할지니 어찌 동양평화의 화원이 아니리요. 오족은 일병(一兵)이 무(無)호라. 오족은 병력으로써 일본을 저항할 실력이 무호라. 연(然)하나 일본이 만일 오족의 정당한 요구에 불응할진대 오족은 일본에 대하여 영원의 혈전을 선(宣)하리라.

오족은 구원(久遠)히 고등(高等)한 문화를 유(有)하였고 반만년간 국가생활의 경험을 유한 자이라 비록 다년 전제정치의 해독(害毒)과 경우(境遇)의 불행이 오족의 금일을 치(致)하였다 하더라도 정의와 자유를 기초로 한 민주주의의

상(上)에 선진국의 범(範)을 수(隨)하여 신국가를 건설한 후에는 건국 이래 문화와 정의와 평화를 애호하는 오족은 반드시 세계의 평화와 인류의 문화에 공헌함이 유(有)할지라. 자(玆)에 오족은 일본이나 혹은 세계 각국이 오족에게 민족자결의 기회를 전(典)하기를 요구하며 만일 불연(不然)하면 오족은 생존을 위하여 자유행동을 취함으로써 오족의 독립을 기성하기를 선언하노라.

결의문

1. 본단(本團)은 일한합병이 오족의 자유의사에 출(出)하지 아니하고 오족의 생존과 발전을 위협하고 또 동양의 평화를 교란하는 원인이 된다는 이유로 독립을 주장함.

2. 본단은 일본 의회 및 정부에 조선민족대회를 초집(招集)하여 해회(該會)의 결의로 오족의 운명을 결(決)할 기회를 전(典)하기를 요구함.

3. 본단은 만국평화회의에 민족자결주의를 오족에게도 적용하게 하기를 요구함. 우(右) 목적을 달성하기 위하여 일본에 주재한 각국 대공사(大公使)에게 본단의 주의를 각기 정부에 전달하기를 의뢰(依賴)하고 동시에 위원 2인을 만국평화회의에 파견함. 우(右) 위원은 기(旣)히 파견한 오족의 위원과 일치행동을 취함.

4. 전항의 요구가 실패될 시는 오족은 일본에 대하여 영원의 혈전을 선(宣)함. 차(此)로써 생(生)하는 참화는 오족이 그 책(責)에 임(任)치 아니함.

서기 1919년 2월 8일
재일본 동경 조선청년독립단 대표

1919년, 김인종 등, 〈대한독립 여자선언서〉

이 선언서는 1983년 11월에 도산 안창호의 장녀인 안수산 씨의 미국 로스앤젤레스 집에서 발견된 것이다. 3.1운동 직전인 1919년 2월에 중국 길림성에서 근대교육을 받은 기독교계 젊은 여성들에 의해 작성되어 발표됐던 것으로 추정된다. 3.1운동을 전후하여 국내외에서 발표된 각종 독립선언서들은 대부분 국한문 혼용체로 쓰였지만, 이 선언서는 순한글로 쓰였다. 유관순 열사의 순국 사례와 더불어 이 선언서도 3.1운동에 여성들도 남성들 못지않게 적극적으로 참여했음을 알려준다. 서명자 명단은 다음과 같다. 김인종, 김숙경, 김옥경, 고순경, 김숙원, 최영자, 박봉희, 리정숙.

슬프고 억울하다. 우리 대한 동포시여. 우리나라가 반만년 문명역사와 이천만 신성민족으로 삼천리강토를 족히 자존할만 하거늘 침략적 야심으로 세계의 공법공리를 무시하는 저 일본이 추세적 만성으로 조국의 흥망이해를 불고하는 역적과 협동하여 압박수단으로 형식에 불과한 합방을 성립하고 제반 음독한 정치 하에 우리 이천만 형제자매가 노예와 희생이 되어 천고에 씻지 못할 수욕을 받고 모진 목숨이 죽지 못하여 스스로 멸망할 함정에 갇혀서 하루가 일년 같은 지리한 세월이 십여 년을 지났으니 그동안 무한한 고통은 다 말할 것 없이 우리 동포의 마음속에 품은 비수로써 징계할 바로다. 필부함원에 오월비상[202]이라 하였거든 하물며 수천만 창생의 억울·불평한 애소를 지공무사하신 상제께서 통촉하심이 없으리오. 고금에 없고, 구주 대전란의 결국에 민본적 주의로 만국이 평화를 주창하는 금일을 당하여 감사하신 남자사회에서 처처에 독립을 선언하고 독립만세 소리에 엄동설한의 반도강산에 양춘화풍을 만나 만물이 소생할 시기가 이르렀으니 아무쪼록 용력 위에 일정의 용력을 더하고 열성 중에 일도의 열성을 더하여 유시유종[203]하심을 혈성으로 기도하는 바이오며, 우리도 비록 규중에서 생활하는 지식이 몽매하고 신체가 연약한 아녀자의 무리이나 국민 됨은 일반이요 양심은 한가지라. 용력이 절등하고 지식이 고명한 영웅달사도 뜻을 달하지 못하고 억울하게 이 세상을 마친 자가 허다하것마는 비록 지극히 몽매한 필부라도 성력이 극도에 달하면 반드시 원하는 것을 이루는 것은 소소[204]한 천리라. 우리 여자사회에서도 동서를 물론하고 후생의 모범이 될 만한 숙녀현원이 허다하것마는 특별히 금일에 우리의 본받을 선생을 들어 말하면, 서양 사파달[205]이라 하는 나라에 살리라 하는 부인은 농가 출생으로 아들 여덟을 낳아 국가에 바쳤더니 전장에 나가 승전은 하였으나 불행히 여덟 아들이 다 전망[206]한지라 부인은 그 참혹한 소식을 듣고 조금도 슬퍼하지 아니하고 춤추며 노래하며 가라대 "사파달 사파달아, 내 너를 위하여 여덟 아달을 낳았다"하며, 의태리[207]의 메리야라 하는 부인은 청루[208] 출신으로 의태리가 타국의 절제 하에 있음을 분개히 여겨 재정방침을 연구하며 청년사상을 고취하여 백절불회[209]하는 지기와 신출귀몰하는 수단으로 마침내 독립전쟁을 지시하였으나 불행하여 열렬한 뜻을 다 이루지 못하고 이 세상을 영별할 때에 감은 눈을 다시 뜨고 "제군, 제군아, 국가, 국가"라는 비장한 유언에 삼군의 격렬한 피가 일시에 끓어 죽기로써 맹세하여 의태리의 독립이 그날로 되었으며, 우리나라 임난 때 진주의 논개 씨와 평양의 화월 씨는 또한 화류계 출신으로 용력이 무쌍한 적장 청정과 소섭을 죽여 국가를 다시 붙든 공이 두 분 선생의 힘이라 하여도 과언이 아니니, 우리도 이러한 급한 때를 당하여 겁나[210]의 구습을 파괴하고 용감한 정신을 분발하여 이러한 여러 선생을 본받아 의리의 전신갑주를 입고 신력의 방패와 열성의 비수를 잡고 유진무퇴하는 신을 신고 일심으로 일어나면 지극히 자비하신 하나님이 하감하시고 우리나라 충혼열백이 명명[211] 중에 도우시고 세계만국의 공론이 없지 아니할 것이니 우리는 아무 주저할 것 없으며 두려워할 것도 없도다. 살아서 독립기[212] 하에 활발한 신국민이 되어보고 죽어서 구천지하에 이러한 여러 선생을 좇아 수고함이 없이 즐겁게 모시는 것이 우리의 제일 의무가 아닌가. 간장에서 솟아나는 눈물과 충곡[213]에서 나오는 단심으로써 우리 사랑하는 대한 동포에게 엎드려 고하노니 동포, 동포여, 때는 두 번 이르지 아니하고 일은 지내면 못 하나니 속히 분발할지어다. 동포, 동포시여.

대한독립 만만세.
기원 사천이백오십이년 이월

1919, 조선민족 대표 33인, 〈기미독립선언서〉

이 글은 독립만세 운동이 일어난 1919년 3월 1일 서울에서 민족대표 33인의 명의로 발표된 독립선언서다. 이날 오후 민족대표 33인 중 29인이 서울 종로의 유명한 요리집 명월관의 별관인 태화관(泰和館)에 모여 이 선언서를 발표하고 일본 경찰에 붙잡혀 갔다. 이에 조금 앞서 태화관에서 300미터 떨어진 탑골공원에서는 시민 정재용(鄭在鎔)이 팔각정 단상에 올라가 이 선언서를 낭독하고 미리 모여 있던 수천 명의 학생, 시민들과 함께 만세 시위를 벌였다. 만세 시위는 이날부터 몇 달간 전국 각지에서 계속됐다. 이 선언서에 서명한 민족대표 33인의 명단은 다음과 같다. 손병희(孫秉熙), 길선주(吉善宙), 이필주(李弼柱), 백용성(白龍城), 김완규(金完圭), 김병조(金秉祚), 김창준(金昌俊), 권동진(權東鎭), 권병덕(權秉悳), 나용환(羅龍煥), 나인협(羅仁協), 양전백(梁甸白), 양한묵(梁漢默), 유여대(劉如大), 이갑성(李甲成), 이명룡(李明龍), 이승훈(李承薰), 이종훈(李鍾勳), 이종일(李鍾一), 임예환(林禮煥), 박준승(朴準承), 박희도(朴熙道), 박동완(朴東完), 신홍식(申洪植), 신석구(申錫九), 오세창(吳世昌), 오화영(吳華英), 정춘수(鄭春洙), 최성모(崔聖模), 최인(崔麟), 한용운(韓龍雲), 홍병기(洪秉箕), 홍기조(洪基兆).

기미독립선언서

우리는 이에 우리 조선이 독립국임과 조선인이 자주민임을 선언하노라. 이로써 세계만방에 알리어 인류평등이라는 큰 뜻을 분명히 하는 바이며, 이로써 자손만대에 깨우쳐 일러 민족의 독자적 생존이라는 정당한 권리를 영원히 누려 가지게 하는 바이다. 반만년 역사의 권위에 의지하여 이를 선언하는 것이며, 2천만 민중의 성충을 합하여 이를 두루 펴서 밝히는 것이며, 영원히 한결같은 민족의 자유발전을 위하여 이를 주장하는 것이며, 인류적 양심의 발로에 기인한 세계개조의 큰 기회와 시운에 순응하여 함께 나아가기 위하여 이 문제를 제기하는 것이니 이는 하늘의 지시이며, 시대의 대세이며, 전 인류 공동 생존권의 정당한 발동이다. 그러기에 천하의 어떤 것이라도 이를 저지하거나 억제하지 못할지니라.

구시대의 유물인 침략주의와 강권주의에 희생되어 유사 이래 몇천 년 만에 처음으로 다른 민족의 압제에 뼈아픈 괴로움을 당한 지 이제 10년이 지났다. 그동안 우리의 생존권을 빼앗겨 잃은 것이 그 얼마이며, 정신상 발전에 장애를 받은 것이 그 얼마이며, 민족의 존엄과 영예에 손상을 입은 것이 그 얼마이며, 새롭고 날카로운 기운과 독창력으로 세계문화의 큰 조류에 기여하거나 보탬이 될 기회를 잃은 것이 그 얼마이랴?

슬프다! 그동안의 억울함을 드러내어 널리 알리려면, 눈앞의 고통에서 벗어나려면, 장래의 위협을 베어 없애려면, 눌리어 오그라들고 쇠잔해진 민족적 양심과 국가적 염치와 의리를 다시 불러일으켜 신장시키려면, 각자의 인격을 정당하게 발전시키려면, 가련한 자손에게 부끄러운 현실을 물려주지 않으려면, 자자손손에게 영구하고 완전한 경사와 행복을 끌어대려면 가장 크고 급한 일이 민족의 독립을 확실하게 하는 것이다. 그러니 2천만 각 사람마다 마음에 칼날을 품어 굳게 결심하고, 인류 공통의 옳은 성품과 시대의 양심이 정의라는 군사와 인도라는 무기로써 도와주는 오늘날 우리는 나아가 취하매 어느 강자를 꺾지 못하며, 물러가서 일을 꾀함에 무슨 뜻인들 펴지 못하랴!

병자수호조약 이래 때때로 굳게 맺은 약속을 배반하였다 하여 일본의 신의 없음을 단죄하려는 것이 아니다. 그들의 학자는 강단에서, 정치가는 실제에서 우리의 왕조가 대대로 쌓아온 업적을 식민지의 것으로 보고 우리 문화민족을 야만족같이 대우하며 한갓 정복자의 쾌락을 탐할 뿐이요 우리의 오랜 사회기초와 뛰어난 민족심리를 무시한다 해서 일본의 의리 없음을 꾸짖으려는 것도 아니다. 스스로를 채찍질하고 격려하기에 급한 우리는 남을 원망할 겨를이 없노라. 현재를 수습하여 아물리기에 급한 우리는 묵은 옛일을 응징하고 잘못을 가릴 겨를이 없노라. 오늘 우리에게 주어진 임무는 다만 자기 건설에 있을 뿐이요, 결코 남을 파괴하는 데 있지 않노라. 엄숙한 양심의 명령으로써 자기의 새 운명을 개척하려는 것이요, 결코 묵은 원한과 일시적 감정으로 남을 질투하여 내쫓고 배척하려는 것이 아니로다.

낡은 사상과 세력에 얽매인 일본 정치가들의 공명심에 희생되어 생겨난 부자연하고도 불합리한 착오의 상태를 개선하고 바로잡아 자연스럽고 합리적인 바른 길과 큰 원칙으로 귀환케 하고자 함이로다. 당초에 민족적 요구에서 나온 것이 아닌 두 나라 병합의 결과가 필경 임시방편적 위압과 차별적 불평등과 거짓으로 꾸민 통계숫자에 의하여 이해가 상반하게 된 두 민족 사이에 영원히 화합할 수 없는 원한의 구덩이를 더욱 깊게 만드는 오늘의 실정을 보라! 날래고 밝은 과감성으로 묵은 잘못을 옳게 고치고 진정한 이해와 동정에 토대를 둔 우호적 신국면을 열어내는 것이 피차간에 화를 쫓고 복을 불러들이는 첩경임을 분명히 알아야 할 것이 아닌가.

또 원한과 분노가 쌓인 2천만 민족을 위력으로 구속하는 것은 다만 동양의 영구한 평화를 보장하는 길이 아닐 뿐만 아니라 이로 인하여 동양의 안전과 위태함을 가르는 주된 축인 4억 중국 사람들이 일본을 두려워하고 질시하는 마음을 갈수록 농후하게 만들어 그 결과로 동양 전체가 함께 넘어져서 망하는 비운을 불러올 것이 분명하다. 그러니 오늘날 우리 조선의 독립은 조선인으로 하여금 정당한 생존과 번영을 이루게 하는 것인 동시에 일본으로 하여금 그릇된 길에서 벗어나 동양을 지탱하는 나라로서의 중대한 책임을 온전하게 수행하게 하는 것이고, 중국으로 하여금 꿈에도 잊지 못하는 불안과 공포에서 벗어나게 하는 길이며, 또한 동양평화를 중요한 일부로 하는 세계평화와 인류행복에 필요한 계단을 놓으려는 것이다. 이 어찌 구구한 감정상의 문제이리요?

아아! 새로운 세계가 눈앞에 펼쳐지고 있도다. 위력의 시대가 가고 도의의 시대가 오고 있도다. 과거 한 세기 내내 갈고 닦아 기르고 키운 인도적 정신이 바야흐로 새 문명의 서광을 인류의 역사에 비추기 시작하고 있도다. 새봄이 온 세계에 돌아와 만물의 소생을 재촉하고 있도다. 얼어붙은 얼음과 차가운 눈이 숨을 막아 사람들을 꼼짝 못하게 한 것이 저 지난 한때의 형세였다고 하면 화창한

봄바람과 따뜻한 햇볕에 기맥을 떨쳐 펴는 것이 이 한때의 형세이니, 천지의 돌아온 운수에 접하고 세계의 바뀐 조류를 탄 우리는 아무 주저할 것도 없으며 아무 거리낄 것도 없도다. 우리가 본디부터 지녀온 자유의 권리를 지켜 온전히 하여 왕성한 생명의 즐거움을 실컷 누릴 것이며, 우리가 스스로 풍족히 갖고 있는 독창력을 발휘하여 봄기운이 가득한 큰 세계에 우리 민족의 순수하고 뛰어난 문화를 맺게 할 것이로다.

　우리는 이에 떨쳐 일어나도다. 양심이 우리와 함께 있으며 진리가 우리와 함께 나아가는도다. 남녀노소 없이 음울한 옛 등우리에서 활발하게 일어나 나와 세상 만물의 현상과 더불어 흔쾌한 부활을 이루어내게 되도다. 먼 과거까지 거슬러 올라가는 조상들의 신령이 보이지 않게 우리를 돕고, 전 세계의 기운이 우리를 밖에서 보호하고 있으니 착수가 곧 성공이다. 다만 앞길의 광명을 향하여 힘차게 곧장 나아갈 따름이다.

공약 3장

　一 오늘 우리의 이 거사는 정의와 인도와 생존과 존영을 위한 민족적 요구이니 오직 자유의 정신을 발휘할 것이요, 결코 배타적 감정으로 정도에서 벗어나지 말라.

　一 최후의 일인까지, 최후의 일각까지 민족의 정당한 의사를 시원하게 발표하라.

　一 모든 행동은 가장 질서를 존중하여 우리의 주장과 태도가 어디까지나 광명정대하게 되도록 하라.

조선건국 4252년 3월 1일

1919, 한용운, 〈조선독립의 서〉

1919년 3.1운동에 민족대표 33인의 일원으로 참여했다가 일본 경찰에 체포되어 투옥된 한용운(韓龍雲)이 옥중에서 쓴 글이다. 한용운은 서대문형무소에서 취조를 받을 때 '조선독립(朝鮮獨立)의 서(書)'라는 제목을 붙인 이 글을 일본 검사에게 건네주었다고 한다. 상해 임시정부는 이 글을 비밀에 입수하여 〈독립신문〉 1919년 11월 7일자에 '조선독립에 대한 감상의 개요'라는 제목으로 게재했다.

1. 개론

자유는 만유(萬有)의 생명이요 평화는 인생의 행복이다. 그러므로 자유가 없는 사람은 사해(死骸)[214]와 같고 평화가 없는 자는 다시없는 고통이다. 압박을 받는 자의 주위는 무덤과 다름없고 쟁탈을 일삼는 자의 환경은 지옥이 되나니, 우주의 이상적으로 가장 행복한 실재(實在)는 자유와 평화다. 그렇기에 자유를 얻기 위해서는 생명을 홍모(鴻毛)[215]처럼 가볍게 여기고 평화를 보전하기 위해서는 희생을 감이(甘飴)[216]처럼 맛보나니, 이는 인생의 권리인 동시에 또한 의무일지로다. 그러나 자유의 공례(公例)는 사람의 자유를 침해하지 아니함으로 한계를 삼나니 침략적(侵掠的)[217] 자유는 몰평화(沒平和)의 야만자유가 되며, 평화의 정신은 평등에 있나니 평등은 자유와 상적(相適)[218]하는 것이다. 그러므로 위압적 평화는 굴욕이 될 뿐이니, 참된 자유는 반드시 평화를 보전하고 참된 평화에는 반드시 자유가 따른다. 자유여 평화여, 전 인류의 요구일지로다.

그러나 인류의 지식은 점진적이어서 초매(草昧)[219]로부터 문명에, 쟁탈로부터 평화에 이르는 것은 역사적 사실이 이를 넉넉히 증명한다. 인류문화의 범위는 개인적으로부터 가족, 가족적으로부터 부락, 부락으로부터 국가, 국가적으로부터 세계, 세계적으로부터 우주주의(宇宙主義)에 이르도록 순차로 진보함이니, 부락주의 이상은 초매시대(草昧時代)의 낙사진(落謝塵)[220]에 속하는 것이므로 회수(回首)[221]의 감회를 보태는 외에 논술할 필요가 없다. 행인지 불행인지 18세기 이후의 국가주의는 실로 전 세계를 풍미하여 등분(騰奔)[222]의 절정에 제국주의와 그 실행의 수단인 군국주의를 산출(産出)함에 이르러 소위 우승열패(優勝劣敗), 약육강식의 학설은 참되고 변함없는 금과옥조로 인식되어 살벌강탈(殺伐强奪)[223]의 국가적 혹은 민족적 전쟁은 자못 쉴 날이 없어 혹은 기천 년의 역사국(歷史國)을 폐허로 만들며 기십백만(幾十百萬)의 생명을 희생하는 일이 지구상에 없는 데가 없으니 전 세계를 대표할 만한 군국주의는 서양에 독일이 있고 동양에 일본이 있었도다.

그러나 소위 강자 즉 침략국은 군함과 철포만 많으면 자국의 야심야욕을 채우기 위하여 불인도(不人道)·멸정의(蔑正義)의 쟁탈을 행하면서도 그 이유를 설명함에는 세계 혹은 국부(局部)의 평화를 위한다든지 쟁탈의 목적물 즉 피침략자의 행복을 위한다든지 하는 등 자신을 속이고 남을 속이는 망어(妄語)를 농하여 엄연히 정의의 천사국(天使國)으로 자처하나니, 예(例)하면 일본이 폭력으로 조선을 합병하고 2천만 민족을 노예로 대하면서 조선을 합병함은 동양평화를 위함이며 조선민족의 안녕행복을 위함이라 운운함이 이것이다.

슬프다. 약자는 종고(終古)[224]의 약자가 없고 강자는 부진(不盡)[225]의 강자가 없다. 폭한(曝寒)[226]의 대운(大運)이 그 바퀴를 돌리는 때엔 복수적(復讐的) 전쟁은 반드시 침략적 전쟁의 뒤를 따라 일어날지니 침략은 전쟁을 유치(誘致)하는 것이다. 어찌 평화를 위하는 침략이 있으며 또한 어찌 자국 기천 년의 역사는 타국 침략의 검에 끊어지고 기백천만의 민족은 외인의 학대 하에 노예가 되고 우마(牛馬)가 되면서 이를 행복으로 인식할 자가 있겠는가. 어떤 민족을 막론하고 문명 정도의 차이는 있을지나 혈성(血性)[227]이 없는 민족은 없나니 혈성을 갖춘 민족이 어찌 영구히 남의 노예 됨을 달게 여겨 독립자존을 도(圖)치 아니하리오. 그러므로 군국주의 즉 침략주의는 인류의 행복을 희생하는 지독한 마술(魔術)일 뿐이니 어찌 이와 같은 군국주의가 천양무궁(天壤無窮)[228]의 운명을 보전하리오. 이것은 이론이 아니고 사실이다.

슬프다. '검(劍)'이 어찌 만능이며 '역(力)'이 어찌 승리리오. 정의가 있고 인도(人道)가 있도다. 침략 또 침략, 악극참극(惡極慘極)의 군국주의는 독일로써 최종의 막(幕)을 연(演)치 아니하였는가. 피냐 살이냐, 귀신도 수곡(愁哭)[229]하는 구주 대전쟁은 대략 1천만의 사상자를 내고 기다억(幾多億)의 금전을 소비한 후에 정의·인도를 표방하는 기치 하에서 강화조약을 체결하였도다. 그러나 군국주의의 종극(終極)도 참으로 그 색채가 장엄하였도다. 전 세계를 유린하려는 대욕을 채우기 위하여 고심초사(苦心焦思) 30년의 준비로 기백만의 건아(健兒)를 수백리의 전선에 내세우고 철기비선(鐵騎飛船)을 휘몰아 좌충우돌 동성서격(東聲西擊) 개전 3개월 안에 파리를 함락한다고 자기(自期)[230]하던 카이제르[231]의 성언(聲言)은 일시의 장절(壯絶)[232]을 극(極)하였도다. 그러나 그것도 군국주의 결별의 종곡(終曲)일 뿐이며, 이상(理想)과 성언(聲言)뿐 아니라 작전계획도 탁월하여 휴전을 개의(開議)하던 날까지 연합국 측 병마의 족적은 독일 국경의 일보지(一步地)를 넘지 못하였으니 항공기는 공중에서, 잠항정(潛航艇)은 바다속에서, 자동포(自動砲)는 육지에서 각각 그 묘(妙)를 다하여 실전의 작략(作略)[233]에 현란한 색채를 발하였도다. 그러나 그것도 군국주의적 낙조(落照)의 반사(反射)일 뿐이다.

슬프다. 일억만(一億萬) 인민의 위에 군림하고 세계일통(世界一統)의 웅도(雄圖)를 자기하여 세계에 대해 선전을 포고하고 백전백승의 기개를 가지고서

신이냐 사람이냐의 사이에서 종횡자재(縱橫自在)하던 독일 황제가 일조(一朝)에 자기 생명의 신(神)으로 여겼던 '검'을 풀고 움츠러져 윤락(淪落)²³⁴의 화란(和蘭) 시골에서 잔천(殘喘)²³⁵을 겨우 부지함은 무슨 돌변(突變)이냐. 이는 곧 카이제르의 실패뿐 아니라 군국주의의 실패이니 일세(一世)의 쾌사(快事)로 느끼는 동시에 그 사람을 위해서는 한 줄기의 동정(同情)을 금치 못하리로다.

그러나 연합국 측도 독일의 군국주의를 타파한다고 성언하였으나 그 수단방법의 실용(實用)은 역시 군국주의의 유물인 군함, 철포 등의 살인구(殺人具)인즉 이는 만이(蠻夷)²³⁶로써 만이를 침이나 무슨 다름이 있으리오. 독일의 실패가 연합국의 전승(戰勝)이 아닌즉 수다한 강하고 약한 나라들의 합치(合致)한 병력으로 5개년의 지구전에 독일을 제승(制勝)치 못하였음은 이 또한 연합국 측 준(準)군국주의의 실패가 아닌가. 그러면 연합국 측의 포(砲)가 강함이 아니요 독일의 검이 짧음이 아니어늘 전쟁의 종국을 고함은 무슨 까닭이뇨. 정의·인도의 승리요 군국주의의 실패니라. 그러면 정의·인도 즉 평화의 신은 연합국의 손을 빌려 독일의 군국주의를 타파함인가. 아니다. 정의·인도 즉 평화의 신은 독일 인민의 손을 빌려 세계의 군국주의를 타파함이니 곧 전쟁 중의 독일혁명이 바로 그렇다. 독일혁명은 사회당의 손에서 일어났은즉 그 유래가 오래고 또한 노국(露國)혁명²³⁷의 자극을 받은 바도 있으나 통괄적으로 말하면 전쟁의 고(苦)를 느껴 군국주의의 그 틈을 통절히 각오(覺悟)한 까닭에 담소종용(談笑從容)²³⁸한 사이에서 전쟁을 자파(自破)²³⁹하는 노도경랑(怒濤驚浪)²⁴⁰의 군국주의를 발휘하려던 검을 거꾸로 대어 군국주의의 자살을 하고 공화혁명에 성공하여 평화적 신운명을 개척함인즉 연합국은 그 틈을 타서 어부(漁夫)의 리(利)를 얻음이라.

이번 전쟁의 종극(終極)에 대해서는 연합국의 승리뿐 아니라 독일의 승리라고도 하리로다. 왜냐하면 이번 전쟁에 독일이 고주일척(孤注一擲)²⁴¹의 최종 일전을 결(決)할지라도 승부를 잘 알 수 없을 것이요 가사(假使) 독일이 일시의 승리를 얻는다 할지라도 연합국의 복수전쟁이 일기재기(一起再起)²⁴²하여 독일의 멸망을 보지 않고는 병사를 거둘 날이 없을 것이다. 그러므로 독일이 전패(戰敗)하지 않을 뿐만 아니라 전승(戰勝)이라고 할 만한 경우에 있어서 단연코 굴욕적 휴전조약을 승낙하고 강화를 청함은 곧 기회를 보고 승리를 제(制)함이니 강화회의에 대하여도 웬만한 굴욕적 조약에는 무조건으로 승낙함을 짐작할 수 있을 것이다(3월 1일 이후의 외계(外界) 소식은 알 수 없다). 그러면 현금의 형편으론 독일의 실패라고 할지나 원시적(遠視的)으로 보면 독일의 승리라고 하리로다.

슬프다. 광고미증유(曠古未曾有)²⁴³의 구주전쟁과 기괴불사의(奇怪不思議)²⁴⁴의 독일혁명은 19세기 이전의 군국주의·침략주의의 전별회(餞別會)²⁴⁵가 되는 동시에 20세기 이후의 정의·인도적 평화주의의 개막이 되어 카이제르의 실패가 군국주의적 각국의 두상(頭上)에 통봉(痛棒)²⁴⁶을 내리고 윌슨의 강화 기초조건이 각 영토의 고사(古査)²⁴⁷에 춘풍을 전하매 침략국의 압박 하에서 신음하던 민족은 등공(騰空)²⁴⁸의 기(氣)와 결하(決河)²⁴⁹의 세(勢)로 독립자결을 위하여 분투하게 되었으니 파란(波蘭)²⁵⁰의 독립이 그렇고, 체코의 독립이 그렇고, 애란(愛蘭)²⁵¹의 독립선언이 그렇고, 인도의 독립운동이 그렇고, 비율빈(比律賓)²⁵²의 독립경영이 그렇고, 조선의 독립선언이 그렇다(3월 1일까지의 상황). 각 민족의 독립자결은 자존성의 본능이며 세계의 대세며 신명(神明)의 찬동(贊同)이며 전 인류의 미래행운의 원천이라. 누가 이를 제한하며 누가 이를 막으리오.

2. 조선독립 선언의 동기

일본이 조선을 합병한 후로 자존성(自存性)에 부(富)한 조선인의 사위(四圍)에 접촉되는 사실은 하나도 독립을 상기케 아니하는 일이 없었도다. 그러나 최근의 동기로 말하면 대략 3종으로 나누어진다.

(1) 조선민족의 실력
일본이 조선의 민의(民意)를 무시하고 암약(闇弱)한 주권자(主權者)를 속이며 몇몇의 당국자를 우롱하여 합병의 폭거를 강행한 후로부터 조선민족은 수치를 참는 동시에 또한 분(忿)을 발(發)하고 뜻을 가다듬어 정신을 쇄신하고 기운을 기르며 작비(昨非)[253]를 고치고 신선(新善)을 도(圖)하며 일본의 꺼림을 불구하고 외국에 유학한 자도 실로 수만에 달한즉 위에 독립정부가 있어 각 방면으로 장려원조하면 만사(萬事)의 문명에 유감이 없이 날을 세어 진보할지니라.

  국가는 반드시 물질상의 문명이 일일이 완비된 후에 비로소 독립함이 아니라 독립할 만한 자존(自存)의 기운과 정신상의 준비만 있으면 족하니 문명의 형식을 물질상에 발휘함은 칼을 들고 대를 쪼갬과 같을지니 무슨 어려움이 있으리오. 일본인은 매양 조선의 물질문명이 부족하다 함으로써 말버릇을 삼으나 조선인을 우매(愚昧)케 하고 야비(野鄙)케 하고자 하는 학정과 열등교육을 폐(廢)치 않으면 문명의 실현할 날은 없을지니 이 어찌 조선인의 소질이 부족함이리오. 조선인은 당당한 독립국민의 역사와 유전성이 있을 뿐 아니라 현세문명에 나란히 달릴 만한 실력이 있나이라.

(2) 세계대세의 변천
20세기 초두로부터 전 인류의 사상계는 점점 새로운 색채를 띠어왔다. 전쟁의 참화를 싫어하고 평화의 행복을 즐기어 각국 군비의 제한 혹 전폐의 설도 있으며, 만국연합의 최고재판소를 설정하고 절대의 재판권을 주어 국제적 문제를 재결(裁決)하여 전쟁을 미연에 방지하자는 설도 있고, 그 밖에 세계적 연방설과 세계적 공화설 등은 새소리, 매미소리 같이 많으니 이는 다 세계적 평화를 촉진하는 선성(先聲)이다.

소위 제국주의적 정치가의 눈으로 보면 일소(一笑)에 붙일지나 사실의 실현은 때의 문제뿐이다. 최근의 세계 사상계에 통절한 실물교훈(實物敎訓)을 내린 것은 곧 구주전쟁과 노국혁명과 독일혁명이다. 세계대세에 대하여는 상술한 바가 있으므로 중복을 피하나 일언으로 폐지하면 현재로부터 미래의 대세는 침략주의의 멸망, 자존적 평화주의의 승리라고 할 것이다.

(3) 민족자결 조건

미국 대통령 윌슨 씨가 대독 강화의 기초조건으로 제출한 14개 조건 중에 국제연맹, 민족자결의 조건이 있는데 영·불·일과 기타 각국이 내용으로는 이미 국제연맹에 찬동하였은즉 국제연맹의 본령이요 평화의 근본해결인 민족자결에 대하여는 물론 찬동할 것이다. 각국이 찬동의 뜻을 표한 이상에는 국제연맹과 민족자결은 윌슨 일인의 사언(私言)이 아니라 세계의 공언(公言)이며, 희망의 조건이 아니라 기성(旣成)의 조건이며, 또 연합국 측에서 파란의 독립을 찬성하고 체코의 독립을 위하여는 거액의 군비와 다소의 희생을 돌아보지 않고 영하 30도 내외의 혹한을 물리치면서 병마(兵馬)를 시베리아에 내보내기에는 미·일의 행동이 가장 현저하였은즉 이는 민족자결을 사실상으로 원조한 것이어서 민족자결주의 완성의 표상(表象)이니 어찌 찬하(贊賀)할 바가 아니리오.

3. 조선독립 선언의 이유

슬프다. 나라가 없어진지 10개 성상이 지나서 독립을 선언한 민족이 독립선언의 이유를 설명하게 되었다는 것은 참으로 침통과 자괴를 금치 못하리로다. 독립의 이유는 이를 4면(面)으로 나누려 한다.

(1) 민족자존성

주수(走獸)²⁵⁴는 비금(飛禽)²⁵⁵과 같이 떼 짓지 않고 비금은 곤충과 함께 몰리지 않으며 같은 주수로되 기린과 호리(狐狸)²⁵⁶는 거처가 다르고 같은 비금이로되 홍곡(鴻鵠)²⁵⁷과 연작(燕雀)²⁵⁸은 그 뜻이 다르며 같은 곤충이로되 용사(龍蛇)²⁵⁹와 구인(蚯蚓)²⁶⁰은 즐기는 바가 따로 있고 동종의 미물이로되 봉(蜂)²⁶¹과 의(蟻)²⁶²는 제 무리가 아니면 절대적으로 배척하여 한 곳에 동거치 아니하나니 이는 유정물(有情物)²⁶³의 자존성에서 나오는 일이다. 그러므로 반드시 이해득실을 교계(較計)하여 남의 침략을 배척할 뿐 아니라 비록 다른 무리가 제 무리에 대하여 복리(福利)를 더해준다고 해도 또한 이를 배척하나니 이는 배타성이 주체가 되어 그러한 것이 아니라 자군자애(自群自愛)²⁶⁴하여 자존을 영위하는 까닭에 자존의 반면(反面)에는 자연히 배타가 있는 것이다. 이에 배타라 함은 자존의 범위 안에 침입하는 남의 간섭을 방어함이요 자존의 범위를 넘어서 남을 배척함은 아니니 자존의 범위를 넘어 남을 배척함은 배타가 아니요 침략이기 때문이다.

인류도 이와 같이 민족 자존성이 있는 고로 유색종·무색종 사이에 각각 자존성이 있고, 동종 속에서도 각 민족의 자존성이 있어 도저히 동화되지 못하나니 예하면 지나 전폭(全幅)은 일국을 형성하였으나 민족적 경쟁은 실로 극렬하도다. 최근의 사실로만 말할지라도 청조(淸朝)의 멸망은 정치적 혁명의 피상(皮相)이 있으나 실은 한·만 양족의 쟁탈이며, 서장족(西藏族)²⁶⁵이나 몽고족이나 각각 자존을 몽상하여 기회만 있으면 흔단을 일으키며 그 밖에 영국의 애란, 인도에 대한 동화정책(同和政策)이나 노국의 파란에 대한 동화정책이나 기타 각국의 영토에 대한 동화정책은 하나도 수포로 돌아가지 아니함이 없도다.

그런즉 자족이 타족의 간섭을 받지 아니하려 함은 인류 통유(通有)²⁶⁶의 본성이니 아무도 이를 막을 수 없을 뿐 아니라 자족이 스스로 그 자존성을 억제코자 해도 불가능한 것이다. 이 성질은 항상 탄력성을 갖고 있어 팽창의 한도 즉 독립자존의 완선(完善)에 이르지 않으면 말지 아니하나니 조선의 독립을 가히 침해치 못하리로다.

(2) 조국사상

월나라 새는 남지(南枝)[267]를 그리워하고 호지(胡地)[268]의 말은 북풍에 길게 우나니 이는 그 근본을 잊지 아니함이라. 동물도 그렇거든 하물며 만물의 영장인 사람이 어찌 근본을 잊으리오. 그 근본을 잊지 못함은 인위가 아니요 천성인 동시에 또한 만유의 미덕이다. 그러므로 인류는 기본을 잊지 않을 뿐 아니라 잊고자 해도 안 되는 것이니 반만년의 역사국이 다만 군함과 철포의 수가 적음으로 해서 남에게 짓밟히어 역사가 끊어진대서야 누가 이를 참으며 누가 이를 잊으리오. 나라를 잃은 후 왕왕 구슬픈 운우(雲雨) 속에서 역대 조선(祖先)의 울음을 보고 밤중과 새벽 사이에 우주 신명(神明)의 꾸지람을 들으니 이를 참을 수 있다면 무엇을 또 참을 수 없으리오. 조선의 독립을 가히 침해치 못하리로다.

(3) 자유주의 (자존주의와 별다름)

인생의 목적을 철학적으로 해석하려면 각설(各說)이 분분하여 일정한 정의를 내리기 어려우나 인생생활의 목적은 참된 자유에 있는 것이다. 자유가 없는 생활에 무슨 취미가 있으며 무슨 쾌락이 있으리오. 자유를 얻기 위해서는 어떠한 대가도 아끼지 않나니 곧 생명을 걸고서도 사양치 않을지로다.

일본이 조선을 합병한 후로 압박에 또 압박, 일동일정(一動一靜)과 일어일묵(一語一默)에 압박을 가하여 자유의 생기는 일호(一毫)도 없은즉 혈성(血性)이 없는 타력성(惰力性)이 아닌 바에야 어찌 이를 참아 받으리오.

일인의 자유를 잃어도 천지의 화기(和氣)가 덜리겠거든 어찌 2천만 인의 자유를 말살함이 이와 같이 심하리오. 조선의 독립을 가히 침해치 못하리로다.

(4) 대(對)세계의 의무

민족자결은 세계평화의 근본해결이라 민족자결주의가 성립되지 못하면 아무리 국제연맹을 체결하여 평화를 보장한다고 할지라도 구경(究竟)에는 수포로 돌아갈 것이다. 왜냐하면 민족자결이 성립되지 못하면 언제든지 병화와 전쟁이 끊이지 아니할 것이기 때문이다. 따라서 조선민족도 세계에 대한 책임을 어떻게 면할 수 있겠는가. 그렇기에 조선민족의 독립자결은 세계평화를 위함이요 또 동양평화에 대해서는 더욱 중요한 관건이 되는 것이다. 일본이 조선을 합병함은 조선 자체에서 얻는 이익 즉 조선민족을 방축(放逐)하고 일본민족을 이식하려는 것일 뿐 아니라 만·몽에 손을 대고 나아가 지나 대륙을 몽상함이니 일본의 야심을 뉘라서 모르리오.

지나를 경영함에는 조선을 두고 다른 길을 빌릴 곳이 없는 까닭에 침략정책상 조선을 유일한 생명선(生命線)으로 인식하고 있다. 조선의 독립은 곧 동양평화가 될지니 조선의 독립을 가히 침해치 못하리로다.

4. 조선 총독정책에 대하여

일본이 조선을 합병한 후 조선에 대한 일본의 시정방침은 '무력압박' 4자로 대표하기에 족하다. 그러므로 전후(前後) 총독 즉 사내(寺內),[269] 장곡천(長谷川)[270]으로 말하면 정치적 학식이 없는 일개 군인이라 조선총독 정치는 한마디로 말하자면 헌병(憲兵)정치요 군력(軍力)정치요 철포(鐵砲)정치다. 군인이 그 본색을 발휘하여 군력정치를 행함에는 자못 유감이 없지 아니하도다.

그러므로 조선인은 헌병 모자의 그림자만 보아도 독사나 맹호를 봄과 같이 꺼리며 무슨 일에서든지 총독정치에 접촉할 때마다 자연히 5천 년 역사의 조국을 회상(懷想)하고 2천만 민족의 자유를 속으로 호소하면서 남이 안 보는 데서 피눈물을 흘리는 것이 바로 합병 후 10년간의 조선 2천만 민족의 생활이다. 슬프다. 일본인이 참으로 인심이 있다면 이를 행하고도 그 꿈이 편안할까.

또 종교와 교육은 인류 전 생활에 대하여 특별히 중요하므로 어떠한 나라라도 종교의 자유를 허하지 않는 나라가 없거늘 조선에는 소위 종교령을 발포하여 신앙의 자유를 구속하고 교육으로 말하면 정신적 교육이 없음은 물론이요 과학의 교과서도 광의의 일어책(日語册)에 불과하며 그외 만사에 대한 학정은 이루 헤아릴 수 없을 뿐 아니라 또 헤아릴 필요도 없다.

그러나 조선인은 이런 폭정 하에서 노예 되고 우마(牛馬) 되면서도 10년간 소호(小毫)의 반동(反動)을 일으키지 않고 참고 따랐으니 이는 사위(四圍)의 압력에 눌려 반동할 수 없었음도 물론이나 조선인은 조선총독 정치를 중요시하지 않았기 때문이다.

총독정치보다도 그 이상의 합병 문제가 근본이어서 언제나 합병을 깨치고 독립자존을 보전하려 함이 2천만 민족의 머릿속에 상주불멸(常主不滅)하는 정신인 것이다. 그러므로 총독정치는 아무리 악극(惡極)하여도 이에 대한 보복의 원독(怨毒)을 가할 리(理)가 없고 아무리 완선(完善)한 정치를 행할지라도 또한 감사의 뜻을 표할 리가 없으니 이는 총독정치를 곧 지엽의 문제로 알기 때문이다.

5. 조선독립의 자신(自信)

금번의 조선독립은 국가를 창설함이 아니요 고유의 독립국이 일시의 치욕을 겪고 나서 복구하는 독립인즉 국가의 요소 즉 토지, 인민, 정치와 조선 자체에 대해서는 만사가 구비하여 작작(綽綽)하게 남음이 있으니 이는 여기서 군말할 필요가 없다. 그리고 각국의 승인에 대해서는 원래 조선의 각국에 대한 국제교의(國際交誼)는 친선을 보전하여 호감정을 유지할 뿐 아니라 이미 '개론'에 말한 바와 같이 정의, 평화, 민족자결의 신시대인즉 조선독립을 기쁘게 여기고 또 도와줄 것이다. 다만 문제는 일본의 승인 여부에 있도다. 그러나 일본도 승인을 주저하지 않을 줄로 생각하노라.

대개 인류의 사상은 시대를 따라 변하고 사상의 변천을 따라 사실의 변천이 있음은 물론이다. 사람은 실리만 위하는 자가 아니요 또한 명예를 존중하나니 침략주의 즉 공리주의 시대에 있어서는 타국을 침략함이 물론 실리를 위함이나 평화 즉 도덕주의 시대에 있어서는 민족자결을 찬동하고 소약국(小弱國)을 원조함이 국광(國光)을 발휘하는 명예가 되는 동시에 또한 천혜신복(天惠神福)의 실리를 얻을 것이다.

만일에 일본이 의연히 침략주의를 계속하여 조선독립을 부인하면 이는 동양 또는 세계적 평화를 교란함이니 두렵건대 미·일 혹은 지·일 전쟁을 위시하여 세계적 연합전쟁을 재연할는지도 알 수 없으니 그러면 일본에 가담할 자는 혹시 영국일는지도 모르지만(영·일 동맹관계뿐 아니라 영령(英領) 문제로) 이도 또한 의문이다. 그러면 어찌 실패를 면하리오. 제2의 독일을 연(演)함에 불과할지니 일본의 검을 독일의 검에 비하면 어느 편이 길고 어느 편이 짧으리오. 일본인도 자신의 짧음을 수긍하리라. 그러면 현금의 대세에 역행치 못할 것은 명료치 아니한가.

또 일본의 몽상하는 조선민족을 방축하고 일본민족을 이식하려는 식민정책도 절대 불가능이요 대지경영(對支經營)도 지나 자체의 반동뿐 아니라 각국에서도 긍정할 리가 절무(絶無)한즉 식민정책으로서든지 조선을 지나에 대한 경영상 길을 빌리는 데 이용하려는 정책으로서든지 모두 수포에 돌아갈지니 무엇이 아까와 승인을 즐기지 않으리오.

일본이 광달(曠達)한 금도(襟度)로 조선독립을 먼저 승인하고 일본인의 구두선(口頭禪)으로 삼는 지일친선(支日親善)을 진정하게 발휘하면 동양평화의 맹주국은 일본을 두고 어디서 찾으리오. 그러면 20세기 초두에 세계적으로 백천년 미래의 평화적 행복을 위하여 복음을 전하는 천사국(天使國)은 서반구에 미국이 있고 동반구에 일본이 있을지니 이 얼마나 큰 영예리오. 동양인의 안색을 더 빛냄이 과연 어떠하리오.

또 일본이 조선독립을 먼저 승인하면 조선인은 일본에 대하여 합병의 구원(舊怨)을 잊고 깊은 감사의 뜻을 표할 뿐 아니라 조선의 문명이 일본의 문명에 불급(不及)함이 사실인즉 독립한 후에 문명을 수입하려면 또 일본을 두고 어디서 취하리오. 왜냐하면 서양문명을 직수입함도 절대불능한 일은 아니나 길이 멀어 내왕이 불편할뿐더러 언어문자상이나 경제상의 곤란한 일이 많은 데 반하여 일본으로 말하면 부산해협이 미만십시(未滿十時)[271] 간의 항정(航程)이요 조선인이 일어·일문을 아는 자가 많은즉 문명을 일본으로부터 수입하기는 사반공배(事半功倍)[272]가 될 것이다. 그러면 조선·일본의 친선은 참으로 교칠(膠漆)[272]과 같을지니 동양평화에 있어서 이 어떠한 청복(淸福)이리오. 일본인은 결코 세계대세에 반하여 자기손실이 되는 침략주의를 계속하는 우거(愚擧)[273]로 나오지 말고 동양평화의 우이(牛耳)를 잡기[274] 위하여 조선독립을 먼저 승인하리라 하노라.

가령 금번에 일본이 조선독립을 부인하고 현상유지가 된다 하여도 인심은 물과 같이 막을수록 터지나니라. 또 조선의 독립은 산에서 구르는 둥근 돌과 같아서 목적지에 이르지 않으면 멈추지 않을지니 조선의 독립은 시간의 문제일 뿐이다. 가사(假使) 조선독립이 10년 후에 있다 하면 그동안 일본의 조선에 대한 소득은 얼마나 될 것인고. 물질상 이익 즉 재리(財利)로 말하면 수지상 잉리(剩利)가 생겨 일본 국고에 보태기는 쉬운 일이 아닐 것이다. 다만 조선에 있는 일본인 관리나 기타 월급생활자의 봉급뿐이 이익일지니 이를 노력 및 자본과 맞비기면 그 순이익이라야 참으로 얼마 안 될 것이요 그동안 일본인의 식민은 귀국치 아니하면 국적을 옮겨 조선민이 되는 외에 다른 길이 없을 것이다. 그러면 10년간의 박소(薄小)한 재리를 탐하여 세계적 평화의 기운을 상(傷)하고 2천만 민족의 고통을 더하게 될지니 어찌 국가의 불행이 아니리오.

슬프다. 일본인은 기억할지어다. 청일전쟁 후의 마관조약과 노일전쟁 후의 포츠머스 조약 중에 조선독립의 보장을 주장한 것은 무슨 의협(義俠)이며 그 두 조약의 묵 자국이 채 마르기도 전에 곧 절(節)을 변(變)하고 조(操)를 고쳐 궤계(詭計)[275]와 폭력으로 조선의 독립을 유린함은 무슨 배신인가. 왕사(往事)[276]는 그만두나 내자(來者)를 간(諫)하리라. 평화의 일념이 족히 천지의 정상(禎祥)[277]을 빚어내나니 일본인은 그에 힘쓸지어다.

1919, 여운형, 〈일본 관리와의 대담〉

일본은 3.1운동을 유혈 진압한 뒤 상해 임시정부의 정무위원으로 독립운동을 벌이는 여운형을 회유해보려고 했다. 이에 따라 조선총독부의 사절이 1919년 10월 상해에 가서 여운형을 만나 그에게 "일본에 건너가 일본 당국과 조선 문제를 상의해보라"고 요청했다. 여운형은 안창호, 이광수 등의 의견을 들은 후 일본에 가기로 결정했다. 11월 중순 일본에 도착한 여운형은 육군대신 다나카 기이치〔田中義一〕를 비롯한 일본 정부의 요인들과 만나 의견을 교환했다. 이 글은 그중 척식국장(拓植局長) 고가 렌조〔古賀廉造〕와의 대담 내용이다.

고가 렌조: 나는 조선 우국지사를 성심으로 동정(同情)한다. 그러나 실효가 있는 활동을 하기를 바란다. 바꾸어 말하면 조선은 독립이나 자치를 생각할 적에 먼저 요소(要素)를 구해야 할 것이다. 요소는 곧 부강(富强)이다. 부에는 국부(國富)와 민부(民富)가 있고, 강에는 지강(智强)과 체강(體强)이 있다. 교육을 개량하고 실업(實業)을 증진하는 것이 필요하다. 내 생각에는 조선민족의 부강을 세계에 자랑하는 것이 조선인의 요사(要事)다. 종교적, 실업적, 교육적으로 총독부와 일치협력해야 할 것이다. 나 개인은 합병을 반대했다. 그러나 이미 합병된 이상 개인의 의사(意思)는 소멸됐다. 조선인이 충분치 않은 힘으로 일본과 대립하겠다는 것을 나는 이해할 수 없다. 조선은 부강을 선도(先圖)하는 것이 옳다. 일한 합병은 회사 합병과 같다. 한 회사가 실력이 부족하면 실력 있는 회사에 합하는 것이 쌍방의 이익이다. 동일 권리를 가지고 합일한 명의(名義)로 다른 회사에 대항하면 경쟁력이 커진다. 일한 합병도 이와 같이 쌍방의 이익이

되지 않겠는가? 다만 종래에 사실상 평등치 못했던 것이 유감이다.

여운형: 그대의 의견은 절대로 합(合)하지 않는다. 내가 독립운동의 주장을 먼저 말하겠다. 독립운동의 네 가지 주장이 있다.

첫째, 우리 민족의 복리를 위해서이니, 곧 조선의 복리를 위해서다. 우리 민족은 건국 이래 반만년에 한 번도 이민족에게 내정간섭을 받은 일이 없다. 항상 자주(自主)로 치리(治理)했고, 자주로 발전했다. 동양문명에 대해 공헌이 적지 않았던 것은 자주성이 풍부했기 때문이다. 타족(他族)의 간섭은 물론 그 부조(扶助)도 원치 않았다. 또한 이족(異族)이 다른 이족을 통치하는 경우에는 자연히 정치상, 경제상 충돌이 있어 용납할 수 없게 되는 것은 역사적, 사회학적, 경제학적으로 발명(發明)이 조연(照然)한 것이다. 우리는 지난 10년 동안 자유발전의 손실이 적지 않았다. 지금 우리는 과거의 역사를 계승하고, 현금(現今)의 발달을 도모하고, 세계문명에 공헌하여 자손만대에 행복을 영속(永續)시키기 위해 독립을 주장하는 것이다.

둘째, 일본의 신의(信義)를 위해서다. '사람이 신(信)이 없으면 이제 곧 죽지 않겠느냐' 하고 고인(古人)이 저주하지 않았는가. 개인도 그러하거든 하물며 한 국가이리오. 역사상으로 보면 일본은 조선에 대해 문화(文化)의 빚을 진 자다. 일본의 문학, 미술, 공예, 기타 여러 가지 문명이 다 조선에서 배워간 것 아닌가. 그런데 일본은 이에 대해 항상 병역(兵役)으로 회사(回謝)했다. 또 일본은 일청, 일로 두 전쟁은 조선의 독립을 위해 한다고 했고, 또 조선의 독립을 보장한다고 세계에 성명(聲明)했다. 그러나 그 결과는 사기(詐欺)로 조선을 합병한 것이다. 그러므로 우리 이천만 인은 원한이 골수에 사무쳤고, 세계 각국은 일본의 신의 없음을 타매(唾罵)하고 시기했다. 지금 지나(支那) 전 민족 사억만이 일본을 원수로 알고 배척하는 일이 얼마나 심한가! 일본은 국토를 넓히는 것으로 기쁨을 삼으나, 실상은 극히 위험한 지위(地位)에 처했다. 그러므로 일본이 조선의 독립을 승인하는 것은 일본의 신의를 위하는 것일 뿐 아니라 아울러 일본 장래의 국리(國利)가 되는 것이다.

셋째, 동양평화를 위해서다. 동양이라면 일본, 중국, 조선 3국을 먼저 꼽아야 할 것이다. 만일 일한 합병의 형식을 지속(持續)한다면 두 민족이 서로 다투는 것은 물론이고 지나의 배일열(排日熱)이 쉴 때가 없을 것이 명백한 일이다. 지나의 배일은 산동(山東) 문제와 21개조 때문이라 하지마는, 기실은 일한 합병으로 인해 분노심, 공포심, 적개심이 생긴 것이다. 중국이 일본과 마관조약(馬關條約)을 맺고 조선의 독립을 승인했으니 일본이 중국을 사기(詐欺)한 것이 아닌가? 그러므로 일한 합병은 동양평화를 파괴한 근원이다. 그런즉 조선의 독립이 동양평화를 보장하는 것이 아니겠는가!

넷째, 세계평화를 위하고 세계문명에 공헌하기 위해서다. 세계라는 것은 동서양을 합하여 말하는 것이다. 만일 동양에 쟁란(爭亂)이 있으면 서양이 비록 평정(平靜)하다 해도 그것을 세계평화라고 할 수 없다. 또 한쪽에 세력이 강한 데가 있으면 반드시 다른 세력이 범람(泛濫)하려 드는 것이 공리(公理)다. 만일 동양의 쟁투(爭鬪)가 멎지 아니하면 필경 자멸할 뿐이다. 서방이 급히 동(東)으로 올 것이다. 그러므로 동양 자체의 평화는 세계 대세의 균형을 보전(保全)하고 동양의 단결을 가져와 세계 문화에 공헌하게 될 것이다. 이는 오직 조선이 속히 독립이 된 뒤에라야 된다.

일한 합병을 회사 합병에 비유하는 것은 절대로 부인(否認)한다. 일한 합병이 결코 우리 민족의 의사로 된 것이 아니라 소수 당국자 즉 매국자(賣國者)의 소위(所爲)요, 또는 당시 주권자의 진정(眞正)한 의사가 아니었다. 일본인은 합병이 두 국민의 호의(好意)로 된 것이라고 하나, 조선 국민은 이에 대해 원한이 피에 사무쳤다. 이것은 강제정치적(强制政治的) 불공정이다. 일본은 이 합병을 두고 한인의 행복이니 동양의 평화이니 하지마는 실상은 한인의 앙화(殃禍)요 수치다. 동양의 환난(患難)과 시의(猜疑)가 여기서 생겼다. 소위 선정(善政)을 표방하는 총독부 정치가 어째서 우리 민족이 요구하는 독립운동을 압박하는가! 민족의 희망을 압박하는데 자유가 어디에 있으며 평등이 어디에 있으며 선정(善政), 덕정(德政)이란 것이 무엇인가! 무슨 사업이든 일인(日人)의 운동에 유리한 것은 도와주고 우리의 운동에 유리한 것은 방해하니, 이해(利害)로 말한다면 조선은 합병 때문에 크게 불리하다. 자유가 없고, 정신적 압박이 심하고, 세계에 대해 나라를 닫으니 이런 절통한 손해를 받았다. 회사는 모리(謀利)를 위해 성립한 것이다. 국가는 그렇지 않다. 옛사람이 말하지 않았는가. "하필 이(利)를 말하는가, 또한 인의(仁義)가 있다"고. 국가는 사회의 실체요, 역사의 장성(長成)이요, 도덕의 존재요, 사법의 실체다. 일시적이 아니라 영구적이다. 여기서 영구라는 말의 의미는 자손만대에 걸친다는 것이다. 개인에게는 죽음이 있지만 사회는 영속하는 것이다. 그러므로 사회를 개량하고 발전시키는 것이 우리의 의무로 돼있다. 국가는 사회를 위하는 사회다. 그러므로 애국이란 의(義)가 있는 것이니, 국가를 유지하고 국가를 개량하는 것은 곧 내 조선(祖先)과 내 자손(子孫)에 대한 의무다. 그러므로 국가를 위하는 것은 의무요 이익이 아니다. 또한 국가를 위해 이익을 희생하는 것이다. 또 두 회사의 합병으로 말하면 작은 것은 반드시 큰 것에 의해 손해를 입는 것이니, 미국의 석유회사가 상업정책으로 무수한 작은 회사들을 합병하여 치부하는 것이 그 실례다. 일한 합병은 벌써 크게 부정(不正)한 것이다. 만일 동양단결과 동양평화를 필요로 아는 이라면 조선의 독립을 제일 긴급한 문제로 삼을 것이다. 그리고 실력을 양성하는 데는 자유발전이 최대의 요건이며 최속(最速)의 성공으로 인정되고 있다.

고가 렌조: 일한 합병으로 인해 세계가 일본에 대해 시의(猜疑)가 생긴 것은 나도 안다. 그러므로 최초에는 반대했다. 그러나 이미 합병의 형식이 성립된 이상 내 의견은 소멸됐다. 이제는 형식을 유지해가며 장래의 발전을 도모하는 것이 옳지 않겠는가? 조선의 독립 요구에 대해서는 나도 당연하다고 생각한다. 그

러나 독립한 후 결과가 상상한 대로 될 줄로 생각하는가? 내 생각에는 합병 형식을 놔두고 서로 일치단결하는 것이 유익할 줄로 안다. 장래 문제를 위해 현금의 실시(實施) 문제로 들어가 본다면 독립의 요소(要素)는 자방(自防)의 실력이다. 자방의 실력이 없는 자가 구미 열강이 동양을 병탄하려는 음모를 어떻게 막겠는가? 평화의 보장은 오직 실력뿐이다. 일본이 단독으로 서양 열강에 대(對)할 수는 없다. 그러므로 일한(日韓)의 합치(合致)가 평화의 근본이 되는 것이다. 지금은 잠시 평화의 기운이 있으나 과연 전쟁이 아주 없겠는가는 의문이다. 현재 미국이 동양을 엿보는 것이 사실이다. 그런즉 조선이 자방할 실력이 없이 독립한다는 것은 동양평화에 해(害)가 되지 않겠는가? 또 자유발달은 실력양성에 최대의 요건이요 최속의 성공이라는 것은 나도 인정한다. 그러나 인위적으로 발달을 조성(助成)하는 것도 필요한 때가 있지만, 조선은 방어력이 없다. 독립을 방임(放任)하면 열대(熱帶)의 초목을 한대(寒帶)에 옮겨 심고 아무런 보호도 하지 않는 것과 같지 않은가? 일본의 발달이 50년간 쉬지 않은 노력으로 이루어졌다. 이제 조선이 독립한다면 일본에 비해 3분의 2에 해당하는 병력이 있어야 한다. 납세의 능력이 허락(許諾)되는가? 또 조선에 대한 영미(英美)의 동정(同情)이 과연 성의가 있는 것인가? 인도에 대해 영국이 어떻게 하고 멕시코에 대해 미국이 어떻게 하는가를 보아도 알 수 있다. 동양에 대한 구미인(歐美人)의 정책은 동양을 구미화하는 데 있는 것인즉 박해가 연달아 일어날 것이 명백하지 않은가? 자방력(自防力)이 없는 조선이 독립하는 것은 동양평화를 파괴할 염려가 있지 않은가? 그러므로 일한이 일치단결하여 서양세력을 막는 것이 제일 중대한 문제. 평화사업에서는 신의 위력만 믿을 수가 없다. 신의 사명(使命)과 정치의 사실은 도저히 합하기 어렵다. 평화를 보장하는 데는 실력이 제일이요, 실력 양성을 위해 동력(同力)하기를 바라는 것뿐이다.

여운형: 현실에 합하지 않는 이상은 공상(空想)이 되고, 이상이 없는 현실은

사물(死物)에 불과한 것이다. 그러므로 정치를 의론(議論)하는 자는 반드시 실제적 세밀(細密)을 요하는 것이요, 공상적 개괄(槪括)을 허하지 않는다. 종래 일본인의 오해에 합병이 호의로 된 것이라는 것과 한인은 동화(同化)가 가능하다는 것과 한인은 선정(善政)을 열복(悅服)한다는 것이 있다. 오늘까지도 미몽(迷夢)에서 깨지 못하고 일한 일체주의, 동화주의를 부르고 있으나 이는 현실에 합하지 않는 공상이다. 세밀한 현실에 합하는 것을 논의해보자. 평화의 진체(眞體)는 정신적 융화(融和)다. 일체(一切)의 쟁투, 시의, 분노, 원한 등 불평을 깨끗이 씻어버려야 한다. 새가 울고 꽃이 피고 일난풍화적(日暖風和的)인 활동적 자연, 자유의 기상(氣像)은 결코 사해(死海)의 평정과 같은 것이 아니다. 평화는 생존의 희망, 희열, 자유, 평등, 존귀 속에 있다. 결코 위구(危懼), 절망, 압박, 차별 밑에 있는 것이 아니다.

　동양평화로 말한다면, 하나는 대내적 동양평화이니 곧 서세(西勢)가 동점(東漸)하는 것을 막는 보장평화(堡障平和)다. 동양에 입국(立國)한 자가 많다. 그러나 만일 조선, 일본, 중국이 서로 불목(不睦)하면 동양평화를 말할 수도 없는 것이다. 만일 대내(對內)로 동양평화가 없으면 대외적 동양평화도 유지할 수가 없는 것이 사실이다. 그런데 강제로 남의 나라를 합병하고 그 인민을 자국의 통치 아래 두고서 그 인민이 만족하게 생각하기를 바라니 이것이 공상, 망상이 아니고 무엇인가? 자존심, 독립성이 풍부한 우리 민족으로서는 국가가 합병된 데 원한이 크고 몸이 망국민이 된 데 비탄이 깊어 부끄러움을 참고 10년을 은인(隱忍)하다가 이제 거국(擧國)이 일치하며 민족적 독립운동을 개시한 것이다. 자존심과 독립성은 인격의 요소요 진화의 근본이다. 이에 대해 압박하고 소멸시키려고 하는 것은 인류에 대한 죄악이 아닌가? 이제는 자존심과 독립성으로 이루어진 민족적 자각에 의한 우리의 독립운동을 무력으로 진압하고 있으나 무력이 과연 정신을 누르고 없앨 수 있는가?

　또 중국에 대한 일본의 정책을 보면 동양평화라는 미명을 빌려가지고 제국주의, 침략주의를 실행하여 여지없이 침략하니, 이런 까닭으로 사억만 중국인이 고루 일치하여 일본을 원수로 보는 것이다. 이것이 동양 내부가 분열쟁투하여 단결할 수 없는 원인이니, 어떻게 서세동침(西勢東侵)을 막을 것인가? 그런데 일본의 총민(聰敏)한 정치가는 속으로 중국의 내란을 기뻐하며 기화(奇貨)로 알고 있다. 비록 동양단결의 필요를 역설하지마는 기실은 중국에 대해 야심과 탐욕과 권모와 술수 등 여러 가지 수단을 뻗치고 있는 것이 이미 명료해지지 않았는가? 이것이 우리나라에 대해 실행하는 버릇과 기술이다. 동양 내부의 평화 없이 외적 평화를 바라는 것은 불가능한 일이다. 한국이 독립하지 아니하면 동양이 평화할 소망(所望)이 없는 것은 환한 일이다. 우리가 한국의 독립을 주장하는 것은 이 때문이다. 일본은 회개하기를 바란다.

또 '조선에 자방력이 없는데 독립을 방임하면 그 결과가 열대식물을 한대에 옮겨 심고 보호하지 않는 것과 같다'는 말은 아주 부당한 비유다. 원래 조선은 일본의 침략이 없으면 하등 위험이 없는 나라다. 설혹 이런 불행이 있게 됐다고 해도 국가의 실력은 족히 외타(外他)의 보호에 의뢰(依賴)하지 않고 자립하며 발전할 것이다. 열대의 초목을 한대에 옮겨 유리창 수증기 속에서 억지로 그 생명을 유지한다고 하자. 그것은 벌써 생명의 가치와 의미는 잃은 것이다. 자연공기 속에서 우로(雨露)의 혜택을 받을 기회를 다시 얻을 수 없으니, 차라리 한풍냉설 속에서 구사일생의 곤란을 받아가며 사는 것이 타인의 보호를 받아 자기생존의 의의를 잃고 구차하게 기생적 생활을 하는 것에 비교하여 어느 것이 즐겁겠는가.

고가 렌조: 자위(自衛)의 실력 없이 조선의 독립이 승인되면 곧 제삼국의 침략을 입지 않겠는가? 일청, 일로 두 역사(役事)가 이것 때문이니 일본이 이런 희생을 반복하지 않겠는가?

여운형: 역사상으로 본다면 일본의 명치유신 이래로 우리나라 청년 개혁가인 김옥균, 박영효, 서재필, 유길준 등이 일본과 일치하여 신속하게 새 문명을 수입해 정치를 유신하려고 했다. 이때 완고당(頑固黨)이 혹은 원세개 혹은 노국(露國)과 통하여 일본에 반대했다. 그리하여 김옥균, 박영효를 비롯한 여러 사람이 일본의 힘을 빌려 정치혁명을 하려고 한 일은 실패로 돌아갔다.

일청, 일로 두 전역(戰役)이 한국 문제로 인해 일어났고 다대(多大)한 희생이 있었던 것이 사실이다. 그때 승리를 얻은 이유가 일본의 우력(優力)에 있다는 것도 확론(確論)이 돼있다. 그러나 그때 한국의 조력(助力) 또한 적지 않았던 것을 몰라서는 안 된다. 당시 노국 세력의 확장에 대해 구주 각국이 우려했다. 독일이 노국을 꾀어 그 세력을 동방으로 옮기게 했고, 영국이 노국의 동양패권 독전(獨專)을 시기해서 일본에 항전을 권했다. 일본이 이 전쟁을 이긴 것은 물론 일본 자신의 행복인 동시에 한국도 기뻐하고 열강도 치하한 일이다. 이때는 동정(同情)이 없지 않은 기회였다. 그런데 이제 합병의 결과는 어떠하며 현상(現狀)은 어떠한가. 또 이 합병 형식을 유지함으로 인해 장래에 어떠한 화란(禍亂)이 쌍방에 생길 것인가를 생각해 보았는가? 최초에 일본에 성의(誠意)가 있었다는 것을 무엇으로 증거할 것인가? 이제 시대가 변천했으니 일본이 옛날의 악몽(惡夢)에서 깨어나는 것이 옳다. 강권시대는 벌써 갔다. 평화의 신은 정의의 나팔을 분다. 이때는 우리가 싸울 때가 아니다. 화목할 때다. 조선이 무력 없이 독립하면 동양평화를 파괴할 위험이 있다는 것은 구실에 불과하다. 이제 조선을 엿보는 노국(露國)의 야심이 없어진 것은 물론이고 구주 국민은 이번 대전에서 교훈을 얻어 몇 개 주권자의 침략을 허하지 않는다. 만일 그러한 위험이 있다면 우리는 더욱 공평한 지위에 처하여 정치상으로 독립하고 필요에 따라 단결을 꾀하는 것이 좋지 않겠는가?

또 "합병은 조선이 약하기 때문이다. 그러므로 무력을 충실히 하여 제삼국으로 하여금 침입하지 못하게 해야 한다"고 하니, 그러면 합병 후에 과연 무력이

나 부력을 충실히 했는가? 우리는 합병 때문에 무력이나 부력이나 기타 각종이 극도로 쇠약하기가 그전보다 심해졌다. 외세를 막을 힘이 더욱 감퇴됐을 뿐이다. 금후로 두 민족의 쟁투는 날로 심해져 쉴 날이 없을 것임을 단언한다.

이제 구주전쟁을 본다면, 독일이 불란서에 패한 것은 독일이 불란서보다 약해서가 아니다. 백이의(白耳義, 벨기에)의 혈전으로 인해 불란서가 보전(保全)을 얻었고, 독일은 내란으로 패한 것이다. 국내에 적을 둔 것과 친우를 인근에 둔 것 중 어느 것이 좋을 것인가? 깊이 생각할 바다. 한국은 실력이 없다는 것은 고가 군만 하는 말이 아니다. 일본인의 공언(公言)이다. 그러나 이것이 정당한 관찰이겠는가를 잠깐 말하려고 한다. 대체로 실력이라는 것은 일(一)은 정치적 실력, 이(二)는 군사적 실력, 삼(三)은 경제적 실력, 이 세 가지다.

정치적 실력은 내치와 외교로 생기는 것이다. 첫째 내치로 말하면, 우리 민족은 반만년 국가생활을 계속한 자로 자치의 능력이 풍부하고 도덕적 훈련 또한 강하다. 언어, 문학, 풍속이 다 완전통일하고 지방인구가 번잡(繁雜)하지 않아 결코 중국과 같이 내정의 분요(紛擾)가 있지 않을 것이요, 또 망국의 경험이 있어 쉽게 일치단결할 것이며 더욱이 신진 청년들은 충의의 발랄(潑剌)함과 이상의 신선함이 일본 청년들에 비해 수배 이상이라고 자신된다. 이것은 일본 학자들의 공평(公評)이다. 이것이 바로 우리가 내치의 힘이 충실한 것을 자인(自認)하는 까닭이다. 둘째, 외치로 말하면 우리 겨레는 침략적 야심이 없는 자요, 정의(正義)와 인도(人道)에 확립하고 있다. 세계평화의 선두에 서서 오직 문화로 세계에 웅비하려 하는 것이요 다른 욕망은 없다. 외인(外人)의 시의(猜疑)가 없고, 또 지리상으로 보더라도 독립한 한국은 동양평화와 세계평화의 요지(要地)가 된다. 그러므로 외인들이 마땅히 존중하고 옹호할 것이다. 또 우리나라 인사(人士)는 예의를 존중하고 외빈을 공경하여 친절히 대우하는 특성이 있다. 정치상 외교는 물론이고 국민외교도 또한 작작유여(綽綽有餘)하다.

군사적 실력, 이것은 고가 군이 말하는 요점 아닌가. 첫째는 내란을 진정하기 위하여 군비(軍備)의 충분이 필요하니 반드시 재력, 지력, 인력이 요구된다는 데는 이의가 없다. 둘째는 외적을 방어하기 위해 군사를 준비한다는 것이니, 이는 반드시 적국의 군력(軍力) 여하에 따라 하는 것이다. 우리의 적국이 일본인가, 중국인가, 영미노독의 연합 혹은 단독인가? 만일 일본이나 중국이 우리의 적국이라면 이는 곧 동양평화의 파괴요, 만일 영미노독이 적국이 된다면 우리 삼국이 연합하지 않고는 아니 될 것이다. 한국 현세(現勢)가 혼자 강국을 당할 수 없는 것이 사실이다. 그런데 정치상의 관계로 군사의 준비는 같지 않다. 지금은 동양평화를 보장하는 것이 정치상 큰 관계가 돼있다. 우리나라와 일본과 중국은 동맹·연합하는 것이 가장 적당하고, 또 우리나라가 독립한 뒤 이삼십년의 준비라면 방어의 실력을 갖게 될 것을 확신한다.

지금 한국의 실력은 일본에 비해 미약하다. 그러나 일단 일본이 외국과 개전할 때에도 한국을 미약하다고 보겠는가? 우리나라는 현재 일본과 개전하면 득승(得勝)할 무력이 없다. 그러나 소극적으로 일본 세력과 분리하고 그 군사행동을 방해하는 데는 위대한 힘이 있다. 일본은 이것을 생각하지 않으면 아니 된다. 합병 형식을 유지하는 것은 동양평화를 파괴하는 것이니, 한국이 실력 없이 독립하는 것이 위험하다고 하는 것은 기우에 불과한 것이다.

1919, 여운형, 〈도쿄에서의 연설〉

일본을 방문한 여운형은 1919년 11월 27일 도쿄 제국호텔에서 기자회견을 가졌다. 회견장에는 신문기자, 교회 관계자, 교수, 학생 등 500여 명이 모였다. 조선인 유학생과 서양인도 있었지만 대부분은 일본인이었다. 기자회견에서 여운형은 조선 독립운동의 정당성을 주장하는 연설을 하여 일본 관리와 지식인들에게 깊은 인상을 주었다.

내가 이번에 온 목적은 일본 당국자와 그 식자(識者)들을 만나 조선독립운동의 진의를 말하고 일본 당국의 의견을 구하려고 하는 것이었다.

다행히 지금 각원(閣員) 및 식자 제군과 간격(間隔) 없이 의견을 교환하게 된 것은 유쾌하고 감사하다. 나에게는 독립운동이 평생의 일이다. 구주전란(歐洲戰亂)이 일어난 때에 우리 한국이 한 독립국가로서 대전에 참가하지 못하고 동양의 한 모퉁이에 쭈그리고 앉아 우두커니 방관만 하고 있었던 것은 심히 유감이다. 그러나 우리 한족(韓族)이 장차 새로운 세계역사의 한 페이지를 차지할 시기가 반드시 오리라고 자신한다. 그러므로 나는 표연(飄然)히 고국을 떠나 상해에서 나그네로 있었다.

작년 11월에 대전이 끝나고 상해의 각 사원(寺院)에 평화의 종소리가 울렸다. 우리는 신의 사명이 머리 위에 내린 듯하였다. 그리하여 활동을 시작했다. 먼저 동지 김규식(金奎植)을 파리에 보내고 3월 1일 내지(內地)에서 과연 독립운동이 발발하여 독립 만세를 절규했다. 곧 대한 민족이 전부 각성하였다. 주린 자가 먹을 것을 찾고 목마른 자가 마실 것을 찾는 것은 자기의 생존을 위한 당연한 요구다. 이것을 막을 자가 있겠는가? 일본인이 생존권이 있다면 우리 한족만 홀로 생존권이 없을 것인가? 일본인이 생존권이 있는 것을 한인이 긍정하는 바요, 한인이 민족적 자각으로 자유와 평등을 요구하는 것은 신이 허락한 바이다. 일본 정부는 이것을 방해할 무슨 권리가 있는가? 이제 세계는 약소민족 해방, 부인 해방, 노동자 해방 등 세계개조를 부르짖고 있다. 이것은 일본을 포함한 세계적 운동이다. 한국의 독립운동은 세계의 대세요, 신의 뜻이요, 한민족의 각성이다.

어느 집에서 새벽에 닭이 울면 이웃 닭이 따라 우는 것은 닭 하나하나가 다 울 때를 기다렸다가 때가 되어 우는 것이요, 남이 운다고 우는 것이 아니다. 때가 와서 생존권이 양심으로 발작(發作)된 것이 한국의 독립운동이요, 결코 민족자결주의에 도취한 것이 아니다. 신은 오직 평화와 행복을 우리 인생에 주려고 한다. 과거의 약탈과 살육을 중지하고 세계를 개조하라는 것이 신의 뜻이다. 세계를 개척하고 개조로 달려 나가 평화적 천지를 만드는 것이 우리의 사명이다. 우리 조선(祖先)은 칼과 총으로 서로 죽였으나 이후로 우리는 서로 붙들고 돕지 아니하면 아니 된다. 신은 세계의 장벽(墻壁)을 허락하지 않는다.

자유를 부르짖는 한인에게 일본은 순전히 자기 이해만을 가지고 한국 합병의 필요를 말했다. 첫째, '일본은 자기 방위를 위하여 한국을 합병하지 않을 수 없다' 고 한다. 그러나 러시아가 이제 무너진 이상 그 이유가 성립되지 않는다. 한국이 독립한 후에야 동양이 참으로 단결할 수 있고, 실상은 이것이 일본에 이익이 될 것이다. 둘째, '한국은 독립을 유지할 실력이 없다' 고 한다. 우리는 과연 병력이 없다. 그러나 한족은 이제 깨었다. 열화 같은 애국심이 이제 폭발했다. 붉은 피와 생명으로써 조국의 독립에 이바지하려는 것을 무시할 수 있는가! 일본이 한국의 독립을 승인하면 한국에는 다시 적이 없다. 서쪽 이웃인 중화민국(中華民國)은 확실히 한국과 친선할 것이다. 일본이 솔선하여 한국의 독립을 승인하는 날이면 한국은 마땅히 일본과 친선할 것이다. 우리가 건설하는 국가는 인민이 주인이 되어 인민이 다스리는 국가일 것이다. 이 민주공화국은 대한민족의 절대 요구요 세계 대세의 요구다.

평화라는 것은 형식적 단결로는 성공하지 못한다. 이제 일본이 암만 첩첩이 구(喋喋利口)로 일지친선(日支親善)을 말하지만 무슨 유익이 있는가? 오직 정신적 단결이 필요한 것이다. 이것이 이제 동양에서 요구되는 것이다. 우리 동양인이 이런 경우에 서로 반목하는 것이 복된 일인가? 한국 독립 문제가 해결되면 중국 문제도 용이하게 해결될 것이다. 일찍이 한국 독립을 위해 일청전쟁과 일러전쟁을 한 일본이 그때의 성명(聲明)을 무시하고 스스로 약속을 까먹었으니 이것이 한(韓)·화(華) 두 민족이 일본을 원한(怨恨)하는 원인이 되지 않을 수 있는가! 한국 독립은 일본과 분리하는 듯하나 이로써 원한을 버리고 동일한 보조를 취하여 함께 나아가는 것이 진정한 합일(合一)이요 동양평화를 확보하는 것이며 세계평화를 유지하는 제일의 기초다.

우리는 꼭 전쟁을 해야 평화를 얻을 수 있는가? 싸우지 않고는 인류가 누려야 할 자유와 평화를 못 얻을 것인가? 일본 인사들은 깊이 생각하라.

1921, 프레드 돌프, 〈한국을 위한 변론 취지서〉

1921년 11월부터 이듬해 2월까지 미국 워싱턴DC에서 동아시아와 태평양 지역에 이해관계를 가진 9개국(미국, 일본, 중국, 영국, 프랑스, 이탈리아, 벨기에, 네덜란드, 포르투갈)이 참여한 가운데 군축회의가 열렸다. 이때 대한민국 임시정부 대표단(단장 이승만)이 찰스 에번스 휴스(Charles Evans Hughes) 미국 국무장관에게 영어로 작성된 보고서 〈한국의 호소(Korea's Appeal to the Conference on Limitation of Armament)〉를 전달했다. 이 글은 이 보고서에 부록으로 실린 '한국을 위한 변론 취지(Brief for Korea)' 중 '1부. 사건에 관한 진술(Part 1. Statement of the Case)'을 우리말로 옮긴 것이다. 영어 원문은 임시정부 구미위원부 법률고문인 미국인 변호사 프레드 돌프(Fred A. Dolph)가 집필했다.

한국 사건에 대한 이 검토는 인정된 사실에 거의 전적으로 근거하고 있고, 이에 관련된 국제법의 원칙들은 기본적인 것이므로 가끔만 언급될 것이다.

대외관계와 관련해 한국의 역사는 세 시기로 나누어진다. (1) 1882년 이전 4215년 동안의 기간. 이 기간에는 중국이 한국에 대해 종주권을 주장하기는 했지만 한국은 독자적인 노력에 의해 독립과 통일성을 유지했다. (2) 1882년부터 1905년까지 23년간. 이 기간에는 한국이 전 세계와 외교관계를 유지했으며, 자신의 독립적 실체를 지키기 위해 처음에는 어느 정도로, 나중에는 거의 전적으로 열강에 의존했다. 이는 열강이 한국과 맺은 조약에 따른 것이었다. (3) 1905년 이후. 이 기간에는 한국이 일본의 침탈에 시달렸다.

엄밀하게 법률적인 관점에서는 우리가 1882년 이전 한국의 국가적 지위에는 관심을 가질 필요가 없다. 하지만 1882년 이전 상황도 이 사건의 형평법적 측면과 관계가 있으므로 염두에 두어야 한다.

1882년에 미국이 별개의 국가적 실체로서의 한국과 수호통상조약을 체결함으로써 한국의 독립과 영토보전을 인정했음이 분명하다. 그 조약은 정당한 형식으로 체결됐다. 그 조약은 상원에 의해 비준됐고, 적합한 절차를 거쳐 아서(Chester Alan Arthur, 미국의 21대 대통령. 재임 1881~1885년) 대통령에 의해 공식으로 '공포됐다.' 일본은 그 조약의 체결이 완성된 것에 대해 최초로 한국과 미국 두 나라 모두를 공식으로 '축하한' 나라였다. 이러한 사실은 1883년 4월 14일 존 A. 빙엄[278] 씨가 프릴링하이젠(Frederick Theodore Frelinghuysen, 미국의 정치인. 1881~1885년 국무장관 역임) 장관에게 보낸 보고서에 언급되어 있다.

이 나라의 국가적 실체를 인정하는 데서 이 조약이 발휘하는 국제적 효력을 부각시키려는 듯이 중국은 한국에 대한 종주권을 주장하면서 한국이 미국에 공사를 파견하는 것에 대해 항의했다. 이 같은 중국의 항의는 그 나름의 논거를 토대로 인내심 있게 충분히 검토됐지만 기각됐다. 나중에는 중국도 미국의 입장을 용인하게 되면서 특별 조약에 의하여 한국의 독립과 별개의 실체성을 인정했다.

영국, 프랑스, 독일, 오스트리아헝가리, 러시아, 벨기에, 덴마크, 이탈리아도 미국의 경로를 좇아 별개의 국가로서의 한국과 수호통상조약을 체결했다.

일본은 1882년 한미조약이 발효된 것에 대하여 한국과 미국 양국을 공식으로 '축하함'으로써 한국의 독립을 외교적으로, 그리고 최종적으로 인정했을 뿐만 아니라 한국과 직접 체결한 조약에 의해서 이런 사실을 강조했고 중국, 러시아, 영국과 체결한 조약에서 그것을 되풀이하는 것에 의해서도 그랬다. 지금은 우리가 1904년 2월 23일 한국과 일본 사이에 체결된 조약을 인용하는 것만으로 충분하다. 이 조약의 3조는 다음과 같다.

"대일본제국 정부는 대한제국의 독립과 영토보전을 확실히 보증할 것."

일본을 포함해 앞에서 거명된 다른 모든 나라와 더불어 미국은 한국과 외교관계를 수립했다. 각국의 공사들이 한국에 파견됐고, 한국의 공사들은 조약을 체결한 많은 나라에 의해 수용되고 인정받았다.

이들 조약은 그동안 체결 당사국의 직접적이고 적극적인 행위에 의해 폐지된 적이 없다. 이들 조약은 1905년까지는 완전히 성실한 태도로써 준수되고 작동됐으며, 그 뒤로도 일본의 아집과 독선적 태도에 의해서만 무시됐을 뿐이다. 일본의 의견을 아무리 존중한다고 해도 이제는 일본의 그러한 주장들이 사실과 다르며 일본의 독선적 태도에는 아무런 근거도 없었다는 사실이 알려져 있다. 인정된 사실로서 이제까지 알려진 것들은 일본이 1905년과 그 뒤로 열강에 내세워온 주장들과 일치하지 않는다.

이 변론 취지서의 목적 중 하나는 국제적인 것이든 그 밖의 어떠한 범주의 것이든 계약이나 조약은 애초의 계약이나 조약의 당사자가 아닌 제3자나 제3국의 주장이나 요구만에 의해서는 폐지되지 않는다는 모든 법의 기본 원칙을 환기하고 강조하는 것이다.

1905년 이후에 한국에서 일어난 일들과 지금의 곤경으로 이어진 이전의 관련 상황들은 한국과 같은 규모와 군사력을 가진 나라라면 이 세계의 다른 어느 나라에서도 발생할 수 있었던 것이다.

시민의 자기방어용 무기 소지를 금지하는 온갖 현명한 법률이 제정된 탓에 사생활에서 시민이 협박과 강탈을 당해왔다. 또한 시민은 자신이 신뢰하는 동업자나 대리인의 사기 음모에 의해 재산을 빼앗기기도 해왔다. 시민이 상황의 희생자가 됐거나 다른 사람을 너무 믿었다는 이유로 비난당하지는 않으며, 오히려 그런 시민은 동정을 받고 다른 모든 선량한 시민의 도움을 보장받는다. 노상강도는 처벌받고 추방당하며, 사기당한 시민의 재산은 적법 절차에 따라 그에게 되돌려진다.

사생활에서의 이러한 원칙과 조건들은 국제관계에서도 타당하게 성립하고 존속하며, 실제로는 그렇지 않더라도 최소한 타당하게 성립하고 존속돼야 한다고 생각된다. 필자가 이런 예시를 하는 것은 그것이 한국의 현재 상황과 정확히 맞아떨어지는 것이라고 생각하기 때문이다.

1882년 이전의 4215년 동안 한국은 독자적인 힘, 활동, 민족성에 의해 독립과 통일성을 유지해왔다. 때때로 한국이 타타르 족과 몽고 유목민에게 장악됐던 것은 사실이지만, 한국은 언제나 결국은 자유롭고 독립된 국가로 존재해왔다.

1595년부터 1597년까지의 기간에 한국은 일본의 쇼군 히데요시의 침략을 받고 한동안 밀렸으나, 한국인의 창의적인 재능과 진취성이 한국으로 하여금 난국을 극복하도록 도왔다. 이 침략의 기간에 한국인은 세계 최초의 철갑선을 설계하고 만들어 이용했고, 이 때문에 당시의 일본 대함대가 한국 영해에서 구축됐다. 한국인의 또 다른 재능은 최초의 포탄을 만들었고, 그 포탄은 적의 지상군에 대항하여 이용되어 일본의 무사들 사이에 경악을 불러일으켰으며, 그들을 '조용한 아침의 나라'에서 축출했다. 한국은 그 자신의 행동, 우월한 지적 능력, 창의적인 재능을 통해 다시금 자유롭고 독립된 나라가 됐다.

일본의 침략을 겪은 뒤에 한국의 위정자들은 평화를 유지하는 유일한 방법은 세계로부터 한국을 격리시키는 것이라는 결론을 내렸고, 이에 따라 한국은 '은자의 왕국'[279]이 됐다. 작은 왕국 한국이 300년 동안 깊은 평화를 실제로 유지했던 것은 한국의 위정자들이 선택한 노선의 지혜 덕분이라고 말할 수 있다. 한국은 1882년에 이르기까지 고립된 상태로 남아 있다가 그 해에 미국의 개방 요청을 계기로 세계를 향해 문호를 개방했다.

1882년부터 1905년까지 23년 동안 한국은 국가의 독립을 유지했는데, 이는 이전과 같은 그 자신의 행동을 통해서가 아니라 도덕적 힘과 미국을 포함한 세계 여러 나라들과 체결한 다양한 조약의 구속력 있다고 간주된 규정을 통해서 이룬 것이었다.

한국은 그런 조약들을 믿고 의지하기 시작했고, 그러는 동안 차츰 허약해지고 독자적인 방위수단을 포기하게 됐다. 그러다가 결국 외국에 의해 억압을 받게 되는 경우 해외 열강과 그들이 엄숙하게 약속한 '거중조정'의 이용에 전적으로 의존할 수밖에 없게 됐다.

그 누구도 이런 태도 또는 이런 신뢰를 이유로 한국을 비난해서는 안 된다. 왜냐하면 우리 마음속 가장 깊은 곳에 있는 양심상 우리는 미국, 영국, 프랑스, 독일, 오스트리아헝가리, 러시아, 벨기에, 덴마크, 이탈리아, 중국이 모두 하기로 합의한 것을 그대로, 즉 한국이 억압을 받는 것에 항의하며 '거중조정'에 나서기로 한 약속 그대로, 더 이상도 말고 바로 그대로만 하고 나섰다면 한국이 현재와 같은 곤경에 처하지 않았을 것이라는 점을 인정해야만 하기 때문이다.

그랬다면 한국은 지금도 여전히 자유롭고 독립된 세계의 여러 나라 가운데 하나로 남아있었을 것이다. 4천 년의 역사와 2천만 명의 국민, 공예기술에서 거둔 성취의 기록, 지적인 업적으로 미루어 한국은 세계 전체를 아우르는 사해동포 관계에서 헤자즈,[280] 라이베리아, 아이티, 온두라스, 과테말라를 비롯하여 국제연맹이 인정한 많은 나라들에 못지않게 중요한 나라가 돼있었을 것이다.

다른 소규모 국가 가운데 어느 나라든 한국이 처했던 상황과 똑같은 상황에 처하고 한국이 받은 핍박과 똑같은 핍박을 받았다고 할 때 그 나라에서는 일어날 수 없었을 일이 한국에서는 일어난 경우를 우리는 단 하나도 생각해낼 수 없다. 1904년 초에 일본은 러시아와 전쟁을 치르고 있었고, 한국으로부터 동맹국으로서의 지원을 얻고자 했다. 일본은 한국의 독립을 분명하게 보장하겠다고 했고, 이런 단언에 근거하여 한국의 협조를 얻는 데 성공했다. 한국은 그러한 약조는 서면으로 이루어져야 한다고 주장했고, 그 결과로 한국과 일본 사이에 1904년 2월 23일자로 조약이 체결됐다. 우리가 앞에서 이미 보았던 대로 일본은 바로 이 조약에 의거해 그와 같이 한 것이었다. 구체적으로 일본은 한국의 항구적인 독립과 영토보전을 보장했다.

이에 따라 일본 육군 병력이 만주의 러시아군 주둔지들을 거쳐 시베리아로

가는 최단 경로인 한국 땅에 상륙해 그것을 가로질러 가는 것이 허용됐고, 일본 해군이 근거리 작전기지로 한국의 영해를 이용하는 것도 허용됐다. 만약 한국이 일본에 의한 이러한 군사적 점유와 영토 이용에 동의해주지 않았다면, 만약 한국이 독일에 대해 벨기에가 취한 태도와 똑같은 태도를 일본에 대해 취했다면 러일전쟁의 역사는 다르게 기록됐을 것이다. 역사가 그런 과정으로 진행됐다면 러시아가 자국의 육군과 해군을 극동지역에 배치하는 것을 가능하게 할 만큼 일본군의 진군을 지연시켰을 것이다. 이 전쟁에서 일본이 승리한 것에 대한 책임이 전적으로 한국에 있는 것은 아니라고 하더라도 한국이 일본의 승리에 기여한 것은 사실이다. 일본의 배신과 배은망덕은 말로 다 표현할 수 없다.

일본 제국정부는 한국의 독립과 영토보전을 보장한 1904년의 조약에 따라 획득한 군사적 한국 점유를 지금까지도 철회하지 않았고, 한국은 그 뒤로 일본 군대의 압도적이고 위협적인 주둔이 없어 자유롭게 행동할 수 있었던 이전의 상태를 회복하지 못했다.

허가와 특수한 조약에 따라 특정한 목적을 위해 획득된 군사적 점유가 그 뒤로 한국의 독립을 보장하고 강화한다는 애초의 목적에 반하는 무권원점유(無權原占有, adverse possession)[281]로 자의적으로 바뀌었다.

애초에 계약에 의해 허용된 점유는 권리의 포기나 당사자들의 원상태 복귀 없이는 무권원점유로 전환될 수 없다는 명백하고 기본적인 법률 원칙 말고는 다른 어떤 법률 원칙도 이 경우에 적용될 수 없다. 애초에 계약에 의해 허용된 그 같은 점유가 유지되고 있는 한 사법(私法)에서는 물론이고 국제법에서도 애초의 점유 허용 목적이 이행되고 있는 것으로 간주된다.

애초의 군사적 진출과 점유의 목적 자체가 결코 포기되지 않은 상태에서 일본이 군사적 점유에 의한 위협이 존재하는 기간에 획득한 주권이 한국의 독립과 영토보전을 보호하게 된다고 일본이 주장할 수 없다. 이는 러시아와 싸우게 된 일본을 지원하고 일본과 동맹을 체결하는 대신에 한국이 요구해 얻어낸 규약이자 조건이었으며, 한국은 자신의 규약을 이행했다.

일본은 피후견자인 한국에 대해 관리자나 후견자로서만 고려될 수 있다. 한국이 소유하고 있고 권리포기를 하지 않고 유지해온 것을 일본이 점유한 것은 한국의 독립을 보장하고 보호한다는, 당시 선언된 목적의 실현을 촉진하기 위해서였을 뿐이다. 군사적 점유와 그 위협이 존재하는 동안에 일본이 직접 해온 행위나 벌인 사건, 또는 일본으로 인해 야기된 행위나 사건 가운데 어느 것도 이런 기본적인 원칙을 변경시킬 수 없다.

이 모든 것은 전적으로 사실이며, 미국을 비롯해 한국과 조약을 체결한 세계 각국은 한국을 여전히 하나의 독립적인 실체로, 그리고 체결된 조약들을 유효한 것으로 간주해야 하며, 이와 상반되는 내용으로 일본이 내놓는 그 어떤 주장이나 요구와 상관없이 그래야 한다.

만약 유익함을 이유로 한국을 장악한 일본의 행위를 정당화하려고 하는 자가 있다면 우리는 다음과 같이 물을 수 있다. "누구를 위한 유익함을 말하는 것인가, 일본인가 한국인가?" 두 나라 모두 독립적인 실체이며, 두 나라 모두 세계의 다른 나라들과 외교관계를 유지해왔다. 두 나라는 각각 별도의 재산을 가진 이웃이었다.

서로 이웃한 두 농부 가운데 어느 한쪽의 입장에서 보면 동료 농민의 재산을 빼앗는 것이 유익할 수 있다. 그는 자기가 이웃보다 더 나은 농부이고 작물수확을 더 많이 할 수 있으며, 불운한 동료 농부에 대해 자기가 가진 권위를 행사함으로써 그 동료 농부로 하여금 아침에 더 일찍 일어나 하루에 더 많은 시간 일하도록 해서 공동체가 편익을 누리게 할 수 있다고 말할 수도 있을 것이다. 하지만 통상적으로 우리는 이런 것을 고려하지 않으며, 그것을 도둑질이라고 부른다.

법률과 정의의 기초를 깊이 있게 알지 못하거나, 깊이 있게 알기는 하지만 일시적으로 그것을 망각하고 있는 사람들이 여전히 있을 수 있다. 이런 사람들 중에 일본의 행위를 정당화하고 싶어 하는 이들이 있다. 그들은 일본의 행위를 상세한 부분까지 고려하고자 한다. 그들은 그렇게 하도록 놔두자. 우리는 논평이나 주장은 하지 않고 단지 사실을 인용하기만 하면 되며, 그러면 그들과 같이 별난 의문을 품는 사람들도 납득하게 될 것이다. 우리는 그것이 지극히 혐오스러운 공포와 비극의 이야기이고 탐욕과 착취의 이야기임을 앞에서 이미 알아본 바 있다.

1894년 7월에 일본과 한국은 중국에 맞서 동맹조약을 체결했다. 그 조약은 중국으로 이동하는 일본군에 대해 한국이 편의를 제공하고 군량을 지원해야 하며, 중국과 강화가 이루어지면 폐기된다고 규정했다. 일본은 승전에 필요한 이런 조약을 체결한 뒤 1894년 8월 1일 중국에 대해 공식으로 선전포고했다. 이 전쟁에서 일본이 승리하여 1895년 4월 20일 시모노세키 조약이 체결된 것으로 전쟁이 종결됐다고 역사는 기록하고 있다.

이 전쟁의 성공적인 결과는 일본으로 하여금 아시아 지배의 야욕을 품게 했다. 일본은 한국이 제공한 도움을 무시하면서 승리의 공을 독점하려고 했고, 동맹국인 한국에 대한 절대적인 지배권을 획득함으로써 극동지역에서 자국의 입지를 강화하려고 했다. 전쟁은 종결되었지만 일본은 군대를 한국에서 철수시키지 않았다. 이에 왕비가 자신의 모든 힘과 친정인 민씨 가문의 힘을 동원해 일본의 침략과 야욕을 저지하려고 했다. 일본은 왕비를 제거하기로 결정했다.

한국에 파견된 일본 공사 미우라(三浦梧樓, 1846~1926) 자작은 세부적인 계획을 수립하고 왕비를 시해하기 위한 작업에 들어갔다. 왕궁은 일본 군대에 의해 포위됐고, 왕비 시해를 실행할 낭인들이 투입됐다. 그들은 왕궁 수비대 지휘관과 2명의 궁녀를 살해하고서 마침내 왕비를 찾아냈다. 왕비는 칼을 맞아 쓰러졌고, 그 시신은 갈기갈기 찢겼으며, 등유로 적신 모직 이불에 싸인 채 왕궁 뜰에서 불태워졌다.

이 비극을 다룬 책이 그동안 많이 나왔지만, 여기서 우리는 소름끼치는 그 상세한 내용은 생략하자. 우리의 목적은 일본이 자행한 일을 가능한 한 간단하게 진술하는 것이다. 이런 일을 자행한 일본의 동기, 그리고 이런 일이 벌어지게 하거나 그것을 허용한 그 나라의 태도는 미우라 자작에 대한 공판에서 제기된 변론에 요약되어 있다. 다음은 미우라의 변호사들이 제시한 변론의 논거다.

"그는 한국에서 평화와 질서를 유지하는 책임을 맡은 자로서 단지 자신의 임무를 수행했을 따름이다. 앞으로 오랜 세월에 걸쳐 영향을 미칠 수 있었던 곤란한 정치적 문제의 뿌리가 제거됐다. 한국에서 지배적으로 이루어진 외교의 종류를 고려할 때 미우라 자작은 단지 하나의 승리를 거둔 것일 뿐이다."

이런 변론의 논거는 미우라에 대한 공판을 담당한 일본 법원에 의해 받아들여졌다. 다른 어떠한 간섭도 용인되지 않았다. 법원은 미우라가 왕비 시해를 계획한 음모자임을 확인하고서도 그에게 무죄 선고를 내렸다.

이런 왕비 시해 행위와 그에 대한 뻔뻔스러운 변론은 세계의 양심이 일깨워져 항의에 나서게 할 만큼 극악무도한 것이었고, 일본은 이 사건에 대해서만큼은 자국이 체결한 조약상의 의무를 지키지 않을 수 없었다. 당분간은 일본이 겉으로 보기에 세계의 결정에 순응하는 것처럼 보였다. 하지만 실제로는 일본이 물러앉아 외교적 정세를 장악할 새로운 기회를 엿보고 있었다.

일본의 의도에 부합하는 상황이 실현되는 속도는 느렸고, 그러자 일본은 러시아가 중국의 조력을 받아 한국을 위협하고 있다는 취지로 한국 내 선전 활동을 시작했다. 러시아는 이미 극동에서 자국의 목표를 획득하고 달성한 것이 분명해 보인 것이 사실이었음에도 불구하고 일본의 그러한 선전은 성공적이었다. 러시아는 동해 쪽으로는 블라디보스토크, 서해 쪽으로는 뤼순[旅順] 항과 다롄[大連]의 철도역을 통해 이미 동쪽 바다로 진출할 수 있었다. 따라서 한국은 불

필요한 곁가지로 여겨졌을 터였다.

이런 명백한 상황에도 불구하고 일본은 자신의 계획을 성공적으로 추진했다. 한국과 일본 사이에 두 번째 동맹이 맺어졌는데, 이번에는 러시아에 맞서기 위한 동맹이었다. 우리는 앞에서 이미 이 동맹과 1904년의 조약 체결에 관한 사실들을 상세하게 언급한 바 있다. 이 조약을 통해 일본은 한국의 독립과 영토보전을 명확하게 보장했고, 그 대가로 러시아와 시베리아를 겨냥한 작전의 기지로서 한국의 영토를 자국이 이용하는 데 대한 한국의 보장을 얻어냈다. 이는 특정한 목적을 위한 조약에 따라 실현된 군사적 점유이며, 일본은 지금까지도 그러한 군사적 점유를 유지하고 있다.

러시아와의 전쟁을 종결하는 조약이 1905년 9월 포츠머스에서 체결됐고, 이 조약이 조인되어 마무리되자마자 일본은 한국에서 공세적인 활동을 개시했다. 한국을 일본의 보호국으로 만드는 조약이 입안됐고, 이에 대한 조인을 확보할 목적으로 이토 후작이 서울로 파견됐다. 이토는 여러 날 동안 일본 천황의 뜻을 실행에 옮기기 위해 한국의 황제와 대신들을 끈질기게 압박했지만, 그들은 단호히 거절했다. 격렬한 회의가 여러 차례 있었다. 협박과 회유는 아무런 소용이 없었고, 마침내는 보다 과격한 방법이 동원돼야 한다는 점이 분명해졌다.

왕궁이 두 번째로 일본 군대에 의해 포위됐고, 거들먹거리며 걷는 장교들과 눈에 띄게 무장한 호위병들이 왕궁에 난입했다. 이토 후작의 위압적인 명령에 못 이겨 황제와 대신들이 한 자리에 모였다. 그들은 집단적으로 설득의 대상이 됐고, 그런 다음에 가장 목소리를 높여 비난을 하던 세 명의 대신이 한 명씩 끌려 나갔다. 칼과 권총을 찬 일본인 장교들이 아직 회의장에 남아있는 이들에게 "이제는 서명하겠소?"라고 말했다. 황제와 남아있는 대신들로서는 그들이 숭모하던 왕비 민 씨가 그랬던 것처럼 끌려 나간 대신들도 이미 한국의 자유를 위한 순교자가 됐다고 믿을 수밖에 없는 상황이었다. 그래도 그들은 서명하기를 완강하게 거부했다.

이 회의의 상세한 내용은 그동안 수많은 역사 저술에 기록됐고, 그 내용은 일반적인 상식이 됐다. 일본이 보호조약이 체결됐다고 세계에 공표했지만 보호조약은 결코 조인되거나 법률적으로 발효된 바 없다. 설령 실제로 조인됐다고 하더라도 그 조약은 개인적 강압에 의해 조인된 것이니 무효였을 것이다.

이 회의가 시작될 때 한국을 대표하여 황제와 8명의 대신들이 그 자리에 있었다. 대신들의 명단은 다음과 같다. 총리 격인 참정대신 한규설, 부총리 격인 외부대신 박제순, 그리고 민영기, 이하영, 이완용, 이근택, 이지용, 권중현. 이들 대신은 물론 조언자의 자격으로 참석한 것이었다. 최종 결정과 조약문서 이행의 책임은 황제에게 있었다. 황제는 서명하지 않았고, 과반수 대신으로부터 서명하라는 조언을 듣지도 않았다.

세 명의 이 씨(이완용, 이근택, 이지용)는 조약에 서명했다. 한국에 대한 이런 반역행위에 대한 보상의 하나로 이완용은 100만 엔(50만 달러)의 뇌물과 함께 백작의 작위를 받았다. 이하영과 권중현은 조약에 동의했지만 서명은 하지 않았다는 주장이 있다. 그러나 이 두 대신은 서명에 참여하기를 거부했을 뿐이라고 주장하는 이들도 있다. 그것은 여하간에 황제, 참정대신, 외부대신, 그리고 대신 민영기는 어떠한 방법이나 형식으로든 보호조약에 서명하거나 그것을 묵인하지 않았고, 오히려 단호하고 용기 있게 일본의 행위를 비난하고 거부했다.

일본의 제국정부는 이 일이 1905년 11월 17일에 완결됐다고 보고했고, 세계는 당분간 이런 거짓 보고를 사실로 받아들였다. 일본이 자국의 진술을 뒷받침하기 위해 반역자 이완용의 말을 인용했기에 충분히 그럴 수 있었다. 그러나 사실은 박제순이 외부대신이었는데 이완용이 기만적으로 외부대신 대리의 자격으로 서명했고, 이어 이완용은 당시에 대리공사로 워싱턴에 주재하고 있었던 또 다른 반역자 김윤정에게 조약 체결을 미국에 알리고 공사관을 일본에 이양하라고 지시했다. 김윤정은 지시대로 했고, 한국으로 돌아와 반역행위에 대한 보상으로 일본에 의해 제물포 부윤에 임명됐다. 그는 나중에는 전라도 참여관이 됐고, 수천 에이커의 토지도 하사받았다.

미국 국무부 장관 루트(Elihu Root)는 그때 보호조약 조인에 관한 일본의 진술이 사실이 아니며 이완용과 김윤정이 자기에게 사실을 왜곡해 보고하도록 매수됐다는 사실을 알 도리가 없었다. 그래서 그는 한국이 일본의 보호국이 되는 것을 인정하고 미국이 한국에 파견한 외교 사절을 철수시켰다.

그사이에 황제는 일본의 태도를 보고 일본의 궁극적인 목적이 무엇인지에 대한 확신을 갖게 됐고, 1906년 10월에 자신의 충성스러운 친구이자 측근인 미국인 헐버트(Homer B. Hulbert) 교수를 워싱턴에 보내어 미국에 항의서한을 전달하고 원조와 '거중조정'을 요청하게 했다.

헐버트 교수는 조약이 조인된 날로 알려진 날과 거의 같은 시점에 워싱턴에 도착했다. 주미 대리공사 김윤정은 일본에 매수된 상태였으므로 헐버트가 김윤정으로 하여금 항의서한을 미국 정부에 전달하게 하는 것은 소용없는 일이었다. 루트 국무장관은 일본이 한국을 보호국으로 삼는 것을 미국 정부가 공식으로 인정한 뒤에야 헐버트를 만나주었다.

헐버트 교수는 마침내 루트 국무장관을 만났지만, 그와 같은 상황으로 인해 공식으로 한국의 대표로 받아들여지지 못했다. 황제의 항의서한은 국무부에 전달됐으나 그대로 국무부의 비밀문서철에 들어가버리고 말았다. 그 다음 날 헐버트는 황제로부터 보호조약의 발효를 부정하는 전보를 받게 되어 이것도 즉시 국무부에 전달했지만, 이것 역시 국무부 비밀문서철에 들어가버리고 말았다.

보호령이 선포된 뒤에는 황제가 사실상 그 자신의 나라 안에 갇힌, 일본의 포로였다. 분명한 친일파인 자가 아니면 그 누구에게도 황제를 알현하는 것이 허용되지 않았다. 세계의 주요 신문사들이 경험이 많고 노련한 특파원을 한국에 보내와 황제와의 인터뷰를 시도했지만 아무도 성공하지 못했다. 황제의 충성스러운 친구인 헐버트는 일본의 정탐활동에도 불구하고 황제를 만날 수 있었고,

그때 황제는 한국과 조약을 체결한 열강에 그를 보내기 위해 그에게 신임장을 건네주었다. 거기에는 보호조약의 기만적인 성격을 거론하고 '거중조정'을 통해 곤경에 처한 한국을 도와달라는 내용이 적혀 있었다.

하지만 헐버트 교수 혼자서 누구의 도움도 받지 않으면서 많은 일을 성취하기는 어려웠다. 그는 단지 일본의 한국 침탈 과정의 기만성을 끊임없이 세계에 알리는 노력을 끈기있게 계속할 수만 있었다. 약하고 억압받는 나라를 위해 싸우는 한 혈기왕성한 미국인에게 우리가 기대할 수 있는 충직함과 자기희생 정신으로 그는 그런 일을 수행했다.

황제는 헐버트 교수에게 항의서한과 신임장을 전달한 것에 더해 보완조치로 헤이그 국제평화회의에 참석할 전권대사에게 신임장을 전달하는 데도 성공했다. 1907년 4월 20일이라는 날짜가 적힌 이 신임장은 2급 관리인 이상설, 전 평리원 검사 이준, 왕족 이위종에게 발급됐다. 이위종은 1896년부터 1900년까지 주미 한국 공사를 지낸 이범진의 아들이자 왕족이었다. 이를 알게 된 일본 제국 정부는 즉각 이위종에게 사형, 이상설과 이준에게 종신형을 선고했다.

일본은 신임장에 서명한 황제의 퇴위를 발표함으로써 헐버트 교수와 헤이그 회의에 파견된 전권공사에게 발급된 신임장을 실질적으로 무효화하고자 했다. 이런 일본의 발표를 믿은 이들은 당연히 신임장이 자동적으로 취소된 것으로 생각했다. 이 발표는 1907년 7월 19일에 있었고, 그로부터 닷새 뒤인 24일에는 매수된 한국의 배신자 이완용이 "한국을 위해 하는 일"이라고 주장하면서 일본을 대표하는 이토 후작과 협정에 서명하고 통감인 그에게 국내외를 막론하고 모든 한국 정부의 기능을 이양했다.

황제의 태도와 여러 차례의 공개적 항의에 비추어 볼 때, 황제가 공포한 것이라고 일본이 발표한 것들 가운데 그 어떤 것에 대해서든 황제가 실제로, 그리고 자신의 의지로 동의했다고 믿을 수 없다. 아무튼 '죽은 자는 말이 없다'는 이론에 따라 저질러진 것인 양 황제가 1919년 1월 24일 독살됐다. 황제의 죽음은 며칠간 비밀에 부쳐졌다가 마침내 그가 뇌일혈로 사망했다는 공식 발표가 나왔다.

왕위 계승자는 불운하게도 정신적 결함을 지닌 사람으로서 왕비 민 씨에게서 태어났다. 왕비가 시해되기 이전의 혼란스러운 시국에 태어난 그에게는 별다른 기회가 주어지지 않았다. 그러나 그의 어머니가 겪은 공포와 시련이 그를 보호해주는 방패가 됐다. 정상적인 사고력을 지니지 못한 채 태어난 그는 오늘날까지 살아있다. 그의 존재는 일본의 이중적 태도에 대한 반박할 수 없는 증거이며, 이것만으로도 세계는 일본의 이중적 태도를 비난하게 될 것이다.

일본은 자신의 목적 달성을 촉진하기 위해 이 불운한 사람을 이용하기를 서슴지 않았다. 일본이 황제의 퇴위를 발표한 뒤인 1907년 8월 하순에 '분개한 국민들의 시무룩한 침묵 속에서' 황태자가 제위를 승계했다. 한 역사가는 다음과 같이 기록했다.

"즉위식을 주관한 일본 당국은 그 행사가 외부에 알려지는 것을 막기 위해 최선을 다했다. 이 점에서 일본 당국은 신중하게 처신했다. 새 황제가 집무실에 들어설 때 그의 모습을 본 사람이라면 누구든 그의 모습을 직접 보는 사람이 적으면 적을수록 좋다는 데 의문을 갖지 않았을 것이다. 새 황제는 들어설 때 떨리는 몸을 관리 두 명의 부축에 의지하고 있었고, 그 뒤 서있는 동안 그의 입은 벌려져 있었고, 턱은 처져 있었고, 눈은 초점을 잃고 있었고, 얼굴에서는 지적인 관심의 어렴풋한 흔적도 찾아볼 수 없었다."

그는 전 세계에 '꼭두각시 황제'로 알려졌고, 물론 일본인들은 자신들이 원하는 대로 그를 다루었다. 아마도 황제 자신은 본 적도 없었을 칙령들이 황제의 이름으로 공표됐고, 설령 그가 그 칙령들을 봤다고 해도 선홍색 날인과 황색 리본을 알아차리는 것 외에는 아무것도 이해하지 못했을 것이다.

첫 황제령은 그야말로 소규모인 데다 무기력한 한국 군대를 해산한다는 것이었고, 모든 요충지에 일본 군대가 증강 배치됐다. 각각의 부대에 '무장해제'

된 상태로 특정 장소에 집결하라는 명령이 내려졌고, 거기에서 군대 해산령이 낭독됐다. 많은 군인들이 이 명령에 따르기를 거부하고 맨손으로 싸움에 나섰다. 그들은 조국이 자유를 강탈당하는 것에 최후의 항거를 하다가 총탄에 맞아 쓰러졌다.

결국에는 일본인들 스스로가 불운한 꼭두각시 황제를 내세워 한국 정부의 형태를 갖추고 그것을 한국 정부로 위장하는 데 필요한 형식적인 절차에 염증을 느꼈고, 이에 따라 1910년에 뻔뻔스럽게도 합병칙령을 공표하기에 이르렀다.

물론 이것은 처음부터 일본이 갖고 있었던 목적이자 의도였다. 하지만 합병이 발표된 바로 그 시점까지는 일본이 전 세계에 대해 언제나 그런 사실을 부인했다. 일본은 침략의 단계를 하나하나 밟을 때마다 그럴듯한 변명을 늘어놓았고, 세계의 여러 나라들은 거듭해서 일본이 한국을 최종적으로 병합할 의도를 갖고 있지 않다고 생각하며 안심했다. 초대 통감인 이토 후작은 "합병에 관한 이야기는 모두 터무니없는 것"이라고 했고, 이런 그의 발언은 세계를 기만하는 완전한 위선에 빠진 일본의 관리와 외교관들 모두에 의해 그대로 채택되어 되풀이됐다.

일본 군대가 한국을 장악한 뒤인 1904년 2월 23일에 체결된 조약과 같은 해 8월에 체결된 보충조약에 의해 한국은 미국과의 협정을 포함한 열강과의 다양한 조약의 규정들을 폐기해야 할 정도로 완전히 일본의 통제를 받게 됐다는 주장이 종종 제기돼왔다. 일본이 한국의 독립과 영토보전을 보장해야 한다는 한국의 요구를 일본이 반영하여 한국과 체결한 조약이 어떻게 한국이 다른 열강과 맺은 조약에 영향을 미칠 수 있었는지는 우리로서는 이해할 수 없다.

여하튼 일본은 당시에 그 같은 주장을 한 바가 없다. 1904년 8월 30일에 다카히라(高平小五郎, 워싱턴 주재 일본 공사) 씨는 1904년 8월의 조약 사본을 미국 국무부의 에이디(Alvey A. Adee, 1904년 당시 국무부 차관보) 씨에게 보내면서 다음과 같이 밝혔다.

담당자께: 외교문제에 관한 천황 폐하의 지시에 따라 본인은 영광스럽게 조약의 사본 등을 전달해드리게 됐습니다. 본 협정서를 미국 정부에 전달하는 데 있어서 본인은 이 조약이 1904년 2월 23일에 일본 정부와 한국 정부 사이에 체결된 의정서의 자연스러운 결과 혹은 그 진전일 뿐임을 알리라는 훈령을 받았습니다. 의정서가 체결된 당시에도 본인은 영광스럽게도 그에 관한 사항을 미국 정부에 전달한 바 있습니다. 또한 본인은 본 협정이 한국이 체결한 기존 조약들의 완전한 효력이나 적법성에 전혀 간섭하지 않음을 천명하라는 훈령도 받았습니다.

이에 대해 에이디 씨는 1904년 9월 2일에 다음과 같이 답했다.

담당자께: 회답합니다. 본인은 미국 국무부가 협정을 위한 협상에서 귀국 정부가 의도한 목적과 협정의 효력에 대한 귀국 정부의 견해에 관한 귀하의 진술을 접수했음을 알려드리게 되어 영광입니다.

이상은 순전히 법률적인 관점에서 한국의 상황을 개괄한 것일 따름이다. 그것은 본 사안에 대한 예비적 진술일 뿐이지만, 국제 법률가는 이것으로 자신의 최종 결론을 뒷받침할 수 있을 것이다. 그 범위 안에서는 다른 모든 문제는 부차적이고 우연한 것일 따름이다.

한국을 지배하고 통제함에 있어서 일본이 이용한 방법들은 그것이 인도적이든 그렇지 않든 간에, 그리고 경제적으로 유익하든 해롭든 간에 중요한 문제가 아니다. 상황의 본질적 핵심은 그럴 권리가 없는 지배와 통제, 그리고 한 국가의 독립과 자유의 파괴에 있다.

일본의 지배가 한국에 혜택을 주었다거나 개선과 경제발전을 통해 한국이 물질적인 이익을 얻게 해주었다고 말하려는 사람들이 아직도 있을 수 있다. 그러나 침략자의 무자비한 강압에 의해 계곡의 작은 옥토나 도시의 안락한 집에서 쫓겨나 산중턱의 남루한 흙집에서 살고 있는 한국인은 그러한 진술에 동의할 수 없을 것이다. 만약 그가 공동의 번영에 끼어들 자리가 없다면, 만약 모든 편익이 외국인 침략자들에게 돌아간다면 철도가 더 길게 놓이고 수도시설이 확충되고 개선된 도로가 더 많이 열리고 상업 활동이 증가하든 말든 그것이 그에게 무슨 이익이 되겠는가? 그 땅은 원래 그의 것이었다. 자연자원은 그의 소유였고, 그것은 그의 작은 나라였다. 그와 같은 번영은 결국 자신의 재산, 자기가 낸 세금, 자신의 이마에 흘린 땀이 만들어낸 것이라고 생각하지 않을 수 없을 것이다. 그런데 그 모든 것이 누구를 위한 것이 돼버렸는가? 그가 온 정신을 다 기울여 증오하는 외국인 침략자를 위한 것이 돼버렸다. 이런 생각을 하는 한국의 국민은 이천만 명에 이르며, 그들 중에는 그런 과정에서 자기가 사랑하는 사람이 살해되거나 매질당하거나 불구가 된 일이나 여자가 능욕당한 일을 기억하고 있는 사람들이 많다.

사실을 말한다면, 일본은 철도, 양질의 도로, 공중시설 개선 등으로 한국을 물질적으로 개선하는 데 지출한 돈이 7500만 달러를 넘는다고 주장한 바 없다. 그런데 일본은 한국을 장악한 시점에 비해 한국의 국가부채를 6000만 달러 증가시켰고, 일본에 점령되기 전에 한국인들에게 통상적으로 부과되던 세금의 평균액에 비해 5500만 달러 더 많은 세금을 거두어들였다. 한국인들은 그 1억 1500만 달러가 있었다면 그들 자신에게 결핍된 것과 그들 자신이 원하는 것에 대한 더 나은 이해를 바탕으로 스스로 7500만 달러어치의 개선을 마찬가지로 잘 할 수 있었으리라고 생각한다.

이 같은 생각을 하고 마음속 깊이 위와 같은 증오를 품은 채 일본의 뜻에 거스르는 2천만 민중을 통치하려고 애쓰는 과정에서 일본은 5만 명을 처형했고, 일시에 70만 명 이상을 감옥에 가둔 적이 여러 차례였으며, 30만 명에 가까운 한국인에게 매질을 했다. 이 모든 일은 한국인들이 위와 같은 생각을 했고, 자신들이 그렇게 다뤄지는 데 대해 만약 같은 상황에 처했다면 우리도 그랬을 정도로 분노를 표출했기 때문에 일어났다. 순종하지 않는 국민을 둔 군사정부에서는 어김없이 들려올 만한 살인, 불구로 만들기, 강간, 불의, 억압에 관한 비극적인 이야기들이 한국에서 들려왔다. 그 결과는 처참하지만, 그 주된 원인은 매우 단순하다. 생명, 자유, 그리고 행복추구에 대한 모든 민중의 권리가 침해당하고 있다.

일본은 억압에서 가혹했다. 한국인들은 그들 자신의 정부에 대해 여하한 투표권도, 발언권도 갖고 있지 않다. 그럼에도 불구하고 그들은 일본이 한국 정부의 일을 장악한 시점에 비해 12배나 되는 고율의 세금을 내야 한다. 철도, 철광, 탄광, 산림, 기타 경제자원이 일본에 의해 강탈되어 아무런 보상도 이루어지지 않은 상태로 이용되고 있고, 한국에는 일개 도나 구만큼의 지위도 인정되지 않고 있다.

왕실 소유지와 공유지는 강탈되어 일본인 정착민들을 위해 이용되고, 사유지는 부당한 방법으로 원소유자로부터 탈취되어 일본인들이 소유한 동양척식주식회사의 재산이 됐다. 과거에 벼와 기타 곡물이 재배되던 수천 에이커의 땅이 양귀비 밭이 되기도 했는데, 일본 정부는 이를 이용해 아편 독점에서 얻는 수입을 늘리고 있다.

법정은 일본인 재판관, 일본인 서기, 일본인 집행관에 의해 운영되고 있고, 20만 명 이상의 한국인들이 정식 재판을 받지 못하고 약식 판결로 유죄 선고를 받았다. 그들은 기소 단계에서 이미 유죄로 추정됐다.

학교는 일본인에게는 충분하지만 한국인에게는 희소하다. 한국인에게 적용되는 법과 일본인에게 적용되는 법이 다르고, 삶과 자유를 구성하는 모든 사항에서 일본인과 한국인 사이에 차이가 있다. 한국인에게는 모든 것이 부정된다.

이 글을 읽는 독자의 마음속에는 한국인들은 무엇을 해왔느냐는 의문이 일어날 수 있다. 왕실 구성원들이 한 일에 대해서는 우리가 이미 자세히 언급했다. 그들은 생명이 유한한 인간이 할 수 있는 모든 일을 다 했다. 그들은 저항하고 항의했으며, 결국 왕비 민 씨와 고종 황제는 나라를 위해 순교했다.

노(老) 황제가 살아있는 동안에는 민중이 황제에 대한 신뢰와 그들 자신의 잘못된 일을 시정할 방법을 황제가 찾아낼 수 있으리라는 기대에서 스스로를 억제하고 있었다.

1919년 1월 24일 황제가 서거함에 따라 민중이 자기 억제의 구실을 모두 내던져버렸고, 한국의 자유를 위한 결사들이 비밀리에 조직되어 활동하기 시작했다. 한국인 남녀 전체 중에서 적어도 95퍼센트가 비밀결사에 가입된 상태가 됐다. 자유를 되찾기 위한 계획이 수개월간 논의된 끝에 세부적인 사항까지 완전히 결정됐다.

한국인들은 조국의 독립 회복을 일본에 요구하기로 결정했고, 미국 정부를 본뜬 공화주의 형태의 정부를 수립한다는 데 의견의 일치를 보았다. 독립선언서와 헌법안이 작성됐고, 정부 형태는 모든 민중이 참여하는 국민투표에 의해 결정하기로 합의됐다.

독립선언서에 서명하고 그것을 일본에 전달할 33인이 선출됐다. 이들 모두는 운동이 성공하지 못하면 그것은 곧 죽음이나 종신형을 의미한다는 것을 잘 알고 있었다. 그럼에도 그 명예로운 자리를 차지하기 위한 경합이 있었고, 결국은 다양한 영역과 계층들 사이에 인구 비율에 따라 불편부당하게 그 자리를 배정하는 것으로 결정됐다.

독립 회복 요구를 어떠한 방법으로 할 것인지를 놓고 열띤 논의가 벌어졌다. 2천만 명의 한국인이 30만 명의 일본인을 장악할 수 있으며, 백병전에서 승리하면 빠르고 단호한 행동으로 정부를 탈환할 수 있다고 주장하는 무장투쟁 지지자들이 있었다.

이들 무장투쟁론자는 기독교의 교리를 충실히 따를 것을 주장하는 사람들의 반대에 부닥쳤다. 그들은 이상주의자들이었다. 그들은 무력에 의지하려고 하지 않고, 자신들의 요구를 내걸고 시위를 벌이고자 했다. 대의명분에서 그들이 옳다는 것은 분명했고, 따라서 세계는 그들을 주목할 것으로 여겨졌다. 압제로부터 자신들을 보호하기 위해 최소한 도덕적으로 서로 결속한 나라들이 나서줄 것이고, 그러면 그런 나라들의 항의와 일본에 대한 영향력에 의해 한국의 독립 회복이 이루어지리라고 그들은 믿었다.

그들은 국제적 정의가 죽었다고 믿지 않았고, 사실을 역설하는데 열강이 한국과 맺은 조약을 망각할 것이라고 생각하지 않았다. 그들이 내세운 주장의 실제적인 측면은 무력에 의지한다면 열강의 공감을 잃게 될 것이고, 설령 무력에 의지해서 일시적으로 성공할 수는 있다 하더라도 그렇게 하면 궁극적으로는 세계 각국의 지지를 잃게 될 것이라는 데 있었다.

마침내 그들은 고결한 신사로서 어떤 의미에서도 자신들의 손으로 법을 집행하는 일 없이 세계적인 정의의 심판대 앞에서 자신들의 주장을 정상적이고 질서정연한 태도로 제시하기로 결론을 내렸다.

깊이 생각해보면 그들의 생각이 옳았음을, 그리고 세계에 자신들의 주장을 제시하는 방법에 대한 그들의 최종 결정이 실제적인 관점에서나 이상적 관점에서나 옳았음을 우리는 알게 된다. 사생활에서 우리는 어떤 도발을 받았든 간에 자신의 손으로 법을 집행하는 사람들은 거의 배려하지 않는다. 우리는 그들의 이상주의 외에 그들의 판단력과 사려분별에 대해서도 찬사를 보내야 한다.

독립선언서 서명자로 선별된 사람들은 지정된 시간에 맞춰 서울의 한 유명한 식당에 모여 고별연회를 열고 선언서에 서명했다. 그런 다음에 그들은 일본 관리들에게 자신들이 한 행위를 알리고 조용히 기다렸다. 그들은 체포됐다. 그 과정에서 아무도 저항하지 않았다. 사실 그 식당에 늦게 도착한 대표자 두 명은 경찰에 자진 출두하여 다른 동지들과 마찬가지로 자신들도 수감해 달라고 주장했다.

이 사건은 1919년 3월 1일에 일어났고, 33명의 애국지사 가운데 탈옥한 한 명과 수감생활의 고통과 핍박으로 사망한 두 명을 제외한 나머지는 현재까지도 수감돼 있다. 그들의 대표이자 지도자인 손병희는 그 자신도 주도적인 역할을 하여 일어난 독립운동의 2주년 기념일인 1921년 3월 1일에 사망했다.

독립운동은 적절한 시간을 정해 실행됐고, 사전준비도 거쳤다. 선언서에 대한 서명은 오후 1시에 이루어졌고, 곧이어 오후 2시에 전국 방방곡곡의 322곳에서 322명이 나서서 모여든 한국의 시민들 앞에서 독립선언서를 공식으로 낭독하기 시작했다. 한국의 소년단원들은 선언서 사본을 자신이 담당한 지역의 모든 가정과 모든 일본 관청에 전달하기 시작했다. 낭독자나 소년단원이 총탄에 맞아 쓰러지면 어김없이 다른 사람이 나서서 그 역할을 대신 했다.

세계는 일본이 이 운동을 진압하려고 시도하는 동안에 채택한 방법들을 잘 알고 있다. 일본이 긴장하여 펼친 경계와 관련 활동에도 불구하고 대한민국 헌법이 채택됐고, 국민대회 대표들이 선출됐다. 1919년 4월 22일에 모인 대표들은 만장일치로 이승만 박사를 선출했고, 그의 내각 각료들이 임명되고 추인됐다. 적절한 과정을 거쳐 선출된 사람들로 구미위원부가 설치됐고, 이 변론 취지서의 필자인 본인은 법률고문이 됐다.

이 기간 내내 한국은 가장 엄격한 검열 아래 있었다는 점을 상기해야 한다. 언론의 자유는 부정됐고, 대중집회는 금지됐으며, 신문은 탄압받았다. 그럼에도 불구하고 한국인들은 모임을 가졌고, 놀라울 정도로 철저하고 세부적인 사항에까지 관심을 집중하면서 자신들이 처한 정치적 곤경과 적절한 치유책을 논의했다. 그들은 귀감이 될 만한 독립선언서와 자국 정부의 헌법을 작성했고, 법률적 형식에 한 치도 어긋나지 않게 그것을 선포하고 채택할 준비를 했다. 헌법은 목판에 손으로 새겨졌고, 수백만 장의 사본이 동굴 속이나 간혹은 외딴 곳에 있는 무덤에서 인쇄됐다. 그런 다음에 그것은 독립선언서 사본, 투표용지, 기타 필요한 문서들과 함께 널리 배포됐다.

우리는 어떻게 이런 일이 이루어질 수 있었는지를 의아하게 생각할 수 있다. 하지만 미국과 유럽의 대학을 졸업한 수천 명의 교육받은 한국인들이 있었다는 점을 염두에 두자. 한국인들은 무지한 지도자를 앞세운 오합지졸의 폭도가 아니다. 그들은 부당한 고난을 당하는 자신들의 처지를 알리고자 하는 사려 깊고 학구적인 사람들이다. 그들은 자신들에게 부당한 일이 저질러지고 있다는 사실을 인식하고 있고, 세계가 이런 사실을 알아야 한다고 주장한다.

대통령인 이승만 박사는 하버드 대학의 졸업생이고 프린스턴 대학의 학위도 갖고 있다. 한국의 국민대회 대표들 가운데 영국, 미국, 프랑스, 독일의 대학을 졸업한 사람들의 비중은 우리 미국 의회의 의원들 가운데 대학을 졸업한 사람들의 비중과 거의 같다고 한다. 한국인들이 자치를 할 역량을 갖추고 있느냐의 여부는 더 이상 문제가 되지 않는다. 그와 같은 장해에 맞서 이런 독립운동을 벌이는 과정에서 한국인들이 보여준 활동과 조직능력이 그런 사실을 입증했다.

이 모든 것이 사실이라면 우리는 무엇을 할 수 있을까? 어떤 경우에도 미국이 해야 하는 일이 한 가지 있다. 미국은 다음과 같은 규정이 포함된 조약(1882년 체결된 '조미수호통상조약')을 한국과 체결했다.

"만약 제3국이 조약 당사국 중 어느 한 나라의 정부를 부당하게 또는 억압적으로 다룰 경우에는 다른 한 나라의 정부가 해당 사안에 관한 통지를 받은 즉시 원만한 타결을 도출하기 위한 거중조정을 실시함으로써 우의를 보여주어야 한다."[282]

한국은 이 조약의 내용 중 자국에 해당하는 몫을 이행했으며, 이제는 우리 시민들에게 인정되지 않게 된 다수의 상업적 이권을 미국에 제공했다. 이 조약 아래에서 한국이 우리와 외교 관계를 유지하는 동안에 한국의 이른바 서구적 개선은 모두 미국인에 의해 시작됐다. 한국인과 미국인의 사이에 우정과 협조의 호의적 감정이 존재했고 여전히 존재하고 있다. 그런데 현재 한국인들은 속수무책의 상태에 있다. 우리가 보기에 미국은 한국에 대한 일본의 압제에 대항하여 '거중조정'에 나설 의무가 있고, 한국에 대해 저지른 잘못을 시정하도록 일본에 대해 설득하고 요구할 수 있는 자국의 모든 힘을 성실하게 발휘해야 할 입장에 있다.

1922, 이광수, 〈민족개조론〉

1922년 5월 잡지 〈개벽(開闢)〉에 이광수의 논문 《민족개조론》이 발표됐다. 이 논문은 무장 독립운동을 거부하고 독립을 민족성 개조 이후에 실현 가능한 먼 미래의 목표로 설정하고 있어, 당시 유행하기 시작한 개량주의의 전형을 보여준다. 이광수는 또한 민족성 개조를 주장하기 위해 우리 민족의 정신적 타락을 강조함으로써 일제의 침략논리를 뒷받침했다는 비판을 받았다. 실제로 이광수는 이 논문을 발표한 뒤로는 친일 행각을 점점 더 많이 보여준다.

변언(辯言)

나는 많은 희망과 끓는 정성으로, 이 글을 조선민족의 장래가 어떠할까, 어찌하면 이 민족을 현재의 쇠퇴(衰頹)에서 건져 행복과 번영의 장래에 인도할까 하는 것을 생각하는 형제와 자매에게 드립니다. 이 글의 내용인 민족개조(民族改造)의 사상과 계획은 재외동포 중에서 발생한 것으로서 내 것과 일치하여 마침내 나의 일생의 목적을 이루게 된 것이외다.

나는 조선 내에서 이 사상을 처음 전하게 된 것을 무상(無上)한 영광으로 알며, 이 귀한 사상을 생각한 위대한 두뇌와 공명한 여러 선배동지(先輩同志)에게 이 기회에 또 한 번 존경과 감사를 드립니다.

원컨대 이 사상이 사랑하는 청년 형제자매의 순결한 가슴속에 깊이 뿌리를 박아 꽃이 피고 열매가 맺어지이다.

신유(辛酉) 11월 11일, 태평양회의가 열리는 날에

춘원(春園) 식(識)

상(上)

민족개조의 의의(意義)

　근래에 전 세계를 통하여 개조(改造)라는 말이 많이 유행됩니다. 일찍 구주대전 (歐洲大戰)이 끝나고 파리에서 평화회의가 열렸을 때에 우리는 이를 세계를 개조하는 회의라 하였습니다. 인(因)하여 국제연맹이 조직되매 더욱 광열(狂悅)하는 열정을 가지고 이는 세계를 개조하는 기관이라 하였습니다. 그래서 큰 일에나 작은 일에나 개조라는 말이 많이 유행되게 되었습니다.

　개조라는 말이 많이 유행되는 것은 개조라는 관념이 다수 세계인의 사상을 지배하게 된 표(標)입니다. 진실로 오늘날 신간서적이나 신문잡지나 연설이나, 심지어 상품의 광고에까지, 또 일상의 회화에까지 개조란 말이 쓰인 것은 아마도 공전(空前)한 현상일 것이외다.

　무릇 어떤 관념이 지배하던 시대가 지나가고 새로운 어떤 다른 관념이 지배하는 시대가 올 때에는 반드시 인심에 갱신이라든지, 개혁이라든지, 변천이라든지, 혁명이라든지 하는 관념이 드는 것이지마는 갱신, 개혁, 혁명 하는 관념으로 만족치 못하고 더욱 근본적이요, 더욱 조직적이요, 더욱 전반적, 삼투적 (滲透的)적인 개조라는 관념으로야 비로소 인심이 만족하게 된 것은 실로 이 시대의 특징이라 하겠습니다. '지금은 개조의 시대다!' 하는 것이 현대의 표어이요, 정신이외다. 제국주의의 세계를 민주주의의 세계로 개조하여라, (……21자 생략……) 생존경쟁의 세계를 상호부조의 세계로 개조하여라, 남존여비(男尊女卑)의 세계를 남여평권(男女平權)의 세계로 개조하여라……, 이런 것이 현대의 사상계(思想界)의 소리의 전체가 아닙니까.

이 시대사조(時代思潮)는 우리 땅에도 들어와 각 방면으로 개조의 부르짖음이 들립니다. 그러나 오늘날 조선 사람으로서 시급히 하여야 할 개조는 실로 조선민족의 개조이외다.

대체 민족개조란 무엇인가. 일 민족은 다른 자연현상과 같이 시시각각으로 어떤 방향을 취하여 변천하는 것이니, 한 민족의 한 역사는 그 민족의 변천의 기록이라 할 수 있습니다. 단군시대의 조선민족, 삼국시대의 조선민족, 고려나 이조시대의 조선민족, 또는 같은 이조시대로 보아도 임란(壬亂) 이전과 이후, 갑오(甲午) 이전과 이후, 이 모양으로 조선민족은 끊임없이 변화하여 내려왔습니다.

우리가 난 뒤 삼십 년간으로 보더라도 조선이 어떻게나 변하였나. 정치는 말 말고 의복, 주거, 습관 등 밖에 드러나는 것뿐 아니라 우리의 사상의 내용, 감정의 경향까지 몰라보게 변하여 왔습니다. 남자가 상투를 베고 여자가 쓰개를 벗어버린 것이 어떻게 무서운 변화오니까. 과거에만 그런 것이 아니라 지금도 나날이 변하여 갑니다. 더욱이 재작년 3월 1일 이후로 우리의 정신의 변화는 무섭게, 급격하게 되었습니다. 그리고 이러한 변화는 금후에도 한량 없이 계속될 것이외다.

그러나 이것은 자연의 변화이외다. 또는 우연의 변화이외다. 마치 자연계에서 끊임없이 행(行)하는 물리학적 변화나 화학적 변화와 같이 자연히 우리 눈으로 보기에는 우연히 행하는 변화이외다. 또는 무지몽매한 야만인종이 자각(自覺) 없이 추이(推移)하여 가는 변화와 같은 변화이외다.

문명인(文明人)의 최대(最大)한 특징은 자기가 자기의 목적을 정하고 그 목적을 달(達)하기 위하여 계획된 진로를 밟아 노력하면서 시각(時刻)마다 자기의 속도를 측량하는 데 있습니다.

그는 본능이나 충동을 따라 행하여지지 아니하고 생활의 목적을 확립합니다. 그리하고 그의 일거수일투족의 모든 행동은 오직 이 목적을 향하여 통일되는 것이요. 그러므로 그의 특색은 계획과 노력에 있습니다. 그와 같이 문명한 민족의 특징도 자기의 목적을 의식적으로 확립하고 그 목적을 달하기 위하여 일정한 조직적이요 통일적인 계획을 세우고, 그 계획을 실현하기 위하여 조직적이요 통일적인 노력을 함에 있습니다. 그러므로 원시시대의 민족, 또는 아직 분명한 자각을 가지지 못한 민족의 역사는 자연현상의 변천의 기록과 같은 기록이로되, 이미 고도의 문명을 가진 민족의 역사는 그의 목적의 변천의 기록이요, 그 목적을 위한 계획과 노력의 기록일 것이외다. 따라서 원시민족, 미개민족의 목적의 변천은 오직 자연(自然)한 변천, 우연한 변천이로되, 고도의 문명을 가진 민족의 목적의 변천은 의식적 개조의 과정이외다.

그러면 어떠한 경우에 개조현상이 생기나. 이미 가진 민족의 목적과 계획과 성질이 민족적 생존번영에 적합치 아니함을 자각하게 되는 경우이외다. 그 성질로 그 목적을 향하여 그 계획대로 나가면 멸망하리라는 판단을 얻는 경우이외다. 이러한 자각과 판단을 얻는 것부터 벌써 고도의 문화력(文化力)을 가졌다는 증거니, 그것이 없는 민족은 일찍 이러한 자각을 가져보지 못하고 불식부지중(不識不知中)에 마침내 멸망에 들어가고 마는 것이외다. 능히 전 민족적 생활의 핵심을 통찰하여 이 방향의 진로는 멸망으로 가는 것이다 하는 분명한 판단을 얻는 것이 그 민족의 갱생하는 첫걸음이외다, 맹아(萌芽)이외다. 그리고 한 번 이러한 판단을 얻기는 총명하게 새로운 목적과 계획을 정하여 민족생활의 침로(針路)을 전(轉)하도록 의식적으로, 조직적으로 노력하는 것이 그 민족의 갱생하는 유일한 길이니, 이는 퍽 총명하고 용단(勇斷) 있고 활기 있는 민족 아니고는 능(能)치 못할 것이외다.

나는 이상(以上)에 민족개조란 것이 민족의 생활의 진로의 방향변환, 즉 그 목적과 계획의 근본적이요 조직적인 변경인 것을 암시하였습니다. 오직 어떤 부분을 개혁하거나 후보(候補)한다는 것이 아니고, 집으로 말하면 그 앉은 방향과 기초와 실(室)의 배치와 구조와 재료를 전혀 새로운 설계에 의하여 다시 짓는다 함이니 비록 낡은 재료를 다시 쓴다 하더라도 그것은 신설계(新設計)에 맞추어 쓸 만한 것이면 쓰는 것이 될 뿐이외다. 이러므로 민족의 개조라는 것은 여간한 경우에 경히 부르짖을 바가 아니니, 아까도 말한 바와 같이 이대로 가면 망한다 할 경우에 건곤일척(乾坤一擲)의 대결심(大決心), 대기백(大氣魄)으로 할 것이외다. 과거의 역사로 보건대 일 민족의 전 생애(4천 년이나 5천 년)에 말하여 이, 삼차(二, 三次) 되기가 어려울 것이외다. 청년다운 생기가 없이는 도저히 못할 일인 듯합니다. 다음에는 세계 역사상에 민족개조운동의 실례 몇 가지를 들어 더욱 민족개조라는 사상을 분명히 하려 합니다.

역사상으로 본 민족개조운동

첫째로 들 것은 고대 희랍(希臘)에 재(在)한 소크라테스, 플라톤 등의 민족개조운동이외다. 당시 희랍은 파사(波斯)[283]에 대한 전승(戰勝)과 상업의 발전과 문화의 난숙(爛熟)으로 인민의 이기(利己)와 교사(巧詐)와 유일(遊佚)에 흘러 민족적, 즉 공고한 단체생활의 힘이 날로 소모하여지고, 그 시세(時勢)의 산물인 궤변학파가 일세를 풍미하여 국민도덕이 지(地)를 불(拂)하게 되었습니다. '각인의 준승(準繩)은 자기라' 하는 궤변학파의 표어는 봉공(奉公)이라든지 상호부조라든지 하는 단체생활에는 생명이라 할 도덕의 권위를 무시하는 말이외다. 이때에 소크라테스는 '이대로 두면 망한다'는 표연(飄然)한 자각으로 분연히 일어나 정의의 실재(實在)와 봉공의 덕의 권위를 역설하였고, 그의 수제자 플라톤은 국가 중심의 도덕을 절규하였습니다. 지금에는 소, 플 양씨를 철학의 조(祖)로 전(傳)하지마는 기실 양씨의 목적은 철학의 건설이 아니요, 자기네의 사랑하는 국가와 민족의 구제이외다.

그네의 철학은 천고(千古)에 전하여 숭앙의 표적이 되지마는 그네가 필생의 정력을 다하여 구제하려 하던 조국은 마침내 구제치 못하고 말았으니, 그네의 주관으로 보면 그네는 생활에 실패한 사람이외다. 그네의 지하의 영(靈)이라도 조국은 가고 철학만 남은 것을 못내 슬퍼하였을 것이외다.

흔히 국가를 바로잡을 뜻을 가진 자는 그 국가의 정권을 자기의 수중에 장악하기를 유일한 길로 압니다. 더욱이 동양에서 그러하고, 더욱이 고대에 그러하였습니다. 그러나 소크라테스는 국가의 흥망이 정권에 있는 것이 아니요 정권을 운용할 인물과 정권의 지배를 받을 인물을 포괄하는 인민에 있음을 자각하여, 국가의 운명을 안태(安泰)케 하려면 인민의 사상이 건전하여야 한다는 점에 착목하고, 인민의 사상을 개조하려면 그 인민의 차대(次代)요 후계자인 청년의 사상을 건전케 하여야 한다는 점에 착목하여 그 일생을 청년의 교육에 바쳤습니다. 그는 진실로 민본주의의 선각자요, 국민교육의 선각자요, 민족개조운동의 선각자이외다. 공자나 맹자는 일생에 정권을 구(救)하기에 급급하였고 거기 실패함에 비로소 청년자제를 교육하였으니 그네는 아직 민족개조의 진실을 자각하였다 할 수 없습니다.

소크라테스는 매일 아테네 청년이 많이 모이는 곳에 나타나 닥치는 대로 청년을 붙들고 그 유명하고 독특한 대화법을 응용하여, 첫째 그 청년이 현재에 가진 사상의 그릇됨을 자각케 하고 정의와 봉공의 개념을 주입하기로 일을 삼았습니다. 이리하여 매일 일, 이인씩 내지 십수인씩 접(接)하여서 일생에 아테네의 민중의 사상을 개조하려 하였습니다.

그는 무수한 핍박과 빈궁의 고통을 당하고 마침내 독약을 마시는 날까지 이 민족개조 사업에 진췌(盡悴)하였습니다. 과연 이 어른은 천고에 의표(儀表)가 되어서 마땅한 어른이시외다.

그러나 이러한 위대한 인격과 신앙과 열성을 가지고도 그 어른의 사업은 실패에 귀(歸)하였습니다. 그가 독약을 받고 돌아가심으로 더불어 그의 사업은 끝났다고 볼 수 있습니다. 그러면 그의 실패의 원인이 어디 있을까. 이는 진실로 큰 문제이외다. 민족개조의 가능, 불가능을 결단(決斷)할 만한 큰 문제이외다.

그의 실패의 원인은 '단체사업(團體事業)'이란 것을 깨닫지 못한 점에 있습니다. 민족개조의 사업은 계속적으로 장구한 세월과 수다한 인물과 금전을 요구하는 대사업입니다.

첫째, 계속적이라는 데는 깊은 뜻이 있습니다. 가령 소크라테스가 일개의 청년을 구제하여 신인(新人)을 만들었다 합시다. 그 신인 된 청년이 다시 재래의 환경 속에 들어가면 심하면 구(舊)에 복(復)하여 버리고 말 것이요, 그렇지 아니하면은 숨은 촛불이 되어 버리기 쉬울 것이니 특별히 위대한 인격자가 아니고는 단독으로 사회의 풍조를 대항(對抗)하고 정복하기를 바라지 못할 것이요, 이러한 특출한 인격자는 민중의 지도자로 일대(一代)에 일, 이인 밖에 나기 어려운 것이외다. 그런즉 다수의 범상한 신인으로 하여금 그 신(新)을 일생에 보존하고 아울러 그 신의 힘을 발휘케 하려면 신인 된 날부터 신인의 환경 속에 처하는 것이 절대로 필요하니, 그 환경이란 다른 것이 아니고 오직 신인만으로 되어 공통한 이상(理想)을 가진 강고한 단체외다. 이러한 단체가 있어 혹은 회합으로, 혹은 문자로, 혹은 공동한 사업의 경영으로 평생에 서로 자격(刺激)하고 서로 협력하여 가는 중에 그 신인들이 신(新)됨을 잃어버리지 아니할 뿐더러 그 사상이 더욱 깊이 뿌리를 박고 널리 가지를 뻗어갈 것이외다. 그러므로 단체를 만드는 것은 개조된 각 개인으로 하여금 개조의 환경 속에 계속적으로 처하게 하는 데 절대로 필요한 것이외다. 그런 것을 소크라테스는 이 방법을 알지 못하였기 때문에 모처럼 얻었던 동지를 많이 잃어버렸을 것이외다. 플라톤과 같은 고명(高名)한 제자 일인보다 평범한 제자 여럿이 민족개조의 목적을 위하는 데는 더욱 중요할 것인데.

또 단체라는 무기를 이용하지 아니하였으므로 소크라테스의 사업은 그 세력이 크지 못하고 또 그 생명이 길지 못하였습니다. 위에도 말한 바와 같이 민족개조의 사업은 아마도 온갖 사업 중에 가장 위대하고 곤란(困難)한 사업일 것이외다. 그러므로 이 사업을 성취하기에는 우리가 얻을 수 있는 가장 위대한 힘과 우리가 얻을 수 있는 가장 오랜 생명을 가져야 할 것이외다. 그런데 이 두 가지를 얻는 데는 오직 단체를 이룸이 있을 뿐이외다.

개인의 생명에는 한(限)이 있는 것이라 오래 살아야 팔구십이니 삼십에 주의가 확립하여 칠십까지 활동할 정력을 가졌다고 하더라도 그 기간이 사십 년에 불과할 뿐더러 개인이란 언제 어느 때에 그 뜻이 좌절될는지 모르고, 또는 그 생명도 언제 없어질는지 모르기 때문에 무슨 중요한 사상의 발견이 있거든 그것을 자기 이외의 사람에게 전하여 두는 것이 절대로 필요합니다. 대개 한 가지 사상의 불꽃은 몇천 년에 하나씩 하늘에서 떨어지는 것인데 이것이 한번 불행히 꺼지면 이는 인류에게 회복할 수 없는 영원한 손실을 주는 것이기 때문이니, 마치 귀중한 미술품이나 문적(文籍)을 도난이나 화재를 면할 만한 안전한 처소에 간수하여 두는 모양으로 이러한 귀중한 사상은 아무쪼록 산일(散佚)되지 아니하도록 될 수 있는 대로 속히 전파되고 실현되도록 힘써야 할 것이외다. 이러하는 데는 여러 가지 방법이 있습니다. 공자나 맹자 같은 이는 제자를 택하는 방법을 취하였습니다. 석가나 예수나 소크라테스도 그러하였습니다. 자은(子恩)이나 플라톤이나 기타 근세의 사상가들은 저술의 방법을 취하였습니다. 어떤 이는 돌아다니며 선전, 설을 하는 방법을 취합니다. 이 모든 것이 다 사상을 보존하고 선전하는 데 필요한 방법이로되, 그중에 가장 중요한 방법은 단체를 조직함이외다. 예수는 이 방법을 취하여 교회라는 단체를 세웠고, 그의 제자들도 잘 그의 뜻을 체(體)하여 교회를 완성하였습니다. 석가나 기타의 종교라 하여 오래 살아가고 널리 전파된 사상은 다 이 단체라는 무기를 이용한 것이외다. 근대에 이르러 사회학이 발달되며 더욱 단체의 이익 됨이 분명히 알려져 온갖 사상의 보존, 선전, 실현에 이 무기가 자유로 이용되게 되었습니다. 가령 덕체지(德體知) 삼육(三育)을 표방하는 기독교청년회라든지 금주·금연의 동맹이라든지 모두 이런 것이외다. 단체에 왜 그러한 위력이 있는가. 그것은 네 가지로 볼 수 있습니다. 첫째는 이미 말한 바와 같이 신사상(新思想)을 받은 신인으로 하여금 계속하여 그 환경에 처하여 그 사상을 잃어버리지 않게 함이요, 둘째는 동(同) 사상을 표방하는 수다인(數多人)이 일단(一團)이 되어 언어나 행동이 일치하여 다른 사람들과는 다르기 때문에 뚜렷이 세상에 드러나서 자연(自然)하고 유력한 선전의 효과가 있는 동시에 그 단체 자신에게도 일종의 자부와 자신이 생김이요, 셋째는 다수인의 능력과 학식과 기능과 금전을 거두어 개인으로는 도저히 발(發)할 수 없는 위대한 세력으로 그 사상의 향상과 현실에 관한 사업을 경영할 수 있음이요, 넷째는 개인의 생명은 유한하되 단체의 생명은 무한하여 영구히 그 사상의 보존, 선전, 실현의 사업을 경영할 수 있음이외다. 소크라테스가 만일 이 방법을 채용하였던들 그의 이상인 아테네인의 구제를 성취하였으리라고 확신합니다.

너무 말이 기로(岐路)에 든 듯하나 단체와 내가 말하려던 조선민족 개조 운동과는 밀접한 관계가 있는 것이기 때문에 장황한 것을 참고 이렇게 말한 것이외다. 또 소크라테스의 민족개조운동은 그것이 역사상에 현저(顯著)한 첫 실례요, 아울러 당시 아테네인의 형편과 소크라테스의 실패한 경로가 퍽 우리와는 인연이 깊은 듯이 생각됩니다.

다음에 역사상에 현저한 민족개조운동의 실례로는 프리드리히 대왕 시대의 프로이센, 표트르 대제 시대의 아라사와 인텔리겐치아, 사회주의자 등의 아라사에서 한 운동, 일본의 명치유신 등이겠습니다. 장차 민족개조의 대운동(大運動)을 일으키려 하는 우리에게는 이러한 사실이 모두 흥미 있는 것이지마는 그것을 여기서 일일이 서술하고 비평할 여유도 없고 필요도 없는 것이니, 다만 통틀어서 아라사나 프로이센이나 일본이 각각 그때 맞추어 민족개조의 운동을 아니 일으켰던들 말 못하게 쇠퇴하였을 것과 또 그 민족개조운동이 모두 어떤 의미로 보든지 단체적 사업이었던 것만 주의해두려 합니다. 그런데 표트르 대제, 프리드리히 대왕, 명치천황의 유신(維新)이 어찌하여 단체적이겠느냐 하는 데 대하여서는 두어 마디 설명이 필요하리라고 생각합니다.

사책(史冊)에 기록한 것을 보면 과연 무슨 대제, 무슨 대왕의 단독적 사업같이 보이지마는 기실 무슨 대제나 무슨 대왕은 그 사업을 경영하던 단체의 대표자요 중심인물에 지나지 못하는 것이외다. 가령 일본의 유신사(維新史)를 봅시다. 명치천황을 중심으로 목호(木戶), 대구보(大久保), 서향(西鄕), 이등(伊藤), 대외(大畏) 등 모든 정치가, 복택(福澤), 삼(森), 신도(新島) 같은 신사상가(新思想家), 교육가(敎育家), 가등홍립(加藤弘立), 정상철차랑(井上哲次浪), 삼택설령(三宅雪嶺), 덕부소봉(德富蘇峰), 고산저우(高山樗牛) 같은 여러 사상가, 학자, 평내웅장(坪內雄藏) 같은 문사(文士), 삽택영일(澁澤榮一) 같은 실업가, 기타 무릇 신일본(新日本)을 건설하기에 노력한 유력무명(有力無名)의 무수한 일군이 모두 오개조(五個條)의 서문(誓文)과 교육칙어(敎育勅語)를 종지(宗旨)로 한 한 단체의 단원이라고 볼 수 있는 것이외다.

비록 어떤 특정한 명칭을 가지지 아니하였지마는 그 중심인물이 마침 국가의 주권자였기 때문에 대일본제국이라는 국가의 명칭 하에 민족개조의 사업을 진행한 것이지마는, 그 뜻이 같고 중심인물을 통하여 나오는 명령에 복종하여 조직적으로 민족개조의 대사업을 경영한 점으로 단체사업이라고 할 수 있는 것이외다. 아라사의 인텔리겐치아의 사업은 더욱이 사설단체(私說團體)적 색채가 농후합니다. 지상(紙上)이나 구두(口頭)로 사회개조론(社會改造論)을 하여 듣고 싶은 자는 듣고, 하고자 하는 자는 하여야 하는 식으로 도저히 이러한 대사업은 생념(生念)도 못할 것이외다. 나는 이제 항(項)을 새로 하여 가지고 우리 조선 근대의 민족개조 사업을 논평해서 점점 내가 지금 제창하려는, 아니 차라리 소개하려는 민족개조운동론에 접근하려 합니다.

갑신 이래의 조선의 개조운동

조선이 날로 쇠퇴하여 가는 것을 보고 '이래서는 안 되겠다' 하여 개조할 생각을 가진 이도 꽤 많이 있었을는지 모르되 사업으로도 남은 것이 없고 언론(言論)으로도 남은 것이 없으니 갑신(甲申) 이전의 일은 말할 수 없습니다. 정약용(丁若鏞) 선생이 꽤 새로운 생각을 가지셨다 하지마는 나는 아직 그 어른의 글을 읽어볼 기회가 없었습니다. 그러나 그 어른이 혹 새로운 사상을 가지셨다 하더라도 서적을 깨친 것 외에 특히 무슨 사업을 시작한 것을 듣지 못하니 그를 민족개조운동의 제일인(第一人)이라고 볼 수는 없습니다.

거금(距今) 44년 전 갑신(1884)에 김옥균(金玉均), 박영효(朴泳孝) 등의 정부 개혁 운동이 있었습니다. 당시 중앙, 지방 할 것 없이 전국 일체의 정권을 농락하던 명성황후를 중심으로 한 민씨 일파를 들어내고 유신 후의 일본의 공기를 흡입한 신진인물의 손에 정권을 장악하려는 운동이외다. 이는 병인양요가 있은 후 19년, 병자수호조약이 있은 후 9년이니 '양이침범 비전즉화 주화매국(洋夷侵犯 非戰則和 主和賣國)'이라는 대원군의 표어로 의식적으로 철저한 쇄국정책을 실행하던 말로의 조종(弔鐘)이라 할 수 있습니다. 그러나 김옥균, 박영효 일파의 운동은 워낙 근저(根柢)가 없는 운동이기 때문에 일격에 실패되고 말았습니다. 그 근저란 무엇이냐.

동지 되는 인물과 사업의 자금이 될 금전입니다. 만일 국가의 정권을 잡으면 국고의 재산이 곧 자금이기도 하려니와, 동지 되는 인물에 이르러서는 정권을 잡는다고 갑자기 하늘에서 뚝 떨어질 것이 아니외다. 그때에 누가 있어 내정을 맡고, 외교를 맡고, 교육을 맡고, 산업을 맡겠습니까. 누가 국가의 제반 기관을 동일한 보조로 운전하겠습니까. 그러므로 그네가 정권을 장악하기보다 먼저 해야 할 일은 동지요 동업자 될 일군을 양성하는 것일 것이외다. 그리하여 이만하면 이 동지로 능히 일국을 요리하리라 할 만한 때에 정권을 잡으면 비로소 자기의 이상을 실현도 하였을 것이외다. 그만한 실력이 없이 비록 정권을 장악하기에 성공하였다 하더라도 그 이상은 일부분도 실현해보지 못하고 소위 삼일천하(三日天下)가 되고 말았을 것이외다.

그로부터 만 10개년을 지내어 일청전쟁(日淸戰爭)이 생기고 그때부터 조선이 완전한 독립국이 되어 일본의 후원으로 김홍집(金弘集) 내각이라는 제일차 내각이 조직되어 여러 신인물로 그 각원(閣員)을 삼고 크게 정부혁신을 기도하니, 이것이 소위 갑오경장이외다. 그러나 제도와 법령은 아무리 새로워도 그것을 운용하는 인물과 그 지배를 받을 인물이 여전히 낡으니 어찌하오. 또 마침내 부패하고 수구하는 점으로 다수의 동지와 세력을 가진 구파(舊派)에게 압도되어 역시 삼일천하의 비운을 당하고 말았습니다.

이에 본래 조선 사람으로서 미국에 입적하여 다년 그 나라의 문명의 풍조에 씻긴 서재필(徐載弼)이 미국 시민의 자격으로 외부고문이 되어 경성에 내주(來駐)하매 그의 조국이던 조선의 갱생은 도저히 정부의 개혁, 정권의 장악으로만 될 것이 아니요, 오직 일반 민중의 각성에 있음을 깨달아 독립협회(獨立協會)를 일으키니, 당시 연소기예(年少氣銳)하고 미국 선교사와 배재학당을 통하여 서양의 문명을 맛본 이승만(李承晩), 윤치호(尹致昊), 안창호(安昌浩) 등이 협회의 기하(旗下)로 모여들어 일변 연설회를 열며 일변 독립신문을 간행하여 민중의 각성을 촉(促)하니, 이것이 조선서 민족개조운동의 첫소리였습니다. 당시 그네의 주장하던 바는 혁구취신(革舊就新)할 것, 서양문화를 수입할 것, 계급사상을 타파하고 자유평등의 사상을 고취할 것, 정치상으로는 군주전제나 벌족전제주의를 타파하고 민주주의를 세울 것 등이니, 이는 미국의 감화를 받은 서재필 일파의 사상의 당연한 반영일 것이외다.

특히 그 기관신문(機關新聞)인 독립신문을 순국문으로 한 것을 보면 그 주뇌자(主腦者)들이 어떻게 민주주의적이요 과격하다 할 만한 혁구취신주의자인 것을 추지(推知)할 만하며, 또 민주주의의 고취에는 국민 각 개인이 그 국가의 성쇠흥망의 책임을 가진다는 애국심을 고조(高調)하여 조선에서 애국이란 말이 독립협회에서 위시(爲始)하였다고 할 만하게 되었습니다. 그러다가 당시 집권자가 부보상파(負褓商派)를 떨어서 두들기는 바람에 그만 형적(形跡)도 없이 부서지고 말았습니다. 물론 그 운동이 민심에 미친 영향이야 불소(不小)하지마는 독립협회 자체는 영영 소멸되고 말았습니다. 그러나 그 실패의 진인(眞因)은 결코 집권자의 강압에 있는 것이 아니요 협회 자체에 배태된 것이니, 이제 그 원인을 강구(講究)함은 장차를 위하여 도로(徒勞)가 아니리라 합니다.

　독립협회 운동의 실패의 첫 원인은 단결의 공고치 못함이외다. 누구든지 우리 주의(主義)에 찬성하는 자는 다 오너라 하는 주의로 함부로 주워 모아 수의 많기를 바람은 조선 재래의 단체의 정책이외다. 이리하여 몇천, 몇만의 도당(徒黨)을 모은다 하면 일시 보기에는 세력이 웅장한 듯하지마는 이는 실로 오합지중(烏合之衆)이요 모래 위에 세운 집이니 한번 대타격이 오매 모두 흩어지고 마는 것이외다. 그러할 뿐더러 이렇게 모인 단체는 일시의 군중심리를 이용하여 일, 이 개인의 야심을 만족하거나 급격한 파괴작용을 하는 데는 효력이 있지마는 착실하고 장구한 사업을 하기에는 부적당한 것입니다. 착실하고 장구한 사업을 경영하는 데는 그 단체의 단원이 각각 철저하게 그 단체의 목적과 계획을 이해하여 이를 위하여서는 일심협력하기를 사이후이(死而後已)하리란 확고한 신념이 있는 것이 필요하니 이상과 계획을 철저하게 이해하는 것이나, 일심협력하는 습성을 작(作)하는 것이나, 확고한 신념을 가지게 되는 것이 결코 일조일석(一朝一夕)에 되는 것이 아니외다. 그러므로 이러한 단체를 만드는 데는 한 사람씩 한 사람씩 오래 두고 의견을 교환하여 그가 동지인 것을 확인한 뒤에야 가입케 하는 것이 필요합니다. 우리 사람들과 같이 아직 단체생활의 훈련이 없는 인민은 더욱 그러합니다. 그러하거늘 독립협회의 회원은 이러한 용의(用意)가 없이 모인 것이므로 일격에 분쇄되고 만 것이외다.

　독립협회의 운동이 실패한 둘째 원인은 정치적 색채를 가졌던 것이외다. 이 회(會)가 만일 정치적 개혁을 목적으로 한 정당이라 하면(아마 당시 사정으로 그러할는지 모르지마는) 다시 말할 것이 없지마는 진실로 민족개조를 목적으로 한다면 정치적 색채를 띠어서는 안 됩니다. 왜 그런가 하면 정치적 권력이란 십 년이 멀다 하고 추이(推移)하는 것이요, 민족개조의 사업은 적어도 오십 년이나 백 년을 소기(小期)로 하여야 할 사업인즉 정권의 추이를 따라 소장(消長)할 운명을 가진 정치적 단체로는 도저히 이러한 장구한 사업을 경영할 수 없는 것이외다. 어떠한 당파의 정부, 어떠한 주의, 정견을 가진 정부라도 용훼(容喙)할 이유가 없는 단체라야 능히 어떠한 사업을 하여갈 것이니, 만일 독립협회가 정치에 대하여 아무런 간섭이 없이 오직 교육의 진흥사업의 발전, 민중의 진작(振作) 같은 것으로만 목적을 삼았다면 당시의 집권자의 증오를 받을 리가 없었을 것이요. 그리하면 자기 분내(分內)의 일만, 사업만 간간(看看)히 진행하였다 하면 금일까지에 막대한 효과를 생(生)하였을 것이외다. 그러나 그 회가 오직 정치적 사업을 목적으로 한 것이라면 무론 이러한 비평을 할 필요가 없습니다.

다음에 그 회가 실패된 이유는 인물이 없음이외다. 첫째로 인격과 학식과 능력이 족히 그 운동의 중심이 될 만한 중심인물이 없었고, 둘째는 그 중심인물의 지도를 받을 만한 회원과 그 회의 모든 사무와 사업을 분담할 만한 사무가, 전문가가 없었습니다. 동양식 생각으로 보면, 어떤 단체는 그 단체를 거느리는 영웅 하나만 있으면 되는 것같이 생각하지마는, 한 단체가 성립되고 생활하여 가는 데는 3종의 인물이 정(鼎)의 삼족(三足)과 같이 필요한 것이외다. 3종의 인간이란 무엇이뇨. 중심인물 또는 지도자와 전문가와 회원이외다. 지도자와 전문가 되기 어려운 것은 누구나 다 알만 하지만 회원 되기 어려운 것은 오직 아는 자라야 압니다. 회의 목적과 계획을 잘 이해하여 그 규칙을 잘 복종하여 회비를 꼭꼭 내고, 집회에 꼭꼭 출석하고, 회를 사랑하고 위하는 회원 되기는 여간한 훈련을 받은 사람이 아니고는 어려운 일이외다. 독립협회뿐 아니라 이래 조선의 각종 단체가 실패하는 원인의 가장 중요한 것은 그 회원들이 회원 될 자격을 가지지 못한 것에 있습니다. 오늘날도 그러하거든 하물며 근 삼십 년이나 전에리요. 이러한 이유로 독립협회의 사업은 실패된 것이외다.

그로부터 얼마를 잠잠하다가 다시 십 년을 지나 갑신(甲申)의 일아전(日俄

戰: 러일전쟁)이 개시되매, 조선에는 무수한 단체가 일어났습니다. 그중에서 민족개조를 표방은 아니 하였다 하더라도 그러한 관념을 가진 것은 학회(學會)라는 이름을 가진 단체들이외다.

가장 먼저 일고 가장 세력 있던 서북학회(西北學會)를 위시하여 기호학회(畿湖學會), 호남학회(湖南學會), 교남학회(嶠南學會) 같은 것이 있어 교육을 위한 유세(遊說), 학교의 설립, 교과서의 간행, 기관지의 발행 등으로 교육열을 고취하였습니다. 이 단체들이 교육의 필요를 제창한 점에서 일반(一般)의 진보와 새로운 자각을 하였다 하겠으나, 인물이 핍(乏)한 것(지도자, 전문가, 회원), 정치적 색채를 띤 것(당시의 사정으로는 면할 수 없는 일이라 하더라도), 무엇보다도 단체 조직의 요체를 모른 것 등은 독립협회와 다름이 없었고, 따라서 그 단체들의 말로도 거의 그와 동공이곡(同工異曲)이었습니다.

그들은 아직도 민족의 개조가 조선민족을 살리는 유일한 길인 것, 그리함에는 교육이 근본 되는 것, 그리함에는 유위(有爲)한 인물과 거액의 자금을 가진 공고한 단결이 필요한 것, 이것이 당시에 부르짖던 독립보다도, 제국(帝國)보다도, 정권보다도 필요한 것을 아직도 철저하게 자각하지 못하였습니다. 만일 그것을 철저하게 자각하였다면 좀 더 착실하게, 좀 더 완완(緩緩)하게 장구한 계획을 세웠을 것이외다. 그네에게는 몽롱한 자각과 열렬한 성의(誠意)가 있었으나 투철한 선견(先見)과 착실한 계획이 없었습니다. 그래서 '힘' 을 기를 생각을 하지 못하고 '맘' 만 있으면 일이 되는 줄 알아 한갓 조급하고 한갓 소리를 크게 하였습니다.

그네의 자각지 못한 것 중에 가장 중요한 것은 민족개조의 대사업을 감당할 만한 단체를 조직함에는 '회원 될 자부터 양성하여야 된다' 하는 것을 자각지 못함이외다. 이미 있는 사람 또는 이미 된 사람으로써 능히 이러한 단체를 얻으리라 생각하는 것이 근본적 유견(謬見)이외다. 개조를 목적하는 단체는 그 회원이 이미 개조된 사람이어야 할 것이니, 마치 금주를 선전하는 단체를 이루려면 그 단원부터 이미 금주한 사람이라야 할 것과 같습니다. 주정꾼들이 모여서 술을 먹어가며 금주를 한다 하면 이런 골계(滑稽)는 없을 것이 아닙니까. 그러므로 민족개조와 같은 사업을 목적으로 하는 단체를 이룸에는 그 단체의 조직보다도 그 기초회원 될 자의 더욱 필요하고 곤란한 사업이외다.

또 하나 당시의 지도자가 자각지 못한 중요한 점―이야말로 참으로 근본적으로 중요한 점―은, 민족의 개조는 도덕성 방면으로부터 들어가야만 할 것입니다. 특별히 조선민족의 쇠퇴의 원인은 도덕적 원인이 근본이니, 이를 개조함에는 도덕적 개조, 정신적 개조가 가장 근본이 되는 것이라 함이외다. 이 점을 자각지 못하고 그네는 오직 신지식의 주입만을 절규하였습니다. 이것은 어느 나라든지 신문명의 수입기에는 면치 못할 일인 듯하지마는, 그네가 조선민족의 쇠퇴의 근본원인을 도덕적 부패에서 찾을 줄을 모르고 오직 지식의 결핍에서만 찾으려 한 것은 큰 불총명(不聰明), 부자각(不自覺)이외다. 혹은 아직 그러한 시기에 달하지 못한 것인지도 알 수 없습니다. 도덕적 원인을 무시하고 지식만 고취하였기 때문에 드디어 금일까지도 지식만 중히 여기고 도덕이란 것을 경시하는 폐습을 생(生)하게 된 것이외다.

나중에 과거의 민족개조운동체로 들 것은 청년학우회(靑年學友會)이외다. 이 회(會)는 성립된 지 1년도 못 되어 합병 때문에 해산을 당한 것이라 세상에 드러난 공적은 별로 없지마는, 그 조직된 법이 이전의 모든 단체의 결점을 참고하여 거의 이상에 가깝게 된 것으로 보아 신시기(新時期)를 획(劃)하는 것이라 할 수 있습니다. 첫째 그 회에서는 회원을 극히 신중히 선택하여 단결의 제일의(第一義)를 지켰고, 둘째 기본금(基本金)의 적립을 실행하였고, 셋째 덕·체·지의 동맹수련((同盟修鍊)을 중요한 목적으로 세워 그 중에는 덕육(德育)을 고조(高調)하였고, 넷째 정치적 색채를 일체로 띠지 아니하여 순전히 교육에 의한 민족개조운동을 목적으로 하였고, 맨 나중으로 한번 작정한 규칙을 엄정히 지키었습니다. 이는 실로 조선의 단체사(團體史)에는 특필할 만한 조직법이요, 겸

하여 민족개조를 목적으로 하는 단체로는 더욱 그 선(宣)을 얻은 것이라 할 수 있습니다. 그러나 불행히 부득이한 사정으로 하여 폐절(廢絶)되어 그 사업의 실적을 볼 수 없이 되었으니 큰 유감이외다.

이상에 나는 갑신 이래 근 사십 년간의 조선의 혁신운동을 민족개조라는 견지에서 대략으로 비평하였습니다. 그러나 그 모든 운동들이 다 '이래서는 안 되겠다' 는 것을 자각하여 무슨 새 방침을 세워야 하겠다는 생각은 가졌다 하더라도 아직 '민족개조가 유일한 생로(生路)다' 하는 명확한 자각과, '그런데 민족개조는 이러한 주의, 이러한 계획으로 해야 한다' 는 구체적 의견에는 달치 못하였던 모양이외다(오직 청년학우회가 그러한 이상을 가졌던 모양이나).

이만 하면 내가 제창(차라리 소개)하려는 민족개조론의 본론에 들어갈 준비가 되었다고 생각합니다.

중(中)

민족개조는 도덕적일 것

민족개조라 함은 민족성 개조라는 뜻이외다. 일 민족의 생활은 무수한 부문(部門)으로 된 것이니, 그 중요한 자(者)를 들면 정치적 생활, 경제적 생활, 문화적 생활(종교적 생활, 예술적 생활, 철학적 생활, 사회적 생활) 등이외다. 이렇게 그 실생활의 부문이 극히 복잡하지마는 이 모든 생활의 양식과 내용은 그 민족성의 여하(如何)에 의하여 결정되는 것이요, 민족성은 극히 단순한 일, 이(一, 二)의 근본도덕(根本道德)으로 결정되는 것이외다. 예컨대 앵글로색슨족의 자유를 좋아하고 실제적이요 진취적이요 사회적인 국민성, 독일인의 이지적이요 사색적이요 조직적인 국민성, 라틴족의 평등을 좋아하고 감정적인 민족성, 중국인의 이기적이요 개인주의적 민족성, 이 중에서 앵글로색슨족을 뽑아 봅시다.

그네의 개인생활, 사회생활, 국가생활을 보시오. 어느 점, 어느 획의 자유, 실제, 진취, 공동(共動) 같은 그네의 근본적 민족성의 표현이 아닌가. 첫째, 그네의 정치제도를 봅시다. 영국은 세계에 가장 처음이요 또 가장 발달된 입헌국이니, 자유민권(自由民權)이란 사상은 실로 영국에서 그 원(源)을 발(發)한 것이라 합니다. 그러나 영국인은 자유를 바라는 동시에 실제를 좋아하므로 불국인(佛國人)과 같은 공상적 혁명을 일으키어 실제에 쓰지 못할 공상적 헌법을 세우려 아니하고, 또 가정적(假定的)으로 급격하게 변하려고 아니하고, 극히 점진적으로 인민의 자유를 확장한 것이외다. 그 결과는 감정적, 공상적으로 급격하게, 이론만으로 보아서는 가장 철저하게 자유를 주장하던 불국인보다도 훨씬 철저한 자유를 향락(享樂)합니다. 그네는 일시에 이상적으로 제정한 헌법도 없습니다. 다 아는 바와 같이 영국 헌법은 일조(一條)씩 일조씩 주워 모은 관례의 집적에 불과합니다. 그 이론의 철저함과 조리(條理)의 정연함이 도저히 연소기예한 청년들인 중국헌법제정위원(中國憲法制定委員)의 지은 헌법에 비겨 훨씬 떨어질 것이외다. 모순 많고 불합리한 점 많기로 영국 헌법은 세계에 제일이라 합니다.

그러나 중국의 헌법은 지어 놓은 헌법이요, 영국의 헌법은 쓰는 헌법이외다. 영인(英人)에게는 쓸 데 없는 것은 진실로 쓸 데 없게 여깁니다. 이렇게 그네는 심히 실제적이요, 점진적이외다. 그네의 요구하는 자유는 이론상의 자유가 아니요, 실용상의 자유외다. 그러한 잡동사니 헌법도 영국의 실용상의 자유를 보장하기에는 넉넉한 것이외다. 그리면서도 영인은 국가로 하여금 자기 개인의 자유를 간섭케 아니하리만큼 철저한 개인주의자외다. 그렇지마는 그네는 국가생활, 사회생활, 즉 단체생활의 필요(必要)를 알아 봉사의 정신이 왕성하므로 그네는 능히 단체를 위하여(국가만이 아니요, 무릇 무슨 단체든지 자기가 속한 단체를 위하여) 자기의 자유를 희생합니다. 그 희생함이 또 자유의 의사에서 발한 것이기 때문에 자유외다. 이번 구주대전에도 그네는 자원병으로 싸웠습니다. 정치제도뿐 아니라 종교나 철학이나 문학이나 예술이 모두 이 자유, 실제,

사회성, 점진성 같은 영인의 근본성격에서 발하지 아니함이 없으니, 가령 영국의 철학을 보시오. 독일인의 것과 같은 완전한 체계나 심오한 사색도 없고, 불국인의 것과 같은 명쾌(明快)와 신기(新奇)한 맛도 없어 그 역시 불완전한 실제적의 철학이외다. 특히 철학의 기초 되는 인식론과 철학의 중심이라 할 인생철학(人生哲學), 즉 윤리학이 더욱 그러합니다. 이론적으로 보아 불완전하나 실제적으로 보아 쓸 데가 많습니다. 실제란 워낙 불완전한 것이 특징이니까요.

문학과 예술도 그러합니다. 영문학(英文學)에는 남구문학(南歐文學)의 염려(艶麗), 방순(芳醇)도, 북구문학(北歐文學)의 심각(深刻), 신비(神秘)도 없고 그네의 실생활과 같이 평담(平淡)하고 자연(自然)합니다. 그러나 영문학은 문학 중에는 밥과 같습니다. 남구문학을 포도주에 비기고 북구문학은 윗카(燒酒)에 비기면.

영인의 상업이나 식민지정책도 또한 그러합니다. 그중에도 식민지정책을 보면 그 주인(住人)의 종교, 습관, 기타의 생활방식을 존중하여 그 자유로운 발달에 맡깁니다. 이것이 또한 그네의 자유의 정신의 발로외다. 그네는 다른 민족의 민족성의 자유를 알아주고 구태여 이것을 자기네의 표준을 따라서 변혁하려 아니합니다. 아마 그네는 타인의 성격을 자기의 표준을 따라 변혁하는 것이 불가능한 줄을 아는 총명을 가지기도 하였겠지마는 자기의 자유를 심히 사랑하는 그네는 차마 남의 자유를 죽이지 못함인 듯합니다.

또 그네의 식민지를 다스리는 제도를 보건대, 자기네의 본국을 표준하여 철두철미로 영국의 속령이라는 표(標)가 나기를 반드시 힘쓰지 않는 모양이요, 다만 실제로 자기의 식민지인 이익을 취하면 그만이라 하는 듯합니다. 마치 커다란 유니언잭 국기를 그 땅에 달아 놓으면 그만이지 구태 방방곡곡이, 가가호호가 유니언잭을 그리고 달고 해야 한다는 철저한 생각은 아니 가진 듯합니다. 그리면서도 아주 사상적으로 철저적이요 조직적이게 모국화하려고 애쓰는 불국보다 훨씬 유효하게 그 식민지를 모국화하는 공효(功效)를 얻습니다. 그네의 식민지는 번창하고, 그네의 지배를 받는 이민족은 비교적 많은 자유를 향락하고, 그러면서도 그네의 모국은 식민지에서 얻을 이익을 넉넉히 향수합니다. 애급(埃及: 이집트)과 비율빈(比律賓: 필리핀)은 앵글로색슨족의 식민지정책 성공 호표본(好標本)입니다. 그리하고 그 성공의 원인 또한 그네의 근본성격인 자유, 실제, 봉사, 점진성 같은 정신에서 나온 것이외다.

이렇게 영인의 모든 생활과 그 생활의 성패는 그 민족의 근본성격 또는 근본정신에 기인한 것이외다.

민족심리학의 태두 불국의 석학 르 봉(Le Bon) 박사는 그의 명저 《민족심리학》에서, "언어, 제도, 사상, 신앙, 미술, 문학 등 무릇 일국의 문명을 조직하는 각종 요소는 이를 지어낸 민족성의 외적 표현이라"(민족심리학 제2장 제1절)고 단언하였으니, 이는 내가 이상에 누누이 설명한 바를 가장 간명하게 결론한 것이라고 볼 수 있습니다.

머리를 돌려 조선민족의 이처럼 쇠퇴한 진인(眞因)을 찾아봅시다. 조선민족이 어떻게 이처럼 쇠퇴하였느냐 하는 문제에 대하여 일본인은 흔히 이조(李朝)의 악정(惡政)이 그 원인이라 하고, 서양인도 그와 같은 뜻으로 Maladministration(악정)이라 합니다. 이것이 우리 민족의 쇠퇴의 가장 직접 되고 또 총괄적인 원인인 것은 말할 것도 없습니다. 그러나 이것은 조금도 원인을 설명한 것은 아니니, 이는 마치 영미(英美)가 강성한 것은 그 선정(善政)에 말미암음이라 하는 것이 무의미한 말과 같습니다.

구태 악정이라 하는 말에 무슨 의미가 있다 하면 그것은 "조선민족의 쇠퇴의 책임은 그 치자계급(治者階級)—즉 국왕과 양반에게 있다" 함일 것이외다. 과연 조선에는 적어도 약 삼백 년 이래로는 엄연히 치자계급이란 것이 있었습니다. 국왕과 양반. 1인의 국왕과 혹은 동서인(東西人) 혹은 노소론(老少論) 하는 전 민중의 몇백분지 일에 불과하는 소수계급이 세습적으로 정치와 교화(敎化)를 분담하여 왔으니, 전 민족을 쇠퇴케 한 직접의 책죄(責罪)가 그네에게 있는 것은 사실이외다.

정치를 문란(紊亂)한 것, 산업을 쇠잔(衰殘)케 한 것, 국민교육을 힘쓰지 아니한 것, 사회 풍기(風紀)와 인민의 정신을 추락케 한 직접의 책임자가 피등(彼等)인 것은 피치 못할 사실이외다. 더욱이 인국(隣國)의 치자계급이 서양의 신문명을 수입하여 대경장(大更張)을 행할 때 그 인국의 권유와 원조가 있음을 불구하고 때맞추어 유신의 속도를 행하지 못하여 전 민족으로 하여금 철천의 한을 품게 한 것은 그네의 죄 중에도 가장 큰 죄라 할 것이외다. 하지마는 한 걸음 더 내켜 생각하면 이 역시 전 민족의 책임이요, 또 한 걸음 더 내켜 생각하면 이 역시 민족의 소사(所使)이외다. 만일 영인 같은 자유를 좋아하는 정신이 있고, 불인 같은 평등을 좋아하는 정신이 있다 하면 결코 신임(信任)치 못할 치자계급을 그냥 두지 아니하였을 것이외다. 또 치자계급인 그네에게도 자유, 평등, 사회성, 진취성이 있었다 하면 결코 조선민족을 이렇게 못되게 만들지는 아니하였을 것이외다. 치자이던 양반이나 피치자이던 일반민중이나, 그가 가진 추락한 민족의 희생이 되기에는 마찬가지 조선민족이외다. 만일 다시 민족성을 추락하게 한 책임이 치자계급에 있다 하여 그네를 책망할진대 그러한 치자계급을 산출하고 존속케 한 책임이 또한 일반민중에게 있다 하여 또 그네를 책망하게 될 것이외다. 그러므로 치자계급이던 양반에게 민족을 쇠퇴케 한 직접의 책임을 지우더라도 별 수 없는 일이요, 요컨대 조선민족 쇠퇴의 근본원인은 추락된 민족성에 있다 할 것이외다.

조선민족 쇠퇴의 원인이라도 악정이라는 것이 이미 도덕의 부패를 연상케 하는 것이니, 대개 악정이라 하면 식견이 부족하여 되는 악정, 즉 위정자의 동기는 국리민복을 위함에서 나왔지마는 지식이 없어서 악정이 되는 악정도 있을 것입니다.

그러나 악정이라는 이름을 듣는 대부분—특히 조선민족을 쇠퇴케 한 악정의 대부분은 이러한 선의의 악정이 아니요, 진실도 그 동기부터 악한 악의의 악정입니다. 곧 정사(政事)를 행함에 국가와 민생을 위하여 하지 아니하고 자기 일 개인 또는 자기와 이해관계를 같이 하는 일 당파의 이익을 위하여 하는 악정입니다. 가령 모(某)가 영의정이 되었다 합시다. 그는 관리의 임면이나 만반 시정(施政)을 국가를 위하기보다 첫째 자기 일신의 권세, 둘째 자기의 친척붕우(親戚朋友)의 출세, 셋째 자기와 휴척(休戚)을 같이 하는 노론이나 소론의 권세를 위하여 합니다. 따라서 그의 손으로써 나온 모든 공직(公職)을 띤 자(者)가 다 이러합니다. 조선의 악정은 실로 이러한 종류의 악정이었습니다.

이제 이 악정자(惡政者)를 도덕적으로 분석해 봅시다. 그는 첫째, 허위의 인(人)이외다. 국사(國事)를 거(擧)한다 하면서 사사(私事)를 하고, 총준(聰俊)을 거한다 하면서 당여(黨與)를 거하고, 죄인을 벌한다 하면서 사혐(私嫌)을 보(報)합니다. 교화의 머리가 되는 대제학이 반드시 학식과 품격이 빼난 자가 아니며 원수와 대장이 반드시 무용(武勇)과 전략을 구비한 자가 아닙니다. 하필 예를 고대에 구하리오. 최근으로 보더라도 수만의 시위대(侍衛隊), 진위대(鎭衛隊)가 국방을 위하여 있던 것이 아니요, 학부(學部)가 교육을 위하여 있던 것이 아니요, 무슨 대신, 무슨 국장이 국사를 하노라고 있던 것이 아니니 모두가 허(虛)요, 모두가 위(僞)외다.

둘째, 그네는 단체생활의 생명인 사회성, 곧 봉사의 정신이 없었습니다. 만일 공을 위하여 사를 희생하는 정신, 즉 일생(一生)의 사(思), 언(言), 행(行)이 도시(都是) 국가와 민족을 위함이라는 정신이 없기 때문에 이렇게 빙공영사(憑公營私)의 악행을 한 것이외다.

이 허위와 사욕, 두 가지가 치자로 하여금 그러한 악정을 행하게 한 것이외다. 허위된지라 그네에게 정의가 없고 충신(忠信)이 없으며, 사욕된지라 그네에게 국(國)이나 민(民)에 대한 애(愛)도 경(敬)도 없는 것이외다.

다음에 일반민중이, 또는 치자계급 자신이 이 악정을 개혁하지 못한 원인도 또한 도덕성입니다. 그네 중에도 이것이 그릇된 것을 자각한 자가 있었을 것이외다. 생각도 하고 말도 하고 글도 지었을 것이외다.

논어나 맹자도 결코 허위와 사욕을 가르치는 글이 아니니 이것을 외우는 그네의 입에는 살신성인(殺身成仁)이라든지, 국궁진췌(鞠躬盡瘁: 마음과 몸을 다하여 나라 일에 이바지함)라든지, 알인욕이존천리(遏人慾而存天理: 인간의 욕심을 막고 하늘의 이치를 보존함)라든지, 충군애국(忠君愛國)이라든지 하는 말도 많이 하였을 것이외다. 그러면서도 이 악정을 이내 고치지 못한 것은 첫째 나타(懶惰)하여 실행할 정신이 없고, 둘째 겁나(怯懦)하여 실행할 용기가 없고, 셋째 신의와 사회성의 결핍으로 동지의 공고한 단결을 얻지 못한 까닭이외다. 개혁의 사업은 공상(空想)과 공론(空論)으로 될 것이 아니요 오직 실행으로만 될 것이요, 재래의 정권이나 습관에 반항하여 구(舊)를 파(破)하고 신(新)을 건(建)하는 위업은 그 사업의 성질상 곤란과 위험이 많은 것이니 이를 능히 함에는 위대한 용기가 필요합니다.

또 일국을 개혁하려는 위업은 결코 일, 이 개인의 능력이 능히 할 바 아니요, 오직 공고하고 유력한 단체로야만 할 것이외다. 그런데 조선사를 보면 흔히 개혁자들이 국왕이나 재상에게 일편의 의견서(意見書)를 드림으로써 유일한 방침을 삼고, 가장 근대에 비교적 진보한 사상을 가졌다 할 김옥균, 박영효조차 겨우 십수(十數)의 동지를 음모적으로 규합함에 불과하였고 일찍 공고하고 세력 큰 대결사(大結社)에 상도(想到)치 못하였습니다.

비록 근년에 이르러 개혁을 목적으로 한 여러 가지 단체가 있었지마는 내가 전에 말한 바와 같이 그 역시 공고단결이라 할 수는 없었습니다. 진실로 갑신 이래로 3인 이상의 단결된 동지가 3개년 이상을 그냥 그 단결을 유지한 것을 듣지 못합니다. 그 원인이 어디 있나. 허위, 나타, 무신, 사회성의 결핍에 있습니다. 피차에 허위되니 피차에 믿지 못하고, 믿지 못하니 단결이 안 됩니다. 단체생활의 제일 요건은 진실로 서로 믿는 것인데 거짓말쟁이 속임군들끼리 모이면 무슨 단결이 되겠습니까. 둘째, 단체란 일하고자 만든 것인데 밤낮 공상과 공론으로만 일을 삼으면 무엇이 되겠습니까? 셋째, 신의가 없이 피차에 작정한 것을 지킬 줄을 모르고 단체에 대하여 진 의리를 안 돌아보아 서로 미쁨이 없으면 무슨 단결이 되겠습니까. '배반'은 실로 조선의 교우사(交友史), 단체사(團體史)를 관류한 악덕이외다. 이리하여 악정의 개혁을 행하지 못하고 말았습니다.

위에 말한 나의 사론(史論)이 만일 정확하다 하면 조선민족 쇠퇴의 근본적 원인이 도덕적인 것이 더욱 분명하지 아니합니까. 곧 허위, 비사회적 이기심, 나타, 무신, 겁나, 사회성의 결핍—이것이 조선민족으로 하여금 금일의 쇠퇴에 빠지게 한 원인이 아닙니까.

영미족의 흥왕(興旺)도 그 민족성의 원인이요, 오족(吾族)의 쇠퇴도 그 민족성의 원인이니 민족의 성쇠흥망이 실로 그 민족성에 달린 것이외다. 그러므로 일 민족을 개조함에는 그 민족성의 근저인 도덕에서부터 시작하여야 한다 함이외다.

새 술은 낡은 부대에 담지 못한다, 부대는 터지고 술은 쏟아지리라. 낡은 재목으로 새 집은 짓지 못한다, 더구나 썩어져 무너진 집 재목으로 새 집을 지으랴. 짓지도 못하려니와 지어도 다시 무너지리라. 쇠퇴하던 백성이 그냥 흥왕하는 백성이 되지 못하리니 흥왕하려면 그 백성부터 새롭게 힘 있게 하여야 할 것이외다.

만일 그 썩어진 성격을 그냥 두면 아무러한 노력을 하더라도 허사가 되고 말 것이니 민족적 성격의 개조! 이것이 우리가 살아날 유일한 길이외다.

민족성의 개조는 가능한가

나는 이 논문의 상편에서 민족개조란 가능한 것이라는 뜻을 암시하였습니다. 특히 소크라테스의 민족개조운동을 논평할 때에 단체사업으로만 하면 민족개조는 가능하다는 확신을 말하였습니다. 그러나 우리가 몸소 민족개조운동을 개시하려고 드니 이것이 가능한가 아니한가를 환히 알고 싶어집니다.

　전절(前節)에 말한 바와 같이, 민족개조란 곧 민족의 성격 즉 민족성의 개조니 민족이란 개조할 수 있을 것인가 하는 것이 우리가 본절(本節)에서 토론할 문제외다.

　전에 인용한 르 봉 박사는 민족적 성격과 부속적(附屬的) 성격의 이부(二部)가 있다 하여 부속적 성격은 가변적이나 근본적 성격은 거의 불가변적이니 오직 유전적 축적으로 지완(遲緩)한 변화가 있을 뿐이라 합니다. 크롬웰 시대의 영인과 금일의 영인과는 거의 딴 민족같이 보이지마는, 기실은 그 부속적 성격이 특수한 대사건, 대변동의 영향을 받아 변하였음이요, 그네의 근본적 성격에는 거의 아무 변화도 없었다 하고, 또 나폴레옹 대제의 종순(從順)한 신민이던 불인과 바로 몇 해 전 대혁명 시대의 불기자유(不羈自由)하던 불인과는 근본적으로 딴 성격의 민족인 듯하나 기실 전제적으로 지배받기를 좋아하는 라틴족의 근본성격에는 변함이 없다 하였습니다. 그래서 박사는 주위의 사정, 무슨 대사변, 또 교육은 어떤 민족의 부속적 성격을 변(變)할 수 있으되 그 근본적 성격을 변할 수는 없으며, 그렇기 때문에 부속적 성격을 일시 변하더라도 얼마를 지나면 다시 근본적 성격이 우승(優勝)하게 된다고 합니다.

　그리하고 박사는 근본적 성격의 예로 앵글로색슨족의 자유와 자치를 좋아하는 성격, 라틴족의 평등과 피치(被治)를 좋아하는 성격 등을 들었습니다. 박사의 주장대로 한번 앵글로색슨족의 성격은 아무리 변하더라도 그 자유를 좋아하는 성격은 변하지 못하리라, 그와 반대로 라틴족의 성격은 아무리 변하더라도 평등을 좋아하는 성격은 변하지 못하리라 하게 됩니다.

　또 박사는 민족의 성격을 해부적 성격과 심리적 성격의 둘로 나눠서, 우리가 흔히 민족성이라고 일컫는 바를 심리적 성격이라고 하고, 체질의 특징을 해부적 성격이라고 합니다. 그래서 박사는 일 민족의 해부적 특징의 근본적인 몇 가지가 변할 수 없는 모양으로 일 민족의 심리적 특징, 즉 민족성의 근본적인 몇 가지도 변할 수 없는 것이라 합니다. 가령 황색인종의 피부의 황색 같은 것은 불가변적인 해부적 특징이외다. 그러나 해부적 특징에 이렇게 고정불가변한 것이 있다고 거기에서 유추하여 심리적 특징에도 그런 것이 있으리라 함은 한 가설에 불과한 것이라 과학적으로 정확한 증명을 하기는 어렵지마는, 여러 가지 역사적 실례로 보건대 그것이 진리인 듯합니다. 박사가 이미 앵글로색슨족과 및 자국인인 라틴족도 예로 들었지마는 일찍 이민족으로서 완전히 동화하여 동일한 성격의 민족을 성(成)하였다는 전례를 보지 못한 것으로 보면 각 민족에게는 도저히 변할 수 없는 일개(一個) 또는 수개(數個)의 근본적 성격이 있다고 보는 것이 옳은 듯합니다. 특히 개인심리학상으로 보더라도 각 개인마다 해부적 특징이 있는 모양으로 갑이면 갑, 을이면 을 되는 개성에 근본적 특징이 있어 이것은 일생에 변하기 어려운 것을 보더라도 개인의 성격의 총화라 할 만한 민족성에도 변할 수 없는 근본적 성격이 있을 것입니다.

만일 그렇다 하면 우리는 일종의 실망에 빠지게 됩니다. 민족성의 개조란 불가능이 아닐까 하는 의혹이 생깁니다. 만일 민족의 근본적 성격도 변할 수 있는 것이라 하면 다시 말할 필요가 없거니와, 르 봉 박사의 설과 같이 민족의 근본적 성격은 불가변의 것이라 하고 민족의 개조할 방법을 연구해보는 것이 필요합니다.

여기는 두 가지 경우가 있겠습니다. (1) 근본적 성격은 좋지마는 부속적 성격이 좋지 못한 경우와, (2) 근본적 성격 자신이 좋지 못한 경우와. 그런데 첫째로 말하면 설명치 아니하여도 주위와 대변동과 교육의 힘으로 개조할 수 있는 것이 분명하고, 둘째가 가장 어려운 문제이외다. 곧 근본적 민족성이 좋지 못하고는 그 민족은 생존·번영할 수 없거늘, 이것은 도저히 변화시킬 수 없는 것이라 하면 그 민족의 운명은 절망적일 것이외다. 그러나 역시 개조할 길이 있습니다.

근본적 성격이 좋지 못한 민족이라고 그 민족의 각 개인이 다 좋지 못한 사람일 리는 만무하니, 그중에도 소수나마 몇 개의 선인(善人)이 있을 것이외다. 마치 부패한 유태인 중에서 예수 같으신 이가 나시고 그의 사도들 같은 이들이 난 모양으로. 이 소수의 선인이야말로 그 민족 부활의 맹아이외다. 10인의 선인이 없으므로 하여 소돔 성이 천화(天火)에 망하였다는 말도 진실로 의미심장한 말이외다.

 이 소수의 선인, 다시 말하면 그 민족의 근본적 악성격(惡性格)을 가장 소량으로 가진 사람들 중에 한 사람이 먼저 '이 민족은 개조해야 한다'는 자각과 결심이 생깁니다. 그 사람이 자기와 뜻이 똑같은 사람 하나를 찾아 둘이서 동맹을 합니다. 먼저 자기를 힘써 개조하고, 다음에 개조하자는 뜻이 같은 사람을 많이 모으기로 동맹합니다. 차차 3인, 4인씩 늘어 수천만의 민족 중에서 수백 내지 수천 인을 모집하여 한 덩어리, 한 사회, 한 개조동맹 단체를 이룹니다. 그러하면 그 단체의 각원(各員)은 더욱더욱 수련되고 개조되어 더욱더욱 좋은 사람(문명(文明)한 국가의 일 공민(公民)이 될 만한 덕행과 학식, 기능과 건강을 가진 사람)이 되고, 이러한 바른 자각과 굳은 결심과 오랜 수양(修養)을 가진 사람들의 단체이기 때문에 그 단체의 유지와 발전이 썩 잘 되어 갈 것이외다. 이에 그네는 아직 개성이 고정되지 아니하고, 그중 우수한 소년남녀를 뽑아 그 동맹에 가입케 하여, 일면으로 그 동맹원의 수를 증가하며 일면으로 그 단체의 인력과 재력을 충장(充壯)케 하여 학교, 서적출판, 기타의 사업으로 일반 민족에 크게 선전하는 동시에 차대(次代)의 후계자인 자녀에게 새 이상(理想)의 교육과 환경을 주어서 더욱더욱 신분자(新分子) 즉 개조된 개인의 수를 증가케 합니다.

 이리하여 십 년이나 이십 년을 지나면 개조된 개인이 일이천인(一二千人)에는 달할 것이니, 그네는 모두 신용과 능력이 있는 인사이겠기 때문에 사회의 추요(樞要)한 모든 직무를 분담하게 되어 자연 전 민족의 중추계급(中樞階級)을 성(成)하게 될 것이요, 이리 되면 자연도태의 리(理)로 구성격(舊性格)을 가진 자는 점점 사회의 표면에서 도태되어 소리 없이 복(伏)하게 되고, 전 민족은 이 중추계급의 건전한 정신에 풍화(風化)되어 세월이 가고 세대가 지날수록 민족은 더욱 새로와져 오십 년이나 백 년 후에는 거의 개조의 대업이 완성될 것이외다.

이렇게 의식적이요 조직적인 방법은 아직 역사상에 전례가 없거니와, 전에도 말한 바와 같이 무릇 민족개조라 할 만한 사업은 다 이와 유사 경우로 되는 것이니, 혁명이라든지 유신이라든지가 신계급의 출현으로 됨을 보아서 알 것입니다.

이제 우리 조선민족에게 민족개조의 원리를 응용하여 봅시다.

첫째, 조선민족의 민족성의 결점은 그 근본적 성격에 있는 것인가, 또는 부속적 성격에 있는 것인가를 한번 생각할 필요가 있습니다. 문제의 결정되기를 따라 우리의 민족개조 사업의 난이(難易)가 결정될 것이외다. 그런데 이 문제를 결정하려면 르 봉 박사의 이른 바와 같은 조선민족의 근본성격이란 무엇인가 하는 것을 먼저 찾아보아야 할 것이외다.

우리 민족에 대한 가장 낡은 비평은 《산해경(山海經)》에 나온 한족(漢族)의 비평이니,

"군자국재기북 의관대검 식수 사이문호재방 기인호양부쟁(君子國在其北 衣冠帶劍 食獸 使二文虎在旁 其人好讓不爭: 군자의 나라가 그 북쪽에 있다. 그 나라 사람들은 의관을 갖추고, 검을 차고, 짐승을 잡아먹고, 두 마리의 무늬 호랑이를 곁에 둔다. 그 사람들은 사양하기를 좋아하여 다투지 않는다)"이라 하였고, 이에 대한 곽박(郭璞)의 찬(讚)에,

"동방기인 국유군자 훈병시식 조호시사 아호예양 예위논리(東方氣仁 國有君子 薰屛是食 彫虎是使 雅好禮讓 禮委論理: 동방의 기운은 어질어서 나라에 군자가 있으니, 훈병(薰屛)을 먹고 조호(彫虎)를 부리며, 본디 예와 양보하기를 좋아하고 예는 논리에 따른다)"라 하였습니다. 우리 민족이 이민족에게 처음 준 인상이 '군자(君子)' 외다. 공자도 "군자거지(君子居之)라" 하여 자국민의 부패무도(腐敗無道)함에 분개하여 아족(我族) 중에 오려 하였습니다. '기인호양

부쟁(其人好讓不爭)'이라 한 것으로 군자인 것을 설명하였습니다. '호양부쟁(好讓不爭)'이란 것을 현대적 관념으로 분석하면 관대, 박애, 예의, 염결(廉潔), 자존 등이 될 것이외다.

다시 이 네 가지 덕목을 한데 뭉치면 곽박의 《산해경찬(山海經讚)》에 있는 바와 같이 '인(仁)'이 될 것이외다. 그런데 이를 조선민족의 역사에 참고해 보건대, 인(仁)은 조선민족의 근본성격인 듯합니다. 국제적으로도 일찍 남을 침략해본 일이 없고, 또 외국인을 심히 애경(愛敬)하는 성질이 있으며, 민족끼리도 잔인강폭(殘忍强暴)한 행위는 극히 적습니다. 살인강도 같은 잔인성의 죄악은 현금에도 심히 적다 합니다.

조선처럼 관대한 자(者)는 타민족에서는 보기 어렵습니다. 혹 누가 자기에게 모욕을 가하면 흔히 껄껄 웃고 구태여 보복하려 아니합니다. 외국인은 혹 이를 겁나(怯懦)한 까닭이라고 할는지 모르나, 껄껄 웃는 그의 심리는 일종 관서(寬恕)와 자존(自尊)이외다. 그래서 조선인은 원수를 기억할 줄 모릅니다. 곧 잊어버립니다. 심지어 자기의 혈족을 죽인 자까지도 흔히는 용서합니다. 그러므로 조선의 전통이나 문학에 복수에 관한 것은 극히 적고, 일본민족과 같이 이를 한 미덕으로 아는 생각은 조금도 없습니다.

다음에 조선인은 애인(愛人)하는 성질이 많습니다. 처음 대할 때에는 좀 뚝뚝하고 찬 듯하지마는 속맘에는 극히 인정이 많습니다. 십수 년 전까지 사랑(舍廊)에 들어오는 손님이 있으면 알거나 모르거나 숙식을 주어 환대합니다. 집에는 내객을 위하여 항상 객량(客糧)과 객찬(客饌)과 객초(客草)를 준비하고, 가족의 먹는 것은 박하여도 객에게는 맛나는 것을 주며, 가족은 좀 차게 자더라도 객실에는 불을 많이 땝니다. 옛날의 조선 가정의 하는 일의 반은 실로 접빈객(接賓客)이었습니다.

예의를 중히 여기는 것은 오족의 본래의 특성이외다. 군자국이라는 칭호부터도 예의를 연상케 하거니와 '의관대검(衣冠帶劒)'이라든지 '호양부쟁(好讓

不爭)'이라든지 하는 말에도 예의를 연상케 합니다. 또《동방삭신이경(東方朔神異經)》에,

"동방유인 남개호대현관 여개채의 항공좌이 불상범 상예이불상훼 견인유환 투사구지 창졸견지여치 명왈선인(東方有人 男皆縞帶玄冠 女皆采衣 恒恭坐而不相犯 相譽而不相毀 見人有患 投死救之 蒼卒見之如癡 名曰善人: 동방에 사람이 있으니 남자는 모두 흰 띠를 띠고 검은 관을 쓰며 여자는 모두 채색 옷을 입고 항상 공손히 앉아 서로 범하지 않으며, 서로 기리어 서로 흉보지 않으며, 타인에게 우환이 있는 것을 보면 죽음을 무릅쓰고 구하니, 잠깐 보면 어리석은 사람 같으나 이르기를 착한 사람이라 한다"라 한 것이 있음을 보아 어떻게 고대 오족의 예의를 숭상한 것을 알 것이외다. 또《후한서(後漢書)》에 부여인(夫餘人)의 예의 있음을 평하여

"음식용조두 회동배작세작 읍양승강(飮食用俎豆 會同拜爵洗爵 揖讓升降: 식사할 때 조두를 쓰고, 함께 모일 때에는 절하며 서로 술잔을 주고 잔을 씻으며, 서로 읍하고 사양하면서 몸을 폈다가 굽혔다가 한다)"이라 하였고, 또《삼국지(三國志)》에서 마한(馬韓)을 평하여,

"기속 행자상봉 개주양로(其俗 行者相逢 皆住讓路: 그 풍속이 길 가는 자들이 서로 만나면 모두 길을 양보한다)"라 하였습니다. 이렇게 예의를 숭상하는 본성이 있었으므로 이조의 당쟁도 거의 예문(禮文)의 해석이 그 원인이 되었으며, 현금의 조선인도 예의를 숭상하는 풍(風)이 많으니, 우리나라를 예의지방(禮儀之邦)이라 한 것은 참으로 적평(適評)이라 하겠습니다.

그러면 예의란 무엇이요. 규율에 복종하여 질서를 지키는 것이외다. 규율 밑에는 극히 순복(順服)한다는 뜻이외다. 예의란 곧 의(義)외다.

또 조선인은 염결(廉潔)하였습니다. 또《삼국지》에 "기인성원각 소기욕유염치(其人性愿慤 少嗜慾有廉恥: 그 사람들의 성질은 조심스럽고 성실하며 욕심이 적고 염치가 있다)"라 하였습니다. 정승으로서 객줏집 한 방을 빌려서 유숙

한 이가 있고, 결코 남을 위하여 무슨 일을 할 때에 물질적 보수를 논하지 아니하였습니다. 금전을 탐하는 것은 조선인의 가장 천히 여기던 바이외다. 지금은 세강속말(世降俗末)하여 금전수입의 다소(多少)도 인물을 평가(評價)하게 되었지마는, 옛날 조선인은 금전이라는 말을 하기도 부끄러워하였습니다. 그러나 그러한 정신은 아직도 남아서 무슨 일에나 월급이라든지 보수를 논하기를 치욕으로 압니다.

또 조선인은 심히 자존심이 많습니다. 근대에 일부 배명배(拜明輩: 명나라를 숭배하는 무리)가 한족의 문화에 침취(沈醉)하여 숭정기원후(崇禎紀元後)를 쓰면서도 일반민중은 한인을 '되놈'이라 하고 '오랑캐'라 하여 우리보다 훨씬 떨어지는 자로 여기도록 그처럼 자존심이 많습니다. 어떤 미국인이 ○○사건 후에 구제미(救濟米)를 얻으러 온 조선인들이 모여 선 것을 박은 사진을 보고 아아 조선 사람은 존대(尊大)하다고 평하는 것을 보았습니다. 과연 우리 사람의 앉음앉음, 걸음걸이, 말하는 모양, 어떻게나 존대합니까. '점잖다'는 말은 우리가 사람의 품격을 칭찬하는 데 가장 많이 쓰는 말이외다.

또 자존이라는 관념 중에는 자주라 독립이란 관념이 항상 부수(附隨)합니다. 역사를 보면 조선에는 일찍 봉건제도가 시행되어 본 일이 없습니다. 삼한시대(三韓時代)나 삼국시대 초기에도 무수한 소국(小國)이 있었지마는 그것이 다 완전한 독립국이었고, 대국(大國)의 멸(滅)함을 받을지언정 그 부속(附屬)은 아니 되었습니다. 당과 신라의 관계 같은 것은 일종 외교적 정책관계요 신라가 당의 지배를 받은 일은 없었으며, 이씨조선 시대에도 명의상 명청 양조(兩朝)의 정삭(正朔)을 받았다 하나 그것은 일편의 형식이요 그 사실상 지배를 받은 일은 없었습니다.

그리고 일반민중의 생활을 보더라도 독립자주의 기풍이 많습니다. 조선에는 일인(一人)의 지배하에 만인(萬人)이 복종하는 대가족제나 농노제는 시행된 적이 없었고, 조그마한 집일망정 각각 제 집에서 제가 벌어먹기를 좋아합니다. 지금도 그 기풍이 남아 이익이 많은 남의 고용보다도 이익이 적은 독립한 영업을 좋아합니다. 이 자주(自主)를 호상(好尙)하는 기풍은 조선인의 생활의 각 방면에 드러납니다. 그러나《산해경》은 우리 조선사람을 그릴 때에 오직 이 인(仁)한 방면만 볼 뿐이 아니요, 또 그 무용(武勇)한 방면도 보았습니다. '의관대검(衣冠帶劒)'이라 하니, 그는 점잖은 의관을 하고 무용의 검을 찼습니다. 이뿐 아니라《후한서》에도 우리를 평하여, "부여기인 추대강용이근후 불위구초 … 행인무주야 호가음 음성부절(夫餘其人 麤大彊勇而謹厚 不爲寇鈔…行人無晝夜 好歌吟 音聲不絶: 부여의 사람들은 거칠고 크고 강하고, 용감하면서 근후하여 도둑질을 하지 않으며…행인은 낮밤 없이 있고, 노래하고 읊음을 좋아하여 음성이 그치지 않는다)"이라 하였고, 또 동옥저(東沃沮)를 기(記)하여 "…인성질직강용편지여전(人性質直强勇便持予戰)…"이라 하였습니다. 또 만인(滿人: 만주족)이 우리 민족을 부르는 가장 최고(最古)의 칭호로서의 이(夷) 자는 쌍대쌍궁(双大双弓)이라 하여, 대궁(大弓)을 가지고 다니는 자라는 뜻이외다. 이렇게 우리 민족의 본성은 무용(武勇)하였습니다. 오직《후한서》에서 말한 바와 같이 "근후불위구초(謹厚不爲寇鈔: 삼갈 줄 알고 두터워서 도둑질이나 노략질을 하지 않는다)"하여 "추대강용(麤大彊勇: 거칠고 거대하며 강하고 날쌤)"하면서도 군자국이란 칭찬을 듣는 것입니다.

다음으로 조선인의 성질은 기(基)히 쾌활합니다. 여기 인용한 글에도 '호가음 음성부절(好歌吟 音聲不絶)'이라 하였으니, 그네들의 사는 곳에 음악이 끊이지 않는단 말이요,《삼국지》에 마한(馬韓)의 풍속을 평하여 "상이오월전경 제귀신 주야주회 군회취가무 무첩수십인 상수답지위절(常以五月田竟 祭鬼神 晝夜酒會 群會聚歌舞 舞輒數十人 相隨踏地爲節: 항상 오월에 농사일을 마치고 귀신에 제사하고 밤낮으로 모여 술을 마시고 모여 노래하고 춤춘다. 문득 수십 인이 서로 따라 땅을 밟아 절(節)을 이룬다)"이라 하고, 또《후한서》에 진한(辰韓)을 평하여 "속희가무음주고슬(俗喜歌舞飮酒鼓瑟: 풍속이 가무음주를 즐기며 거문고를 탄다)"이라 하고,《삼국지》에 고구려를 평하여 "기민희가무 국중 읍락 모야 남여군취 상취가희(其民喜歌舞 國中邑落 暮夜 男女群聚 相就歌戲)"라 하였습니다. 이는 만인(滿人)이 고대의 우리 민족을 평한 것이어니와 우리 자신이 보더라도 우리는 퍽 쾌활한 민족이외다.

   조선인은 낙천적이라 그는 웃을 줄을 알되, 울거나 노하거나 음침(陰沈)한 태도를 취할 줄을 모릅니다. 조선인처럼 농담과 장난을 좋아하는 자는 드물 것이외다.

   조선인은 결코 제국주의적, 군벌주의적 국민은 되지 못합니다. 종교적으로 우는 민족, 철학적으로 음침하게 사색하는 민족도 되지 못합니다. 조선인은 현실적, 예술적으로 웃고 놀고 살 민족이외다.

   그러면 조선민족의 근본성격은 무엇인고. 한문식 관념으로 말하면 인(仁)과 의(義)와 예(禮)와 용(勇)이외다. 이것을 현대식 용어로 말하면 관대(寬大), 박애(博愛), 예의(禮義), 금욕적(禁慾的) 염결(廉潔), 자존(自尊), 무용(武勇), 쾌활(快活)이라 하겠습니다. 구체적으로 말하면 조선민족은 남을 용서하여 노하거나 보복할 생각이 없고, 친구를 많이 사귀어 물질적 이해관념을 떠나서 유쾌하게 놀기를 좋아하되 사교적(社交的)이요, 예의를 중히 여기며 자존하여 남의 하풍(下風)에 입(立)하기를 싫어하며, 물욕(物慾)이 담(淡)한지라 악착한 맛이 적고 유장(悠長)한 풍(風)이 많으며, 따라서 상공업보다 문학, 예술을 즐겨 하고, 항상 평화를 애호하되 일단 불의를 보면 '투사구지(投死救之: 목숨을 던져 구하다)'의 용(勇)을 발하는 사람이외다.

   이제 그 반면인 결점을 보건대 관대박애(寬大博愛)하므로 현대 국민이 가지는 배타적 애국심을 가지기 어려우니, 그러면서 사천 년래 능히 국가를 유지한 것은 그의 자존심과 무용성이 있음이외다. 그의 성(性)이 염결한지라 이민족의 영토를 침략할 야심이 없을 뿐더러 치부지술(致富之術: 부를 쌓는 재주)이 졸(拙)하여, 저 삼국시대를 보더라도 미술의 발달은 당시 세계에 모범이 될 만하면서도 상공업의 발달은 보잘 것이 없었습니다. 또 예의를 숭상하는 반면은 진정(眞情)의 유로(流露)를 저해하여 허위에 흐르기 쉬우며, 자존심이 많음은 지도자의 지도에 순종함을 절대요건으로 하는 공고한 단체의 조직을 못 하게 하는 원인이 되고, 그의 낙천적이요 현실적인 본성은 그로 하여금 피안의 낙원을 구하는 종교나 심오한 철학적 사색이나 과학적 탐구에 대한 노력을 경시하게 하였습니다. 조선민족을 금일의 쇠퇴에 끌은 원인인 허위와 나타와 비사회성과 및 경제적 쇠약과 과학의 부진은 실로 이 근본적 민족성의 반면(半面)이 가져온 화(禍)입니다.

그러나 그렇다고 이 민족성 그것이 악한 것은 아니니, 이것은 우리 민족의 타고난 천품(天稟)이라 어디까지든지 발휘하여야 할 것이외다. 그러므로 우리가 개조할 것은 조선민족의 근본적 성격이 아니요, 르 봉 박사의 이른바 부속적 성격이외다. 그러할진댄 우리의 개조운동은 더욱 가능성이 풍부하다 할 것이외다.

이에 나는 민족성의 개조가 가능하다 함과 특히 조선민족성의 개조는 가능할 뿐더러 용이하다 함을 단언합니다.

민족성의 개조는 얼마나한 시간을 요할까

민족성의 개조는 가능하다 함과 특히 조선민족성의 개조는 용이하다 함을 말하였습니다. 그러나 한 사람씩 시작하여 언제나 그 많은 민중을 다 개조해 놓을까, 언제나 이천만이나 되는 민족을 개조하여 문명하고 부강한 생활을 하게 할까 함을 생각하면 누구나 망연한 생각이 날 것이외다. 그래서 혹은 무슨 지름길이 없을까, 이렇게 힘드는 길 말고 갑자기 잘살게 되는 길이 없나 하고 무슨 기적적인 길을 찾고자 합니다. 이는 개인이나 민족이나 물론하고 불행한 경우에 처한 사람의 흔히 가지는 심리외다. 그리고 이는 병적 심리이다. 가령 극히 가난한 사람이 부(富)하기를 원한다 하면 그는 각고와 근면으로 축적(蓄積)하리라는 생각보다도 무슨 요행으로 졸부(猝富)가 되려고 합니다. 그래서 혹은 금광을 찾으러 다니고, 혹은 미두(米豆)를 하러 다닙니다.

그렇지마는 금광이나 미두로 소원하는 졸부가 되는 자는 만에 하나도 드문 일이외다. 나머지 구천구백구십구 인은 일생을 허욕만 따르다가 마침내 빈(貧)한 채로 죽고 말게 됩니다. 그네가 근면축적의 길을 잡았다면 일생에 먹으리만한 재산은 다 가질 수가 있었을 것이어늘. 그러나 졸부는 혹 이러한 요행으로 될 수 있지마는, 학자나 위인은 결코 요행으로 될 수 없고 오직 각고와 근면으로만 되는 것이외다. 그런데 민족의 성쇠는 졸부 되는 것과 같은 것이 아니요, 학자나 위인이 되는 것과 같은 것이외다. 제가 도덕을 닦고, 지식을 배우고, 개인과 사회의 생활을 개량하고, 부를 축적함으로 되는 것이지, 결코 남의 도움이나 일시적 요행으로 되는 것이 아니외다. 강화회의나 국제연맹이나 태평양회의는 조선인의 생활개선에는 아무 관계가 없는 것이외다. 설사 조선인의 생활이 정치적 독립에 달렸다 하더라도 그 정치적 독립을 국제연맹이나 태평양회의가 소포우편으로 부송(付送)할 것이 아니외다. 정치적 독립은 일종 법률상 수속(手續)이니, 이는 독립의 실력이 있고 시세(時勢)가 있는 때에 일종의 국제상의 수속으로 승인되는 것이지 운동으로만 될 것이 아니외다. 우리는 과거의 쓰라린 경험으로 이 귀한 진리를 깨달았습니다. 우리는 다시 구원(救援)을 우리 밖에서 구하는 우(愚)를 반복하지 아니할 것이요, 우리는 목적을 요행에서 달하려는 치(穉)를 반복하지 아니할 것이외다.

이제부터 우리가 근본적으로 할 일은 정경대도(正經大道)를 취한 민족개조요 실력양성이외다. 조선인이 각 개인으로, 또 일 민족으로 문명한 생활을 경영할 만한 실력을 가지게 된 후에야 비로소 그네의 운명을 그네의 의견대로 결정할 자격과 능력이 생길 것이니, 그때에야 동화를 하거나, 자치를 하거나, 독립을 하거나, 또 세계적 의의를 가진 대혁명을 하거나, 그네의 의사대로 자처(自

處)할 것이외다. 그러므로 조선인의 명운 개선에는 결코 민족개조를 제한 외에 아무 지름길도 없는 것이외다. 다시 말하면 유일한 지름길이 곧 민족개조이외다. 부질없이 다른 요행의 지름길을 찾다가는 한갓 세월만 더 허비하고 힘만 더 소비할 뿐이외다. 언제까지나 우리는 이 유치하고 못생긴 '요행'을 바라는 생각을 버리지 아니할 것인가.

이제부터 본제(本題)에 들어가 조선민족 개조에 걸리는 시간을 연구해 봅시다.

연구의 순서상 개인의 성격개조 상에 걸리는 시간을 생각해 보는 것이 필요하겠습니다. 민족개조란 결국은 그 민족을 조성(組成)한 각 개인의 개조의 문제이니까.

일 개인의 성격개조의 기원(紀元)은 개조해야겠다는 자각의 순간에서 시작한 것이외다. 자각이 있으면 그 다음에는 신성격의 근본이 될 사상을 찾을 것이니, 그것을 찾는 동안이 한참 될 것이외다.

흔히 생각하기를 사상만 찾아내서 제 것을 만들면 성격은 개조될 것으로 알지마는 결코 그런 것이 아니외다. 무론 사상을 찾는 것이 근본이 되지마는 사상은 건축으로 말하면 그 설계도에 불과한 것이외다. 설계도만 있다고 집이 되지 아니하는 것과 같이 신사상만 있다고 신성격이 되는 것은 아니외다.

사상이란 이지적(理智的)이외다. 성격이란 정의적(情意的)이외다. 사상은 이지적인 고로 일순간에 이해할 수 있지마는, 성격이란 정의적 습관인 고로 그것을 조성함에는 서서한 축적작용(蓄積作用)을 요구하는 것이외다. 가령 부지런해야겠다 하는 사상을 얻는다 합시다. 부지런이라 하면 아침에 일찍 일어날 것, 일어나서는 꼭꼭 시간을 정해 놓고 그날에 하기로 예정한 직무를 다할 것 등을 내용으로 합니다. 그러나 이것은 이지(理智)로 아는 것만으로 되는 것이 아니요, 이지를 정의(情意)의 력(力)으로 옮겨 실행하고 실행하여 일 일(一日), 이 일(二日), 일 년(一年), 이 년(二年) 실행하는 동안에 그만 견고히 부지런하게 되어야 이에 비로소 부지런한 성격을 이루었다 하는 것이외다. 그러므로 한 사람이 부지런한 성격을 가지려면 적어도 일 개년의 노력이 필요하다 합니다. 세상에는 부지런해야 한다는 지식을 가진 자가 많지마는 부지런한 성격을 가진 자는 적습니다.

왜 그런가요. 실행과 노력으로써 부지런한 습관을 이루지 아니한 까닭이외다. 부지런이란, 일례를 들어 성격조성의 경로를 설명하였거니와, 무릇 성격의 조성은 지식에서 실행, 반복실행을 통하여 습관을 성(成)하는 경로를 밟아야 되는 것입니다. 그러므로 국민교육의 중심인, 성격조성의 교육인 수신교육(修身敎育)과 훈련은 일언이폐지(一言以蔽之)하면 선량한 습관을 조성하는 것이지 도덕적 지식을 주입하는 것이 아니외다. 각 학교에서는 아직 이 '선량한 습관 조성'이라는 진의(眞意)를 이해하지 못하여 수신교육이란 것이 오직 도덕적 지식을 주입함으로써 만족하는 듯합니다. 윤리학자가 결코 선량한 성격자가 아니외다. 가령 청결, 질서, 정직, 근면, 활발 같은 보통교육(普通敎育)에서 역설하는 덕목을 봅시다. 아무리 청결이 좋다는 이론을 하더라도 날마다 양치하고 세수하고 목욕하고 청소하고 때 묻은 옷 안 입는 것을 반복실행하여 그것이 습관이 되지 아니하면 성격에는 아무 보익(補益)이 없을 것이외다.

또 정신적인 활발의 기상도 실지로 여러 사람 사이에 나서서 뛰어 제 재주와 기운을 발표하고, 만인(滿人) 중에 나서서 큰 소리로 제 뜻을 주장하는 일을 여러 번 반복하여 그 습관을 이루는 실행이 없고는 활발이란 것이 성격이 될 수는 없는 것이외다.

이렇게 일 개인이 어떤 사상으로써 자기의 성격을 개조함에는 반복실행하여 습관을 조성하는 시간이 필요한 것이니, 덕목의 종류를 따라 그것이 성격이 되는 시간에 각각 장단(長短)이 있을 것이외다. 가령 청결의 습관이나, 물각유소사각유시(物各有所 事各有時)의 질서의 습관 같은 단순한 성질의 것은 의식적으로 일 년만 노력하면, 즉 반복실행하면 족할 것이로되 애인여기(愛人如己)라든지 충성이라든지 언행일치(言行一致)라든지 하는 고상하고 복잡한 덕목의 성격을 이루도록 하기에는 일생의 반복실행으로도 오히려 부족할 것이외다. 맹자의 소위 '칠십종심소욕불유구(七十從心所欲不踰矩: 칠십에는 마음이 욕구하는 바를 따라도 법도를 넘지 않는다)'라 함은 자기가 원하는 모든 덕목이 칠십 년 부단(不斷)의 노력과 실행에 모두 습관을 이루어 모두 자기가 원하는 덕목이 습관을 만든다는 점이외다. '언즉이행난(言則易行難: 말은 쉽고 행동은 어렵다)'이란 이러한 뜻이니, 개인의 인격의 력(力)은 오직 이러한 모든 습관에서만 발하는 것이지 지(知)나 언(言)에서 발하는 것이 아니외다.

민족성의 개조도 상술한 원리에 벗어나는 것이 아니니, 그 개조되는 경로는 이러할 것이외다.

일. 민족 중에서 어떤 일 개인이 개조의 필요를 자각하는 것.

이. 그 사람이 그 자각에 의하여 개조의 신계획을 세우는 것.

삼. 그 제일인(第一人)이 제이인(第二人)의 동지를 득(得)하는 것.

사. 제일인과 제이인이 제삼인의 동지를 득(得)하여 이 3인이 개조의 목적으로 단결하는 것. 이 모양으로 동지를 증가할 것.

오. 이 개조단체의 개조사상이 일반 민중에게 선전되는 것.

육. 일반민중 등에 그 사상이 토의의 제목이 되는 것.

칠. 마침내 그 사상이 승리하여 그 민중의 여론이 되는 것. 즉 그 민중의 사상이 되는 것.

팔. 이에 그 여론을 대표하는 중심인물이 나서 그 사상으로 민중의 생활을 지도하는 것.

구. 마침내 그 사상이 절대적 진리를 작(作)하여 토의권(討議圈)을 초월하여 전염력을 생(生)하는 것.

십. 마침내 그 사상이 이지(理智)의 성(城)을 탈(脫)하여 정의적(情意的)인 습관의 성에 입(入)하는 것을 통과하여 드디어 민족성 개조의 과정을 완성하는 것이외다.

　제일인의 자각이 생김으로부터 제삼인을 얻어 단체를 성(成)하기까지가 가장 곤란한 시대요, 또 기간에 일정한 한계가 없는 시대외다. 그러나 한번 단체를 성하여 계획이 확립하기만 하면 이에 개조사업의 기초는 성하는 것이니, 이로부터 일종 유기적 생장(生長)의 경로를 밟아 장성하는 것이외다.

　다음은 선전시대(宣傳時代)이니, 여기 두 가지가 있어 서로 의지하고 서로 도와 나가는 것이라 그중에 하나를 결(缺)할 수도 없는 것이외다. 두 가지란 무엇이뇨. 동지의 결합과 사상의 선전이외다. 많은 동지를 얻으려면 사상의 선전이 근본이 되고, 사상의 선전을 힘 있게 하려면 또한 많은 동지가 필요한 것이니, 동지가 많이 있어야 입이 많고, 손이 많고, 몸이 많고, 돈이 많아 선전의 방면이 더욱 넓어질 것이요, 동시에 많은 동지의 결합한 단체 그 물건이 모든 것 중에 가장 유력한 구체적 선전기관이 되는 것이외다.

　그런데 여러 천만(千萬)의 민중에게 일종의 중요하고 복잡한 사상을 선전하는 것도 퍽 많은 노력과 세월을 요하는 일이요, 그 민중의 여론의 지도자가 될 만한 수의 동지를 결합하는 것이 더구나 많은 세월과 노력을 요할 것이외다. 개조의 대상이 되는 민중의 수가 많을수록 세월은 더 오랠 것이요, 그 민중의 문화의 정도와 부패한 정도의 여하를 따라서 또한 사업의 난이(難易)가 결정될 것이며, 기타 실력의 대소(大小), 외국의 사정 등 여러 가지 복잡한 사정으로 그 요구하는 바 노력과 세월이 각각 다를 것이외다. 조선의 인구 일천칠백만, 이를 저 중국의 그것에 비기면 이천오분지 일 강(强)에 불과합니다. 또 혈통과 언어와 성정(性情)의 점으로 보더라도 조선인은 극히 단순하여 저 중국이나 인도와 같은 많은 차별이 없으며 종교나 계급도 통일적 생활을 하는 장애(障碍)가 될 만한 것은 없습니다. 아마 중국이나 인도의 민족개조는 심히 어려울 줄 압니다. 차라리 중국이라, 인도라 하여 그것을 각각 일 민족으로 보고 개조사업을 하는 이보다 그것을 혹은 지방, 혹은 언어, 혹은 종교 등을 표준으로 여러 부분에 나누어서 제가끔 개조사업을 행하는 것이 편하리라 합니다. 그러나 상술한 바와 같이 조선은 극히 단순한 일 민족으로 성정과 언어와 생활의 목적이 단일하므로, 개조하기에는 가장 근본적인 편의(便宜) 되는 문자(文字)로 보더라도 조선 문자는 인쇄의 불편은 있으되 학습의 용이(容易)가 있어 그 편리함이 비할 데가 없습니다.

　이제 이러한 모든 편의를 기초로 하고 개조에 요하는 시간을 개산(概算)하여 봅시다. 그런데 이것은 가장 더디게 될 것으로 보고 하는 것이외다. 그러면 개조의 단체가 생김으로부터 그 사상이 전 민족의 여론적 사상이 되기까지 대략 얼마나한 세월을 요할까?

　이것을 결정하는 데는 먼저 전 민족의 여론을 지배하기에는 어떠한 조건이 필요할까 하는 문제를 결정함이 필요하외다. 어떤 사상이 전 민족의 여론을 지배하기에 가장 결정적인 조건은 그 민족의 지식계급의 반수 이상―더욱 정확하게 말하면 그 민족의 민족적 생활의 모든 기관을 운전하는 계급의 반수 이상이 이 사상의 찬성자 됨이외다. 그네가 만일 사상의 소유자일 뿐만 아니요 아울러 실행자이면 더욱 유력하고, 각개의 실행자뿐이 아니요 이것으로 목적한 한 단체로 뭉친 것이면 비할 데 없이 유력하게 될 것이외다.

　그런즉 우리의 민족적 생활의 모든 기관을 운전하는 지식계급은 대개 얼마나 하면 될까요? 민족생활의 모든 기관이라 하면 정치기관, 경제기관, 교육기관, 각종의 민족결사(Free Association), 종교기관, 기타 학술, 예술 등 모든 것이외다. 더 자세히 말하면 정치가, 관사(官仕: 관리), 상공업자, 교사, 목사, 학자, 문사(文士), 예술가, 신문기자, 지방유지 등을 지식계급이라 하겠습니다. 이 계급 민족의 문화 정도가 향상될수록 전 민족에 대한 비례가 클 것이지만, 매 천 명에 일 인씩 잡으면 족히 문명한 민족생활을 경영할 수 있으리라 합니다. 그러면 우리 전 인구를 천칠백만 치고 만칠천 인, 삼십 년 후에 이천만이 될 셈 쳐서 이만 인 즉 이만 인의 대표가 될 만한 지식계급이 생기면 조선민족은 넉넉히 문명하고 부강한 민족생활을 경영할 수 있는 것이니, 그중에서 일만 인 이상의 개조자를 가진다 하면 개조사상으로 하여금 전 조선민중의 여론이 되게 할 수 있는 것이외다.

그러므로 결국은 얼마나한 세월이면 일만 인의 개조동맹자를 얻을까 하는 문제외다. 만일 제일 년에 이천 인을 얻는다 하고 각인 매년에 일인의 동지자(同志者)를 구한다면, 제이 년에는 사천 인이 될 것이요, 제삼 년에는 팔천 인이 되어 2를 공차(公差)로 하는 기하급수로 증가될 것이니, 제칠 년에 일천이백팔십 인이 되고, 제구 년에는 오천이백이십 인이 되고, 제십 년에는 일만이백사십 인이 될 것이외다. 사상의 전파가 기하급수적이라 함은 사회심리학의 한 법칙이외다. 그러나 동지의 선택을 극히 엄중히 할 것, 동지 중에 사망, 제명, 기타의 사고가 있을 것 등을 작량하여 넉넉히 잡고, 그 시간을 3배로 하여 삼십 년에 일만 인씩을 얻는다고 보면 가장 확실하리라고 생각합니다.

혹 중간에 내부의 와해나 정부의 해산명령의 액(厄)을 당함이 없을까 하는 우(憂)도 있으려니와, 회원의 선택의 신중과 규칙의 엄수, 특히 규칙을 범하는 자는 한 번도 용서함 없이 제명하는 방법으로 내부의 와해를 막을 수 있고, 또 절대적으로 정치와 시사(時事)에 관계함이 없고, 오직 각 개인의 수양과 문화사업에만 종사하므로 정부의 해산을 당할 염려가 없을 것이외다. 그러므로 규칙의 엄수와 정치와 시사에 불간섭함과 이 두 가지로 이 개조단체의 생명을 영원히 할 수 있을 것이외다.

이렇게 삼십 년에 일만 인의 개조동맹자를 얻었다 하면 어떠한 결과가 생길까.

그네는 도덕적으로 인격의 완성을 목적 삼아, 혹은 삼십 년, 혹은 이십 년, 혹은 십 년을 제명을 당하지 않고 수양한 자니 허위도 없고, 나타도 없고, 교사(巧詐)도 반복(反覆)도 없고, 겁나도 없고, 진실하고, 근면하고, 신의 있고, 용단 있고, 사회성 있는 일만일 것이외다. 또 그네는 지적으로 인격의 완성을 목적한 자니 일 종 이상의 학술이나 기예를 수학하였을 일만 인일 것이외다. 또 그네는 체육으로 인격의 완성을 목적한 자니 인(人)의 직무를 감당할 만한 건강한 체격(體格)을 가진 일만 인일 것이외다. 또 그네의 저축으로 생활의 경제적 독립을 목적한 자니 자기의 의식주에는 근심이 없는 일만 인일 것이외다. 그리고 그네는 자기 개인의 개조만 목적하지 아니하고 전 민족의 개조도 목적한 자이기 때문에―이 신성한 주의(主義)로 수십 년간 수양하고 노력한 자이기 때문에 공익성과 단결심이 풍부할 것이외다. 이러한 성격을 가진 사람들은 자연히 사회의 각 방면에서 중요한 지위를 점령하였을 것이 아닙니까.

그뿐더러 그네는 문화사업을 목적한 자이기 때문에 만일 매인(每人)이 평균 이십 원씩을 내어 여러 가지 사업의 기금을 만들었다 하더라도 만 인이면 이십만의 기금을 가졌을 것이요, 만일 학교나 기타 특별한 사업의 신설을 위하여 매인 평균 백 원씩을 낸다 하면 백만 원을 얻을 것이외다. 이에 비로소 교육사업이나 출판사업이나 기타의 민중교육기관을 창설도 하고 유지도 할 실력이 생길 것이외다.

그러나 만 명을 얻음이 민족개조의 완성이 아니라 이에 민족개조의 기초가 확립함이니 정말 민족개조 사업의 본업은 이에서 시작할 것이외다. 즉 이로부터 각부회(各部會)는 물론이요 면면촌촌(面面村村)에 학교와 강습소와 도서종담소(賭書縱談所)와 오락장, 체육장을 세우고, 각종의 대학과 전문학교와 도서관, 박물관, 학술연구기관 등을 세우고 서적출판 사업을 성대히 하며 미술관, 연극장, 회관, 구락구 같은 것을 삼십도 각지에 세우며 또 산업 방면으로 그리하여 조선민족으로 하여금 도덕적으로나, 지식적으로나, 경제적으로나, 체격으로나, 사회의 각종 사업으로나 가장 문명하고 가장 우수한 민족을 만들어 안으로는 행복을 누리는 인민이 되게 하고, 밖으로는 세계문화에 공헌하는 민족이 되게 함이 개조사업의 완성이라 할지니, 그러므로 이는 십오 년, 백 년, 이백 년의 영구한 사업이외다. 이 사업에는 끝이 있을 것이 아니라, 조선민족으로 하여금 영원히 새롭게, 젊게 하기 위하여 영원한 개조사업을 영원히 계속할 것이외다. 나는 믿거니와 이 개조의 원리와 방법은 오직 조선에만 적용할 것이 아니요 실로 천하만민(天下萬民)에게 적용할 것이니, 중국인의 부활도 오직 이 길을 통하여야 얻을 것이외다. 그네가 혁명을 백천번 하고 손문(孫文), 고유균(顧維均), 왕정연(王正延)이 아무리 혁명과 외교를 잘 한다고 하더라도 중국인의 구제는 오직 민족개조운동자에게서만 찾을 것이라 합니다.

하(下)

개조의 내용

나는 상편에서 민족개조의 의의를 설(說)하고, 중편에서 민족개조의 가능을 설하였습니다. 그러하는 중에 자연히 개조사상의 내용과 방법도 단편적으로 말하였습니다. 그러나 민족을 개조한다니 어떤 모양으로 개조한단 말인가 하는 개조사상의 내용과, 그 개조를 어떠한 방법으로 하겠는가 하는 방법에 대하여 다소 구체적으로, 계통적으로 말할 필요가 있습니다. 기실 상, 중 양편에 말한 것은 지금부터 말하는 것의 서론이라 할 만한 것이외다.

그러면 내가 말하는 민족개조란 조선민족을 어떤 모양으로 개조하잔 말인가. 이것을 설명하는 데는 먼저 부정(否定)의 방법을 취하여 민족개조란 이것도 아니요 저것도 아니라는 것을 설명하는 것이 가장 편하리라고 생각합니다.

세계사조의 영향을 입어 근래 조선사상계의 민족이나 사회에 대한 사상 분류의 범주가 흔히 민주주의 대 제국주의, 자본주의 대 노농주의(勞農主義)의 이쌍(二雙)에 분(分)한 듯합니다. 그래서 각 개인의 사상 경향을 논할 때에도 이것을 표준으로 하는 모양이외다. 그러나 내가 말하는 민족개조주의는 이 범주 중에 어느 것에 속한 것도 아니요, 또 어느 것을 특히 배척하는 것도 아니외다. 이 개조주의자 중에는 제국주의자, 자본주의자도 있을 수 있는 동시에 민주주의자, 노농주의자도 있을 수 있는 것이외다.

이런 것은 정치조직에 관한 것이니 개조사상에는 아무 상관이 없는 것이외다. 개조주의자의 유일한 주장은 조선인이 제국주의자가 되든지, 민주주의자가 되든지, 또는 자본주의자가 되든지, 노농주의자가 되든지를 물문(勿問)하고 오직 그 무슨 '······자' 될 사람의 인생을 개조해야 한다 함이외다. 다시 말하면 현재 조선의 성격을 개조한 뒤에야 건전한 제국주의자도 될 수 있고, 민주주의자도 될 수 있고, 노농주의자나 자본주의자도 될 수 있는 것이지 이 개조가 없이는 아무 개조주의자도 될 수 없이 오직 열패자(劣敗者) 될 뿐이라 함이외다. 신용할 만한 덕행, 직무를 감당할 만한 학식이나 기능, 자기의 의식주를 얻을 만한 직업의 능력, 이런 것이 없이야 무엇이 되겠습니까. 그러므로 이 개조주의는 사람의 바탕을 개조하여, 그 주의가 무엇이며 직업이 무엇이든지 능히 문명한 일 개인으로 문명한 사회의 일원으로 독립한 생활을 경영하고 사회적 직무를 부담할 만한 성의(誠意)와 실력을 가진 사람을 만들자 함이외다.

또 개조주의는 주의(主義) 자신이 어떤 종교도 아니요, 또 기성의 어떤 종교에 특별히 가담하는 자도 아니외다. 동시에 어떤 종교를 배척하는 자도 아니외다. 야소교인(耶蘇敎人)도 가(可), 천도교인도 가, 유교인도 가, 무종교인도 역가(亦可)외다. 오직 개조된 자라야 야소교인이라도 참말 야소교인이 되고, 불교도라도 참말 불교도가 될 것이외다.

다음에 이 개조주의는 정치에 대하여 아무 간섭이 없습니다. 이 주의자 중에는 정치가도 나리다. 개조주의로는 동지인 자로도 정치적 의견으로는 몇 가지로도 다를 수가 있습니다. 더구나 개조주의의 단체 자신은 영원히 정치에 참여할 것이 아니외다. 그는 영원히 오직 개조주의의 단체로 민중교육 사업을 위하여서만 힘쓸 것이외다.

그러면 이 개조주의의 내용은 무엇인가. 각 사람으로 하여금

일. 거짓말과 속이는 행실이 없게,

이. 공상과 공론은 버리고 옳다고 생각하는 바, 의무라고 생각하는 바를 부지런히 실행하게,

삼. 표리부동(表裏不同)과 반복(反覆)함이 없이 의리(義理)와 허락(許諾)을 철석같이 지키는 충성되는, 신의 있는 자가 되게,

사. 고식(姑息), 준순(浚巡) 등의 겁나(怯懦)를 버리고 옳은 일, 작정한 일이어든 만난(萬難)을 무릅쓰고 나가는 자가 되게,

오. 개인보다 단체를, 즉 사(私)보다 공(公)을 중히 여겨 사회에 대한 봉사를 생명으로 알게(이상 덕육(德育) 방면),

육. 보통 상식을 가지고 일 종 이상의 전문학술이나 기예를 배워 반드시 일 종 이상의 직업을 가지게(이상 지육(知育) 방면),

칠. 근검저축을 향하여 생활의 경제적 독립을 가지게(이상 경제(經濟) 방면),

팔. 가옥, 의식, 도로 등의 청결 등 위생의 법칙에 합치하는 생활과 일정한 운동으로 건강한 체격을 소유한 자가 되게

함이니, 이것을 다시 줄여 말하면 덕·체·지(德·體·知)의 삼육(三育)과 부의 축적, 사회봉사심의 함양이라 할 수 있습니다. 조선민족 중에 이러한 사람이 많게 하여 마침내는 조선민족으로 하여금 참되고, 부지런하고, 신의 있고, 용기 있고, 사회적 단결력 있고, 평균하게 부유한 민족이 되게 하자 함이외다. 불행히 현대의 조선인은 이와 반대이외다.

허위(虛僞)되고, 공상과 공론만 즐겨, 나타하고 서로 신의와 충성이 없고, 임사(臨事)에 용기가 없고, 이기적이어서 사회봉사심과 단결력이 없고, 극히 빈궁하고, 이런 의미로 이 개조는 조선민족의 성격을 현재의 상태에서 정반대 방면으로 변환하는 것이라 할 수 있습니다. 개조주의자가 생각하기에 현대의 조선민족성을 그냥 두면 개인으로나 민족으로나 열패자가 될 수밖에 없으니, 이를 구원하는 것은 오직 그 반대방향을 가리키는 개조가 있을 뿐이라 합니다.

이제 나의 말하는 민족개조의 근본은 무실(務實)과 역행(力行)의 사상이외다. 위에 말한 여덟 가지도 통틀어 말하면 무실과 역행 두 가지에 괄약(括約)되는 것이외다.

무실이란 무엇이나 거짓말을 말자, 속이는 일을 말자, 말이나 일에 오직 참되기를 힘쓰자 함이요, 역행이라 함은 공상을 말자, 공론을 말자, 옳은 일이라고, 하여야 할 일이라고 생각하였거든, 말하였거든 곧 행하기를 힘쓰자 함이외다. 이 두 가지야말로 천만고(千萬古)에 긍(亘)하여도 변할 수 없는 인류의 도덕 중의 근본도덕이니, 실(實)과 행(行)이 없이 무슨 도덕이나 있을 수가 없는 것이외다. 따라서 일 개인의 생활의 성패(成敗)도 여기에 달리고, 일 민족, 일 국가, 기타 모든 단체의 성패도 이 실과 행이 있고 없기에 달린 것이외다.

예컨대 일 개인에게 무실역행(務實力行)의 덕이 없다 합시다. 실(實)이 없으매 그는 거짓말쟁이요 사기사(詐欺師)일 것이니, 세상은 그를 신용치 아니할 것이외다. 신용이 없으니 그는 상인도 못 되고, 관리도, 교사도 못 되고, 동리(洞里)의 일이나 가정의 일조차 할 수가 없을 것이외다. 진실로 신용은 사회활동 하는 자의 생명이니 신용은 도덕의 결과 중에 대표 되는 자이외다.

또 행(行)이 없으매 그에게는 이루어지는 일이 하나도 없을 것이외다. 그는 공부가 좋은 줄을 생각도 하나, 말도 하나 실지로 공부를 하지 아니하므로 학식이 있어질 날이 없고, 그는 근검저축을 말도 하고 생각도 하나 실지로 아무 사업도 하지 아니하므로 그에게는 사업의 성공도, 부의 축적도 없을 것이외다. 따라서 이렇게 신용 없고 사업 없는 자의 할 일은 요행을 바라는 투기사업이나, 협잡(挾雜)이나, 사기(詐欺)나, 구걸이나, 또는 도적(盜賊)밖에 없을 것이외다.

현재 조선인의 지식계급이란 자들의 행동을 보면 어떠합니까. 과연 두터운 신용을 가지고 정당한 직업에 진췌노력(盡悴努力)하는 자가 얼마나 됩니까. 실업계면 미두취인(米豆取引)이나, 주식취인(株式取引)이나, 그렇지 아니하면 광산, 기타에도 각 방면으로 요행을 바라는 협작적 조명(釣名), 어리적(漁利的) 사업에 종사하고, 그렇지 아니하면 누워서 천도(天桃) 떨어지기를 기다리는 부랑자적 인물이 많지 아니합니까.

우리 중에 누가 큰 신용을 가진 자입니까. 누가 큰 사업을 이룬 자입니까.

조선민족이 무실역행의 도덕이 결핍한 것은 지내온 역사의 결과를 보면 알 것이외다. 내가 이렇게 함은 자기 민족의 결함을 폭로하기를 즐겨 그러함이 아니라, 우리의 결함을 분명히 알므로 다시 살아날 길을 분명히 찾아내자 함이외다.

첫째, 조선인끼리 서로 신용이 없습니다. 외국인은 신용하면서도 자국인은 신용치 못하는 기현상이 있습니다. 멀리는 말 말고 이조사(李朝史)를 보건대 서로 속이고, 서로 의심하고, 시기하고 모함한 역사라 하겠습니다. 이조사와 같이 완인(完人)이 없는 역사는 아마 드물 것이니, 명망 있는 인물 중에 와병종신(臥病終身)한 사람이 몇 사람이 못 됩니다.

또 현재로 보더라도 조선인 중에 만 인(萬人)의 신망을 일신(一身)에 집(集)하였다 할 만한 인물이 없고, 모두 의심을 받는 자들뿐이외다. 이는 서로 거짓말을 하고 서로 속이는 행실(行實)을 하기 때문에 서로 신용치를 못함이니, 이러므로 큰 단체적 사업을 경영할 수가 없는 것이외다. 단체적 사업은커녕 서로 믿는 친구도 얻기가 어려운 형편이외다. 또 단체로 보더라도 허위를 숭상하는 책망을 면치 못합니다. 금전으로나, 인물로나 아무 실력도 없으면서도 무슨 큰 실력이나 있는 듯이 허장성세를 합니다. 심한 자는 표면에 드러내인 목적과 이면의 진동기(眞動機)가 판이할 수도 있습니다. 이러므로 세상에서도 이러한 단체를 신용하지 아니합니다. 그래서 "저것이 기실은 무슨 목적으로 생겼나" 또는 "저것이 저렇게 떠들지마는 몇 날이나 갈 터인가" 합니다.

또 민족적으로 보더라도 조선민족은 결코 타민족 중에 신용 있는 민족이 아니외다(……15자 생략……). 이조 말엽 몇십 년간의 한국 정부의 외교는 거의 전부 허위와 사기의 외교이었습니다(……93자 생략……). 여기서 민족 신용을 실추함이 다대(多大)합니다.

다음 서린(西隣) 한족에게 조선민족의 신용을 실추한 최대(最大)한 원인은 인삼 장사와 가지사(假志士)들이외다. 무릇 중국 방면에서 상업을 경영하는 오인(吾人)은 십에 팔구는 한인(漢人)을 속이기로 장기(長技)를 삼아 이것을 한 자랑으로 아는 경향이었습니다. 말똥을 청심환이라고 팔았다는 말은 중국에 재(在)한 조선 상인의 상략(商略)을 설명하는 말이라 하겠습니다. 그러나 가장 사기를 대표함은 홍삼(紅蔘) 장사니, 그네는 만주삼(滿洲蔘)을 송삼(松蔘)이라고 속이고, 십 원짜리면 백 원짜리라고 속여 참말 비인도적 폭리를 탐합니다. 그 밖에 근년에 아편 장사가 많이 생겨 이 역시 정부를 속이고 인민을 속여 불의(不義)의 폭리를 탐하는 자인데, 넓은 중국에 조선 상인이라고 이러한 홍삼 장사, 아편 장사뿐이니 민족의 수치가 이에서 더한 것이 어디 있겠습니까. 그러나 이런 것은 하급 인민의 소위(所爲)라 하여 관대한 한인의 용서하는 바도 되려니와 근년의 다수의 자칭 애국지사, 망명객배(亡命客輩)가 중국의 고관과 부호에게 애걸하여 사기적으로 금품을 얻는 자가 점점 증가하여 민족의 신용을 아주 떨어뜨리고 만 것은 실로 개탄할 일이외다. 또 미국인의 오족(吾族)에 대한 신용은 어떠한가. 그 역(亦) 말이 아니니, 조선에 와 있는 선교사들이 조선인을 신용치 않는 것도 사실이거니와 미국에 재류하는 동포가 또한 혹은 악의로 혹은 유치한 애국심으로 거짓말과 속이는 일을 짐짓 행하므로 신용을 잃은 것도 많고, 그중에도 상해를 경유하여 도미(渡美)하는 동포들이 비록 사세(事勢)는 부득이하다 하더라도 국적을 속여 거짓 여행권으로 가며, 혹은 재산을 속여 없는 학비(學費)를 있다고 하는 등으로 '조선인은 거짓말쟁이'라는 실망하는 평을 하게 됩니다. 그보다도 지식계급인 인사들이 자국의 약점을 안 보이려는 생각으로 흔히 거짓말을 하나니, 이것이 민족적 신용을 잃는 가장 큰 원인이 되는 줄을 알면 누구나 다 전율할 것이외다. 그러나 아마도 우리의 민족적 신용을 가장 잃게 하는 것은 모든 일에 허장성세하는 병일 것이외다. 아무 실력도 없으면서 소리만 크게 내는 허위일 것이외다마는 나는 이에 대하여 차마 자세하고 구체한 예를 들지 못합니다. 이렇게 조선인으로 안으로 자기네끼리도 서로 믿지 못하고, 밖으로 이민족간에도 신용을 잃어버렸으니, 이러고 어찌 살리요. 살게 되는 날은 조선인끼리 서로 믿게 되고 이민족에게 신용을 받게 되는 날이니, 이러하려면 허위 없는 공부를 시작하여 전 조선인으로 하여금 진실한 인민을 만드는 수밖에 없을 것이외다.

인류생활의 가장 안전하고 유리한 방식이 단체생활인 것은 다시 말할 것도 없거니와 단체생활을 가능케 하는 근본동력은 그 단체의 각원(各員)간의 신뢰니, 이것이 없으면 단체가 성립될 수가 없을 것이외다. 그런데 신뢰는 어디서 생기나. 허위가 없고 진실함에서 생기는 것이외다. 그러므로 일 민족의 흥망성쇠는 그 민족의 각원의 진실 여부에 달린 것이니, 진실하면 그 민족은 굳은 단결이 이루어지는 동시에 그 민족의 이족에게 받는 신용도 클 것이외다. 그러므로 민족의 개조는 반드시 무실(懋實)에 시(始)한다 함이니, 허위의 죄의 대가가 멸망인 것과 덕(德)의 보상이 갱생(更生)인 것을 따끔하게 자각할지어다. 이렇게 개인으로나 민족으로 신용이 없는데다가 모두 공상과 공론뿐이요 실지로 행하는 것이 없기 때문에 아무 이루어 놓은 일이 없습니다. 근래에 명망 있다는 인사를 예를 들어 보시오. 그네가 무엇으로 명망을 얻었는지 알 수 없습니다. 우리 중에 가장 명망이 많은 자가 애국자입니다. 우리는 수십 인의 명망 높은 애국자들을 가졌거니와 그네의 명망의 기초가 무엇인지를 찾아보면 참으로 허무합니다. 다 그렇다고 하는 것은 아니나 대부분은 허명(虛名)입니다. 그네의 명망의 유일한 기초는 떠드는 것과 감옥에 들어갔다가 나오는 것과 해외에 표박(漂泊)하는 것인 듯합니다. 나는 이곳에서 이러한 말을 좀 자세히 하고 싶지마는, 여러 가지 사정으로 그러할 자유를 못 가진 것이 한입니다. 애국자들뿐이 아니라 지금 사회에 명사(名士)라는 칭호를 듣는 이들로 보더라도 그네의 이 명칭은 아무 사업적 근거가 있는 것이 아니니, 우리 명사의 일대 특징이 일정한 직업을 안 가진 것임을 보아 알 것이외다. 혹 지사(志士)라 하여 그의 뜻이 가상하다 하므로 명사가 됩니다. 그래서 그 사람 생각이 좋다고 칭찬하거니와 뜻이 좋다, 생각이 좋다 하는 것이 아무 칭찬할 거리가 되지 못하는 것이니, 만일 그가 아직 수학 중에 있는 청년이라 하면 그 뜻이나 생각 좋은 것이 장래의 좋은 사업 할 것을 지시하므로 칭찬할 거리가 되지마는 신사라든지 명사라는 말을 듣는 자로서 뜻이 좋다, 생각이 좋다는 것을 유일한 칭찬으로 아는 것은 그 칭찬 받는 자의 수치로 알 일이외다. 그런데 우리 명사는 흔히 뜻이 좋고 생각이 좋다는 뜻에서 명사가 아닌지. 사람의 생명은 일에 있습니다. 일이란 직업이외다. 직업으로만 오직 사람이 제 의식주를 얻는 것이요, 제가 맡은 국가와 및 사회의 직업을 다하는 것이니, 일을 아니 하는 자는 국가나 사회의 죄인이외다. 그러므로 뜻이 좋고 생각이 좋은 것은 그것이 일로 실현되어 나오기 전에 아무 소용도 없는 것이외다. 그러므로 사람을 비평하는 표준은 그의 하여놓은 일뿐이니, 이것을 두고는 다른 표준은 없는 것이외다.

혹 감가불우(轗軻不遇)라 하여 때가 돌아오기를 기다린다 하고 부랑자가 되는 것을 일종의 미덕으로 알지마는 이것은 가장 잘못된 도덕적 비판이외다. 중용(中庸)에 이르기를 '도자불가수유이야(道者不可須臾離也)'라 하였거니와, 도(道)라는 것은 인생의 직무(職務)라는 뜻이니 인생이 살아 있는 동안 일시일각(一時一刻)도 그 직무를 떠날 수는 없는 것입니다. 직무란 곧 직업을 사회의 견지에서 본 명칭에 불과하는 것이외다.

뜻이 좋고 아무 일도 아니 하는 것은 공상이라 하고, 말만 좋고 아무 일도 아니 하는 것을 공론이라 하나니, 공상과 공론은 나타한 자의 특징입니다. 그런데 공상과 공론은 조선 명사의 특징이외다. 이를 민족적으로 보더라도 조선민족은 적어도 과거 오백 년간은 공상과 공론의 민족이었습니다. 그 증거는 오백 년 민족생활에 아무 것도 남겨 놓은 것이 없음을 보아 알 것입니다. 과학을 남겼나, 부(富)를 남겼나, 철학, 문학, 예술을 남겼나, 무슨 자랑될 만한 건축을 남겼나, 또 영토를 남겼나, 그네의 생활의 결과에는 남은 것이 하나도 없고, 오직 송충

이 모양으로 산의 삼림을 말짱 벗겨먹고, 하천의 물을 말끔 들이마시고, 탕자(蕩子) 모양으로 선대(先代)의 정신적, 물질적 유산을 다 팔아먹었을 뿐이외다. 의주에서 부산, 회령에서 목포에 이르는 동안의 벌거벗은 산, 마른 하천, 무너진 제방과 도로, 쓰러져 가는 성루(城壘)와 도회(都會), 게딱지 같고 돼지우리 같은 가옥, 이것이 오백 년 나타한 생활의 산 증거가 아니고 무엇입니까. 진실로 근대조선 오백 년사는 민족적 사업의 기록이 아니고 공상과 공론의 기록이외다. 저 이씨조선사(李氏朝鮮史)의 주류인 당쟁도 또한 공상과 공론으로 된 것이니, 따라서 이조사에 나오는 인물은 대부분 공상과 공론의 인물들이외다. 그래서 그네의 명망은 그 이루어 놓은 사업으로 전하는 것이 아니요, 그네의 언론과 문장으로 전할 뿐이외다. 만일 언론과 문장을 업으로 삼는 자라 하면 언론, 문장만 세(世)에 전(傳)하는 것이 마땅하지마는, 일국의 재상이나 수령(守令), 방백(方伯)으로서 그렇다 하면 이는 진실로 괴변(怪變)이외다. 심지어 임진병자지역(壬辰丙子之役: 임진왜란과 병자호란) 같은 흥망이 유관(攸關)한 대사건에도 당시의 당국자들은 군비(軍備)나 산업에 노력하기보다 의리가 어떤 둥, 어느 대장의 문벌이 어떤 둥, 시(詩)가 어떤 둥하여, 혹은 의주(義州)의 행재(行在), 혹은 남한(南漢)의 몽진(蒙塵)에 공상과 공론만 일삼았습니다. 진실로 근대조선사는 허위와 나타의 기록이외다. 과거에만 그러한 것이 아니라 현재의 조선인도 그러합니다. 우리가 보는 전등, 수도, 전신, 철도, 윤선(輪船), 도로, 학교 같은 것 중에 조선인이 손수 한 것이 무엇 무엇입니까.

　교육을 떠들고 산업을 떠들지마는 교육기관 중에 조선인의 손으로 된 것이 삼(三), 사(四)의 고등보통학교가 있을 뿐이요, 산업기관이라고 자본을 총합하여도 일천만 원도 못 되는 구멍가게 같은 은행 몇 개가 있을 뿐이외다. 이것이 모두 공상과 공론뿐이요 행함이 없는 까닭이니, 조선인은 언제까지나 이 나타를 계속하려는가요. 만일 분연히 이것을 버리지 아니하면 그 명운(命運)은 멸망밖에 없을 것이외다. 그러므로 우리는 행(行)하기를 역(力)하자, 즉 역행(力行)

하자, 누구나 한 가지씩의 직업을 가지자, 그리하여 그 직업을 부지런히 하자 함으로 민족개조의 근본칙(根本則)을 삼아야 합니다.

　이에 나는 우리가 무실과 역행으로써 민족개조의 근본칙을 삼을 것을 말하였습니다. 바꾸어 말하면 새로 개조하려는 민족성의 근본을 실(實)과 행(行)에 두자 함이외다. 그 밖에 모든 도덕은 이 실과 행에 기초하여 건설될 것입니다. 그러나 한 가지 더 실과 행과 동(同) 정도로 고조(高調)할 것이 있으니, 그것은 사회봉사심이외다. 전에 개조팔원칙(改造八原則)의 제오호(第五號)에 게재한 것이외다. 개인보다 단체를, 즉 사(私)보다 공(公)을 중히 여겨 사회에 대한 봉사를 생명으로 알게 하자 함이외다. 이것이 이기심의 반대 되는 것은 명료하거니와 가족이나 사당(私黨)이나 친우(親友) 같은 것도 또한 사(私)외다. 그런데 조선인은 아직 사회생활의 훈련이 없어 그 애호(愛護)의 정이 미치는 범위가 가족, 붕당을 초월하지 못합니다. 그러므로 자기 일신이나 일가의 이해를 위하여 사회의 이해를 불고(不顧)하는 수가 많습니다. 이래서는 안 되니 적더라도 그 애호의 범위를 민족까지에 확대할 것은 심히 긴요합니다.

　사회봉사의 길은 둘이 있으니, 일(一)은 사회에 익(益) 있고 해(害) 없는 직업을 택함이요, 이(二)는 모든 단체생활에 충실함이외다. 자선사업이나 소위 공익사업을 하는 것만이 사회봉사인 줄 아는 것은 잘못이외다. 이는 자본주의적 사회조직에서 유산계급만 할 수 있는 일이니, 대개 세상에서 말하는 자선사업이나 공익사업은 많은 금전이나 시간을 자기의 이해와 아무 관계 없는, 순전히 남을 위한 사업에 내는 것을 이르기 때문이외다. 참 뜻의 사회봉사는 누구나 할 수 있는 것이니, 가령 농부가 오곡(五穀)의 배양(培養)에 종사하는 것, 공장(工匠)이 유용한 기구를 제작하기에 종사하는 것, 교사가 청년자제의 교육에 종사하는 것 등의 직업 자신이 이미 사회봉사를 의미하는 것이외다. 무릇 사회의 존립에 필요한 직업에 종사하는 자는 모두 사회에 봉사하는 자니, 그러므로 사회봉사의 제일요건(第一要件)은 사회가 요구하는 직업을 가짐입니다. 직업이 없이 사회봉사를 설(設)하는 자가 있다 하면 그는 공론을 하는 자이외다.

　사회봉사의 둘째 길은 모든 단체생활에 충실함이라 하였습니다. 전에도 누차 말한 바와 같이 인류의 생활은 단체생활이니, 각 개인의 생활을 분석하면 여러 가지로 중요한 단체생활이외다. 실례를 들면 일 개인은 첫째 국가라는 단체의 일원이겠습니다. 다음에는 도(道), 부(府), 군(郡), 면(面) 같은 행정자치단체의 일원이겠고, 그가 종교의 신도면 어떤 종교단체의 일원이겠고, 또 그가 학생이나 교원이면 그 교육단체의 일원이겠고, 기타 개인의 성정(性情)과 직업의 방면을 따라 혹은 정치단체, 경제단체, 교육단체, 학술단체, 수양단체의 일원일 것이외다. 문화가 향상할수록, 생활의 내용이 복잡할수록 단체생활의 필요와 종류가 느는 것이니, 이 단체생활을 잘 하는 것이 생존에 적자(適者)인 자의 특징이외다. 그런데 단체생활에 충실하다 함은 무슨 뜻인가. 일언이폐지하면 그 단체의 규약 즉 법을 준수함이요, 다시 양언하면 그 단체의 유지와 발전의 역동이 되는 금전상의 부담(즉 납세, 회비 등)에 충실할 것, 집회에 잘 출석할 것, 그 단체를 실체(實體)로 운용하는 지도자의 지도에 순종할 것, 그 단체를 내 것이라고 사랑하는 정(情)을 가질 것 등이겠습니다. 지도자라 하면 국가면 원수, 회면 회장 같은 것이니, 지도자를 잘 택하는 것과 택한 지도자에게 잘 순종하는 것은 진실로 단체생활에 극히 중요한 것이니, 지도자를 바로 택할 줄 모르는 민중도 단체생활에 성공할 자격이 없는 동시에 지도자의 지도에 순종할 줄 모르는 민중도 단체생활에 성공할 자격이 없는 것이외다. 데모크라시란 지도자 없는 생활이란 말이 아니라, 지도자를 민의(民意)로 택하는 생활이란 뜻입니다. 그런데 우리 사람은 위에서 말한 것과 같은 단체생활의 도덕이 없습니다. 길게 설명하지 아니하더라도 우리가 보는 무슨 회, 무슨 회 하는 단체들이 되어가는 모양을 보아 알 것이외다.

　그런즉 무실과 역행과 사회봉사심 즉 단결의 정신을 개조하는 신민족성의 기초로 삼자 함이외다. 그러면 이 주의(主義)에 의지하여 개조된 사람은 어떠한 사람일까. 그는 반드시 보통교육과 일종의 전문교육이나 기술의 교육을 받아 사회에 유익하다고 믿는 일종의 직업을 가졌을 것이외다. 그 직업을 지극히 사랑하고 그 직업을 가진 것을 영광으로 알아 일생의 정력을 그것을 위하여 다할 것이외다. 대개 그는 모든 직업이 평등(平等)으로 다 존실(尊實)한 줄을 확신한 것이외다. 그 직업이 자기에게 의식주를 주고, 사회에 대한 봉사의 신성한 보수(報酬) 되는 명예를 주고, 또 양심의 만족과 활동과 성공의 결락(缺落)을 주는 줄을 알기 때문이외다. 그는 일정한 휴일을 제하고는 날마다 일정한 시간 동안을 성의와 근면으로 그 직업에 종사하되 그의 하는 일, 만드는 물건이 아무쪼록 사회에 유익하기를 바라므로 속임이 없습니다. 그러므로 세상은 그를 믿어 다시 의심함이 없습니다. 그는 이 직업에 관하여 남과 거래할 때 반드시 성의를 가지고 신용을 지킵니다. 또 그 직업을 심히 사랑하기 때문에 어떠한 곤란이 있든지 위험이나 핍박이 있더라도 결코 그것을 버리지 아니하고 용기를 발하여 싸워 이깁니다.

이렇게 직업을 사랑하고 그것을 위하여 근면하므로 주색(酒色)에 빠지거나 잡담(雜談), 박돌(博突)을 즐길 새는 없지마는 그는 방순(芳醇)한 가정의 낙(樂)과 문학, 예술, 혹은 종교나 철학을 즐기며, 혹은 순수한 교우(交友)의 낙과 동지의 회집(會集)의 낙을 가집니다. 그리고 그는 일정한 운동으로 건강과 용기와 쾌락을 얻습니다.

그는 국가에 대하여서는 모든 의무를 충실히 다하는 국민이요, 그의 참가한 모든 단체에 대하여는 충실한 회원이외다. 그러므로 그는 혹은 체면에 끌려, 혹은 군중심리에 끌려 용이(容易)히 무슨 허락(許諾)을 아니 하지마는 한번 허락한 이상 그는 결코 변함이 없습니다. 그는 위인이 아닐는지는 모르되 무슨 일을 하는 사람이요, 성인이 아닐는지는 모르되 누구나 믿을 만한 사람이외다. 그는 완성될 범인(凡人)이니 이 완성될 범인이야말로 우리가 구하는 바입니다.

개조의 방법

그러면 어떠한 방법을 취하여 이 개조의 이상을 실현할까. 이상은 아무리 좋더라도 그 실현하는 방법을 찾지 못하면 역시 공상이 되고 말 것이외다.

방법! 이것은 우리 사람들이 가장 경(輕)히 여기고 그러기 때문에 가장 졸(拙)합니다. 우리들은 흔히 수단을 중히 여기나 방법을 경히 여깁니다. 수단과 방법을 흔히 동의(同義)의 어(語)로 쓰지마는 기실은 그 사이에는 구별이 있고 또 구별을 할 필요가 있는 것이외다.

방법이라 하면 무슨 일을 하는 길을 이름이니, 무슨 일이든지 하려고 할 때에는 첫째는 그 일의 목적을 정하여야 하고, 둘째는 그 목적을 달하는 길을 정하여야 합니다. 출발점과 도착점 사이에는 가능한 여러 가지 길이 있음이 마치 기하학상으로 양점(兩點)간에는 무수한 선을 그을 수 있음과 같습니다. 그런데 양점간의 최단거리는 직선이요, 직선은 일(一)이요 오직 일(一)인 것 같이, 사업의 출발점에서 목적의 도착점까지에 달할 수 있는 모든 길 가운데에서 신중한 고려로써 그 최단거리라 할 만한 길을 택하여 이 사업을 완성하기까지는 꼭 이 길로 나가자 하고 작정해 놓은 것이 방법이니, 방법이란 자의(字義)가 십분 그 불변성(不變性), 불가범성(不可犯性)을 표(表)하는 것이외다. 원래 방(方)자는 모형(模型)이란 뜻이요 법(法)자는 먹줄이란 뜻이니, 방(方)이나 법(法)이나 일정하다는 뜻이 있는 것이외다. 다시 말하면 방법이란 법률이요 규칙이며, 이에 반하여 수단이란 그 법률이나 규칙의 운용의 솜씨이외다. 같은 법률이나 규칙도 잘 운용하고 못하기에 그 효력에 대관계(大關係)를 생(生)하는 것이니 수단이란 것도 일을 위하여는 필요한 것이외다. 방법은 식(式)이요, 수단은 활용(活用)이외다. 그러나 수단은 방법에 의하여 쓸 것이니 방법 없는 수단은 되는 대로 하는 것에 불과합니다.

그러하거늘 우리들의 일하는 법은 흔히 방법을 세우지 아니하고 임시임시

(臨時臨時)의 수단만 부리려 합니다. 그래서 수단이란 그 본래의 뜻을 잃어버리고 부정한 권모(權謀)나 술수(術數)를 의미하게 된 것이외다.

　방법이란 만사(萬事)에 다 중요한 것이외다. 밥을 짓는 데도 방법이 있으니, 쌀과 물을 솥에 두고 불을 땐다고 밥이 되는 것이 아니외다. 쌀과 물과의 분량의 비(比), 불 때는 양을 다 방법에 맞게 하여야 밥이 되는 것이니, 쌀과 물과 불 세 가지 재료는 같다 하더라도 그 방법을 따라 밥도 되고, 죽도 되고, 미음도 되고, 풀도 될 것이외다. 만일 아주 방법을 그르치면 혹은 태울 수도 있고 서릴 수도 있어 소위 죽도 밥도 안 될 수가 있는 것이외다. 이에 대하여 같은 밥을 짓되 질도 되도 않게 맛나게 짓는 것은 그 짓는 자의 수단이외다. 그러므로 수단은 방법을 지키는 때에만 유효한 것이외다.

　좀더 어려운 말로 방법의 필요를 설명하려면 과학연구의 방법을 예로 드는 것이 편할 것이외다. 첫째, 오늘날과 같은 자연과학, 기타 제반 과학이 발달된 가장 주요한 원인이 베이컨의 귀납법(歸納法)의 발견이라 합니다. 귀납법이란 재래의 연역법(演繹法)에 대한 자연(自然) 급(及) 인사(人事) 연구의 일 방법이외다. 그런데 이 방법을 얻었기 때문에 모든 과학의 발달이 된 것이외다. 무슨 과학이든지 한 과학이 성립됨에는 특수한 대상이 필요함과 같이 특수 연구방법이 필요한 것이니, 이 방법 없이는 과학이 성립될 수 없는 것이외다. 또 딴 방면으로 말하면 서양인은 성(盛)하고 우리는 쇠(衰)하는 것도 서양인은 생활의 방법이 옳았고 우리는 생활의 방법이 잘못되었다고 볼 수 있는 것이외다.

　이렇게 일에는 방법이란 것이 필요합니다. 그런데 우리가 하려는 가장 큰 일 되는 민족개조에 어찌 방법이 필요하지 않겠습니까.

　이 방법에 관하여는 위에도 기회를 따라 말하였읍니다마는 그 중심은 개조동맹(改造同盟)이외다. 금주동맹이나 금연동맹과 같이 일정한 주의(主義)로 개조하기를 동맹함이외다.

　'위선(爲先) 나부터 개조하자' 는 뜻을 가진 자들이 동맹을 지어 하나씩 둘씩 그러한 동맹원을 늘려 가면서 서로 자격(刺激)이 되고 서로 도움이 되어 일면 자기의 개조를 완성하면서 일면 동맹원을 늘리는 것이외다.

이제 이러한 동맹이 가장 정확한 방법인 것을 말합시다.

재래로 우리 사회에서는 사상을 전하기로 주요사(主要事)를 삼았습니다. 그러나 공론을 좋아하고 실행이 없는 우리 사람들은 새로 얻은 사상을 오직 공론의 좋은 새 재료를 삼을 뿐이요, 그 사상이 들어오기 때문에 좋아진 것이 별로 없었습니다. 무론 사상이 점점 널리 전파되고 점점 깊이 침윤함을 따라 오랜 세월을 지내는 동안에는 조금씩 조금씩 행(行)으로 실현되는 것은 사실이겠지마는, 지금 우리 형편으로는 이러한 자연의 추이를 기다릴 수가 없고 마치 전기작용과 온도의 조절로 식물의 성장을 촉진하는 모양으로 무슨 인공적 촉진방법을 쓰지 아니치 못할 위험한 처지에 있는 것이외다. 그러므로 '이리 해야 된다, 저리 해야 된다'고 하고 필설(筆舌)로만 떠들어 들을 자는 들을지어다, 하고 싶은 자는 할지어다 하는 완만한 정책에 의지할 수는 없는 것이외다. 그뿐더러 내가 보기에 우리 민족에 결핍한 것은 사상이기보다 실행이니, 우리가 아는 것만이라도 실행하면 살 수 있으리라 합니다. 가령 거짓이 없어야 한다, 부지런해야 한다, 학술이나 기예를 배워야 한다, 그래서 누구나 한 가지 직업을 가져야 한다, 교육학술이나 기예를 배워야 한다, 그래서 누구나 한 가지 직업을 가져야 한다, 교육과 산업을 발달시켜야 한다, 이런 것은 누구나 다 알 만한 것이 아닙니까. 그러므로 우리의 할 일은 그대로 실행함이외다. 그러므로 '나부터 먼저 개조하자' 하는 것이 개조사업의 가장 확실한 방법이 되는 것이니, 대개 나 하나의 개조는 나의 가장 확실하게 가능한 바요, 따라서 나 하나를 개조하면 이에 조선민족은 일편(一片)의 개조된 원(員)을 가지게 될 것이며, 겸하여 그 개조된 한 사람이 개조사상의 실현된 모범이 될 것이니, 이 실현된 모범이야말로 가장 웅변(雄辯)된 선전이 되는 것이외다. 이렇게 개조된 일인(一人)은 전민족개조(全民族改造)의 발단이요 기초가 되는 것이외다.

이러한 사람이 동맹을 지으므로 서로 자격(刺激)이 되고 서로 보익(輔益)이 되는 동시에 개조된 사람, 적더라도 개조를 목적으로 실행하는 사람이 일단(一團)이 되기 때문에 그 실현된 모범이 더욱 뚜렷하고 유력하게 됩니다. 특별한 주의(主義)와 행동을 하는 개인도 표(標)가 나지마는, 그러한 개인들의 단체는 더욱 표가 나는 것이 마치 여러 천만 자루의 횃불을 한 곳에 모아 세운 것 같습니다. 비컨대 야소교회를 보시오. 그네가 만일 교회라는 단체를 이루고 속인(俗人)과 판이한 습속을 가지지 아니하였더면 그렇게 뚜렷하게 세인의 주목을 끌기가 어려울 것이외다. 그러므로 한 단체의 존재가 백천(百千)의 신문, 잡지보다 위대한 선전력을 가진 것이외다.

단체의 선전력이 위대하다는 실례로는 미국의 금주동맹이 가장 좋을까 합니다. 그것은 거금(距今) 오십칠 년인가 팔 년 전에 매튜라는 신부(神父)가 시작한 것인데, 하나씩 하나씩 동맹원을 모집하여 오십칠 년 만에 마침내 전미(全美) 인민의 과반수의 동지(同志)를 얻어 작년 칠월에 드디어 그 나라 헌법에 금주의 조(條)를 가입(加入)케 하였습니다. 고래로 금주를 선전한 사람이 퍽 많지마는 이 나라에서와 같이 성공한 자가 없음은 이 동맹단체라는 방법을 이용할 줄을 모른 까닭이외다. 동맹을 짓는 셋째 이익은, 위에도 일찍 말한 바와 같이 그 운동의 생명을 영속케 함이외다. 개인의 생명은 믿을 수가 없는 것이로되, 공고하게 조직된 단체의 생명은 영원성(永遠性)을 가진 것이니, 비록 세월이 가고 대(代)가 가시더라도 그 단체의 주지(主旨)는 그냥 남아 연(連)해 동맹자의 수를 늘릴 것이며, 아울러 그네가 목적하는 사업을 영구히 계속하여 갈 것이외다.

그러므로 이 민족개조를 목적하는 동맹단체는 가능한 모든 수단을 다하여 그의 생명이 영속하기를 힘써야 할 것이외다. 단체의 생명을 영속하게 하는 방법은 여기서 말할 바 아니니 딴 기회를 기다리려니와, 한 가지 반복하여 역설할 것은 '민족개조는 오직 동맹으로야만 된다, 그러므로 이 동맹으로 생긴 단체는 가장 공고하여 영원성을 가짐이 필요하다' 함이외다.

최종(最終)에, 동맹이 필요한 것은 그 주의를 선전하고 그 목적을 실현하기 위한 사업을 경영하기 위하여서외다. 동맹이 비록 좋지마는 언론(言論)으로 일반 민중에게 그 주의를 선전할 필요가 있으며, 또 이미 덕육(德育)을 하여라, 보통학식(普通學識)을 배우는 일 종 이상의 전문학술(專門學術)이나 기예(技藝)를 배워라 하였으니, 그러하기에 필요한 일을 하여 주어야지 그렇지 아니하면 그도 또한 공론에 불과할 것이외다.

　그러면 그런 일이란 무엇이뇨. 학교, 서적 등의 공급이외다. 또 체육을 하라 하면 그것을 할 설비, 곧 위생설비나 체육장의 설비, 위생서(衛生書), 체육서(體育書) 등의 제공이 필요할 것이외다. 그리고 보니 이런 모든 것을 시설하려면 거액의 금전과 다수의 인재가 필요합니다. 그러면 그것들은 어디서 나오나. 오직 공고한 단체에서외다. 재래 우리의 모든 사업은 일정한 재력과 인력이 없이 하였습니다. 가령 신문, 잡지나 학교를 경영하는 자 중에 진실로 이러한 예산(豫算)을 세우고 하는 자가 몇이나 됩니까. 소위 '맘만 있으면 된다' 하고, '시작만 하면 된다' 하여 맘만 가지고 시작한 것이 많았으며 모두 몇 날이 못 가 스러지고 말았습니다.

　맘만 있으면 된다는 것이 곤란을 무릅쓰고 열심을 내라는 격언(格言)이 되지마는, 맘이 밥이 되고 맘이 나무가 되지 않는 이상 맘만 가지고 일이 될 리가 있습니까. 일을 이루는 것은 오직 '힘' 뿐이니, 힘이란 무엇이뇨, 사람과 돈이외다.

　그런데 우리네는 흔히 사람을 쓸 때에 임시임시 아무나 말마다나 하는 자면 골라 쓰려 하고, 돈은 의연(義捐)이나 일시일시 어떤 부자를 꾀어내어서 쓰려 합니다. 작은 사업에나 큰 사업에나 다 이러합니다. 이것으로 어찌 일이 되겠습니까.

　일하는 사람이란 그 일의 전문가이기를 요구합니다. 정치에는 정치의 전문가, 산업에는 각각 그 방면의 전문가, 교육에는 교육의, 신문·잡지에는 신문·

잡지의 전문가를 요구하는 것이니, 전문의 교양(敎養)이 없이 임시임시로 정치가도 되고 교육가도 되었다가 은행 지배인도, 잡지 주필(主筆)도 되는 것은 아주 사회의 분화가 생기지 아니하였던 옛날의 일이외다. 전문가란 그 직업에 상당한 덕행(즉 신용, 근면, 신의, 용기)과 거기 상당한 전문학식을 가진 자를 일컬음이니, 이러한 자격을 얻으려면 십수 년의 성의(誠意)로운 수양과 경험을 쌓아야 하는 것이외다. 전문가 아니고 모종의 사업을 경영하려 함은 오늘날에 있어서는 한 공상에 불과합니다.

돈에 관하여 말하건대 일시적 사업, 비(比)컨대 어떤 지방에 수재(水災)가 나서 그 이재민을 구제하는 사업 같은 것은 의연(義捐)으로도 할 수 있는 것이지마는, 그렇지 아니하고 교육사업이나 신문, 잡지, 기타 무릇 영구성을 가진 사업을 경영하는 데는 반드시 매년(每年)에 일정한 수입이 있기를 요하는 것이니 이 일정한 수입을 얻는 길은 오직 두 가지 길이 있을 뿐이니, 하나는 그 단체의 객원(客員)이 일정한 기간 내에 일정한 금액을 갹출(醵出)함이니 이는 국가의 납세, 항용(恒用) 단체(團體)의 회비 같은 것이요, 또 하나는 기본금(基本金)이니 이는 어떤 단체의 회원들이 얼마씩을 내어 그 본전을 영영 쓰지 않고 이자만 쓰는 제도니 근대 각종 산업단체, 교육단체, 기타 사회사업의 단체들이 많이 취하는 것이외다.

이 두 가지 중에서 가장 확실한 것은 기본금주의(基本金主義)니, 이것에서 나오는 매년의 수입이 일정한 금액 이상일 것이 확실합니다. 회비주의(會費主義)는 국가나 종교와 같이 특수권력을 가진 단체가 아니고는 꼭 일정한 금액 이상의 수입을 확보하기가 어려운 것이외다. 무릇 영구성을 가진 사업을 하려 하는 단체는 위에 말한 바와 같은 인력과 금력의 준비를 가짐이 절대로 필요한 것이니, 이것이 없으면 아무리 좋은 이상과 계획이 있다 하더라도 또한 공론이 되고 말 것이외다.

그러므로 민족개조를 목적하는 자들이 크고 견고한 동맹을 지음이 이 두 가지 힘을 얻는 유일한 길이니 동맹의 큰 필요를 여기에서도 볼 것이외다.

　이 모양으로 개조된 개인들 즉 건전한 인격자들과, 그네의 동맹한 단체 즉 견실하고 큰 단체를 이루면 이에 우리 사업의 기초는 확립한 것이니, 이로부터 오직 점점 이상을 실현하면서 장성함이 있을 뿐이지 결코 퇴보함이 없을 것이외다.

　위에 말한 개조의 방법은 그 대강령(大綱領)을 든 것이어니와 이는 만고(萬古)에 긍(亘)하여 변치 아니할 진리외다. 그러나 이 방법의 세밀한 점에 이르러서는 다른 때에 말하는 것이 적당하리라 생각합니다.

결론

나는 이상에 민족개조의 의의와, 역사상의 실례와, 조선민족 개조는 절대로 긴(緊)하고 급(急)함과, 민족의 가능함과, 그 이상(理想)과 방법을 말하였습니다.

　세인(世人) 중에는 조선민족의 장래에 대하여 비관하는 자도 있고 낙관하는 자도 있을 것이외다. 또 비관하는 자 중에도 그 비관의 이유가 여러 가지일 것이니, 혹은 조선민족의 외국의 사정의 불순(不順)을 이유로 하는 자도 있을 것이요, 혹은 조선민족은 정신상으로나 물질상으로나 피폐의 극에 달한 것을 이유로 하는 자도 있을 것이요, 심한 자는 조선민족의 본성이 열악하여 도저히 번영을 기(期)치 못할 것을 이유로 하는 자도 있을 것이외다.

　이러한 모든 비관의 이유가 다 일면의 진리를 가진 것이니 일개(一概)로 조소(嘲笑)해버릴 것은 아니외다.

　또 낙관자 편에도 그 낙관의 이유가 하나가 아닐지니, 혹은 천운이 순환하여 비왕태래(否往泰來)할 날이 반드시 있으리라 하는 유치한 숙명관(宿命觀)을 이유로 하는 자도 있을 것이요, 혹은 비관론자와 정반대로 조선민족의 천질(天質)이 우수함은 고대사(古代史)의 증명하는 바라는 것을 이유로 하는 자도 있을 것이요, 혹은 광막한 세계의 대세를 이유로 하는 자도 있을 것이외다. (제 민족의 운명에 관하여 아무 생각도 없는 자는 말할 필요도 없는 일이외다.) 이러한 낙관설(樂觀說)에도 또한 취할 점은 있지마는 그 진리를 함유한 분량으로는 비관설(悲觀說)이 훨씬 우승(優勝)합니다. 진실로 낙관자의 이유는 극히 유치하고 천박합니다. 천운순환(天運循環)이란 것은 거론할 필요도 없고(기실 다수의 조선인을 지배하는 사상이겠지마는) 민족의 본질의 우수(優秀)라는 것도 지금 형편에 누가 믿어줄 말이 못 되며 또 설사 본질은 우수하더라도 타락한 금일에는 우수한 점보다 열악한 점이 많은 것은 사실인즉 이것이 낙관의 이유가 될 수는 없는 것이요, 세계대세론자(世界大勢論者)는 신문명, 신사상으로 민족을 일신케 하면 살아나리라는 의미로는 진리이나, 정치적 의미로 말하는 것이라 하면 괘치(掛齒)할 바가 아니외다.

낙관론자에 가장 확실하고 고급적인 것은 우리가 힘씀으로 살리라 하여 문화운동(文化運動)을 주창하는 자외다. 그네는 생각하기를, 강연을 하고 학교를 세우고 회를 조직하고 신문이나 잡지를 경영하고 서적을 출판하는 등 이른바 문화사업으로 족히 이 민족을 구제하여 행복과 번영의 길에 넣으리라 합니다. 이는 무론 옳은 자각이니, 대개 이는 모든 행복되고 번영하는 민족들이 그 행복과 번영을 얻는 길로 하는 사업이외다. 그러나 조선민족은 너무나 뒤떨어졌고 너무도 피폐하여 남들이 하는 방법만으로 남들을 따라가기가 어려운 처지에 있으니 무슨 더 근본적이요 더 속달(速達)의 방법을 찾을 필요가 있습니다.

위선 현재 있는 대로의 상태로는 문화사업도 하여나갈 수 없으리만큼 조선민족은 쇠약하였습니다. 자양분과 운동을 취하게 하기 전에 위선 캄풀주사가 필요하게 되었습니다. 보시오, 학교들이 생기나 유지할 능력이 없어 거꾸러집니다. 회들이 생겼으나 또한 그러하고, 잡지와 신문들이 생겼으나 또한 그러합니다. 문화사업을 할 사람이 없고, 할 돈부터 없는 처지입니다. 사람부터 만들자, 돈부터 만들자 하는 것이 맨 먼저 필요합니다.

그러면 내 의견은 어떠냐. 이 논문에 말한 것으로 이미 짐작도 하였으려니와, 나는 차라리 조선민족의 운명을 비관하는 자외다. 전에 말한 비관론자의 이유로 하는 바를 모두 진리라고 생각합니다. 우리는 과연 순(順)치 못한 환경에 있습니다.

우리는 그 이상(以上)을 상상할 수 없으리만큼 정신적으로나 물질적으로나 피폐한 경우(境遇)에 있습니다. 또 우리 민족의 성질은 열악합니다(근본성(根本性)은 어찌 되었든지 현상(現狀)으로는). 그러므로 이러한 민족의 장래는 오직 쇠퇴 우(又) 쇠퇴로 점점 떨어져 가다가 마침내 멸망에 빠질 길이 있을 뿐이니 결코 일점(一點)의 낙관도 허할 여지가 없습니다. 나는 생각하기를 삼십 년만 이대로 내버려두면 지금보다 배 이상의 피폐에 달하여 그야말로 다시 일어날 여지가 없이 되리라 합니다. 만일 내 말이 과격하다 하거든 지나간 삼십 년을 돌아보시오! 얼마나 더 성질이 부패하였나, 기강이 해이하였나, 부가 줄었나, 자신이 없어졌나. 오직 조금 진보한 것은 신지식이어니와, 지식은 무기와 같아서 우수한 자에게는 복(福)이 되고 열악한 자에게는 화(禍)가 되는 것이라, 이 소득(所得)으로 족히 소실(所失)의 십의 일도 채우기 어려울 것이외다.

그러면 이것을 구제할 길이 무엇인가. 오직 민족개조가 있을 뿐이니 곧 본론(本論)에서 주장한 바외다. 이것을 문화운동이라 하면 그 가장 철저한 자라 할 것이니, 세계각국에서 쓰는 문화운동의 방법에다가 조선의 사정에 응(應)할 만한 독특하고 근본적이요 조직적인 일 방법을 첨가한 것이니, 곧 개조동맹과 그 단체로써 하는 가장 조직적이요, 포괄적인 문화운동이외다. 아아, 이야말로 조선민족을 살리는 유일한 길이외다.

최후에 한 가지 미리 변명할 것은 이 개조운동이 정치적이나 종교적의 어느 주의와도 상관이 없다 함이니 곧 자본주의, 사회주의, 제국주의, 민족주의, 또는 독립주의, 자치주의, 동화주의(同化主義), 어느 것에나 속한 것이 아니외다. 개조의 성질이 오직 민족성과 민족생활에만 한하였고, 또 목적하는 사업이 상술한 바와 같이 덕체지 삼육의 교육적 사업의 범위에 한한 것인즉 아무 정치적 색채가 있을 리가 만무하고, 또 있어서는 안 될 것이외다. 루소의 말에 "정치가가 되기 전에, 군인이나 목사가 되기 전에 위선 사람이 되게 하여라" 한 것이 있거니와 이것이 개조운동의 계한(界限)이니 동맹자 중에는 온갖 주의자, 온갖 직업자(職業者), 종교의 신자를 포함할 수 있는 것이니 무실하자, 역행하자, 신의 있자, 봉공심을 가지자, 한 가지 학술이나 기예를 배우자, 직업을 가지자, 학교를 세우자 하는 것 등은 어느 주의자나 어느 종교의 신자나를 물론하고 공통한 신조로 할 수 있는 것이외다. 어느 종교의 신자는 개조동맹에 들어 그대로 수양하므로 참으로 좋은 신자가 될 것이요, ××주의자는 참으로 좋은 ××주의자가 될 것이니, 대개 이는 인(人)의 근본 되는 모든 요건이기 때문이외다. 이에 나는 민족개조에 관한 사상과 계획의 대요(大要)를 술(述)하였습니다.

　나 자신이 이 주의자인 것은 물론이거니와 독자 중의 다수가 여기 공명할 것을 믿습니다. 그래서 이것이 실현될 날이 멀지 아니할 것을 확신하매 넘치는 기쁨으로 내 작은 생명을 이 고귀한 사업의 기초에 한 줌 흙이 되어지라고 바칩니다.

1922, 최원순, 〈이 춘원에게 문하노라〉

이광수가 1922년 5월 〈개벽〉 5월호에 발표한 〈민족개조론〉에 대해 동경 유학생 최원순(崔元淳)이 반박하는 글을 써서 〈동아일보〉에 기고했다. 〈동아일보〉는 1922년 6월 3일과 4일 이틀에 걸쳐 '이 춘원(李 春園)에게 문(問)하노라'라는 제목으로 게재했다.

나는 이 중대한 문제에 대하여 이 춘원의 가르침을 받을 것은 물론이거니와 넓게 받고자 함으로 감히 신문지를 통하여 묻고자 한다. 그뿐 아니라 '끓는 정성으로' 어찌하면 이 민족을 현재의 쇠퇴에서 건져 행복과 번영의 장래에 인도할 것인가 하는 '선각자'의 글을 읽고 의심이 나는 점을 그대로 버리는 것은 생명을 이 고귀한 사업의 기초에 한 줌 흙으로 바치시는 '선각자'에게 대하야 '쇠퇴하고 또 쇠퇴'하는 '열악한 게으름뱅이'가 되어 실경(失敬)할까 하여 나는 적어도 정중한 태도로 이 질문을 발한다.

(一) 소위 '열악'하다는 '조선민족성'은 어떠한 것을 의미하는가?

민족성개조주의자 이 춘원의 말에 의하면 '조선민족 쇠퇴의 근본원인은 타락된 민족성에 있다 할 것이외다' 하고 다시 말하기를 '허위(虛僞), 비사회적인 이기심, 나타(懶惰), 무신(無信), 겁나(怯懦), 사회성의 결핍, 이것이 조선민족으로 하여금 금일의 쇠퇴에 빠지게 한 원인이 아닙니까?' 하여 '허위, 비사회적 이기심, 나타, 무신, 겁나, 사회성의 결핍' 이 쇠퇴한 조선민족성인 것을 암시하면서 '쇠퇴하던 백성이 그냥 흥왕(興旺)하는 백성이 되지 못하리니' '그 썩어진 성격을 그냥두면 아무리 노력을 하더라도 다 허사(虛事)가 되고 말 것이니 민족적 성격의 개조! 이것이 우리가 살아날 유일한 길'이라고 하야 더욱 '조선민족성이 열악함'을 통론(痛論)하였다. 과연 우리가 '살아날 유일한 길'을 가르치는 '선각자'이 춘원의 민족성에 대한 견해는 정당한가? 한 민족성이라고 하는 이상에는 어떠한 것을 가리켜서 말할 것인지 먼저 이 춘원의 논문이 많이 그 저서의 뜻을 인용하여다 쓴 르 봉 박사의 말을 이에 인용하여 보고 싶다. 그는 민족성에 대하야 말하기를 "고정(固定)된 몇 종의 공통적 심리성격을 반드시 함께 갖추고 있는 것이 민족성이다. 심리적 성격도 또한 해부적 성격과 같이 유전에 인(因)하야 정규적(正規的)으로 또한 항구적으로 갱생(更生)하는 것이다. 이 심리적 요소의 집합은 한 종족 중의 모든 개인에 대하야 이것을 볼 수 있을 것이다. 진실로 이것이 국민적 성격이라고 칭하는 것을 조직하는 것이다" 하고 또 말하기를 "개인을 지배하고 그 행위를 지도(指導)하는 영향"은 유전이 이것을 다년동일(多年同一)한 방면에 축적한 때에 한할 것이다" 하였으며 또 '조직된 종족의 성격'을 말하되 "이 성격은 수백 년간 동일한 생활 상태로 유지되며 또는 유전에 인하야 축적되어서 종말에 일대(一大) 고정성을 획득하고 그로써 각 국민의 주성(主性)을 확정함에 이른 것이다" 하였다. 이상에 인용한 르봉 박사의 말에 의하면 민족성이라고 하는 것은 세 가지 조건을 요한다고 볼 수 있다.

(一) 다른 민족과 구별되는 특징일 것
(二) 유전적일 것
(三) 그 민족에게 공통적일 것

이와 같이 이 춘원의 글과 르봉 박사의 글을 틀림없이 그대로 내가 보았다고 하면 과연 '선각자' 이 춘원이 지적한 '허위, 비사회적 이기심, 나타, 무신, 겁나, 사회성의 결핍' 이것이 조선인의 특징이며 유전적이고 공통적으로 있는 성격일가? 이것이 천(千)의 불인(佛人)과 천(千)의 영인(英人)과 천의 지나인(支那人)을 가지고 보면 그네들이 매우 상이하지만은 그들은 그 종족의 유전으로 인하여 상통(相通)하는 성격을 향유함으로 우리는 이로 인하여서 불국인, 영국인, 지나인이라고 하는 일종의 이상적 '타입' 을 세울 수가 있는 것이요, 이 이상적 '타입' 은 박물학자가 견(犬)이나 혹은 마(馬)를 일반(一般)으로 묘사할 때에 상기하는바 이상적 '타입' 과 대략상동(大略相同)함과 같이 일견(一見)에 즉시 그 영길리인, 이태리인, 서반아인인 것을 보아 분별함에 이르는 조선민족의 특징이며 유전적 성격일가? 또 다시 말하면 '허위, 비사회적 이기심, 나타, 무신, 겁나, 사회성 결핍' 이것이 다른 민족, 즉 한족(漢族)이나 만족, 몽고족이나 인도족 혹은 일본족과 구별되는 일견에 직시 분별할 수 있는 조선족의 독특한 유전적 성격이며 이상적 '타입' 일까? 현대과학적 지식과 현실적 사실을 능히 무시하고 그에서 초월한 '선각자' 이 춘원이 아니면 도저히 이 춘원이 지시(指示)한 열악할 조선민족성을 그대로 긍정하기가 어렵지 아니할까. 만일 그러하다고 하면 '선각자' 이 춘원이여, 남의 글이나 잘 이해하고 그 글의 뜻에서 초월하는 것이 어떠할까 하는 생각이 난다.

(二) 민족성 개조의 윤리적 근거가 무엇인가?

한 민족성이라고 하는 것은 민족적 개성이다. 그럼으로 민족성의 개조는 그 개성의 개조라고 볼 수밖에 업다. '도덕' 을 고창(高唱)하는 '선각자' 이 춘원이여! 개성을 존중하는 자는 현대 세계적 사조를 무시하고 '도덕적일 것' 이라고 하면서 개성 개조를 '끓는 정성으로' 주장하는 이론적 근거와 윤리적 가치가 어대 있는가.

(三) 한 민족성이 우선(優善)하다 '열악하다' 판단하는 그 표준은 어디 있는가?

민족성이 민족적 개성인 이상에는 그 개성의 '열악' 이나 우선을 어느 민족의 '행복과 번영'을 목표로 하고 하는 말인가? 적어도 개성에 대한 이해가 있는 사람이면 더욱 '선각자' 이 춘원은 그 민족 자신의 '번영'과 '행복'을 위하는 견지에서는 그 민족 자신의 개성이 '열악' 하다고 하는 모순은 말하지 아니할 것이다. 한 개성이 열악하다고 하는 것은 열악한(실은 열악하다고 하는 것이지요) 그 자신의 이익이나 '행복과 번영'을 주로 삼아 하는 말은 아닐 것이다. 개인에게 있어서도 그러할 터인데 하물며 한 민족적 개성이 '열악' 하다고 판단을 내리는 것은 세계의 풍토(風土)가 균일하지 아니하고 생활조건이 동일하지 아니한 이상에는 그 자신의 '번영과 행복'을 위한다는 표준 하에서는 아무리 생각하여도 '민족성을 개조' 하여야 '살아날' '유일한 길이' 있다고 하는 '선각자' 이 춘원이 아니고는 알 수가 없는 '진리' 이다. '열악' 한 (실은 열악하다고 하는 것이지만) 그 자신의 '행복과 번영'을 위하는 것보다도 어느 다른 민족의 '행복과 번영'을 위하는 목표 하에서 열악하다는 판단이 생길 수밖에 없는 것이 아닐까.

(四) 조선인의 과거 변천을 '다 무지몽매한 야만인종이 자각 없이 추이(推移)하여 가는 변화와 같은 변화외다' 하는 이유는 어디 있는가?

이 문자에 이르러서 '선각자' 이 춘원이 또한 위대한 역사철학가의 태도가 선명함에 경탄하지 아니할 수 없다. 그 실례를 들어서 물어보고 싶은 것은 너무나 많지만 '재작년 3월' 사실이 '우리의 정신의 변화는 무섭게 급격하게 되었음'

을 불구(不拘)하고 담대(膽大)하고 명쾌한 역사철학자 이 춘원이 단언하는 바와 같이 '이것은 자연의 변화'며 '또는 우연의 변화'인가 '물리적 변화와 같이 자연히' '우연히 행하는 변화'여서 '무지몽매한 야만인종이 자각 없이 추이하여 가는 변화'인가?

과연 '계획과 노력'이 없는 일이었을까. 그 사실에 대하여 '계획'도 없고 '노력'도 없던 일이었다고 명언(明言)하는 사가(史家)는 전 세계를 통하여 '민족적 성격을 개조'하여야 '우리가 살아날 유일한 길이' 있다고 하는 이 춘원 이외에는 다시 한 사람도 없을 것이다. 이와 같이 사적(史的) 안광(眼光)이 전 세계에 '유일'한 이 춘원에게 나는 다시 물어보고 싶다. '문명인의 최대 특징'은 '그 특색은 계획과 노력에 있다'고 하였으니 '재작년' 사실에서는 (소위 이 춘원이 말하는 '무지몽매한 야만인종이 자각 없이 추이하여 가는 변화'라고 한 이 사실에서는) 발견하지 못하는 '자기(自己)의 목적을 의식적으로 확립하고 그 목적을 달(達)하기 위하야' '계획과 노력'이 나타나는 문명인의 역사적 사실을 가라처지이다! 어떠한 '계획과 노력'이라야 무지몽매한 야만인종이 자각 없이 추이하여 간다는 말을 면하고 '문명인'이라고 하는 말을 들을 수가 있는가. 유일한 사가여! 우리와 같은 무지몽매한 야만인종이 자각 없이 추이하는 사람에게 그 '문명인'적 해답을 내릴지어다!!

(五) '민족개조는 도덕적일 것'이라고 하는 말은 무엇을 가르치는가?

이 말이 대단히 알기 어려운 말이지만 그 내용 설명에 의하면 "요컨대 조선민족 쇠퇴의 근본원인은 타락된 민족성에 있다 할 것이외다"하고 다시 말하기를 "우리 민족의 쇠퇴도 그 민족성이 원인이니 민족의 성쇠흥망이 실로 그 민족성에 달린 것이외다. 그럼으로 하나의 민족을 개조함에는 그 민족성의 근저인 도덕에서부터 시작하여야 한다" 하여 도덕이 '민족성의 근저(根底)'라 함을 명언하였다. 특히 근저라는 문자를 쓴 것이나 이상 문구의 의의(意義)로 보아서 민족성은 도덕에서 발생된 것이라는 뜻을 암시하였다. '민족개조는 도덕적일 것'이라는 말은 민족을 개조하려면 도덕을 개조하면 된다 하는 뜻인 줄로 볼 수밖에 없다. 개조를 '더욱 근본적이요 더욱 조직적이요 더욱 전반적, 삼투적(渗透的)'으로 하라고 하는 '선각자' 이 춘원은 도덕을 개조하면 민족성을 개조하는 줄로 믿는 듯하다.

 그 '선각자'의 의견대로 논하면 어느 이상적 표준을 세우고 그 표준 하의 도덕으로 민족성을 개조하는 것이 '더욱 근본적이요, 더욱 조직적이요, 더욱 전반적, 삼투적'이라고 믿는 것이라 볼 수밖에 없다. 그렇다고 하면 나는 먼저 물어보고 싶은 문제가 있다. '더욱 근본적'이라 하야 근저부터 개조를 하여야 한다고 주장하는 '선각자' 이 춘원이여! 민족이 근저인가? 도덕이 근저인가? 다시 말하면 민족에서 도덕이 생긴 것인가? 도덕에서 민족이 생긴 것인가? '선각자' 이 춘원의 이론으로 보면 "근저인 도덕에서부터 시작하여야 한다" 하였으니 '근저인 도덕에서' 민족이 생긴 것인 줄 믿는 모양이다. 그러나 아무리 사실에서 초월하는 '선각자'의 말이라고 하더라도 발생학적 이론으로 보아서 민족이 있어서 그 민족에게서 민족적 도덕이 생긴 것이요 결코 어느 '선각자'가 생각하는 그 도덕이 있은 후에 그 도덕에서 민족이 생긴 것이라고는 볼 수가 없는 줄 믿는다. 다시 말하면 그 민족을 이룬 여러 사람들이 민족적으로 생활을 계속하는 과정 중에서 지켜야 할, 지킬 필요가 있는 행위의 규범이 그 민족의 도덕이 아니고 무엇이겠는가? 그러므로 어느 민족에게 있는 도덕은 그 민족의 생활에서 발생된 것이 아닐까? 그 민족이 민족적으로 생활하는 과정 중에 그 생활의 필요에 응하여 발생된 것이 아닐까? 만일 참으로 '끓는 정성으로' 민족성을 개조하라고 하면 그 민족의 신체와 생활자료(生活資料)에서부터 하지 아니하고 하필 도덕에서 시작하는가? 어떠한 이유로 민족을 근저에서부터 개조하려는 '선각자'가 민족개조를 생물학이나 유전학적 견해와 경제적 방면을 버리고 '도덕적일 것이'라고만 하는가? 나는 이에 이 춘원의 본의(本意)를 묻고 싶다.

1923, 신채호, 〈조선혁명선언〉

〈조선혁명선언〉은 1923년 1월 의열단(義烈團)의 활동이념과 투쟁전략을 이론화해 천명한 선언서다. 의열단은 1919년 11월 김원봉(金元鳳)을 중심으로 조직된 독립운동단체로서 암살, 파괴, 폭동 등 테러를 수단으로 하여 항일투쟁을 전개했다. 그런데 이런 운동방법에 대한 비판이 일어나자 의열단은 활동의 이념과 전략에 대한 이론을 정립할 필요성을 느끼게 됐다. 이에 따라 의열단이 신채호에게 이 선언서의 작성을 의뢰했다. 신채호는 중국에서 의열단이 파견한 무정부주의자 단원 유자명((柳子明)과 합숙하면서 이 선언서를 작성했다. 그 결과로 이 선언서에는 무정부주의 이념과 민족주의 이념이 혼합돼있으며, 신채호는 이 선언서를 쓴 것을 계기로 무정부주의로 기울어졌다.

1.

강도 일본이 우리의 국호를 없이 하며, 우리의 정권을 빼앗으며, 우리의 생존적 필요조건을 다 박탈하였다. 경제의 생명인 산림, 천택(川澤), 철도, 광산, 어장 내지 소공업 원료까지 다 빼앗아 일체의 생산기능을 칼로 베며 도끼로 끊고 토지세, 가옥세, 인구세, 가축세, 백일세(百一稅), 지방세, 주초세(酒草稅), 비료세, 종자세, 영업세, 청결세, 소득세, … 기타 각종 잡세가 날을 쫓아 증가하여 혈액은 있는 대로 다 빨아 가고, 여간(如干) 상업가들은 일본의 제조품을 조선인에게 매개하는 중간인이 되어 차차 자본집중의 원칙 하에서 멸망할 뿐이요, 대다수 인민, 곧 일반 농민들은 피땀을 흘리며 토지를 갈아 그 종년(終年) 소득으로 일신과 처자의 호구(糊口)거리도 남기지 못하고, 우리를 잡아먹으려는 일본 강도에게 진공(進供)하여 그 살을 찌워 주는 영세(永世)의 우마(牛馬)가 될 뿐이요, 내종(乃終)에는 그 우마의 생활도 못 하게 일본 이민(移民)의 수입이 연년(年年) 고도의 속률(速率)로 증가하여 '딸깍발이' 등쌀에 우리 민족은 발 디딜 땅이 없어 산으로, 물로, 서간도로, 북간도로, 서비리아(西比利亞)의 황야로 몰리어 가 아귀(餓鬼)부터 유귀(流鬼)가 될 뿐이며,

강도 일본이 헌병정치, 경찰정치를 여행(勵行)하여 우리 민족이 촌보의 행동도 임의로 못 하고 언론, 출판, 결사, 집회의 일절(一切) 자유가 없어 고통과 분한(憤恨)이 있으면 벙어리의 가슴이나 만질 뿐이요, 행복과 자유의 세계에는 눈뜬 소경이 되고, 자녀가 나면 '일어를 국어라, 일문을 국문이라' 하는 노예양성소─학교─로 보내고, 조선 사람으로 혹 조선사를 읽게 된다 하면 '단군을 무(誣)하여 소잔명존(素戔鳴尊)의 형제' 라 하며 '삼한시대 한강 이남을 일본 영지' 라 한 일본놈들의 적은 대로 읽게 되며, 신문이나 잡지를 본다 하면 강도정치를 찬미하는 반(半)일본화한 노예적 문자뿐이며, 똑똑한 자제가 난다 하면 환경의 압박에서 염세(厭世), 절망의 타락자가 되거나 그렇지 않으면 '음모사건'의 명칭 하에 감옥에 구류되어 주뢰(周牢, 주리), 가쇄(枷鎖), 단근질, 채찍질, 전기질, 바늘로 손톱 밑과 발톱 밑을 쑤시는, 수족을 달아매는, 콧구멍에 물 붓는, 생식기에 심지를 박는 모든 악형, 곧 야만 전제국(專制國)의 형률사전에도 없는 갖은 악형을 다 당하고 죽거나, 요행히 살아서 옥문을 나온대야 종신 불구의 폐질자(廢疾者)가 될 뿐이라. 그렇지 않을지라도 발명창작의 본능은 생활의 곤란에서 단절하며, 진취활발의 기상은 경우(境遇)의 압박에서 소멸되어 '찍도 짹도' 못 하게 각 방면의 속박, 편태(鞭笞), 구박(驅迫), 압제를 받아 환해(環海) 삼천리가 일개 대감옥이 되어 우리 민족은 아주 인류의 자각을 잃을 뿐 아니라 곧 자동적 본능까지 잃어 노예부터 기계가 되어 강도 수중의 사용품이 되고 말 뿐이며,

강도 일본이 우리의 생명을 초개(草芥)로 보아 을사(乙巳) 이후 13도의 의병나던 각 지방에서 일본 군대의 행한 폭행도 이루 다 적을 수 없거니와, 즉 최근

3.1운동 이후 수원, 선천(宣川), … 등의 국내 각지부터 북간도, 서간도, 노령 연해주 각처까지 도처의 거민(居民)을 도륙한다, 촌락을 소화(燒火)한다, 재산을 약탈한다, 부녀를 오욕한다, 목을 끊는다, 산 채로 묻는다, 불에 사른다, 혹 일신을 두 동가리 세 동가리로 내어 죽인다, 아동을 악형한다, 부녀의 생식기를 파괴한다 하여 할 수 있는 데까지 참혹한 수단을 써서 공포와 전율로 우리 민족을 압박하여 인간의 '산송장'을 만들려 하는도다.

이상의 사실에 거(據)하여 우리는 일본 강도정치 곧 이족통치가 우리 조선민족 생존의 적임을 선언하는 동시에 우리는 혁명수단으로 우리 생존의 적인 강도 일본을 살벌(殺伐)함이 곧 우리의 정당한 수단임을 선언하노라.

2.

내정독립이나 참정권이나 자치를 운동하는 자 누구이냐?

너희들이 '동양평화', '한국독립 보전' 등을 담보(擔保)한 맹약이 묵(墨)도 마르지 아니하여 삼천리 강토를 집어먹던 역사를 잊었느냐? '조선인민 생명, 재산, 자유 보호', '조선인민 행복 증진' 등을 신명(申明)한 선언이 땅에 떨어지지 아니하여 2천만의 생명이 지옥에 빠지던 실제(實際)를 못 보느냐? 3.1운동 이후에 강도 일본이 또 우리의 독립운동을 완화시키려고 송병준(宋秉畯), 민원식(閔元植) 등 한두 매국노를 시키어 이따위 광론(狂論)을 부름이니, 이에 부화(附和)하는 자, 맹인이 아니면 어찌 간적(奸賊)이 아니냐?

설혹 강도 일본이 과연 관대한 도량이 있어 개연(慨然)히 차등(此等)의 요구를 허락한다 하자. 소위 내정독립을 찾고 각종 이권을 찾지 못하면 조선민족은 일반(一般)의 아귀(餓鬼)가 될 뿐이 아니냐? 참정권을 획득한다 하자. 자국의 무산계급의 혈액까지 착취하는 자본주의 강도국의 식민지 인민이 되어 기개(幾個) 노예 대의사(代議士)의 선출로 어찌 아사(餓死)의 화를 구(救)하겠느냐?

자치를 얻는다 하자. 그 하종(何種)의 자치임을 물문(勿問)하고 일본이 그 강도적 침략주의의 초패(招牌)인 '제국'이란 명칭이 존재한 이상에는 그 부속(附屬) 하에 있는 조선 인민이 어찌 구구한 자치의 허명으로써 민족적 생존을 유지하겠느냐?

설혹 강도 일본이 돌연히 불보살(佛菩薩)이 되어 일조(一朝)에 총독부를 철폐하고 각종 이권을 다 우리에게 환부(還付)하며, 내정 외교를 다 우리의 자유에 맡기고 일본의 군대와 경찰을 일시에 철환(撤還)하며, 일본의 이주민을 일시에 소환하고 다만 허명(虛名)의 종주권만 가진다 할지라도, 우리가 만일 과거의 기억이 전멸하지 아니하였다 하면 일본을 종주국으로 봉대(奉戴)한다 함이 '치욕'이란 명사를 아는 인류로는 못 할지니라.

일본 강도정치 하에서 문화운동을 부르는 자, 누구이냐? 문화는 산업과 문물의 발달한 총적(總積)을 가리키는 명사니, 경제 약탈의 제도 하에서 생존권이 박탈된 민족은 그 종족의 보전도 의문이거든 하물며 문화 발전의 가능이 있으랴? 쇠망한 인도족, 유태족도 문화가 있다 하지만, 일(一)은 금전의 역(力)으로 그 조선(祖先)의 종교적 유업을 계속함이며, 일(一)은 그 토지의 광(廣)과 인구의 중(衆)으로 상고(上古)의 자유 발달한 여택(餘澤)을 보수(保守)함이니, 어디 문맹(蚊蝱) 같이, 시랑(豺狼) 같이 인혈(人血)을 빨다가 골수까지 깨무는 강도 일본의 입에 물린 조선 같은 데서 문화를 발전 혹 보수한 전례가 있더냐? 검열, 압수, 모든 압박 중에 기개(幾個) 신문, 잡지를 가지고 '문화운동'의 목탁(木鐸)으로 자명(自鳴)하며, 강도의 비위에 거스르지 아니할 만한 언론이나 주창하여 이것을 문화 발전의 과정으로 본다 하면, 그 문화 발전이 도리어 조선의 불행인가 하노라.

이상의 이유에 거하여 우리는 우리의 생존의 적인 강도 일본과 타협하려는 자(내정독립, 자치, 참정권 등 논자)나 강도정치 하에서 기생하려는 주의를 가진 자(문화운동자)나 다 우리의 적임을 선언하노라.

3.

강도 일본의 구축(驅逐)을 주장하는 가운데 또 여좌(如左)한 논자들이 있으니,

제1은 외교론이니, 이조 5백 년 문약정치(文弱政治)가 '외교'로써 호국의 장책(長策)을 삼아 더욱 그 말세(末世)에 우심하여, 갑신(甲申) 이래 유신당, 수구당의 성쇠가 거의 외원(外援)의 유무에서 판결되며, 위정자의 정책은 오직 갑국을 인(引)하여 을국을 제(制)함에 불과하였고, 그 의뢰(依賴)의 습성이 일반 정치사회에 전염되어 즉 갑오, 갑진 양전역(兩戰役)에 일본이 누(累)십만의 생명과 누억만의 재산을 희생하여 청·노(淸·露) 양국을 물리고, 조선에 대하여 강도적 침략주의를 관철하려 하는데, 우리 조선의 '조국을 사랑한다', '민족을 건지려 한다' 하는 이들은 일검일탄(一劍一彈)으로 혼용탐폭(昏庸貪暴)한 관리나 국적(國賊)에게 던지지 못하고, 공함(公函)이나 열국 공관(公館)에 던지며 장서(長書)나 일본 정부에 보내어 국세(國勢)의 고약(孤弱)을 애소(哀訴)하여 국가존망, 민족사활의 대문제를 외국인 심지어 적국인의 처분으로 결정하기만 기다리었도다. 그래서 '을사조약', '경술합병'— 곧 '조선'이란 이름이 생긴 뒤 몇천 년 만의 처음 당하던 치욕에 조선 민족의 분노적 표시가 겨우 하얼빈(哈爾賓)의 총, 종현(鐘峴)의 칼, 산림유생의 의병이 되고 말았도다.

아! 과거 수십 년 역사야말로 용자(勇者)로 보면 타매(唾罵)할 역사가 될 뿐이며, 인자(仁者)로 보면 상심할 역사가 될 뿐이다. 그러고도 국망(國亡) 이후 해외로 나아가는 모모 지사들의 사상이 무엇보다도 먼저 '외교'가 그 제1장 제1조가 되며, 국내 인민의 독립운동을 선동하는 방법도 '미래의 일미전쟁, 일로전쟁 등 기회'가 거의 천편일률의 문장이었었고, 최근 3.1운동에 일반 인사의 '평화회의, 국제연맹'에 대한 과신(過信)의 선전이 도리어 2천만 민중의 분용전진(奮勇前進)의 의기(意氣)를 타소(打消)하는 매개가 될 뿐이었도다.

제2는 준비론이니, 을사조약의 당시에 열국 공관에 빗발 돋듯 하던 조회(종

이)쪽으로 넘어가는 국권을 붙잡지 못하며, 정미년의 해아밀사(海牙密使)도 독립회복의 복음을 안고 오지 못하매 이에 차차 외교에 대하여 의문이 되고, 전쟁 아니면 안 되겠다는 판단이 생기었다. 그러나 군인도 없고 무기도 없이 무엇으로써 전쟁하겠느냐? 산림유생들은 춘추대의(春秋大義)에 성패를 불계(不計)하고 의병을 모집하여 아관대의(峨冠大衣)로 지휘의 대장이 되며, 사냥 포수의 화승대(火繩隊)를 몰아가지고 조일전쟁의 전투선(戰鬪線)에 나섰지만, 신문쪽이나 본 이들―곧 시세를 짐작한다는 이들―은 그리할 용기가 아니 난다. 이에 '금일 금시로 곧 일본과 전쟁한다는 것은 망발이다. 총도 장만하고 돈도 장만하고 대포도 장만하고 장관(將官)이나 사졸(士卒)감까지라도 다 장만한 뒤에야 일본과 전쟁한다' 함이니, 이것이 이른바 준비론 곧 독립전쟁을 준비하자 함이다. 외세의 침입이 더할수록 우리의 부족한 것이 자꾸 감각되어 그 준비론의 범위가 전쟁 이외까지 확장되어 교육도 진흥해야겠다, 상공업도 발전해야겠다, 기타 무엇무엇 일체가 모두 준비론의 부분이 되었다. 경술 이후 각 지사들이 혹 서북간도의 삼림을 더듬으며, 혹 서비리아(西比利亞)의 찬바람에 배부르며, 혹 남북경(南北京)으로 돌아다니며, 혹 미주나 하와이로 돌아가며, 혹 경향(京鄕)에 출몰하여 십여 성상 내외 각지에서 목이 터질 만치 '준비! 준비!'를 불렀지만 그 소득이 몇 개 불완전한 학교와 실력 없는 회(會)뿐이었었다. 그러나 그들의 성력(誠力)의 부족이 아니라 실은 그 주장의 착오이다. 강도 일본이 정치, 경제 양 방면으로 구박(驅迫)을 주어 경제가 날로 곤란하고 생산기관이 전부 박탈되어 의식의 방책도 단절되는 때에 '무엇으로?' '어떻게?' 실업을 발전하며, 교육을 확장하며, 더구나 '어디서?' '얼마나?' 군인을 양성하며, 양성한들 일본 전투력의 백분지 일의 비교라도 되게 할 수 있느냐? 실로 일장(一場)의 잠꼬대가 될 뿐이로다.

  이상의 이유에 의하여 우리는 '외교', '준비' 등의 미몽을 버리고 민중 직접 혁명의 수단을 취함을 선언하노라.

4.

조선 민족의 생존을 유지하자면 강도 일본을 구축할지며, 강도 일본을 구축하자면 오직 혁명으로써 할 뿐이니, 혁명이 아니고는 강도 일본을 구축할 방법이 없는 바이다.

그러나 우리가 혁명에 종사하려면 어느 방면부터 착수하겠느뇨?

구시대의 혁명으로 말하면, 인민은 국가의 노예가 되고 그 이상에 인민을 지배하는 상전 곧 특수세력이 있어 그 소위 혁명이란 것은 특수세력의 명칭을 변경함에 불과하였다. 다시 말하자면 곧 '을'의 특수세력으로 '갑'의 특수세력을 변경함에 불과하였다. 그러므로 인민은 혁명에 대하여 다만 갑을 양 세력, 곧 신구 두 상전(上典)의 숙인(孰仁), 숙폭(孰暴), 숙선(孰善), 숙악(孰惡)을 보아 그 향배를 정할 뿐이요, 직접의 관계가 없었다. 그리하여 '주기군이조기민(誅其君而吊其民)'[284]이 혁명의 유일 종지(宗旨)가 되고 '단사호장이영왕사(簞食壺漿以迎王師)'[285]가 혁명사의 유일 미담이 되었거니와, 금일 혁명으로 말하면 민중이 곧 민중 자기를 위하여 하는 혁명인 고로 '민중혁명'이나 '직접혁명'이라 칭함이며, 민중 직접의 혁명인 고로 그 비등팽창(沸騰澎漲)의 열도(熱度)가 숫자상 강약 비교의 관념을 타파하며, 그 결과의 성패가 매양 전쟁학상(戰爭學上)의 정궤(定軌)에 일출(逸出)하여 무전무병(無錢無兵)한 민중으로 백만의 군대와 억만의 부력을 가진 제왕도 타도하며 외구(外寇)도 구축하나니, 그러므로 우리 혁명의 제1보는 민중 각오의 요구이니라.

민중은 어떻게 각오하느뇨?

민중은 신인(神人)이나 성인이나 어떤 영웅호걸이 있어 '민중을 각오'하도록 지도하는 데서 각오하는 것도 아니요, '민중아, 각오하자', '민중이여, 각오하여라' 그런 뜨거운 외침에서 각오하는 것도 아니요, 오직 민중이 민중을 위하여 일체 불평, 부자연, 불합리한 민중향상의 장애부터 먼저 타파함이 곧 민중을 각오케 하는 유일 방법이니, 다시 말하자면 곧 선각(先覺)한 민중이 민중의 전체를 위하여 혁명적 선구가 됨이 민중 각오의 제일로(第一路)니라.

　일반 민중이 기(飢), 한(寒), 곤(困), 고(苦), 처호(妻呼), 아제(兒啼), 세납(稅納)의 독봉(督棒), 사채(私債)의 최촉(催促), 행동의 부자유, 모든 압박에 졸리어 살려니 살 수 없고 죽으려 하여도 죽을 바를 모르는 판에 만일 그 압박의 주인(主因) 되는 강도정치의 시설자(施設者)인 강도들을 격폐(擊斃)하고, 강도의 일체 시설을 파괴하고, 복음이 사해(四海)에 전(傳)하며, 만중(萬衆)이 동정의 눈물을 뿌리어 이에 인인(人人)이 그 '아사(餓死)' 이외에 오히려 혁명이란 일로(一路)가 남아있음을 깨달아 용자(勇者)는 그 의분에 못 이기어, 약자는 그 고통에 못 견디어 모두 이 길로 모여들어 계속적으로 진행(進行)하며 보편적으로 전염(傳染)하여 거국일치의 대혁명이 되면 간활잔폭(奸猾殘暴)한 강도 일본이 필경 구축(驅逐)되는 날이라. 그러므로 우리의 민중을 환성(喚醒)하여 강도의 통치를 타도하고 우리 민족의 신생명(新生命)을 개척하자면 양병 십만이 일척(一擲)의 작탄(炸彈)만 못하며 억천장(億千張) 신문, 잡지가 일회 폭동만 못할지니라.

　민중의 폭력적 혁명이 발생치 아니하면 이(已)이어니와 이미 발생한 이상에는 마치 현애(懸崖)에서 굴리는 돌과 같아서 목적지에 도달하지 아니하면 정지하지 않는 것이라, 우리 이왕의 경과로 말하면 갑신정변은 특수세력이 특수세력과 싸우던 궁중 일시의 활극이 될 뿐이며, 경술 전후의 의병들은 충군애국의 대의로 격기(激起)한 독서계급의 사상이며, 안중근, 이재명 등 열사의 폭력적 행동이 열렬하였지만 그 후면에 민중적 역량의 기초가 없었으며, 3.1운동의 만세 소리에 민중적 일치의 의기(意氣)가 별현(瞥現)하였지만 또한 폭력적 중심을 가지지 못하였도다. '민중', '폭력' 양자의 기일(其一)만 빠지면 비록 굉렬장쾌(轟烈壯快)한 거동(擧動)이라도 또한 전뢰(電雷) 같이 수속(收束)하는도다.

조선 안에 강도 일본의 제조한 혁명 원인이 산같이 쌓이었다. 언제든지 민중의 폭력적 혁명이 개시되어 '독립을 못 하면 살지 않으리라', '일본을 구축하지 못하면 물러서지 않으리라'는 구호를 가지고 계속 전진하면 목적을 관철하고야 말지니, 이는 경찰의 칼이나 군대의 총이나 간활(奸猾)한 정치가의 수단으로도 막지 못하리라.

혁명의 기록은 자연히 참절장절(慘絶壯絶)한 기록이 되리라. 그러나 물러서면 그 후면에는 흑암(黑暗)한 함정이요 나아가면 그 전면에는 광명한 활로(活路)이니, 우리 조선 민족은 그 참절장절한 기록을 그리면서 나아갈 뿐이니라.

이제 폭력—암살, 파괴, 폭동—의 목적물을 대략 열거하건대,

1. 조선 총독 급(及) 각 관공리
2. 일본 천황 급 각 관공리
3. 정탐노(偵探奴), 매국적(賣國賊)
4. 적의 일체 시설물.

차외(此外)에 각 지방의 신사(紳士)나 부호가 비록 현저히 혁명운동을 방해한 죄가 없을지라도 만일 언어 혹 행동으로 우리의 운동을 완화하고 중상하는 자는 우리의 폭력으로써 대부(對付)할지니라. 일본인 이주민은 일본 강도정치의 기계가 되어 조선 민족의 생존을 위협하는 선봉이 되어 있은즉 또한 우리의 폭력으로 구축할지니라.

5.

혁명의 길은 파괴부터 개척할지니라. 그러나 파괴만 하려고 파괴하는 것이 아니라 건설하려고 파괴하는 것이니, 만일 건설할 줄을 모르면 파괴할 줄도 모를지며 파괴할 줄을 모르면 건설할 줄도 모를지니라. 건설과 파괴가 다만 형식상에서 보아 구별될 뿐이요 정신상에서는 파괴가 곧 건설이니, 이를테면 우리가

일본세력을 파괴하려는 것이,

　제1은 이족통치(異族統治)를 파괴하자 함이다. 왜? '조선'이란 그 위에 '일본'이란 이족 그것이 전제(專制)하여 있으니, 이족전제의 밑에 있는 조선은 고유적(固有的) 조선이 아니니 고유적 조선을 발견(發見)하기 위하여 이족통치를 파괴함이니라.

　제2는 특권계급을 파괴하자 함이다. 왜? '조선 민중'이란 그 위에 총독이니 무엇이니 하는 강도단(强盜團)의 특권계급이 압박하여 있으니, 특권계급의 압박 밑에 있는 조선 민중은 자유적 조선 민중이 아니니 자유적 조선 민중을 발견하기 위하여 특권계급을 타파함이니라.

　제3은 경제 약탈제도를 파괴하자 함이다. 왜? 약탈제도 밑에 있는 경제는 민중 자기가 생활하기 위하여 조직한 경제가 아니요 곧 민중을 잡아먹으려는 강도의 살을 찌우기 위하여 조직한 경제니, 민중생활을 발전하기 위하여 경제 약탈제도를 파괴함이니라.

　제4는 사회적 불평균(不平均)을 파괴하자 함이다. 왜? 약자 이상에 강자가 있고 천자(賤者) 이상에 귀자(貴者)가 있어 모든 불평균을 가진 사회는 서로 약탈, 서로 박삭(剝削), 서로 질투(嫉妬), 구시(仇視)하는 사회가 되어 처음에는 소수의 행복을 위하여 다수의 민중을 잔해(殘害)하다가 말경(末竟)에는 또 소수끼리 서로 잔해하여 민중 전체의 행복이 필경 숫자상의 공(空)이 되고 말 뿐이니, 민중 전체의 행복을 증진하기 위하여 사회적 불평균을 파괴함이니라.

　제5는 노예적 문화사상을 파괴하자 함이다. 왜? 유래(遺來)하던 문화사상의 종교, 윤리, 문학, 미술, 풍속, 습관 그 어느 무엇이 강자가 제조하여 강자를 옹호하던 것이 아니더냐? 강자의 오락에 공급하던 제구(諸具)가 아니더냐? 일반 민중을 노예화하던 마취제가 아니더냐? 소수 계급은 강자가 되고 다수 민중은 도리어 약자가 되어 불의(不義)의 압제를 반항치 못함은 전(專)혀 노예적 문화사상의 속박을 받은 까닭이니, 만일 민중적 문화를 제창하여 그 속박의 철쇄(鐵

鎖)를 끊지 아니하면 일반 민중은 권리사상이 박약하며 자유향상의 흥미가 결핍하여 노예의 운명 속에서 윤회(輪廻)할 뿐이다. 그러므로 민중문화를 제창하기 위하여 노예적 문화사상을 파괴함이니라.

다시 말하자면 '고유적 조선의', '자유적 조선 민중의', '민중적 경제의', '민중적 사회의', '민중적 문화의' 조선을 건설하기 위하여 '이족통치의', '약탈제도의', '사회적 불평균의', '노예적 문화사상의' 현상(現象)을 타파함이니라. 그런즉 파괴적 정신이 곧 건설적 주장이라. 나아가면 파괴의 '칼'이 되고 들어오면 '기(旗)'가 될지니, 파괴할 기백은 없고 건설할 치상(癡想)만 있다 하면 오백 년을 경과하여도 혁명의 꿈도 꾸어보지 못할지니라. 이제 파괴와 건설이 하나요 둘이 아닌 줄 알진대, 민중적 파괴 앞에는 반드시 민중적 건설이 있는 줄 알진대, 현재 조선 민중은 오직 민중적 폭력으로 신조선 건설의 장애인 강도 일본 세력을 파괴할 것뿐인 줄을 알진대, 조선 민중이 한편이 되고 일본 강도가 한편이 되어 네가 망하지 아니하면 내가 망하게 된 '외나무다리 위'에 선 줄을 알진대 우리 2천만 민중은 일치(一致)로 폭력 파괴의 길로 나아갈지니라.

민중은 우리 혁명의 대본영이다.

폭력은 우리 혁명의 유일 무기이다.

우리는 민중 속에 가서 민중과 휴수(携手)하여 부절(不絶)하는 폭력―암살, 파괴, 폭동―으로써 강도 일본의 통치를 타도하고, 우리 생활에 불합리한 일체 제도를 개조하여 인류로써 인류를 압박치 못하며 사회로써 사회를 박삭(剝削)치 못하는 이상적 조선을 건설할지니라.

1923년 1월, 의열단(義烈團)

1928, 코민테른집행위, 〈12월 테제〉

이 글은 1928년 12월 코민테른 집행위원회 정치서기국이 채택한 조선공산당 재조직에 관한 결의문이다. 정식 제목은 〈조선 농민과 노동자의 임무에 관한 결의〉이며, 흔히 〈12월 테제〉로 약칭된다. 이는 같은 해 7~8월 소련 모스크바에서 열린 코민테른 제6차 대회의 결의문인 〈식민지, 반식민지 국가에서의 혁명운동에 대하여〉를 토대로 작성된 것이다. 주된 내용은 조선공산당은 종전의 인텔리겐치아 중심 조직방법을 버리고 공장과 농촌으로 들어가 노동자와 농민 중심의 조직방법을 채택해야 하며, 민족개량주의자들을 노동대중으로부터 고립시켜야 한다는 것이다. 이 테제는 당시 한국 내 공산주의 운동에 커다란 영향을 미쳤다.

조선 농민과 노동자의 임무에 관한 결의

조선의 혁명적 노동자와 농민에게

친애하는 동지들!

조선의 혁명운동은 심각한 위기를 겪고 있다. 일본 제국주의자들에 의한 탄압의 타격이 조선의 혁명운동에 쏟아지고 있다. 노동계급의 전위인 공산당은 심한 산고를 수반하며 탄생하고 있다. 그 심한 산고는 객관적 조건(공업의 미약한 발달과 그에 따른 노동계급과 노동청년의 미약한 발전, 노동계급의 연대 부족과 미약한 조직화)과 일본 제국주의의 탄압에 의해서 뿐만 아니라 조선의 공산주의 운동을 다년간 분열시켜온 유감스러운 내부 파쟁과 갈등에 의해서도 초래된 것이다. 조선 프롤레타리아의 공산주의 전위는 그 탄생에 심한 산고를 수

반하고 있고, 계급의 적은 광포한 백색 테러를 통해서 뿐만 아니라 내부 파쟁을 조장하는 것을 통해서도 공산주의 운동을 와해시키려고 애쓰고 있다.

일본 제국주의는 조선에 대한 공격을 강화하고 있다. 최근 몇 달간 벌어진 사건들이 증명했듯이 조선의 노동자와 농민들은 궐기하기 시작했다. 그러나 내부 파쟁으로 분열된 공산주의 운동은 개별 혁명가들과 노동대중 사이에 긴밀한 연결이 수립되지 않는 한, 그리고 당이 민족혁명운동에 대해 그 조직역량을 발휘하지 않는 한 혁명투쟁의 선도자, 조직자, 지도자가 될 수 없다.

코민테른 집행위원회는 조선의 상황과 혁명운동의 위치에 대해 철저하게 토의한 후 혁명적 노동자와 농민이 그들의 혁명적 전위대를 만들어낼 수 있도록 지원하기 위한 다음과 같은 결의를 채택했다.

조선 문제에 대한 결의

경제의 주요 부문들은 모두 일본 금융자본의 수중에 들어 있다. 미국과 영국의 자본은 광업에서 아주 하찮은 정도의 비중만 차지하고 있다. 거의 주목할 가치가 없는 이런 예외를 제외하고 보면, 일본 자본이 주요 경제부문을 전부 장악하고 있다. 수송(철도·기선), 광업, 무역, 은행 및 신용·화폐제도 전부, 그리고 공업기업이라는 이름으로 불릴 만한 소수의 것들(직물·시멘트·피혁·성냥·설탕), 크고 작은 제조업체(양조장·제지공장·유지생산업체) 등은 모두 일본인의 수중에 있다. 또한 일본 제국주의는 농업부문에서도 매우 강력한 입지를 갖고 있다. 일본인 이주민과 농장 소유주들을 위해 광대한 토지를 약탈할 수 있었던 일본 제국주의는 관개시설, 척식자금, 치산, 어업, 연초밭 등을 지배하고 있다. 일본 제국주의 체제 속에서 조선의 역할은 일본에 원료를 공급하고 일본 상품에 대해 시장 노릇을 하는 농업 배후지가 되는 것이다. 특히 조선의 가장 큰 임무는 일본 시장에 쌀을 공급하는 것이다. 조선의 쌀이 일본에 수출되면서 조선 대중은 열등한 음식을 먹는다. 조선의 광산품이 세계대전의 기간에 보다 집중적으로 사용됐지만, 공업은 아직 전후의 공황에서 별로 벗어나지 못했다. 경공업과 제조업조차 발전 속도가 매우 느리고, 근대적 대규모 공장은 손꼽을 정도에 불과하다. 반면 농산물 수출과 공산품 수입이 급속히 증가하고 있다. 경작지 확장, 관개시설 건설, 관개면적 확대, 육림, 소규모 농업의 개혁 등은 일본 제국주의의 강도 높은 착취를 수반한 것이어서 조선 인민의 지위를 향상시키지 못했다. 코민테른 제6회 대회의 테제에 개술된 의미에서 조선은 전형적인 식민지 국가다. 조선은 일본 제국주의의 농업 및 천연자원 기지일 뿐이다. 그러나 이런 관점에서 보면 조선의 중요성은 점점 더 커지고 있다.

일본 제국주의는 조세, 관세, 소비세, 전매이윤 등의 수단으로 조선에서 엄청난 금액의 돈을 짜내면서 경제적 수단으로만이 아니라 경제외적 수단으로도 조선을 착취하고 있다.

일본 제국주의는 정부기관의 중요하고 중심적인 지위뿐만 아니라 사회 전반에서도 다소간 중요한 지위는 거의 모두 차지하고 있다. 조선은 전략적 관점에서도 일본 제국주의에 대단히 중요하다. 관동(關東)반도와 함께 조선은 아시아 대륙에서 일본 제국주의의 주된 배후지이며, 일본 군국주의는 여기서 소련과 중국 둘 다를 직접 타격할 수 있다. 다가오는 태평양의 전쟁이 보다 임박해지면서 그만큼 조선의 경제적, 전략적 중요성이 커지고 있다. 조선은 거대한 일본 군대와 혁명운동 억압 및 전반적인 군사적 목적을 위해 운영되는 경찰과 무장 병력을 먹여 살려야 한다. 일본 제국주의는 자체적으로 조선을 통치하기 위한 군대와 경찰, 관료기구를 갖추고 있고, 조선이 그 자신의 문화를 발전시킬 기회와 독립적으로 자신의 생산력을 향상시킬 기회를 박탈하고, 조선의 공업적 발전을 지연시킨다. 조선은 공업의 미발달로 인해 인구의 80% 이상에 이르는 압도적 다수가 농업에 종사하거나 의존하고 있다. 1922년에 근대적 형태의 공장은 664개, 거기에 고용된 노동자는 5만 명이었고, 고정자본이 100만 엔 이상인

기업은 종류를 불문하고 30개에 불과했다.

상품·화폐 관계의 급속한 발전에도 불구하고 농지관계는 대체로 전자본주의적 형태다. 1우노(uno, 주: 이는 토지 면적의 단위를 가리키는 말임이 분명하지만 그 의미와 어원적 유래가 알려진 바 없어 정확히 몇 평 또는 몇 제곱미터로 환산되는지는 알려진 바 없다) 미만의 토지를 소유한 농민은 전체 토지소유 농민의 83.7%를 차지한다. 1우노에서 2우노 사이의 토지를 소유한 농민은 전체의 9%다. 이와 동시에 수리시설이 갖추어진 논의 64.4%와 밭의 57.4%가 소작농에 의해 경작되고 있다. 대부분의 소작농은 궁핍으로 인해 토지를 차경한다. 현물지대, 분익소작, 지주·소작인 간 반(半)봉건적 관계, 착취의 노예적 형태와 방식 등이 소작농의 지위를 규정한다. 상대적으로 소수인 지주 집단이 압도적 다수인 굶주리는 농민들을 착취한다. 자작농은 조세, 고리대, 사기, 도량형 조작 등을 통해 착취당한다. 극심한 착취는 대다수의 농민에게 가치와 노동력의 단순재생산조차 불가능하게 한다. 관청의 통계조차도 약 130만 농가가 적자 운영 상태임을 인정하고 있다. 빈농이 자작농과 소작농 양쪽에 걸쳐 조선 농업에서 보이는 주된 모습임이 분명하다. 조선에서 토지가 일본인을 포함한 지주·상인·고리대업자·투기업자에게 이전되는 과정, 다양한 유형 및 출신의 지주들에게 토지가 집중되는 과정, 그리고 농민들 사이에 농지가 분할되는 과정이 진행 중이라는 데는 의심할 여지가 없다. 일본, 만주, 극동(주: 러시아 극동지역) 등지로의 이주는 농민 대다수의 궁핍화 문제를 해결하지 못하고 있다. 지주의 착취라는 멍에와 일본 금융·행정기구의 착취라는 멍에는 상업·고리대자본이 채택해 활용하는 전자본주의적 노예적 농민 착취 방법에서도 명백하게 드러난다. 이러한 경제적 요인들—대규모 농업의 발달을 지향하는 자본의 지배 등—은 조선의 계급투쟁에서 각 계급의 위치와 역할을 결정한다. 공업의 미약한 발달과 그 미숙한 성격으로 인하여 조선 프롤레타리아는 아직 매우 허약하다. 그들은 수적으로 적을 뿐만 아니라 아직은 다분히 농촌과 연결돼 있으며 계급의식을 충분히 갖지 못하고 있다. 다른 한편 일본 자본주의의 지배적, 정복적, 결정적 역할이라는 견지에서 보면 대지주들은 일본 자본주의에 밀접히 결부돼 있고, 대규모 농업에 연결돼 있거나 일본 자본에 직접적으로 종속된 도시 부르주아지―공장주·상인·고리대업자―는 일본 자본주의에 점점 더 접근하고 있다. 조선 인구의 대부분은 경제적으로 노예화한 농민들로 구성돼 있는데, 그들은 폭력적인 경찰통치 체제에 의해 억압받고 있으며 혁명이 아니고는 그들의 지위가 개선되기를 기대할 수 없는 형편이다.

이것이 조선의 혁명이 그 사회적, 경제적 내용에서 일본 제국주의에 대해서만이 아니라 조선 봉건제도에 대해서도 전개돼야 하는 이유다. 조선의 혁명은 모든 전자본주의적 잔재와 유물의 철폐를 겨냥하여, 농지관계의 근본적인 변혁을 겨냥하여, 그리고 토지에서의 전자본주의적 노예 형태 청산을 겨냥하여 전개돼야 한다. 조선의 혁명은 농업혁명이 돼야 한다.

이처럼 제국주의 타도와 농지문제의 혁명적 해결은 조선의 혁명이 그 발전의 첫 단계에서 갖는 주된 객관적인 역사적 의미다. 이런 의미에서 조선의 혁명은 부르주아 민주주의 혁명이 될 것이다.

다른 모든 식민지 국가에서와 마찬가지로 조선에서도 프롤레타리아가 모든 계급 중 가장 일관된 반제국주의 계급이다. 노동계급이, 특히 공장노동자가 성장하고 조직화함에 따라 혁명운동에서 그들의 선도적 역할도 증대할 것이고, 공산주의 운동의 발전을 위한 기반도 창출될 것이다. 프롤레타리아와 별도로 힘들여 일하는 농민과 도시 소부르주아 대중은 혁명의 원동력이 된다. 부르주아지의 기본 대중은 특히 중국 혁명을 경험한 이후로는 기껏해야 일본 제국주의에 대한 민족개량주의적 반대 세력일 뿐이며, 다른 한편으로 대지주들은 완전히 일본 제국주의자들의 편이 돼버렸다.

이러한 조건 아래에서 조선을 포함한 대다수 근대 식민지의 민족해방운동은 반제·반봉건운동일 뿐만 아니라 제국주의자·봉건지주·민족부르주아지에 대한 프롤레타리아의 계급투쟁과 밀접히 연결돼 있기도 하다. 식민지 국가들의 프롤레타리아는 광범한 농민 대중과 동맹을 맺고 혁명에서 헤게모니를 쥐어야 하는 독립적인 정치적 요소로서 정치의 영역에 들어서고 있다.

조선의 공산주의자들이 농지문제와 민족혁명을 유기적으로 결합하지 못한다면 조선의 프롤레타리아는 민족혁명운동에서 리더십을 획득할 수 없을 것이다. 조선 부르주아지는 대토지소유에 묶여 있기 때문에 토지소유권에 대한 그들의 의존에 비추어 급진적인 농지강령에 관심이 없고, 농민에 대한 지도력을 얻기가 매우 어려움을 알게 될 것이다(이런 측면에서 하나의 큰 위험요소는 그들의 대리인인 민족개량주의적 소부르주아지다). 조선의 농지문제는 오직 혁명적이고 평민적인 방법(모든 대지주로부터 토지를 몰수하는 수단에 의한)으로만 해결될 수 있다.

농지혁명의 전개 없이는 민족해방투쟁의 승리 또한 있을 수 없다. 최근(1919~20년)의 혁명운동이 미약하고 결국 실패한 것의 귀책사유는 바로 민족해방투쟁과 토지에 대한 투쟁 사이의 통제가 거의 전무한 데서 찾을 수 있다. 제국주의의 굴레에 대한 승리는 농지문제의 혁명적 해결과 프롤레타리아와 농민의 민주적 독재 수립(소비에트의 형태로)을 전제로 하며, 이를 통해 부르주아 민주주의 혁명은 프롤레타리아의 헤게모니 아래서 사회주의 혁명으로 전환된다.

이러한 상황에서 농민 문제와 농지혁명 문제는 조선의 공산주의 활동에 매우 큰 중요성을 갖는다. 농민을 자신의 영향 아래 두는 것을 통해서만, 명료하고도 대중적인 슬로건과 요구로써 농민에게 호소하는 것을 통해서만 노동계급과 그 전위가 조선의 혁명을 성공적으로 달성할 수 있을 것이다.

일본 제국주의가 지금까지 조선을 통치해온 방법은 관료적 운용기구의 직접적이고 공공연한 지배였다. 일본 제국주의는 조선의 어떠한 토착계급과도 권력을 형식적으로조차 나누지 않고 있다. 조선총독의 자문기구는 조선 봉건귀족 중에서 선발된 친일파 대표들로 구성돼 있으며, 조선의 부르주아지와 자유주의적 지식인 중 상당한 부분의 지지를 얻지 못하고 있다. 아직은 허약하지만 장차 커다란 문제를 일으킬 가능성이 있는 노동자와 농민의 폭넓은 전선에 대항하여 일본 제국주의는 일부 징후에 따르면 특히 중국 혁명을 경험한 이후로 부르주아지와 부르주아 지식인의 특정 부분을 유인하여 자신의 점령기구로 끌어들임으로써 자신의 조선 내 지위를 확고히 하기 위해 모종의 안전조치들을 동원할 태세를 갖추고 있다.

제국주의 일본의 대표들 가운데 보다 멀리 내다보는 이들은 조선에 대한 식민지배 체제와 조선에서 점점 더 성장하는 혁명적 세력 사이에 존재하는 지금의 갈등은 경찰력의 도움만으로는 극복할 수 없음을 이해하고, 조선에서의 부분적 개혁의 필요성을 공공연하게 이야기하기 시작했다.

그러는 동안 공산주의자와 급진적 민족주의자에 대한 테러가 급증하고 있다. 노동자와 농민의 계급운동은 사실상 불법화됐다. 언론에 대한 탄압은 더욱 잔혹해졌다. 이로써 앞으로 몇 년 안에 일본 제국주의가 채찍을 휘두르는 것을 통해서 뿐만 아니라 착취자들에게 약간의 혜택을 제공하는 것을 통해서도 혁명운동의 발전을 분쇄하려고 할 가능성이 있다. 그러나 후자의 조치는 프롤레타리아는 물론이고 농민과 대부분의 도시 소부르주아지도 만족시킬 수 없을 것이다. 딛고 설 확고한 사회적 기반을 가진 조선의 민족혁명운동은 앞으로도 계속 발전할 것이다.

일본 제국주의와 토착 대지주의 화해는 민족주의 운동의 조직화와 지도에서 큰 역할을 해온 인텔리겐치아 가운데 상당부분의 지위에 영향을 주지 않을 수 없었다. 민족혁명 조직에 대한 억압적 조치와 박해가 강화되면서 꼭 그만큼 일본 제국주의와의 화해 쪽으로 기울어지는 계급관계의 이러한 변화는 민족혁명 조직의 지위에 영향을 주지 않을 수 없었다. 우리는 그들의 대열에서 혁명적 성격의 감소와 어용적 반대로의 전환과 같은 민족개량주의적 경향이 증가하리라고 예상할 수 있다. 민족혁명운동에서 공산주의자들이 제거(투옥 등을 통해)됨과 더불어 민족개량주의가 성장하는 추세가 점점 더 두드러지고 있다.

현재의 발전단계에서 조선 공산주의 운동이 따라야 할 주된 노선은 한편으로 프롤레타리아 혁명운동을 강화하여 소부르주아적 민족혁명운동에 대한 프롤레타리아 혁명운동의 완전한 독립을 확보하고, 다른 한편으로 민족혁명운동에 계급성을 부여하고 민족혁명운동을 타협적인 민족개량주의로부터 분리시킴으로써 민족혁명운동을 강화하는 것이다(즉, 민족혁명운동을 부르주아 민주주의 운동으로부터 분리시켜야 하며, 부르주아 민주주의 운동의 동요를 지속적으로, 그리고 무자비하게 폭로해야 한다).

조선의 현재 상황과 기존 계급관계는 조선 공산주의자들의 정치적, 조직적 과제를 결정한다. 다년간의 파쟁은 그들의 발전을 지연시키지 않을 수 없었고, 이제 그들로 하여금 쉽지 않은 과제에 직면하게 하고 있다. 이런 과제 중 첫째는 건전한 공산주의 관점을 가진 공산당 간부의 의식적이고도 지속적인 형성이며, 이는 진정한 공산주의 개념과 참된 마르크스레닌주의 사고방식의 작동으로 이루어져야 한다. 이제는 우리가 지금까지 자주 사용해온 피상적인 사이비 과학적 어구들을 폐기해야 할 때가 됐으며, 운동의 전술로부터 제기되는 모든 문제에 대한 깊이 있는 토론이 필요하다.

과거에 조선공산당은 거의 전적으로 지식인과 학생들로 구성되어 있었다. 그러한 토대 위에 세워진 공산당은 볼셰비키적이고 조직적으로 건강한 당으로 유지될 수 없다. 그러므로 조선공산주의 운동의 첫째 과제는 그 자신의 인적 구성을 강화하는 것이다. 당의 구성요소인 사회적 소부르주아 지식인들을 개선시키는 문제와 노동자들과의 접촉이 부족한 점이 지금까지 조선 공산주의 운동에서 영속적인 위기의 주된 원인 중 하나였다.

조선 공산주의자들은 공장노동자와 아직 경작을 포기하지 않은 빈농을 당으로 끌어들이는 데 최선을 다해야 한다. 공산주의자들은 지식인 서클 조직이라는 옛 방법을 과감하게 청산하고, 특히 공장과 노동조합에서 대중적인 볼셰비키적 작업에 착수할 경우에만 이 거대한 과업을 완수할 수 있을 것이다. 보다 집중적인 작업이 노동자·농민조직 안에서, 그리고 오래됐거나 새로운 민족혁명적 대중조직―그중 일부는 신간회·형평사·천도교 등과 같은 반(半)종교적 결사들이다― 안에서 이루어져야 한다. 공산주의자는 이런 조직들에서 고투하는 사람들을 지지하는 투쟁을 벌이면서 민족개량주의자나 기타 기회주의적 지도자들의 소극적이거나 우유부단한 태도를 폭로해야 한다. 공산주의자는 조직 작업에서 세포의 기계적 조직 등과 같은 기계적 방법을 피해야 한다.

대중 가운데 고투하는 부분 속에 들어가 말이나 글로 하는 선동을 지금까지보다 훨씬 더 광범하게 전개해야 한다. 공산주의자들은 조선 내의 모든 사회적 사건에 반응해야 한다. 그러한 사건들은 프롤레타리아적 관점에서, 그리고 조선 내의 모든 고투하는 사람들의 이해를 대변하는 관점에서 해석돼야 한다. 공산주의 소책자와 구두 선동에 대한 대중과 언론의 동조하는 부분과 적대하는 부분의 반응이 공산주의 공작의 질에 대한 최선의 척도일 것이다.

민족혁명조직 내의 공작 방법 또한 달라져야 한다. 공산주의자인 것은 위법이기 때문에 어쩔 수 없이 그들은 대중조직 내에서 공작을 보다 은밀하게 진행시켜야 하며, 그들의 요구·제안·결의를 그 조직 내의 비공산주의 구성원들에게 전파해야 한다. 이것은 물론 공산주의자가 너무나 은밀하게 행동하여 그들이 하는 일이 완전히 보이지 않거나 감지되지 않아야 한다는 의미는 아니다. 오히려 반대로 공산주의자가 하는 일은 매 단계마다 감지돼야 한다. 경우에 따라서는 공산주의자들은 언제 어디서나 문제에 대한 공산주의적 관점과 그 해결 방법을 공공연하게 개진하면서 자신을 명확하게 드러내고, 희생당할 위험에 굴하지 말아야 한다. 그러나 그들은 또한 이런 조직들 내 대중과의 보다 긴밀한 접촉을 통해, 그리고 보다 깊은 영향력과 보다 큰 대중성을 통해 소기의 결과를 얻기 위해 활동해야 한다. 이런 노력은 나중에 공산주의자들이 체포되거나 타격을 입고 패배하게 되는 때에조차도 대중을 반공산주의 세력의 영향으로부터 보호할 것이다.

조선 공산주의자들의 잦은 실패는 당이 비밀공작을 적절히 조직하지 못했음을 보여준다. 그러므로 올바른 비밀공작 방법의 채용이 가장 시급한 과제 중 하나다. 공산주의자의 대열에 역선동자들이 끼어드는 것을 방지하는 데 최대한 주의해야 한다. 현재의 분파갈등으로 인해 일본의 첩자 및 역선동자들이 별다른 어려움 없이 공산주의 조직에 침투할 수 있다는 점과 공산당을 위한 이념적으로 투철하고 진정으로 볼셰비키적인 토대의 창출은 역선동에 대항하는 투쟁의 첫 번째 전제조건 중 하나임을 특히 명심해야 한다.

코민테른 집행위원회는 이념적 통합이라는 과업을 매우 중요하게 여기고 있으며, 조선 공산주의자들이 이에 주의를 집중할 것을 권고한다. 코민테른 집행위원회도 나름대로 조선 공산당의 가장 빠른 재건과 통합을 위해 모든 조치를 취할 것이다.

공산주의자들은 조선 내의 일본 국가기업체에 종사하는 노동대중의 정치적 무관심을 극복할 수 있어야 한다. 이들 공장의 상대적 고임금과 '달갑지 않은 노동자들'에 대한 관리당국의 신속한 해고 때문에 이들 노동자들 속에서 공산주의 공작을 하기가 매우 어렵지만, 그럼에도 불구하고 당은 이들 노동자에 접근할 방도를 찾아내야 한다.

공산주의자들은 노동조합에 각별한 주의를 기울여야 한다. 노동조합은 아직도 전투적 계급조직과는 거리가 멀다. 그것은 오히려 고용주들에게 아무런 위협도 되지 않는 노동자들의 결사다. 노동조합은 계급정신이 고취돼야 하고, 재조직·강화돼야 한다. 이것이 공산주의자들의 당면한 과제다. 조합 내 공업노동자의 비율도 증가돼야 한다.

농민 속에서의 공작 분야에서 당은 소작농과 자소작농 속에서 보다 활동적이어야 한다. 공산주의자들이 대중 공작을 하고 대중의 일상적인 필요·요구·

수요를 운동의 최종 목적과 유기적으로 결합할 줄 알아야만 비로소 대중의 활동이 고양되고 노동자·농민이 그들의 대중조직으로 유인될 수 있다.

당의 일상활동에서는 훨씬 더 많은 체계가 필요하다. 경험이 보여주었듯이 항상 계급투쟁의 요구로부터만 일어나는 것은 아닌 '큰' 문제들을 때때로 논의하는 것에만 일상활동을 제한해서는 안 된다. 운동의 실제 요구라는 문제에 주의를 집중하는 것은 공작의 매우 중요한 한 요소이며, 그러한 요구는 거대하고 일반적인 문제를 야기시키기도 한다.

공산주의운동, 노동운동, 민족부르주아운동의 모든 문제에 대한 실제 공작과 사후 검토에 의해서만 공산주의자의 지도역량이 검증·평가될 수 있고, 그들의 진술의 가치와 그들의 주장의 힘이 측정될 수 있다. 실제 공작에서 공산주의자들은 계획 없이 되는 대로 행동해서는 안 된다. 그들은 상황과 주어진 환경의 특수성에 뿌리를 둔 명확한 활동 프로그램에 의해 인도돼야 한다. 그들의 모든 공작과 활동에서 조선 공산주의자들은 혁명적 노동운동의 완전한 독자성을 엄격히 유지해야 하며, 따라서 혁명적 노동운동을 모든 소부르주아 당파들로부터 확실히 분리해야 한다. 그러나 "혁명투쟁이 요구할 때는 언제나 잠정적인 제휴는 허용되며, 어떤 조건 아래서는 운동이 혁명적인 한에는 공산당과 민족혁명운동의 일시적 동맹도 허용된다"(코민테른 6회 대회의 식민지 테제). 그러나 이 제휴는 결코 "공산주의운동과 부르주아 혁명운동의 융합으로 나타나서는 안 된다."(같은 테제) 부르주아적 반대파의 경우는 "부르주아적 반대파의 활동이 대중운동의 발전에 활용될 수 있을 때에만, 그리고 부르주아와의 협정이 대중과 그들의 조직 속에서 선동을 하는 데서 공산당의 자유를 제한하지 않을 때에만" 공산주의자들은 그들과 협정을 체결할 수 있다. "이와 관련하여 공산주의자들은 그들의 정치적 독립성을 완전히 유지하고 그들 자신의 위치를 드러내야 할 뿐만 아니라, 활동을 토대로 하여 그 위에서 그들은 부르주아적 반대파의 영향 아래 고투하는 대중의 눈을 뜨게 하여 그들이 부르주아적 반대파의 신뢰성 결여와 위험성, 그리고 그것에 의해 유도된 부르주아 민주주의적 환상의 위험성을 볼 수 있도록 해야 한다."(같은 테제).

조선 공산주의자들은 장래 진보해야만 하며, 민족혁명운동의 유기적 부분으로서 농지혁명의 슬로건을 보다 정력적으로 널리 퍼뜨려야 할 것이다. 그들은 부르주아 민족주의자들에 대항하여 보다 정력적으로 투쟁해야 하고, 대지주에 대한 투쟁에서만이 아니라 일본제국주의에 대한 투쟁에서도 그들이 지니고 있는 소극적 태도와 비일관성을 폭로해야 한다. 그리고 그들은 과격한 문구를 사용하며 공산주의자의 가장 위험한 적인 민족주의자들의 영향에 휘둘리는 것을 예방하는 조치를 취해야 한다. 공산주의자들은 대중 속에서 필요한 준비작업을 하지 않고는 민족기구 장악이 그들을 대중과 접촉하게 해주는 보장이 전혀 되지 못한다는 점을 명심해야 한다.

조선 공산주의자들은 공산주의 프로그램을 지속적으로 선전함으로써 완전한 민족독립을 위한, 프롤레타리아와 농민의 민주독재(노동자와 농민의 소비에트 정부)를 위한, 농지혁명 즉 사유지와 국유지를 농민에게 무상분배하기 위한, 그리고 각종 공장의 국유화를 위한, 일본제국주의에 대한 화해할 수 없는 투쟁의 주된 슬로건과 일상투쟁의 슬로건을 통합조율해야 한다. 동시에 노동조합과 노동자조직의 권리에 대한 인정과 그 확장을 위해 투쟁하는 노동계급의 부분적 요구, 사회입법 영역에서의 요구(8시간 노동제, 청소년의 6시간 노동제, 남녀간 동등한 임금과 노동조건, 조선 노동자와 일본 노동자 간의 동등한 조건, 노동보호 등)를 일상활동 속에서 끊임없이 개진할 필요가 있다.

특정의 부분적 요구와 슬로건은 수확물의 일정 비율로의 소작료 제한, 명확한 세율의 확정, 특정 농산물에 대한 강제가격 철폐, 봉건전제 금지 법령 제정 등의 요구를 포함하여 농민의 이익을 위한 투쟁의 과정에서 공산주의자에 의해 개진돼야 한다. 최종적으로, 공산주의자들은 그들의 일상 공작에서 정치적 권리와 자유에 대한 요구를 개진해야 한다(국가 관리의 모든 자의적 권력 형태에 대해, 정치적 박해에 대해, 그리고 언론·출판·집회·결사·파업 등의 자유를 위해).

조선 공산주의자들은 일본의 제국주의 정책과 군사적 행동에 대해 변함없이, 그리고 어떠한 경우라도 분명하게 반대하고 나서야 한다. 제국주의 전쟁 반대와 소비에트 연방 수호를 위한 투쟁의 슬로건이 개진돼야 하며, 그러한 작업은 조직화돼야 한다—이러한 과업, 즉 선전과 선동은 조선 공산주의자의 일상활동에서 각별히 중요함을 고려하여—.

일본의 폭력정권에 대항해 투쟁하고 노동자와 농민 운동의 합법성을 지키기 위하여 조선 공산주의자는 대중운동을 공개적인 정치투쟁의 영역에 진입하게 하는 수단과 방법을 찾아내야 한다. 이처럼 모든 합법적 가능성의 이용이라는 문제가 조선의 모든 영역에 걸쳐 조선공산당의 목전에 부상하고 있다.

그렇지만 이러한 합법적 가능성의 이용은 또한 어느 정도는 일정한 한계 내에 머물러야 한다. 그리하여 예를 들면 당 문제 토론과, 당원들에 대한 불신을 초래하는 경향이 있는 논쟁에 자유로운 부르주아 언론을 이용하는 것은 허용될 수 없다. 조선 공산주의자들은 공산주의 운동의 그러한 의문과 문제에 대한 토론은 그들 자신의 출판물을 통해서만 가능하도록 해야만 한다.

위에 열거한 정치적, 조직적 성격의 조치들은 물론 조선 공산주의자들의 모든 과제를 포용할 수 없다. 그렇지만 그것들은 진정으로 공산주의적인 성격을 가진 광범하고 깊이 있는 공작을 발전시키는 데 전제조건으로서 기여할 수 있다.

코민테른 집행위원회는 조선의 현재 상황에서 떠오른 과업들에 대한 조선 공산주의자들의 성실하고도 진지한 태도가 그들로 하여금 과거의 병폐들을 극복하고, 코민테른 집행위원회 결정을 토대로 그 위에서 조선 공산당을 복구·강화하게 할 수 있으리라고 확신한다.

동지들, 노동자와 농민 여러분!

이상이 코민테른이 제공하는 상황 분석이며, 그 상황의 결과로서의 혁명적 노동자·농민들을 위한 과업이다.

코민테른 집행위원회는 조선 공산주의자들이 위 결의의 지시를 이행하고, 큰 희생을 요구하는 심각한 투쟁 속에서 강철 같은 집단 공산당을 건설할 것으로 진심으로 기대한다. 코민테른 집행위원회는 이 투쟁에서 여러분을 지원할 것이다. 공산당의 복구·강화 없이는 일본제국주의의 멍에로부터 조선을 해방하기 위한, 그리고 농지혁명을 수행하기 위한 줄기차고 단호한 투쟁은 불가능하다.

1931, 신채호, 〈조선상고사 총론〉

이 글은 1931년 〈조선일보〉에 연재되고 광복 후인 1948년에 단행본으로 출판된 신채호의 《조선상고사(朝鮮上古史)》 중 총론(總論)의 앞부분 일부를 현대어로 옮긴 것이다. 《조선상고사》에는 단군시대부터 백제의 멸망과 그 부흥운동까지 서술돼있다. 신채호는 총론 부분에서 자신의 역사이론을 피력했다. 그 핵심은 역사를 '아(我)와 비아(非我)의 투쟁'으로 보는 관점에 있다. 역사 연구의 방법론으로 실증주의를 강조한 점도 이 글의 특징이다. 신채호는 자신의 이런 역사관과 역사연구 방법론을 토대로 종래의 사대주의 사관과 당대의 식민주의 사관을 비판한다.

제1편 총론

1. 사(史)의 정의와 조선사의 범위

역사란 무엇이뇨? 인류사회의 '아(我)와 비아(非我)'의 투쟁이 시간부터 발전하며 공간부터 확대하는 심적 활동(心的活動)의 상태의 기록이니, 세계사라 하면 세계 인류의 그리되어온 상태의 기록이며 조선사라면 조선민족의 그리되어온 상태의 기록이니라.

무엇을 '아(我)'라 하며 무엇을 '비아(非我)'라 하느뇨? 깊이 팔 것 없이 얕게 말하자면 무릇 주관적 위치에 선 자를 아라 하고 그 외에는 비아라 하나니, 이를테면 조선인은 조선을 아라 하고 영국·러시아·프랑스·미국 등을 비아라 하지만 영국·러시아·프랑스·미국 등은 각기 제 나라를 아라 하고 조선을 비아라 하며 무산계급은 무산계급을 아라 하고 지주나 자본가 등을 비아라 하지만 지주나 자본가 등은 각기 제 붙이를 아라 하고 무산계급을 비아라 하며, 이뿐 아니라 학문에나 기술에나 직업에나 의견에나 그 밖에 무엇에든지 반드시 본위(本位)인 아가 있으면 따라서 아와 대치한 비아가 있고 아의 중(中)에 아와 비아가 있으면 비아 중에도 또 아와 비아가 있어, 그리하여 아에 대한 비아의 접촉이 번극(煩劇)[286]할수록 비아에 대한 아의 분투(奮鬪)가 더욱 맹렬하여 인류사회의 활동이 휴식될 사이가 없으며 역사의 전도(前途)가 완결될 날이 없나니, 그러므로 역사는 아와 비아의 투쟁의 기록이니라.

'아' 나 아와 상대되는 비아의 아도 역사적인 아가 되려면 반드시 두 개의 속성을 요(要)하나니

(1) 상속성(相續性)이니 시간에 있어서 생명의 부절(不絶)함을 말함이요,

(2) 보편성(普遍性)이니 공간에 있어 영향의 파급됨을 말함이라.

그러므로 인류 말고 다른 생물의 아와 비아의 투쟁도 없지 않으나 그러나 그 '아'의 의식이 너무 미약—혹 절무(絶無)—하여 상속적(相續的), 보편적이 못 되므로 마침내 역사의 조작(造作)을 인류에게만 양보함이라. 사회를 떠나서 개인적 아와 비아의 투쟁도 없지 않으나 그 아의 범위가 너무 약소하여 또한 상속적, 보편적 못 되므로 인류로도 사회적 행동이라야 역사가 됨이라. 동일한 사건으로 두 가지 속성—상속, 보편—의 강약을 보아 역사의 재료가 될 만한 분량의 대소(大小)를 정하나니,

이를테면 김석문(金錫文)이 삼백 년 전에 지전설(地轉說)을 창도(唱導)한 조선의 학자이지만 이를 브루노(Bruno)[287]의 지원설(地圓說)과 같은 크기의 역사적 가치를 쳐주지 못할 것은 피(彼)는 그 학설로 인하여 구주 각국의 탐험 열기가 광등(狂騰)한다, '아메리카'의 신대륙을 발견한다 하였지만 차(此)는 그런 결과를 가지지 못함이라. 정여립(鄭汝立)은 사백 년 전에 군신강상설(君臣綱常說)[288]을 타파하려 한 동양의 위인이지만 이를《민약론(民約論)》을 저작한 루소

와 동등한 역사적 인물이라 할 수 없음은 당시에 다소간 정설(鄭說)[289]의 영향을 입은 일계(釖稧)나 양반살육계(兩班殺戮稧) 등의 전광일섬(電光一閃)[290]의 거동이 없지 않으나 마침내 루소 이후의 파도장활(波濤壯濶)[291]한 프랑스혁명에 비길 수 없는 까닭이라.

 비아를 정복하여 아를 표창(表彰)하면 투쟁의 승리자가 되어 미래역사의 생명을 이으며 아를 소멸하여 비아에 공헌(貢獻)하는 자는 투쟁의 패망자가 되어 과거역사의 진적(陳跡)[292]만 끼치나니 이는 고금역사에 바꾸지 못할 원칙이라. 승리자가 되려 하고 실패자가 되지 않으려 함은 인류의 통성(通性)[293]이거늘 매양 예기(豫期)와 위반(違反)되어 승리자가 아니 되고 실패자가 됨은 무슨 까닭이뇨. 무릇 선천적 실질부터 말하면 아가 생긴 뒤에 비아가 생긴 것이지만 후천적 형식부터 말하면 비아가 있은 뒤에 아가 있나니 말하자면 조선민족―아―이 출현한 뒤에 조선민족과 상대되는 묘족(苗族), 지나족(支那族) 등―비아―이 있었으리니 이는 선천적인 것이다. 그러나 만일 묘족, 지나족 등―비아―의 상대자가 없었더면 조선이란 국명(國名)을 세운다, 삼경(三京)을 만든다, 오군(五軍)을 둔다 하는 등―아―의 작용이 생기지 못하였으리니 이는 후천적인 것이다. 정신의 확립으로 선천적의 것을 호위(護衛)하며 환경의 순응으로 후천적의 것을 유지하되 양자의 일(一)이 부족하면 패망의 숲에 귀(歸)하는 고로 유태의 종교나 돌궐의 무력으로도 침륜(沈淪)의 화(禍)를 면치 못함은 후자(後者)가 부족한 까닭이며 남미(南美)의 공화(共和)와 이집트 말기의 융성한 학문으로도 쇠퇴(衰頹)의 환(患)을 구(救)치 못함은 전자(前者)가 부족한 까닭이니라.

 이제 조선사를 서술하려 하매 조선민족을 아의 단위로 잡고,

 (가) 아의 생장발달(生長發達)의 상태를 서술의 제일요건(第一要件)으로 하고, 그리하여

  1. 최초문명의 기원이 어디서 된 것

2. 역대 강역(彊域)의 신축(伸縮)이 어떠하였던 것

3. 각 시대 사상의 변천이 어떻게 되어온 것

4. 민족적 의식이 어느 때에 가장 왕성하고 어느 때에 가장 쇠퇴한 것

5. 여진, 선비, 몽고, 흉노 등이 본대 아의 동족으로 어느 때에 분리되며 분리된 뒤에 영향이 어떠한 것

6. 아의 현대의 지위와 흥복문제(興復問題)의 성부(成否)가 어떠할 것 등을 서술하며

(나) 아의 상대자인 사린각족(四隣各族)의 관계를 서술의 제2의 요건으로 하고, 그리하여

1. 아에서 분리한 흉노, 선비, 몽고며 아의 문화의 강보(襁褓)에서 자라온 일본이 아의 거적(巨賊)이 되던 것이 지금은 아니 되어 있는 사실이며

2. 인도는 간접으로, 중국은 직접으로 아가 그 문화를 수입하였는데 어찌하여 그 수입의 분량(分量)을 따라 민족의 활기가 여위어 강토(疆土)의 범위가 줄어졌나

3. 오늘 이후는 서구의 문화와 북구의 사상이 세계사의 중심이 된 바 아(我) 조선은 그 문화사상의 노예가 되어 소멸하고 말 것인가, 또는 그를 저작(咀嚼)하며 소화하여 신문화를 건설할 것인가 등을 분서(分叙)하여 앞의 (가), (나) 양자로 본사(本史)의 기초를 삼고

(다) 언어문자 등 아의 사상을 표시하는 연장의 그 날카로움과 둔중함은 어떠하며 그 변화는 어떻게 되었으며

(라) 종교가 오늘 이후에는 거의 가치 없는 폐물(廢物)이 되었지만 고대에는 확실히 한 민족의 존망성쇠(存亡盛衰)의 관건이었는데 아의 신앙에 관한 추세가 어떠하였으며

(마) 학술·기예 등 아의 천재(天才)를 발휘한 부분이 어떠하였으며

(바) 의식주의 정황과 농상공의 발달과 전토(田土)의 분배와 화폐의 제도와

기타 경제조직 등이 어떠하였으며

(사) 인민의 천동(遷動)과 번식과 또 강토의 신축을 따라 인구의 가감(加減)이 어떻게 된 것이며

(아) 정치제도의 변천이며

(자) 북벌진취(北伐進取)의 사상이 시대를 따라 진퇴(進退)된 것이며

(차) 귀천빈부 각 계급이 압제(壓制)하며 대항한 사실과 그 성쇠소장(盛衰消長)의 대세며

(카) 지방자치제가 태고부터 발생하여 근세에 와서는 형식만 남기고 정신이 소망(消亡)한 인과(因果)며

(타) 자래외력(自來外力)의 침입에서 받은 거대(巨大)의 손실과 그 반면의 끼친 다소의 이익과

(파) 흉노, 여진 등의 일차 아와 분리한 뒤에 다시 합하지 못한 의문(疑問)이며

(하) 예로부터 문화(文化) 상에서 창작이 불소(不少)하나 매양 고립적, 단편적이 되고, 계속적이 되고 계속적이 되지 못한 괴인(怪因) 등을 힘써 참고하며 논열(論列)하여, 위의 (다), (라) 이하 각종문제로 본사(本史)의 요목(要目)을 삼아 일반독사자(一般讀史者)로 하여금 즉 거의 조선면목(朝鮮面目)의 만분의 일이라도 알게 될까 하노라.

2. 사의 3대 원소(元素)와 조선구사(朝鮮舊史)의 결점

역사는 역사를 위하여 역사를 지으란 것이요, 역사 이외에 무슨 딴 목적을 위하여 지으라는 것이 아니오. 상언(詳言)하자면 객관적으로 사회의 유동상태(流動狀態)와 거기서 발생한 사실을 그대로 적은 것이 역사요, 저작자의 목적을 따라 그 사실을 좌우하거나 첨부(添附) 혹 변개(變改)하라는 것이 아니니,

화가가 인상(人像)을 그릴새 연개소문을 그리자면 용모가 괴걸(魁傑)한 연개소문을 그릴지며 강감찬을 그리자면 체격이 왜소한 강감찬을 그릴지니, 만일 피차억양(彼此抑揚)의 마음으로 조금이라도 서로 맞바꾸면 화가의 직분에 어긋날뿐더러 본인의 면목도 아니리니, 이와 같이 영국사(英國史)를 지으면 영국사가 되며 노국사(露國史)를 지으면 노국사가 되며 조선사를 지으면 조선사가 되어야 하겠거늘 어디 조선에 조선사라 할 조선사가 있었더냐 하면 수긍하기 어렵다.

안정복(安鼎福)이 《동사강목(東史綱目)》을 짓다가 개연(慨然)히 내란의 빈번과 외구의 출몰이 동국(東國: 우리나라)의 고사(古史)를 탕잔(蕩殘)케 함을 비탄(悲歎)하였으나, 나로서 보건댄 조선사는 내란이나 외침의 병화(兵火)에서보다 곧 조선사를 저술하던 그 사람들의 손에서 더 탕잔되었다 하노라. 어찌하여 그러하냐 하면 머리에 쓴 말과 같이 시간적 계속과 공간적 발전으로 되어 오는 사회활동상태의 기록인 고로 시(時), 지(地), 인(人) 삼자는 역사를 구성하는 삼대 원소라, 일례를 들자면 신라가 신라 됨은 박(朴), 석(昔), 김(金) 세 성씨와 돌산(突山)의 고허(高墟) 등 육부(六部)의 사람으로써뿐 아니라 또한 경상도인 그 '지(地)'와 고구려, 백제의 동시(同時)인 그 시(時)로써 신라가 됨이니 만일 그보다 이전으로 올라가 2천 년 이전의 왕검(王儉)과 같은 연대거나 이후로 내려와 2천 년 이후 금일의 우리와 같은 시국(時局)이면 비록 혁거세(赫居世)의 뛰어난 지혜에 육부인(六部人)의 질직(質直)[294]에 계림(鷄林)의 본강(本疆)을 가질지라도 당시에 되는 신라와 꼭 같은 신라가 될 수 없으며 또 신라의 위치가 구라파에 놓이었거나 아프리카에 있었을지라도 또한 다른 면목의 나라는 될지언정 신라는 되지 않았으리니 이는 극히 명백한 이치이거늘 이왕의 조선의 사가들은 매양 그 짓는 바 역사를 자가목적(自家目的)의 희생에 공(供)하여 독갑이도 뜨지 못한다는 땅 뜨는 재주를 부리어 졸본(卒本)[295]을 떠다가 성천(成川) 혹 영변(寧邊)에 놓으며 안시성(安市城)[296]을 떠다가 용강(龍岡) 혹 안주(安州)

에 놓으며 아사산(阿斯山)²⁹⁷을 떠다가 황해도의 구월산(九月山)을 만들며 가슬라(迦瑟羅)를 떠다가 강원도의 강릉군을 만들어 이와 같은 허다한 지(地)의 빙적(憑藉)이 없는 역사를 지어 더 크지도 말고 더 작지도 말아라 한 압록강 이내의 이상적 강역(〈아방강역고(我邦疆域考)〉) 왈 "부대불소 극부제심(不大不小 克符帝心)"을 획정(劃定)하려 하며 무극(無亟) 일연(一然) 등 불자(佛子)가 지은 사책에는 불법(佛法)의 일자(一字)도 유입하지 않은 왕검시대부터 인도의 범어(梵語)로 만든 지명, 인명이 가득하며 김부식(金富軾) 등 유가(儒家)가 적은 문자에는 공맹의 인의(仁義)를 막시(漠視)하는 삼국(三國) 무사(武士)의 입에서 유교 경전의 사구(辭句)가 관용어같이 전송(傳誦)되며《삼국사기(三國史記)》열전에 누백 년간 조선의 전토(全土)의 인심을 지배하던 '영술안남 사대성(永述安南 四大聖)²⁹⁸의 논설(論說)은 볼 수 없고 중국 유학의 한 학생인 최치원(崔致遠)만 진진(津津)히 서술하였으며《여사제강(麗史提綱)》에 원효(元曉), 의상(義湘) 등 여러 거철(巨哲)의 불학(佛學)에 영향된 고려 일대(一代)의 사상계의 어떠함은 볼 수 없고 왕건 태조 통일 이전에 죽은 최응(崔凝)이 그 통일 이후에 올린 〈간불소(諫佛疎)〉만 적히어 이와 같은 허다한 시(時)의 구속을 받지 않는 역사를 지어 자가(自家)의 편벽한 신앙의 주관적 심리에 부합하려 하며 심한 경우에는 인(人)까지 무(誣)하여 신라의 김씨 왕을 인도의 찰제리종(刹帝利種)²⁹⁹이라 하며 고구려의 추모왕(鄒牟王)을 고신씨(高辛氏)의 후손이라 하고 게다가 조선 전민족을 진한유민(秦漢遺民)³⁰⁰ 혹 한인지동래자(韓人之東來者)³⁰¹라 하기까지 하였다. 이조(李朝) 태종에 이르러서는 더욱 저들 맹목파(盲目派)의 급선봉(急先峰)이 되어 조선사상의 근원이 되는 서운관(書雲觀)의 문적(文籍)을 공자의 도(道)에 위배된다 하여 횃불에 던졌다.

이두형(李斗馨)³⁰²이 가로대 "근일의 어느 행장(行狀)과 묘지명(墓誌銘)을 보든지 그 서중(書中)의 주인(主人)이 반드시 용모는 단엄(端嚴)하며 덕성은 충후(忠厚)하며 학문은 정주(程朱)³⁰³를 종(宗)하며 문장은 한유(韓愈)와 유종원(柳

宗元)을 상(尙)한다고 하여 거의 천편일률(千篇一律)로 기술하니 이는 기인(其人)을 무(誣)할 뿐 아니라 그 문장도 가치가 없다" 하였으니 이는 개인전기(個人傳記)의 실실(失實)에 대한 개탄뿐이나 이제 존군천민(尊君賤民)의 춘추부월(春秋斧鉞) 하에서 자라난 후인들이 그 심습(心習)으로 삼국의 풍속을 이야기하며 문약편소(文弱偏小)에 안주하는 이조 당대의 신하들이 그 주관으로 상고지리(上古地理)를 그릴새 이에 조선(단군)이나 부여나 삼국이나 동북국(東北國: 발해)이나 고려나 이조—5천 년 이래 모든 조선이 거의 한 도가니로 부어낸 것 같이 지면(地面)의 창축(漲縮)을 따라 민족활동의 승강(昇降)한 점이나 시대의 고금을 쫓아 국민사상이 갈린 금을 도무지 찾을 수가 없다. 크롬웰이 화가가 자기의 상을 그릴 때에 그 왼쪽 눈 위의 혹을 뺌을 불허하여 가로대 "나를 그리려면 나의 본 얼굴대로 그리라" 하였으니 이 말은 화가의 아첨함만 배척하는 것이 아니라 곧 자기의 참모습을 잃을까 함이거늘 조선사를 지은 이때까지의 조선의 역사가들은 매양 조선의 '혹'을 버리고 조선사를 지으려 하였다. 그러나 그네들의 쓴 안경이 너무 철면(凸面)인 고로 조선의 눈이나 귀나 코나 머리 같은 것을 '혹'이라 하여 베어버리고 어대서 무수한 '혹'을 가져다가 붙였다.

 '혹' 붙인 조선사도 이왕에는 읽는 이가 너무 없다가 세계가 대통(大通)하면서 외국인들이 왕왕 조선인을 만나 조선사를 물으면 어떤 이는 조선인보다 조선사를 더 많이 아는 고로 부끄러워 돌아와 조선사를 읽는 이 있도다. 그러나 조선인이 읽는 조선사나 외국인이 아는 조선사는 모두 '혹' 붙은 조선사요 옳은 조선사가 아니었다. 이왕에 있는 기록이 그와 같이 다 틀렸으면 무엇에 근거하여 바른 조선을 짓겠느냐? 사금(沙金)을 이는 것—일두(一斗)의 사(沙)를 일면 일립(一粒)의 금을 얻거나 혹 얻지 못하거나 하나니 우리의 문적(文籍)에서 사료를 구함이 이같이 어려운 바라 혹자는 조선사를 연구하자면 위선 조선과 만주의 등지에 땅 속을 발굴하여 허다한 발견이 있어야 하리라, 금석학(金石學), 고전학(古錢學), 지리학, 미술학, 계보(系譜) 등의 학자가 쏟아져야 하리라 하는 운운이 많으나 이도 그러하거니와 현금에는 위선 구급(救急)의 방법으로 존재하는 사책을 가지고 득실을 평하며 진위를 교(校)하여 조선사의 전도를 개척함이 급무인가 하노라.

1932, 조소앙, 〈한국 혁명운동 추세〉

이 글은 1932년 중국 상해에서 발행된 《소앙집(素昻集)》에 수록된 〈한국의 현상과 그 혁명추세(韓國之現狀及其革命趨勢)〉 중 제5장 '한국 혁명운동의 체계'와 제6장 '광주혁명의 진상'을 발췌한 것이다. 한문으로 쓰인 원문을 한글로 옮겼다.

제5장 한국 혁명운동의 체계

1. 총서(總敍)

근 70년 내에 한국 혁명사(革命史)상 5차의 혁명이 있었다. 1863년 이하응(李昰應)의 황족혁명이 제1기 혁명이고, 1884년 김옥균 등 귀족청년이 청나라를 배격하며 독립을 부르짖고 내정을 개혁한 벌족혁명이 제2기 혁명이고, 1894년 전봉준의 평민혁명이 제3기 혁명이고, 1896년 서재필의 민권혁명이 제4기 혁명이고, 1919년 손병희가 일본을 배격하며 벌인 독립운동이 제5기 혁명이다.

제1기 혁명의 특징은 외세에 붙지 않은 데 있다. 이하응은 황제의 아버지가 되어 일국을 섭정하고 몸소 권력을 잡아 자신의 뜻대로 했기에 개혁의 효과도 있는 동시에 전제 역량도 발휘됐다. 그는 사색당론을 타파하고, 지방차별과 계급차별의 대우를 폐지하고, 토호와 지방 양반의 소굴인 서원을 소탕하고, 세제를 개혁하고, 부외(附外) 사조를 억압했다(천주교인을 많이 죽였다). 또한 힘써 외세를 배격하고(일본, 미국, 프랑스의 세력을 거부) 스스로 자립하였다. 이런 종류의 개혁은 그 이득과 폐단 또는 공헌과 과오 중 어느 것이 많고 적은가를 불문하고 그는 이웃나라의 원조를 빌리지 않았고, 민중의 힘에 의지하지 않았으며, 조직적 당원을 이용하지 않고 혼자서 전권을 휘두르는 독재행위를 자행했다.

제2기 혁명의 주체인물은 대개 뜻을 얻지 못한 청년귀족들이었다. 그들은 완명(頑冥)한 당국자와 자각하지 못한 민중의 사이에 서서 급하게 구파를 무너뜨리는 데서 수단을 가리지 않았고, 외세를 빌려 혁명을 도모했다. 그러므로 구파의 주요 인물들(민태호, 조영하, 이조연, 윤태준, 한규직, 민영목)을 격살함으로써 비록 성공할 수는 있었으나, 혁명내각(이재원, 홍영식, 김옥균, 김홍집, 박영효, 서광범, 서재필)이 환상처럼 일어났다가 다시 환상처럼 멸하고 말았다. 실로 고압적인 청나라 세력(원세개가 군대를 일으켜 그들을 도륙하였다)과 민중의 후원으로 인하여 이 혁명은 마침내 실패로 돌아가고 말았다(혁명의 주동인물 중 도살되지 않은 자는 일본으로 건너가 망명객이 됐다).

제3기 혁명은 제2기 혁명이 실패한 지 10년 뒤에 일어났다. 이때는 민중이 이미 스스로 자각한 동시에 경험도 있어 평민이 혁명의 노선에 서고 앞사람이 쓰러지면 뒷사람이 계승하여 자못 그 세력이 두터웠으니, 1894년 갑오 동학혁명이 그것이다. 동학당이 일어나(이는 홍수전의 태평천국(太平天國) 혁명(태평천국의 난)과 매우 유사했다) 무장한 인민이 앞에 섰고, 조직된 당원(종교와 미신을 아울러 이용)도 있었다. 보국안민 금폭제해(輔國安民 禁暴除害)[304]라는 구호 아래 전봉준이 고부에서 기병한 뒤 달포 사이에 동학당이 팔도를 풍미했다. 500년 동안 불평하던 무리들이 모두 일어나 관군을 상대로 항전하기 11개월 만에 크게 세력을 떨쳤다. 수구파 당국은 부득이 원세개에게 원병을 청했고, 동학은 드디어 청국과 한국의 연합군에 패하고 말았다. 이 혁명은 스스로 정부를 세워 정책을 펴는 데까지 이르지는 못했다. 그러나 동학으로 인하여 청일전쟁이 일어났다. 이 전쟁의 결과로 갑오경장의 조례 208건이 수립됐는데, 그 내용은 다음과 같다. (1) 관제의 개정 (2) 개국기원 사용 (3) 양반과 상놈을 구별하는 제도 철폐로 민권 발전 (4) 결혼연령 확립 (5) 인신매매와 공사 노비제도 금지 (6) 여자의 해방과 재가 허가 (7) 역인(驛人), 창우(倡優),[305] 피공(皮工)은 천인(賤人)을 면함 (8) 과거 폐지 (9) 도량형 개정 (10) 법을 바로 하고 권간(權奸),[306] 간신, 요녀(妖女)를 가려냄 (11) 권신과 호족에게 빼앗긴 산림, 전답, 가옥의 탈환 등. 이는 갑오의 유혈이 거둔 정치적 효과라 아니할 수 없다.

제4기 혁명은 독립협회였다. 1896년 11월 14일 독립문 정초식이 거행됐고, 이에 인연하여 독립협회가 창립됐다. 이는 제2기 혁명이 실패한 후 미국에 망명했던 서재필이 조직한 것이었다. 제4기 혁명은 제2기 혁명 이후 그 후계 조직체로서 활동한 합법적 운동에 지나지 않는다. 독립협회가 펼친 활동으로는 〈독립신문〉을 발행(한글판, 영문판의 두 종류)하고, 정치결사를 조직하고, 민중운동을 진흥하고(만민공동회의 정부 비판과 개혁 건의), 부문운동을 실행하고(협성회(協成會), 의덕청년회(懿德靑年會) 등), 민권사상과 독립적 민족의식을 고취하고, 황제의 권한을 제한할 것을 제안하는 등 급하지 않은 것이 없었다. 애석하게도 영수가 된 자가 스스로 민중 속에 서지 않고 사회의 상층에 초연하게 서서 정부의 고문 지위를 획득하고 은근히 미국 세력을 등에 업고 근근이 관료와 양반계급에서 동조자를 얻어 정당을 조직한 까닭에 바람 따라 흘러다니는 무리와 당을 팔아먹는 무리가 그 가운데서 출현하여 마침내 정부당에 의해 제압돼 버렸다.

독립협회는 근본적인 개혁은 하지 못했으나 민권을 발전시킨 것은 적지 않았다. 그것은 (1) 외인에 아부하지 않고 자립하여 국권을 공고히 하기를 도모하고 (2) 이권이 외국에 침탈당하는 것을 제지하고 (3) 국가예산을 민중에게 공개하고 (4) 판결은 합법하게 하고 (5) 황제의 권리를 제한하고 (6) 언로를 넓게 열고 (7) 언론과 집회의 자유를 보장하고 (8) 지방 관리의 불법과 탐장(貪贓)[307] 을 엄히 다스리고 (9) 어사의 작폐를 조사하여 처리하고 (10) 상공학교를 설립한 것 등이다. 이런 종류의 개혁안은 비록 즉시 세상에 실현되지는 않았으나 정부에 건의되고 채용되어 마침내 독립협회의 책동에 의한 것이 아닌 게 없게 됐다.

제5기 혁명운동은 제1·2·3·4기 혁명운동과 비교하면 다른 요소가 많다. 앞의 네 차례 혁명운동의 대상은 국내의 외척, 훈신, 권신, 간신이었고 그 목적은 악정과 나쁜 관습을 타도하는 데 있었지만, 이번 제5기 혁명운동의 대상은 이족(異族)의 정치기관을 타도하여 독립을 완성하는 데 있었다. 그러므로 전자는 국내 정치혁명이고 후자는 이족을 내쫓아버리는 민족혁명이었다.

1904년 일본의 침입 이래 반일운동에서 무장한 자로는 의병이 있었고, 민중적 반일운동으로는 국채보상기성동맹회가 있었다. 1907년 청년운동의 반일으로는 청년학우회가 있었고, 각 지방 교육계의 반일으로는 지방 학회가 있었다. 외교 방면에서는 헤이그 회의 밀사(1907년 6월)가 있었다. 비밀결사로는 신민회가 있었고, 해외의 반일운동으로는 동경의 흥학회(興學會), 미주의 공립협회(共立協會), 하와이의 국민회, 러시아령의 권업회(勸業會), 남북 만주의 각종 단체, 상해의 동제사(同濟社) 등이 있어 서로 호응하여 반일운동을 극력 선전했다. 제1차 세계대전이 휴전하여 파리에서 회의가 열리자 국내외 각 계급과 각종 단체의 역량과 방략이 합류병발(合流倂發)하여 한성에서 3.1운동을 폭발시켰다. 다시 말하면, 이번 혁명운동의 혁명분자 구성요소를 표면적으로만 보면 기독교, 천도교, 불교가 연합한 것에 지나지 않는다. 그러나 민족혁명의 원동역량은 일찍이 60년 내 허다하게 실패한 혁명의 경험에 입각하고 일본 제국주의가 세차게 생겨나게 만든 국내외 각종 혁명단체의 선전, 훈련과 축적된 역량이 합류하여 이룩된 것이다. 따라서 3.1운동의 역량은 크고 두텁다. 그러나 투쟁방식이 화평으로 기울고 조직방식이 소루(疏漏)함을 면하지 못하여 마침내 이 역시 실패하고 말았다.

앞의 네 차례 혁명의 목적은 정치의 개혁을 구하는 데 있었던 까닭에 거구취신(去舊取新)[308]하면 곧 혁명의 효과가 발생했다. 그러나 이번 혁명의 목적은 부분적 개량과 선정(善政)에 있지 않았고, 진일보하여 말하면 일본이 한국을 통치하는 데 있어서 잘하고 잘하지 않고가 문제가 아니라 완전히 일본의 통치에서 벗어나 자주독립을 회복하는 것, 이것이 3.1혁명의 본체였다. 따라서 3.1혁명은 근본적으로는 완전실패와 비슷하게 됐다. 다만 이런 실패로 인하여 혁명운동의 조직이 정리되고 이론 방면의 발전과 투쟁방식의 다방면적 혁신이 충분히 전개되는 성과를 얻었다.

이상을 종합하여 보면 한국혁명은 처음에는 황족, 귀족, 양반벌족의 지식계급과 민중, 청년 남녀학생에서 비롯하여 점차 노농계급에까지 만연하게 되어 성공을 거둠으로써 이제는 노농계급의 조직적 운동으로 들어섰다. 방략으로 말하면 자살로 시작하여 의병, 결사, 시위, 선전, 직접행동을 거쳐 바야흐로 당면이익적 투쟁기로 들어갔다. 조직 방면으로 말하면 처음에는 산만하다가 자유연합, 엄밀화, 중앙집권을 거쳐 유기적 조직 완성과 혁명 실행기로 들어갔다. 사상 방면으로 말하면 복수에서 비롯되어 설치(雪恥), 국권회복, 반일 독립적 민족주의, 계급해방에서 이미 민족혁명과 경제화 혁명운동이 동시에 병진되게 됐다. 대외 방면으로 말하면 구미에 의뢰하는 데서 시작하여 중국, 러시아에 의뢰했다가 일체의 피압박 민족과 연합하여 위대한 구성체를 이룩하기에 이르렀다. 건설 방면으로 말하면 처음에는 속이 비어 일정하지 않다가 민주입헌주의를 신앙했고, 이제는 한국에 적합한 신사회주의적 계획으로 기우는 경향이 있다. 어떤 것을 전체 민족의 행복이라 하는가. 그것은 정치권리의 균등, 생활권리의 균등, 수학권리의 균등을 말한다. 이것으로써 역사적 국가의 기초와 제도를 전복하고 아울러 이족이 전횡하여 만든 일체의 시설과 제도를 파괴하여 전 한민족으로 하여금 대내적으로 각각 균형을 획득하게 하고, 대외적으로 각 민족, 각 국가가 평등과 대립적 균형을 향유하게 하는 데 전체 민족의 행복이 있는 것이다. 그러므로 인민 쪽에서 보면 정치, 경제, 교육이 불평등할 수가 없고 국가 쪽에서 보면 주권이 완전히 독립되지 않은 것이 없어 평등적 권리와 지위를 보장할 수 있으니, 이것이 바로 한국혁명의 진제(眞諦)인 것이다.

2. 제5차 혁명 이래 각 방면의 활동 개황

1919년 3월 1일 한국독립을 선포한 대혁명은 결코 투기우발적인 폭동성의 것이 아니라 실로 중요한 원인이 있었다. 이족 전제 하의 10년 통고(痛苦)와 분한(憤恨), 수치가 쌓여 민족적으로 자각한 것이 그 첫째요, 일본이 한족을 대함에 정치, 경제, 교육을 불문하고 고압적이고 잔혹한 수단을 써서 한인의 반항세력이 크게 길러진 것이 그 둘째요, 합방 이래 국외에 망명한 독립당원이 중국, 러시아, 미국, 일본 등 각 방면에 퍼져 선전고취하고 교양, 암살 등 광복을 위한 맹렬한 운동에 노력하여 앞사람이 쓰러지면 뒷사람이 계승하고 국내 각계의 영수(領袖)가 일찍부터 서로 호응한 것이 그 셋째이다. 이 세 가지는 모두 내적 조건이다. 이밖에 외적으로 근인(近因)과 내적으로 도화선이 있었으니, 전자는 윌슨의 민족자결 주장이고 후자는 이 광무제(李 光武帝: 고종)가 일인에게 독살당한 일이다. 이런 외적 근인과 내적 조건이 있음으로써 혁명이 드디어 이 광무제의 국장 때 폭발했다. 이런 종류의 혁명은 순수한 민족혁명이며 본래 계급적 의식이 없었으나 3.1운동의 희생과 실패를 거친 후 일반 청년과 민중이 많이 계급의식에 훈염(薰染)[309]되어 한편으로는 민족을 일본에서 분리하려는 운동을 고수하고 한편으로는 계급적 의식을 고취하는 노력을 하게 됐다. 그러므로 3.1운동 이래 국내외 한인이 벌인 일체의 운동은 모두 민족운동과 사회운동의 병행, 교차 또는 분리하는 노력이 아닌 다른 곳에 있지 않았다. 민족의식 운동의 대표적 특징은 무장전투와 직접행동에 있었고, 계급의식 운동의 대표적 특징은 조직선전과 부문운동에 있었다. 이 양 방면의 차이점은 혹은 건설 혹은 투쟁방략에 있었고, 그 공통점은 일본에서 벗어나 먼저 민족의 독립을 이루는 데 있었기 때문에 무릇 반일운동에 있어서 일치하지 않음이 없었고, 서로 표리의 관계를 이루어 그 역량을 증대하므로 서로 떨어질 수 없는 것이었다. 이제 먼저 국내운동의 개황을 서술하겠다.

(갑)

3.1운동 이후 일본의 대한정책에 약간의 변동이 있었는데 이른바 문화정책이 그것이다. 1920년에 이르러 최초로 한글 일간신문 3종이 세상에 나왔는데 〈조선일보〉, 〈동아일보〉, 〈시사평론〉이 그것이다. 언론, 출판, 집회 등 새로운 활동이 전개되어 조직이 꼬리를 물고 일어났다. 이때 조선노동공제회가 조선의 노동사회를 개조할 것을 목적으로 창립되었는데 박중화(朴重華), 박이규(朴珥珪), 김명식(金明植) 등이 그 발기인이었다. 그들은 〈공제(共濟)〉를 기관보로 발간하여 노동문화를 고취하였는데 그것은 지식 계발, 품성 향상, 저축근검 장려, 민중위생 장려, 환란(患亂) 구제, 직업 소개, 노동사회 일반적 상황 조사연구, 〈공제〉 잡지 발행, 노동문화 보급 등이었다. 공제회의 창립은 실업가, 의사, 율사, 신상(紳商) 등 300여 명이 집합하여 실로 합방 후 최초의 공개결사를 이루게 했으니, 이 역시 3.1운동 후 중요한 일이었다. 1920년 10월 박일병(朴一秉), 유장호(柳章浩), 윤자영(尹滋英), 윤주형(尹柱衡), 권영락(權永絡), 한기악(韓基岳), 안준(安浚), 김명식(金明植), 김한(金翰), 장덕수(張德秀), 이시완(李時琓), 오상근(吳祥根) 등 23인은 조선청년연합회를 발기, 창립하니 참가단체가 무려 123개나 됐다. 그 강령은 (1) 사회 혁신 (2) 세계의 지식을 널리 구함 (3) 건전사상으로써 단결 (4) 덕의(德義) 존중 (5) 건강 증진 (6) 산업 진흥 (7) 세계

문화에 대한 공헌 등이었다. 그 사업강령은 (1) 풍기(風紀) 개량 (2) 도서잡지 간행 (3) 강연, 강습, 야학 (4) 청년취학 편의 도모 (5) 운동회 (6) 산업단체 조직 장려 (7) 생활 개선 (8) 각 지방 청년의 친목 도모였다. 이 시기에 공제회는 노동문화를, 청년연합회는 민족문화를 목적으로 삼아 민족적 의식과 계급적 의식이 이 양개 단체로 말미암아 계발, 병진됐다. 이후 재경 청년단체 조직인 경(京)청년회가 김한, 이득년(李得年), 홍증식(洪增植), 김사국(金思國), 이영(李英), 장덕수, 김명식, 오상근에 의해 1922년 1월 창립됐다. 윤덕병(尹德炳), 김한, 신백우(申伯雨), 원우관(元友觀), 이수영(李遂榮), 박일병, 이영(李英), 김사국(金思國), 이준태(李準泰), 이혁로(李赫魯), 백광흠(白光欽), 진병전(陳秉荃), 김달현(金達鉉), 김봉환(金奉煥) 등 19명이 또한 무산동지회(無産同志會)를 조직하여 무산자의 생존권을 확립할 것을 결의했다. 그 강령으로 위원제를 채용하고, 잡지 〈무산자〉를 발행하고, 회관을 건축하기로 했다. 이밖에 경성무산청년회, 평양노동동맹회 등이 있었고, 오래 가지 않아 경성에 조선노동연맹회가 조직됐다. 이 조직의 가입단체로는 경성전차종업원회, 경성인쇄직공친목회, 경성양복기공조합, 진주노동회, 대구노동공제회, 안동노동공제회, 경성노우회, 반도상피직공친목회, 감포노동공제회, 청진노동공제회, 이발조합, 광주노동공제회, 경성양화직공연합회 등 13개가 있었고, 총회원이 약 2만 명이나 됐다. 이들은 3개 강령을 내세웠는데 (1) (생략), (2) 공동의 힘으로 생활을 개조하고 지식계발을 도모하고 기술진보를 꾀한다, (3) 현 사회의 계급의식에 의뢰하여 무산자의 일치단결을 도모한다 등이었다.

 1923년에는 조선물산장려회의 조직이 있었고, 조선교육협회가 발기한 민립대학기성회도 역시 이때 나왔다. 1924년 4월 17일 조선노농총동맹이 창립됐는데 가맹단체가 191개이고 회원이 10만 명이나 되었고, 이 단체가 지휘한 소작쟁의가 29회, 동맹파업이 42회나 되었다(1926년 초의 조사). 1925년 11월 19일에는 노농총동맹이 개조되어 조선노동총동맹이 됐다. 1924년 4월 21일에는 조선청년총동맹이 '무산계급의 정치교육을 보급하고 노동조합에 실지 가입하며 실제 이익을 위해 투쟁한다'는 목적으로 성립됐는데 가맹단체가 285개, 회원이 3만 5천 명이나 되었다(1926년 초의 조사). 1925년 8월 4일 경성아현청년회, 인쇄직공청년동맹 등 9개 단체가 연합하여 한양청년연맹을 성립시켰는데 (1926년 말에 이르러) 가맹단체가 21개, 회원이 2천여 명이었다. 1923년 4월 25일 진주에서 발기한 형평사(衡平社)는 도수업자(屠獸業者) 단체 80개가 가맹했는데 형평청년연합, 형평학우회 등을 통한 회원이 수만 명에 달했다. 사상단체로는 1920년 1월에 설립된 무산자동맹, 1924년 11월 26일에 설립된 북풍회(北風會), 1924년 11월에 설립된 화요회(火曜會), 1924년 7월에 설립된 노동당 등이 있었는데, 1926년에 이르러 정우회(正友會)에 합동됐다. 또 여자단체는 주세죽(朱世竹), 최성삼(崔聖三), 허정숙(許貞淑), 박원희(朴元熙), 정종명(鄭鍾鳴), 정칠성(丁七星), 오수덕(吳壽德) 등이 조직했다. 그 강령에는 (1) 본회는 사회진화의 법칙에 의하여 마땅히 여성해방운동 및 민족운동 등을 공작하고 여성의 훈련, 교양에 힘쓰며 (2) 여성의 단결을 도모하고 해방운동에 노력한다는 내용이 들어 있었다. 이 밖에 학생계에는 조선학생총연합회, 언론계에는 전조선기자대회(1921년에 창립)가 있었다. 1925년에 이르러 비로소 전국 각 계급을 포괄하는 신간회(新幹會)가 산생됐다. 이것은 전 조선 최고의 유력한 민족적 결합체로서 회원이 6만 명이나 됐다. 또한 전국청년총동맹, 전국적 여자단체인 근우회(槿友會), 전국소년총연맹 등이 역시 국내운동의 주체적 기관이 되었다.

(을)

1919년 이래 조직적 무장군의 침입 외에 개인적으로 실행한 직접행동이 있었다. 강우규(姜宇奎)가 남대문에서 재등(齋藤) 총독에게 폭탄을 던진 것, 김익상(金益湘)이 총독부에 폭탄을 던진 것, 양근환(梁槿煥)이 민원식(閔元植)을 죽인 것, 박열(朴烈)이 적 황제를 죽이려고 모의한 것, 김지섭(金祉燮)이 이중교(二重橋)에서 적 황제를 죽이려고 도모한 것, 김익상과 오성윤(吳成倫)이 황포탄(黃浦灘)에서 전중(田中)을 죽이려고 모의한 것, 이수흥(李壽興)과 유택수(柳澤秀)가 종횡으로 작파(炸破)한 것, 김상옥(金相玉)이 적 경부를 격살하고 경찰서에 폭탄을 투하한 것, 나석주(羅錫疇)가 은행과 동양척식회사를 작파하고 적 경관 7인을 격살한 것, 송학선(宋學善)이 금호문(金虎門)에서 재등을 칼로 찌른 것, 조명하(趙明河)가 대만에서 적 황족을 칼로 찌른 것, 이덕삼(李德三)이 상해에서 적 영사관에 폭탄을 투하한 것, 장진홍(張鎭弘)과 최양옥(崔養玉) 등이 대파괴를 감행한 것 등은 모두 일세를 진동하는 큰 사건이었다.

비밀결사 및 혁명운동 단체가 체포나 구금을 당한 사건을 살펴보면 그중 큰 것만 해도 3.1안(案), 대동단(大同團)안, 광복단(光復團)안, 애국부인회 및 청년외교단안, 누차에 걸친 임시정부 및 연통제(聯通制)안, 대한광복군안, 백여인공당(百餘人共黨)안, 제1차간도공(間島共)안, 대구결사안, 개성결사안, 대구적성단안, 고려혁명단안, 북화태도(北華太島) 700인안, 김창숙유림단안, 신민부(新民府)안, 참의부안, 의열단안, 학생밀사안, 수원고농(水原高農)안, 국민부오동진안, 백광운 등이 재등을 찌르려고 모의한 안, 제4차 공당(共黨)안, 함경북도연맹안, 목포상업학생안, 이태성(李泰成)안, 완도안, 대구진우연맹(眞友聯盟)안, 동경공당안, 경남청년안, 유범규(劉範圭)안, 이리폭탄안, 대한도독부안, 윤우열(尹又烈)안, 신생활사안, 금화정부안 등 일일이 들 수 없을 정도로 많다. 매 1안마다 수백, 수십 명이 10년에서 사형까지 받았으니 그 주체는 대개 30세 이하의 청년 학생들이었다. 민중적 대규모 시위에 이르러선 기미년 3.1혁명 외에 융희제(隆熙帝: 순종)의 장례 때 폭발한 6.10운동이 있으며, 1929년 11월 이래 전국 학생시위운동으로 번졌다. 이것이 광주혁명이 격렬하게 일어난 배경이다.

제6장 광주혁명의 진상

1. 광주의 역사적 지위(생략)

2. 광주혁명 발생 전의 전국적 동요성(動搖性)

광주혁명 발생 전의 한국사회는 밀운(密雲)이 장차 비를 몰고 올 형상이었다. 여러 해 쌓인 불평스런 기색은 일촉즉발의 기운에 놓이게 되었으니 실로 중요한 사실들이 서로 얽히고설키며 잇달아 일어나고 있었다. 중요한 사실로는 의열단 사건, 보천교(普天敎) 사건, 임시정부 사건, ML당 사건, 간도격문(間島檄文) 사건, 러시아혁명기념계비(戒備) 사건, 태평양회의가 한국 대표를 거절한 사건, 한국정음사전편찬회 발기 사건 등이 있었고, 이것들은 모두 1929년 11월을 전후해서 발생한 대사건이다. 한글신문인 〈동아〉, 〈조선〉, 〈중외〉 등이 이들 사건을 적극적으로 선전하여 민족적 의식을 조장하고 아울러 혁명적 의식을 환기시켰고, 이어 독서계급인 청년학생계 및 예민하고 용감한 소장(少壯) 주력군이 이러한 전국적인 불안의 시기를 타고 여러 가지 준비를 하게 됐다. 전국적 불안의 중요한 요소 가운데 첫째는 남한에 대흉년이 들어서 유리(遊離)하게 되어 거처가 없는 민중이 수백여만 명이고 배고파 학교에 나오지 않는 학생이 하루에 수천여 명이었다는 점이고, 둘째는 박람회가 개회하여 경향 각지의 민중 1백여만 명이 모여들어 적의 경비가 평상시보다 더욱 긴장되고 이로 인해 사회심리가 십분 동요되고 있었다는 점이다.

한두 호걸이 이런 때를 타고 봉기할 계획을 짜고 웅변대회를 한다는 핑계로 전국의 중학 정도 이상 각종 학교 학생대표의 회의를 소집했다. 그러나 불행히도 이런 계획이 사전에 적 경찰에 탐지되어 회의가 열리지 못했다. 이때 학교 안에 머물러 있었던 학생들이 팔을 걷어붙이고 호령을 하니 50만 학생군이 전선에 섰고, 노농공상 각 계급이 이에 호응하여 일어났다.

3. 광주혁명 폭발의 진상

1929년 10월 30일 나주에서 광주로 통학하는 광주여자고등보통학교 여학생 박기옥(朴奇玉, 18세)이 하학하여 귀가하던 도중에 나주역에서 하차한 저녁 6시경 막 출입구로 나가려 할 때 일본인 전중(田中), 복전(福田), 말길(末吉) 등이 길을 막고 희롱하며 모욕적인 언사를 했다. 박기옥은 회피, 방황했으나 그들 일인 학생이 다시 쫓아와 희롱하고 모욕했다. 그때 박기옥의 동생 박준채(朴準埰, 16세)가 이치를 들어 그들의 비행을 준엄하게 꾸짖자 오히려 일인들이 화가 나서 대들었다. 바야흐로 직접 충돌이 있게 되자 경찰이 제지했다. 박준채가 분을 억누르지 못하고 일인 학생들을 향해 "너희들 나중에 두고 보자"고 하니 경찰이 준채의 뺨을 때렸다. 이후 각기 집으로 돌아갔으나, 이로 인해 일인 학생에 대한 한인 학생의 반감이 높아져서 10월 31일과 11월 1일 광주역에서 양교 통학생들의 충돌이 또 한 번 일어나 차장(車掌)과 경찰의 제지를 받았다.

11월 3일 한일 양쪽의 광주 학생들이 교문을 나와 각기 집에 돌아가던 중 기옥정(奇屋町) 우편소 앞에 이르러 양방이 전초적 전쟁을 개시했다. 한인 학생 7인과 10여 명의 일인 학생이 난투를 벌였고, 일인 학생이 분을 이기지 못하고 "단도로 한인을 난자하자"고 소리쳤다. 이때 농업학교, 사범학교, 고등보통학교의 한인 학생 200여 명이 전투에 가입했다. 일인 중학생 180여 명은 각자 단도를 들거나 금철상(金鐵商)에서 산 검을 들고 뛰어왔다. 양방은 난투를 벌여 서로 살상을 입혔다. 한인 학생은 학교 창고로 몰려가 각자 양잠용 기구를 들고 와 혼전을 하니 피와 살이 튀는 혈전이 벌어졌다. 광주여자고보생들이 붕대와 약품을 들고 한인 부상자를 치료하니 마치 전시에 적십자가 후원활동을 하는 것과 같았다. 광주여고보의 일인 여학생들은 기와조각, 나무, 돌멩이를 나르며 일본인 남학생의 전투를 돕고 있었다. 한인 학생들은 진을 벌이고 시위에 나섰다. 25명이 진두에 서서 5열을 이루고, 가장 나이 어린 학생들을 중진에 서게 하고, 왼쪽 어깨로 서로 의지하고, 바른 쪽 손에 무기를 들었다. 그들은 "대한독립 만세! 일본제국주의 타도!" 등의 구호와 함께 혁명가를 크게 외치고 장사진을 지어 시가행진을 벌였다. 시민들이 호응하여 시위에 가담하니 시위자들이 무려 3만여 명이나 되어 3개 사단의 군대 규모를 이루었다. 왜놈 경찰이 모두 나와 경종(警鐘)과 화종(火鐘)을 울리고 소방수를 시켜 물을 뿜어대고 군도를 찔러댔다. 이어 적의 소위 재향군인회라는 것이 힘을 쏟아 집합하여 육박격투가 일어났다. 한인 시위자들은 마침내 제지되어 부상자가 10여 명 났고, 일인 부상자도 20여 명이나 생겼다. 이로부터 일본 경찰이 대대적인 검거에 나서서 한인 300명을 체포했고, 일인으로서 구금된 몇 사람은 즉각 석방해주었다.

이렇게 만용적 대우를 하자 한인은 제2차 시위를 벌였다. 이에 학교당국은 정학 6일을 명했다. 11월 11일 개학 후 일인은 모두 등교했으나, 한인의 고보 출석자는 10여 명에 불과했다. 11월 12일 한인 학생들이 전부 등교하여 운동장에 집합하고는 창고에 돌입하여 각자 농잠기구, 쇠스랑, 도끼, 낫, 칼 등을 쥐고 5열진을 이루고는, 총사령이 진두에서 "학생 대중이여, 용감하게 전투하고 물러서지 말라"고 크게 소리 지르자 극렬한 전단 수천 매를 살포하며 시가로 돌진했다. 그들은 "독립 만세, 일본제국주의 타도"라고 외치며 혁명가를 부르면서 하늘을 흔들고 땅을 뒤덮는 기세로 나아갔다. 불행히도 시위에 가담한 자들은 학교로 돌아오는 도중에 매복해 있던 경찰에 체포되어 무덕전(武德殿)에 감금됐다. 이번 시위자 수는 1천여 명이었고, 이에 가담한 학생들은 고보생, 농교생, 사범생, 여자고보생 등이었다.

광주의 2차례 시위에서 적에게 죽임을 당한 자가 27명, 수감된 자가 1천여 명에 이르렀으나 일인들은 이를 비밀에 붙이고 발표하지 않았다. 50일이나 지난 12월 28일에야 비로소 그 대강의 줄거리를 신문에 발표하는 것을 허가했다. 광주사건 폭발 이래 입으로 전하고 마음으로 전해진 휴학 운동이 파죽지세처럼 전국으로 퍼져 1개월 안에 전국이 호응하며 목포, 나주, 경성, 개성, 평양, 함흥, 공주, 인천, 동래, 용정 등지에서 시위, 휴학, 파시(罷市), 파업, 전단과 격문 배포, 독립 만세와 타도 일본 외침 등의 용감한 투쟁이 전개됐다.

4. 경성 1차 시위

광주혁명이 폭발한 이래 적인(敵人)은 극도로 비밀하게 우물쭈물 감추어 신문에 보도를 금지했다. 겨우 한인 학생들을 통하여 몰래 흘러 다니는 소식을 듣고 알 수 있을 뿐이었다.

12월 3일(광주혁명이 일어난 지 만 1개월 후)에 격렬한 격문 및 전단 10만여 장이 경성의 각 관·공·사립의 대·중·소 제 학교에 뿌려지자 경찰은 실색하여 수족이 황망하고 수색과 체포가 날로 더해갔다. 이로 말미암아 경성의 학계 및 각 사회는 용솟음치는 물처럼 끓어올랐다.

12월 5일에 이르러 경성의 각급 학교 남녀 학생은 동맹휴학을 단행하고 행렬을 만들어 "대한독립 만세, 일본제국주의 타도!"라고 크게 외치며 경찰과 더불어 격투하고 육박전을 치르니 그 수를 헤아릴 수 없을 정도였다. 이에 경성부 내 전체 경관이 총출동하였으나 그들을 제지하기엔 부족하여 경관 강습생 200여 명을 소집하여 합세시키고 시위하는 사람 가운데에 기마대, 기차대, 소방대, 발검대 등을 투입했다. 흉포하고 야만적인 탄압으로 구속된 한인 남녀 학생이 반나절 만에 2200여 명에 이르렀다. 또한 무장한 형사대로 하여금 골목을 수비하게 하고, 육전대(陸戰隊)로 하여금 칼을 뽑아 들거나 총을 들고 각급 학교를 포위하게 해서 출입을 금지시키니 전시의 계엄 상태와 흡사했다. 그러나 동맹휴학과 파업 의거는 요원의 불길처럼 바람을 타고 맹렬하게 타올랐다.

(1) 시위와 휴학의 상세한 상황

제2고등보통학교(청운동) 3·4학년 학생 300여 명은 12월 5일 광주 학생들의 석방을 요구하면서 동맹휴학을 단행했고, 6일에는 중동학교, 7일에는 제1고보 학생이 계속하여 휴학을 일으켰다.

　12월 9일에 이르러서는 전 경성의 관·공·사립학교 학생들이 시위운동을 거행했다. 먼저 경신학교 학생 300여 명은 오전 9시에 전체 학생을 소집하여 격앙되고 비분강개한 어조로 연설을 하고, 아울러 "대한독립 만세, 일본제국주의 타도"라고 외치며 기마경관의 군진을 돌파하고 가로로 뛰어나가 창경원을 지나 혜화동 상업학교 앞에 이르러 만세 소리를 높이 외치며 상업학교 학생들과 합세하고자 했다. 그러나 그 교문을 적도가 봉쇄했기 때문에 학교 안으로부터 통곡 소리만 들리더니 이어 혁명가 및 독립만세가 합창됐다. 마침 그때 보성고등학교의 시위대 100여 명이 합류하여 같이 행진하게 됐다. 숭의동에 이르러 적 경찰과 충돌하여 육박전이 벌어졌을 때 동대문 경찰서에서 응원대가 와서 포위·습격했다. 이에 학생 1천여 명은 창경원과 종각을 돌아 박석현 고개로 갔으나 또한 적 경찰의 포위로 인해 600여 명의 학생이 체포됐다. 나머지 400여 명은 창덕궁 뒷산으로 도망가 중앙고보 뒷봉우리에 가서 독립만세를 외치고 광주사건에서처럼 노천연설을 거행하며 크게 격앙됐다. 계동 입구에 이르러서는 중앙고보생 400여 명이 합세했고(중앙고보생은 경찰의 제지로 정문으로 나오지 못하게 되자 후문으로 빠져나와 산을 넘어 이곳에 왔다), 운취정(雲翠亭)을 지나 가회동으로 향했으나 더 나아가지 못했다. 그때 1학년 학생이 적의 기마대에 의해 유린되어 피가 낭자한 참상이 빚어졌다. 이를 목도하고 더욱 흥분된 학생군(群)은 팔판동을 거쳐 효자동으로 가려고 경복궁 뒷길에 진을 쳤으나 적 경찰이 포위하자 경무대에 진을 치고 만세를 외쳐댔다. 어찌할 수 없게 된 경찰은 4천여 대의 기차대와 소방대 자동차 전부에 시위학생을 포박하여 싣고 가서 수천여 명을 투옥했다.

다른 한편으로는 경성의 휘문고보생 400여 명이 광주사건에 관한 연설회를 개최하고 "대한독립 만세"를 외치며 안국동 부근에 이르고자 했다. 그때 어쩔 수 없게 된 군경이 앞뒤 교문에 포진하자 그들은 교문 안에서 농성하다가 마침내 교문을 파하고 나가 원동, 재동, 계동을 지났는데 함성이 진동했다. 학교 안에서 통곡하는 자도 있었고, 거리에서 방성대곡하는 자도 있었으며, 스크럼을 짜고 독립 만세를 부르는 자, 깃발을 들고 격려하는 자도 있었다. 협성실업학교 학생 200여 명도 역시 시위를 거행했다. 전후 며칠 사이에 2200여 명이 적에게 체포·구금됐다.

(2) 수천 여학생 교정에서 통곡

12월 9일의 시위 다음날에 휘문고보, 숙명여고보, 배화여학교, 협성실업학교, 청년학관, 배재고보가 또한 시위연설을 행하고 통곡도 하고 전단배포도 하는 등 격렬한 분위기였고, 11일에는 이화여학교, 여자상업학교, 동덕여고보, 실천여학교 등이 동맹휴학을 선언하고 교정에서 통곡했다. 소녀들의 곡성이 진동하자 행인들도 울었다. 이날 체포되어 구금된 여학생은 근 30여 명에 이르렀다. 같은 날 청량리농업학교, 태평통법정학교, 황금정고등예비학교 및 전기학교 등의 학생들이 또한 동맹휴학을 했다. 의학전문학교, 법학전문학교, 보성전문학교, 연희전문학교, 세브란스의학전문학교 등은 학교당국의 사전조치로 인하여 자동적으로 휴학이 명령됐다.

(3) 수만 장의 격문 등사·유포의 내용

12월 초부터 곽현(郭炫), 장석천(張錫天) 등이 몰래 등사판 6개를 구입해서 격문 수만 장을 밤낮없이 쉬지 않고 작성했다. 그 근거지의 하나는 수은동 161호 집이었고, 또 하나는 적선동 161호 집이었다. 이들 격문은 경성에서 비밀히 관·공·사립·전문의 대·중·소 제 학교에 배포됐고, 학생들은 이것을 혹은 벽에 붙이고 혹은 책상 속에 숨겼다. 이리하여 무릇 학교에 오는 학생 중에서 이것을 읽어보지 않은 사람이 없었다. 평양, 대구 등과 같은 도시에는 우편으로 발송됐는데, 경찰이 압수한 우편 발송문이 8천 장이나 됐다. 이로 인해 구속된 자는 217명에 이르렀다. 그 수뇌인물은 조선청년총동맹과 중앙청년총동맹에 속한 사람들이었다. 각 사회단체의 중요 인물들도 역시 체포·구금됐는데, 그 수가 헤아릴 수 없이 많았다.

(4) 결의문 사건

12월 13일에 권동진(權東鎭), 홍명희(洪命熹), 허헌(許憲), 이관용(李灌鎔), 조병옥(趙炳玉), 이원혁(李源赫), 한용운(韓龍雲), 주약한(朱約翰), 손재기(孫在基), 김무삼(金武森) 등이 서명하여 발표한 광주혁명에 관한 결의문으로 인하여 체포·구금된 자가 50여 명이었다.

5. 경성 제2차 시위

1930년 1월 15일 경성의 각급 학교 학생들은 제1교시가 끝난 후 일치 호응하여 태극기를 걸고 독립만세를 높이 부르거나 방성대곡했다. 그 주력군은 15개 학교로 휘문고보, 동덕여자고보, 중동학교, 경신학교, 정신여고, 실천여고, 여자상업학교, 배화여고, 이화여고, 배재고보, 근화여고, 보성전문학교, 숙명여고, 태화여고, 중앙보육학교 등이었다. 먼저 이화여고생이 대오를 이루어 출진하여 적 경찰의 포위망을 돌파하고 배재고보에 이르러 만세를 높이 불렀다. 그러자 배재고보생 1천여 명이 호응하고 나와 시위에 합류하여 노래를 부르고, 곡을 하고, 연설을 하고, 만세를 부르짖고, 격문과 전단을 뿌리며 다녔다. 다음에 경신 학생들이 무리를 지어 진출했고, 여자미술학교 학생들도 시가로 돌진했다. 휘문고보생이 종을 치는 것을 구호로 삼아 모두 합류하여 3천여 명의 학생들이

가로를 횡행하며 태극기를 휘날리고, 고함과 노래를 부르고, 만세를 불렀다. 적 경관 및 순사 교습생 300여 명이 총동원되어 광적으로 진중에 뛰어들어 기마대, 소방대, 대도대(大刀隊) 등과 합세하여 살상하니, 피해자 수가 헤아릴 수 없을 정도였다.

16일 밤 10시 반 조선극장, 단성사, 우미관에서 청년이 2층으로부터 격문을 던지며 "격문을 보시오"라고 소리를 질렀다. 관객 수천 명이 놀라고 있는데 연설을 하는 자, 독립 만세를 부르는 자, 원수를 죽이라고 외치는 자 등이 있어 극장은 혁명장으로 변했다. 그런 일이 각 경찰서에 알려져 각처의 경관들이 달려와 극장 문을 봉쇄하고 출입을 금지했으며, 수색과 심문을 12시까지 했다. 경신고보생, 보성고보생, 협성실업생, 휘문고보생, 중앙고보생, 중동고보생 등 50여 명과 기타 청년 30여 명을 더해 모두 80여 명이 차에 실려 가서 종로경찰서에 수감됐다. 이날 상오 진명여고, 여자상업고, 협성실업 등 4개 학교 학생들이 역시 크게 격앙되어 "독립 만세, 일본제국주의 타도"라는 구호를 외치며 시위했다.

6. 여자 시위운동의 예비 대표회

광주학생 사건이 일어난 1929년 10월 30일 이후 경성 시내 남녀 학생들이 거행한 제1차 시위 및 1930년 1월 15일에 벌어진 제2차 시위는 위에 쓴 바와 같았다. 여학생계는 1월 초순 이래 이화여고보생 최복순(崔福順), 김진현(金鎭賢), 최윤숙(崔允淑) 등이 교내 동지를 규합하고 시위할 것을 밀약했다. 1월 14일 오후 가회동에서 비밀대표회의를 여니 모인 사람이 16명이었다. 그들의 결의는 다음과 같다.

(1) 1월 15일 오전 9시 정각 각 학교 학생 전부는 대한독립 만세를 외치며 종로 및 남대문의 큰길에서 시위를 벌인다.

(2) 적 경찰에 체포·구금됐을 때에는 오늘 모인 대표들의 이름을 발설하지 않는다.

(3) 투옥됐을 때에는 단식동맹을 결행한다.

또한 이날 소격동 89번지에서 있었던 비밀 대표회의에서는 배화여고보의 김준(金準), 임해득(林海得), 여자미술학교의 박계월(朴桂月), 송계순(宋桂順), 동덕여고보의 홍옥인(洪玉仁), 고옥경(高玉璟), 실천여고의 김경숙(金瓊淑), 최정옥(崔貞玉), 근화여고보의 김연봉(金蓮峯), 김금남(金錦南), 김순례(金順禮), 이충신(李忠信), 김귀인(金貴仁), 최성반(崔聖盤) 등 16명이 1월 15일 오전 9시 정각에 시위를 거행할 것을 밀약하고 그때 독립 만세를 부를 것을 맹약했다. 여자학생들은 그 다음 날 상오 9시경 예정한 계획대로 시위를 거행하고 드디어 체포·구금됐다.

1934, 서재필, 〈회고 갑신정변〉·〈체미 50년〉

구한말 이래 국내외에서 정부관리, 정치개혁가, 독립운동가, 언론인 등으로 활동한 서재필(徐載弼, 1864~1951)은 만 70세가 된 1934년에 자신의 일생을 돌아보며 2건의 글을 영문으로 집필해 〈동아일보〉에 보냈다. 〈동아일보〉는 시인 변영로(卞榮魯)의 번역으로 이듬해인 1935년 1월 1일부터 4일간에 걸쳐 이 2건의 글을 연재했다. 제목은 각각 〈회고 갑신정변〉과 〈체미 50년〉이었다. 여기에는 변영로의 번역을 가급적 살리되 오늘날의 국어 어법에 맞게 일부 수정하고 다듬은 것을 싣는다. 번역(변영로)이나 식자·인쇄(〈동아일보〉)의 오류임이 분명한 몇 군데 어구나 표현은 정정했고, 일제 하 당국의 검열 때문인 것으로 추정되는 몇 군데 '중략' 부분은 채워 넣었다.

〈회고 갑신정변〉

조선역사상에는 정치적이나 사회적 '개혁'을 위한 혁명은 드물었다. 이조 500년간을 통하여 갑신년(1884년) 12월의 정변 같은 예를 나는 다시 듣지를 못하였다. 1392년 이 태조와 913년 왕 씨의 혁명(?)[310]이 있었고, 4세기부터 10세기까지 삼국의 동족살벌적(同族殺伐的) 병화(兵火)가 부절(不絶)하였다. 하지만 그것은 일종의 정권쟁탈전이었고, 민중의 경제적, 사회적 복리를 위한 것은 아니었다. 그런데 갑신정변도 다른 나라의 혁명과는 달라서 피압박 민중의 분기(奮起)로 된 것이 아니고 그 당시 특권계급의 몇몇 청년의 손으로 된 것이었다. 다만 아래의 두 경우가 혹사(酷似)할 뿐이다. 즉 1215년 영국의 귀족들이 존(John) 왕을 강박하여 러니미드(Runnymede) 야(野, 들판)에서 그 유명한 대헌장(마그나 카르타, Magna Carta)에 서명케 한 것과, 1867년 일본의 사쓰마(薩

摩), 조슈(長州), 도사(土佐)의 '다이묘(大名)'들이 최후 '쇼군(將軍)'의 왕후적(王侯的) 권력을 빼앗아서 판적봉환(版籍奉還)[311]을 하게 한 것이 그것이다. 갑신년 조선의 개혁운동자들은 의심할 것도 없이 이상의 두 전례(前例)에서 영감을 받았던 것이다. 영국이나 일본의 귀족과 조선민족 간의 차이는 다만 전2자(前二者)는 성공한 것이고 후자는 실패한 것뿐이다. 그런데 조선 귀족 실패의 근본적 원인은 둘이니, 하나는 일반민중의 성원이 박약한 것이었고 또 하나는 너무도 타(他)에 의뢰하려 하였던 것이다.

*

갑신개혁에 대한 나의 회상을 적기 전에 조선역사상 이 기억할 만한 사변(事變) 전후의 사회정황을 약술하려 한다. 일본의 외교사절이 조선에 도래하기 전의 기년간(幾年間) 몇몇 되는 조선의 지식분자는 일본을 왕래하여 일어를 능통하는 총혜(聰慧)한 일(一) 승려(불교)를 통하여 일본과 비밀한 통신을 하였다. 그 중은 일본에서 구미문명에 관한 다수(多數)한 서적들을 가져왔다. 그리하여 그네들은 그 가져온 서적들을 탐독함으로써 조선이란 울을 벗어난 바깥세상에서 되어가는 일을 차츰차츰 알게 되었다. 이 젊은 지식분자 일단(一團)의 지도자는 고(故) 김옥균(金玉均)이었다. 그는 상당한 학자였을 뿐만 아니라 그 외에도 다재다예(多才多藝)한 인물이었고 나이도 제일 많았다. 그는 정적들에게 허다한 비방을 듣긴 하였으나, 나는 그가 대인격자였고 또 처음부터 끝까지 진정한 애국자였음을 확신한다. 그는 조국이 청국(淸國)의 종주권 하에 있는 굴욕감을 참지 못하여, 어찌하면 이 수치를 벗어나 조선도 세계 각국 중에 평등과 자유의 일원이 될까 주주야야(晝晝夜夜)로 노심초사하였던 것이다. 그는 현대적 교육을 받지 못하였으나 시대의 추이를 통찰하고 조선도 힘 있는 현대적 국가로 만들게 되기를 절실히 바랐다. 그리하여 신지식을 주입하고 신기술을 채용함으로써 정부나 일반사회의 구투인습(舊套因習)을 일변(一變)시켜야 할 필요를 확각(確覺)하였다. 그는 구미의 문명이 일조일석의 것이 아니고 열국(列國) 간 경쟁적 노력에 의한 점진결과(漸進結果)로 기다세기(幾多世紀)를 요한 것이겠는데 일본은 한 대(代) 동안에 그것을 달성한 양으로 깨달았다. 그리하여 그는 자연히 일본을 '모델'로 치고 조선을 개혁시킴에 그의[312] 우의(友誼)와 조력(助力)을 청하려 백방으로 분주(奔走)하였던 것이다. 그는 몇 해 뒤에 당시 일본의 유수한 정객들과 면담한 이야기를 나에게 하였다. 사이고 다카모리(西鄕隆盛)의 동생인 사이고 쓰구미치(西鄕從道)를 만났더니 정한(征韓)을 주창한 자기 형의 생각이 그릇되었다고 말하더라 한 것도 나는 이제 기억한다. 일한 양국의 이해 휴척(利害休戚)은 어느 의미로 보아 순치(脣齒)의 관계인즉 일본은 의당히 한국의 선린(善隣)이 되어야만 한다고 쓰구미치는 말하였다 한다. 그리고 당시 육군대신이던 오야마 이와오(大山巖)는 한국이 어느 강대세력에 피점(被占)이 됨은 일본 자체에도 일대 위혁(威嚇)인즉 한국도 정예한 육군을 양성시키어 아국(俄國)이나 청국의 침략이 있는 경우에는 일본과 공동전선을 베풀어 대항하여야 할 것을 원망(願望)하였다 한다. 그리고 이토 히로부미(伊藤博文)는 한국이 일본의 일부분이나 되는 것처럼 외세침략을 받을 때는 보호할 것이라고 말하였다고 한다. 이상의 모든 친절한 여사(麗辭)[313]들이 당시 그 젊은이들 귀에는 솔깃하였을 뿐만 아니라 적지 않게 고무까지도 된 것이다.

*

김옥균은 방가(邦家)[314]의 빈약함이 전연(全然)히 일반민중의 기술적 교육이 없는 것과 상류계급 인사들의 무지와 몰각(沒覺)에 있는 것을 확각하였다. "우리나라를 구하자면 민중을 교육시키는 외에는 타도(他道)가 없다"고 그는 입버릇같이 나에게 가끔 말한 것을 나는 이제 와서 기억한다. 이미 노후(老朽)한 자는 교육시킬 도리가 없어 그는 오직 청년에게 실올 같은 희망을 비끄러맸던 것이다. 그는 정부 부내(府內)에 고관의 지위에 처해 있으면서도 조정에 실세력(實勢力)은 없었다. 일본 정부와의 제휴를 주장하고 일본의 유신(維新)을 조선 개혁의 모델로 삼으려는 태도로 하여 그는 고종(高宗)께는 일개의 Persona non grata(불긴(不緊)한 손)³¹⁵이었던바 민후(閔后)³¹⁶께는 더욱 그랬다. 하여간 그의 찬연(燦然)한 인격으로 종말에는 고종께 알현할 기회를 얻어 남모르는 사이 알현하기를 거듭하기 여러 번이었다. 고종께서는 얼마 동안은 그를 좋게 생각하시어 그의 개혁안에도 찬의(贊意)를 표하시었지마는 미구(未久)에 태도를 또 변(變)하시었다. 그러나 태서(泰西, 서양)의 모든 과학과 기술을 연구토록 약간 명의 학생을 일본으로 보내는 허가는 얻어 40인의 학생이 급(笈)을 동경으로 부(負)하였다.³¹⁷

*

이 학생들이 바로 도동(渡東)하기 전 나는 서광범(徐光範)을 개(介)³¹⁸하여 김옥균을 만났는데, 그때 김 씨 외에 홍영식(洪英植), 박영효(朴泳孝)와 이제 와서는 기억조차도 할 수 없는 몇몇의 지명지사(知名之士)³¹⁹들과 알게 되었다. 누구누구 하여야 나에게 제일 강한 인상을 끼친 이는 김옥균이었다. 그의 서(書)와 평문(評文)은 물론이고 사죽(絲竹)³²⁰에 이르기까지 통하지 않은 데 없는 그 높은 재기(才氣)는 나를 사로잡지 않을 수 없었다. 나는 그에게 10여 년 연하였으므로 그는 나를 늘 동생이라고 하였다.

하루는 그가 나에게 국방을 충실히 하자면 정예한 군대밖에 없는데 현하(現下) 우리의 급무(急務)로 그 우(右)에 출(出)할 재³²¹ 무엇이냐 하며 일본으로 건너가 무예를 배우라고 권하였다. 나는 언하(言下)에 승낙하고 불출기일(不出幾日)³²²하여 15인의 다른 학생들과 일본으로 향하였다. 그리하여 우리 학생 일행은 도야마학교(戶山學校)에 입학되었는데, 처음 기삭간(幾朔間)³²³은 몇 해 뒤인 갑신년 12월 통에 피살되는, '가네코(金子)'라 위명(爲名)하는 사람을 통역자로 두지 않을 수 없었으나 얼마 아니 되어 우리는 그를 해고시킬 만큼 일어를 능통하게 되었다. 우리는 그 도야마학교에 2년 이상을 있었는데,³²⁴ 그때 김옥균은 쓰키지(築地)라고 하는 동경의 딴 한 끝에 살았다. 그는 주일 한국공사는 아니었으나 일본의 관리들과 일본에 파견된 외국사절들에게 외교적으로 상당히 친밀한 교유(交遊)를 하였던 것이다. 매(每) 일요(日曜)이면 우리는 반드시 그를 쓰키지 우거(寓居)로 심방(尋訪)하였다. 그러는 때마다 그는 우리를 친제(親弟)같이 대접하고 숨김 없고 남김 없는 폐간(肺肝) 속의 말을 우리에게 들려주었다. 그는 조국쇄신에 대한 우리의 중차대한 임무를 말하는 동시에 나라에 돌아가 우리가 빛나는 대공훈을 세울 것을 믿어 마지아니하였다. 그리고 그는 늘 우리에게 말하기를, 일본이 동방의 영국 노릇을 하려 하니 우리는 우리나라를 아시아의 프랑스로 만들어야 한다고 하였다. 이것이 그의 꿈이었고, 또 유일한 야심이었다. 우리는 김 씨의 말을 신뢰하고 우리의 전로(前路)에 무엇이 닥쳐오든지 우리의 이 책임을 이행하고야 말겠다는 결심을 하였던 것이다. 만일 그가 1895년의 일청전쟁과 1905년의 일아전쟁 후까지 수명을 누리었다면은 [과연 어떠한 일을 하였을는지 모르겠다. 아무튼 그가 좀 더 살았으면 한일합방과 같은 추잡한 장면을 보지 않았을지도 모른다.]³²⁵ 그러나 슬프다. 그는 이미 죽었다!

*

우리가 도마야학교를 마치니 조선 사관(士官)들에게 신전술(新戰術)을 가르치라는 목적으로 귀환 명령을 받게 되었다. 우리가 1884년 4월에 서울로 돌아와 보니 정계는 떠나기 전보다도 가일층 험악한데, 조정 내외가 우리를 혐의(嫌疑)와 적의(敵意)를 가지고 대하였던 것이다. 그러나 고종께서는 우리 일행을 인견(引見)하시어 우리는 일신(一新)한 군복에 창검을 꽂은 총을 메고 어전에를 나타났다. 금액(禁掖)³²⁶으로 들어가서 유연체조(柔軟體操)와 다른 운동을 하여 보라고 하명하신 것을 보아 확실히 고종께서는 우리의 복장과 모든 것에 이열(怡悅)³²⁷을 느끼신 것이었다.

    그때 새 병학교(兵學校)가 한규직(韓圭稷) 대장의 지휘로 조직된다는 것을 들었다. 우리는 그 실현됨을 학수고대하였으나 도로(徒勞)였다. 육칠삭(六七朔) 뒤에야 그 신학교 설립할 기회는 날아간 것을 알게 되었는바, 그리하여 사관 훈련의 꿈도 따라 사라져버렸다. 이는 물론 중전(中殿)과 그 일당의 반대 때문이었다. 우리는 절망과 낙담의 심연에 빠졌으나 속수무책이었다. 그때 김옥균은, 중전의 총애를 일신에 모으고 또 서광범, 홍영식, 윤치호(尹致昊), 이상재(李商在) 등으로 더불어 제1차 주미 한국공사로 갔다가 돌아오는 민영익(閔泳翊)과 악수(握手)[328]하려 하였으나, 그(민영익)는 물고기가 강이나 바다로 들어가듯, 새가 제 보금자리(소(巢)) 찾아가듯 같은 성(姓) 가진 자들이 들끓는 편에 붙고 말았던 것이다! 그는 미국 가서 왕자적(王者的)[329] 대접을 받았는바, 돌아올 때는 미국 정부가 그와 그의 일행을 구축함 트렌턴 호(USS Trenton)로 구라파를 경유시키어까지 데려다 준 것이었다. 그같이 민(閔)은 구미의 대국들을 많이 보았은즉 다소라도 어느 자극과 충동을 받아 자기 모국이 개혁돼야 할 필요를 느끼었으려니 하고 김옥균과 그의 일파는 생각하였던 것이다. 그러나 민은 나라를 떠날 때나 틀림 없이 완고하고 무식한 채로 돌아온 것이었다. 개혁파는 평화적 수단으로 국운을 개척하려 갖은 노력을 하였으나 아무 성과도 없었다. 그리하여 종말에는 황제와 그의 일족을 강제로라도 그 궁정 내 부란(腐爛)[330]한 주위(周圍)로부터 모셔내다가 모든 인습과 폐풍을 개혁시키는 새 칙령을 내리시도록 하게 계획하였던 것이다. 이 계획은 1884년(갑신) 12월 6일 밤에 실행되었다. 이 사변의 상세한 것은 귀지[331] 독자들이 이미 잘 알 것으로 믿고 나는 이에 생략한다. 하여간 그 계획은 뜻했던 대로 실현되어 3일간은 성공과도 같이 보이었으나, 위안스카이(袁世凱)의 간섭으로 독립당의 삼일몽(三日夢)은 또 깨어지고 말았는바, 그 독립당 계획에는 부실한 것도 많았지만 무엇보다도 제일 큰 패인(敗因)은 그 계획에 까닭도 모르고 반대하는 일반민중의 무지몰각(無知沒覺)이었다.

*

이에 우리가 알아둘 것은 그네(독립당)들의 신명(身命)과 재산을 돌보지 않는 그 필사적 운동의 동기는 다른 것이 아니고 단순히 최고 형(型)의 애국심뿐이었던 것이다. 그 실패가 그네들의 과오(過誤)는 아니다. 당시의 국정(國情)이 어찌할 수 없었던 것뿐이다. 나 개인으로 말하면, 그 당시 활약한 사람의 일인으로 누구의 찬사를 받을 것도 없고, 또 동시에 그 실패로 하여 책(責)을 들을 것도 없다. 나는 나라를 위해서는 생사를 불고(不顧)하는 열혈의 일 청년이었던 것이다.

끝으로, 안[332]에 그저 살아있는, 1884년 나와 동고(同苦)하던 벗들에게 나의 경의를 표하는 동시에 그네들의 여년(餘年)이 행복스럽기를 요축(遙祝)[333]한다. 동서양을 막론하고 민중의 조직 있고 훈련 있는 후원이 없이 다만 기개인(幾個人)의 선구자만으로 성취된 개혁은 없는 것이다. 기독(基督)[334]은 일 로마인에게 역형(櫟刑)을 당하였으나 로마 사람이 그를 미워한 것이 아니고 그를 미워하기는 유대 사람이었다. 그의 동포가 그를 알지 못한 것이었다.

〈체미(滯美) 50년〉

내가 50년간을 미국에서 생활하였다는 것은 가능치 못한 채로 사실이다. 이 단고(短稿)[335] 속에 그 기나긴 세월 동안의 나의 경험 전부를 다 말할 수는 가능사(可能事)가 아니나 가장 중요한 몇 가지를 5기(五期)에 나누어 적어보려는 바, 그 5기로 말하면 제1기는 캘리포니아와 펜실베이니아 양주(兩州)에서 칼리지 입학 준비를 하던 1885년부터 1888년까지의 3년간, 제2기는 보습교육(補習敎育)으로 허비한 기간, 제3기는 한국에 돌아와 정치운동을 한 2년 반, 제4기는 조선에서 다시 도미하여 필라델피아에서 상업에 종사한 기간, 제5기는 최근 10년간 의료와 병원사업에 종사한 기간이다.

*

49년 전, 즉 1885년 세 약관의 망명객은 샌프란시스코에 하륙(下陸)하였는데 박영효(朴泳孝), 서광범(徐光範)과 나 자신이었다. 우리는 아는 사람도 없고, 돈도 없고, 언어도 통치 못하며, 이 나라 풍습에도 익지 못하였다. 이러한 사고무친(四顧無親)한 상태에서 우리는 갖은 고초를 맛보지 않을 수 없었다. 이곳에 와서는 금릉위(錦陵尉)이던 박영효 씨나 멀지도 않은 바로 1년 전에 워싱턴의 우리 공관에서 참사관 생활을 하던 서광범 씨의 지위를 알아주는 이가 없었다. 그러한즉 아무 명목(名目)도 없는 나인지라 나만은 남이 몰라준다고 물론 낙심치를 아니하였다. 우리 3인은 태평양의 황파(荒波)에 밀리어 캘리포니아 해빈(海濱)에 표착된 가장 외롭고 가엾어 보이는 제트섬(Jetsam)[336]이었다! 우리는 여러 주일간을 형언할 수 없는 마음의 고통과 물질의 궁핍을 겪고 치르다가 끝끝내 이같이 세 사람이 합거(合居)키는 곤란한즉 서로서로 나누기로 결심하였다. 그리하여 서광범은 조선에 파견된 처음 장로교 선교사인 언더우드 박사 백씨(伯氏)[337]의 호의로 뉴욕으로 가게 되었고, 박(朴)은 한 일본인의 조력으로 일본으로 돌아갔다. 이제는 나 홀로 샌프란시스코에 처져 노동하며 공부를 하였다. 그때 나는 어느 한 친절한 교회인(敎會人)을 만났는데, 일자리도 얻고 영어 공부도 할 기회를 그의 조력으로 얻었다. 나는 아니 해본 노동이 없었다. 그중에 제일 쉬운 일이 어느 가구상의 광고지를 이 집 저 집 문전(門前)에 뿌리고 다니는 것이었다. 일 자체는 그다지 힘들지는 않았으나, 일본제의 잘 맞지 않는 양화(洋靴)를 신고 진종일 뛰어다님이 적지 않은 고통이었다! 갈라지고 헤진 발바닥이 밤에는 얼얼하고 쑤시어서 잠을 자지 못하였다. 나는 악물은 이로 그 고통을 참고 다음 날도 그 괴로운 광고물 돌리는 마라톤을 하였다. 얼마를 지난 뒤에 그 가구상 주인은 부리는 세 사람 중에 내가 제일이라고 하였다. 다른 두 사람은 미국인으로 그네는 하루에 5마일밖에 못 뛰는데 나는 일급(日給) 2달러에 10마일을 뛴다는 것이었다! 나는 그다지도 미국인들이 품팔이꾼에게 일 시키는 방식을 전연(全然)히 모르는 어리북이[338]였다. 나의 이 천진스러운 일이 다른 두 고용인의 견본(見本)으로 내세워지게 되었다. 이것으로 하여 그 다른 두 고용인은 나를 구적시(仇敵視)하게 된 것이나, 나는 그네들의 내게 대한 그 적개심의 원인과 결과를 얼마 지난 뒤에야 비로소 깨달았다. 그 당시 태평양 연안의 노동 계급 간에는 반중국인열(反中國人熱)이 심하였는데, 이상 말한 그 두 궐아(厥兒)³³⁹들도 분명히 그 일반감정에 감염된 듯하였다. 그러나 나는 천행(天幸)으로도 이 두 아일랜드종(種) 미국인의 미움덕이를 면하게 되었나니, 다름이 아니라 동방(미국의)으로부터 구호의 일 천사가 내도(來到)한 것이었다. 교회친구들 중 한 사람의 소개로, 펜실베이니아 주의 무연탄광 소유주로 하기휴가를 이용하여 태평양 연안을 여행하고 있던 홀렌백(J. W. Hollenback)이라는 부유한 일위(一位) 신사를 만나게 되었다. 그는 나에게 어느 흥미를 느끼고 미국에 온 목적을 물었다. 나는 나의 미국 온 목적이 미국 교육을 받으려 함이나 학자(學資) 관계로 낮에는 노동하고 밤에는 YMCA 야학에 다닌다고 말하였더니, 그는 만일 내가 자기의 고향인 펜실베이니아 주 윌크스배리(Wilkes-Barre)로 간다고만 하면 여비 외에 모든 학비까지도 대어 주마고 하였다. 나는 이 천래(天來)의 행운에 작약(雀躍)하며 그의 말대로 윌크스배리로 가서 3년간을 잘 경과하였다. 나는 그곳의 어느 사립 예비학교를 다니다가 3년 만에 졸업을 하였는데, 졸업식에는 고별연설자로 피선되었다. 나는 그 학교 교장 집에서 기숙하였는데, 역시 한 집에 살고 있던 교장의 장인으로부터 미국 생활에 대한 많은 지식을 얻을 특전을 누리었다. 그는 퇴직 법관으로 주와 중앙 입법부에 다닌 봉사한 분이었다. 그는 밤마다 입법과 법정에서의 자기 경험을 말하여주었는데, 미국 생활과 제도를 알기에 목마른 나에게는 유익하기만 할 뿐 아니라 자미(滋味)만으로도 견줄 데 없었다. 이같이 나는 정규의 학과에서보다 배우는 것이 지나는 줄로 생각하였다. 미국의 학생들은 저희의 부형이나 연상의 친척들에게 갖은 훈련과 교육(학과 이외의)을 받지만 천애일각(天涯一角)의 고단(孤單)한 신세인 나에게는 그 연령, 그 경험의 인물과 그다지도 친밀한 관계를 맺게 됨은 참으로 희한(稀罕)한 기회였던 것이다. 나는 칼리지 입학시험에도 무난통과(無難通過)되고 홀렌백 씨도 재정적으로 후원하기를 계속할 것으로 생각하여 프린스턴이나

라파예트에 입학하려 하였다. 그러나 홀렌백 씨는 조건을 붙여 후원을 계속하겠노라 한바, 그 조건인즉 내가 응할 수 없는 조건이었다. 다름이 아니라 만일 내가 7년간의 훈련을 받고서 조선 고토(故土)로 선교하러 나간다면 칼리지와 신학교에 다니는 비용을 즐거이 대마 한 것이었다. 그러나 내가 7년 후에 귀국하게 사태가 될지를 몰라 양심상으로 그러한 약속을 할 수 없었다. 그 당시 한국 정부에서는 1884년 정변에 가담한 까닭으로 나를 잡으려 하였을 뿐만 아니라 7년 후에 과시(果是) 홀렌백 씨의 기대대로 좋은 선교사가 됨에 필요한 자격을 내가 구비하게 될지도 의문이었기 때문이다. 나의 교육을 위하여 기천 달러의 큰돈을 쓴 은인을 실망시키지 않을 수 없었다. 나는 그에게 지난 후은(厚恩)을 감사하고 조지워싱턴대학 야학부(夜學部)에 다닐 기회와 일자리를 찾아 워싱턴으로 갔다. 수삭(數朔) 동안의 고역 후 나는 육군 의학도서관의 일 서기생(書記生)으로 들어가게 되어 이상(以上) 말한 대학 야학부인 코코란과학원에 입학하였다. 칼리지와 의학 학위를 위하여 나는 8년간을 워싱턴에 체류한바, 이같이 나는 미국에 온 주목적을 달성한 것이다.

이러구러 그 당시 한국에는 여러 가지 변천이 있었다. 일청전역(日淸戰役) 후 시모노세키조약(마관조약(馬關條約))으로 한국은 독립국이 되었다. 정부에서는 나에게 외무차관이 되어 달라 하였으나 나는 의학 연구를 중지하고 싶지 않아 귀국·취임하기를 거절하였다. 나의 옛 친고(親故) 박영효, 서광범, 윤치호, 유길준 제씨(諸氏)는 새 내각의 각료들이 되었다. 그러나 얼마 아니 되어 이 새 내각은 임금의 협조를 잃고 동시에 1884년 때와 소호(小毫)도 틀림 없이 황제와 궐내도당(闕內徒黨)과 반목·불화하였다는 것을 나는 들었다. 나는 미국에서 행의(行醫)[340]하기로 결심하였는데, 이때 박영효는 뜻밖에 재차의 망명으로 워싱턴에 왔다. 그에게서 조선의 정치적 정세는 이전과 틀림 없이 절망이라 함을 들었다. 박 씨는 내가 귀국하면 그 정형(情形) 밑에서 내가 무엇을 할 수 있을까를 생각하였다. 그리하여 나는 병원 문을 닫고 1896년 12월에 귀국의 길을 떠나 원단(元旦)에 도착하였다. 돌아와 보니 민 중전께서는 이미 승하하셨으나 고종께서는 김홍집, 유길준 등으로 조직된 새 정부에 불만(不滿)하셨는바, 이면(裏面)으로는 왜성대(倭城臺)³⁴¹의 일본 공사가 절대의 권력을 휘둘렀다. 그리고 나는 그때 구 각신(閣臣)들이 현 정부에 피살될까봐 미국 공관에 은신하고 있는 것을 많이 보았다. 나는 조야를 막론하고 서로 모해(謀害)하고 서로 살벌(殺伐)하는 옛날이나 틀림 없는 조선적 광경을 목도하였다. 그리하여 나는 상심·낙담한 끝에 변복을 하고 다음 선편으로 미국에 재도(再渡)하려 하였다. 그러나 유길준은 백방으로 나를 만류하고 이런저런 직임을 나에게 권하였다. 나는 내가 미국에 다시 가지 않는다 하더라도 벼슬은 하지 않고 민중교육의 의미로 신문을 발간하여 정부가 하는 일을 민서(民庶)³⁴²가 알게 하고 다른 나라들이 조선 때문에 무엇을 하고 있나를 일깨워주는 일이나 하여 보겠다 하였다. 유 씨는 나의 제의에 쾌락을 하고 재정적으로 나를 후원하겠노라 뇌약(牢約)³⁴³을 하였다. 그러나 얼마 아니 되어 정부 내에는 급격한 변동이 또 일어났다. 고종께서는 아관(俄館)³⁴⁴으로 암야(暗夜)에 파천(播遷)하옵신바, 그곳에서 현 각신들에게 사형선고를 내리시고 신내각을 조직케 하시었다. 나는 아관으로 가서 고종께 뵈옵고, 환어(還御)하셔서 일국의 지존(至尊)으로 국정을 총람하실 것이고 남의 공관의 일 빈객(賓客)으로 머무르지 마시라고 복주(伏奏)³⁴⁵하였다. 그때 고종께서는 물론 러시아 공사에 이르기까지 나를 미워하였다. 그러나 새로 조직된 내각도 내가 전(前) 내각과 약속한 신문경영 하는 것은 거부치 아니하였다. 신문은 항간에 대호평을 사서 사회 각층에 널리 읽혀졌다. 공정을 기하려 나는 불편부당주의로 어느 편 어느 패에도 쏠리고 기울지를 아니하였다. 나는 친아(親俄), 친일(親日) 할 것 없이 두 편 정객들을 모두 매도(罵倒)³⁴⁶하였다. 그 까닭은 '너나없이 외적(外的) 세력의 괴뢰 노릇'을 하기 때문이었다! 나는 공석에서나 사석에서나, 글로나 말로나 '조선의 민리민복(民利民福)만을 위하여 일하고 남의 굿에 놀지 않음이 조선 위정자의 의무'임을 역설하였다. 이 종류의 설교(說敎)가 민간에 효과를 내기 시작하여 일반은 점차로 정부의 행사와 그 정치적 동향에 눈을 뜨게 되었다. 이 기운이 가속도로 농후하여져 매 일요일 서대문 밖 독립관(獨立舘)에서 내가 연설을 할 때는 청중이 운하(雲霞)같이 모여들었다. 이 민중의 각성되어가는 현상이 황제와 그 완명고루(頑冥固陋)한 각신들과 자국의 이익을 위하여 양적, 음적으로 활약하고 있던 열국 사신들을 놀라게 하였다. 사교적으로는 나는 그네들과 별 충돌 없이 지내었으나, 정치적으로는 모두 나를 증오하였다. 너무 급격한 개혁운동을 하다가는 일신상 불리한 일이 많을 것인즉 개혁운동이라도 서완(徐緩)한 조자(調子)로 하라고 권언(勸言)하는 인물도 있고 모종 기사(記事)는 게재치 말라고 뇌물을 주려는 자도 있었으며, 자기네의 그늘진 정치적 행사(行事)를 폭로하다가는 신변에 위해를 가하겠다는 협박까지 하는 자도 있었다. 나는 그 모든 것에 귀를 막고 일 신문인(新聞人)으로서의 의무를 다하기에 노력하였다. 그네들은 갖은 방식으로 나의 사업을 저해하기 시작한바, 종말에는 우송물(郵送物)을 차압함으로써 신문의 향간배달(鄕間配達)[347]은 불능하였다. 어느 날 미국 공사는 내가 황제와 모모 세력에 적대적 태도를 취함은 가장 불현명(不賢明)한 일인즉, 위해가 신변에 미치기 전에 가족동반하여 미국으로 다시 가라고 권하였다. 하나 얼마 동안을 더 계속하여보다가 '내가 종자는 뿌렸은즉, 내가 떠난 뒤에라도 거둘(추수(秋收)) 이가 있으리라'는 생각을 품고 나는 하릴없이 미국에 다시 건너가기로 결심하였다. 나는 신문을 나의 친구인 윤치호(尹致昊)에게 맡기고 떠났다. 어느 의미로 보아 나의 2년 반의 귀국활동이 아주 무의미하지는 않은 듯하다. 상기한 것이 이 소기(小記) 본제(本題)와는 어긋나나 나의 50년간 계속적 경험을 적자 하니 자연 포괄된 것이다. 내가 미국에 재도(再渡)하여 보니 3년간이나 의료과학과의 연(緣)이 멀어졌던 만큼 그 길에 낙후된 감을 불금(不禁)하였다. 나는 다시 대학의 연구생이 되든지 딴 일을 하든지 하여야 되게 되었다. 그때 펜실베이니아의 일 학우가 인쇄업을 경영하니 같이 하여보자 하여 나는 그와 함께 상업을 개시케

되었다. 우리는 소규모로 시작하였는데, 차차로 업무가 확장되어 1919년까지 여러 해 동안 필라델피아에서 상당한 '빅 비즈니스'를 하였다. [그러나 제1차 세계대전이 끝나고 윌슨 미국 대통령이 제창한 민족자결주의로 인하여 한국에서는 아연 독립운동이 일어나 기미년 3월 1일에 대한독립 만세 소리는 국내 방방곡곡에 들리고 해외에 흩어져 있는 수많은 정치 망명가들도 국내 민중에 호응하여 각기 그 역량을 다하여 조국 광복에 일제히 궐기하였다. 미국에서는 이승만 박사를 중심으로 모든 재미동포가 독립운동에 진력하게 되었는데],[348] 나는 3년 가까이 이 활동에 나의 시간과 재산을 바치었다. 그리하여 나는 사실상으로 파산되고 말았다.

무일문(無一文)[349]하게 된 나는 이제 와서는 나의 가족의 부양(扶養)으로 다시 무슨 일이고 하지 않을 수 없이 되었다. 다시 상업을 경영하자 하여도 자본이 없었다. 유일한 방도는 한 번 더 의학을 연구하여 학문과 기술이 아울러 시대에 뒤지지 않게 함이었다. 그리하여 나는 펜실베이니아대학에 연구생으로 들어가서 2년간을 연공(研攻)[350]하였다. 그 2년을 치른 다음 나는 펜실베이니아 어느 병원에 취직이 되었다가 기년 후에 레딩(Reading)에 있는 그보다 큰 병원으로 전임(傳任)이 되었다. 1932년에는 웨스트버지니아 주의 찰스턴(Charleston)에 있는 어느 병원에 초빙되어 그곳으로 옮겨가서 2년간을 집무하였다. 불행히 이 늦은 봄에 나의 건강은 말 못하게 되어 휴양과 회복 차로 펜실베이니아 주 미디어(Media)로 돌아오지 않을 수 없었다. 이즈음 차도는 있으나 의사는 나에게 원체 노령인즉 그러한 힘 드는 일을 함은 불가하다고 당분간 휴직하라 권하였다. 해결은 지어야만 할 나의 가족 부양 문제는 미해결로 있는 것이다.

1938, 김성숙, 〈왜 전민족적 통일전선을 건립해야 하는가〉

이 글은 조선민족전선연맹이 간행한 기관지 〈조선민족전선〉 창간호(1938년 4월 10일 발행)에 실린 것이다. 한문으로 쓰인 것을 우리말로 옮겼다. 조선민족전선연맹은 1936년 11월에 조선민족혁명당, 조선민족해방자동맹, 조선혁명자연맹(조선무정부주의자연맹) 등 3개 좌파계 단체가 통합하면서 결성한 항일 연대투쟁 조직이다. 이듬해에 조선청년전위동맹도 참가하여 4개 단체 연합체가 됐다. 이 글을 쓴 김성숙(金星淑)은 조선민족해방자동맹의 대표였다. 김성숙은 김규광(金奎光)이라는 이름을 사용했고, 이 글도 김규광 명의로 발표됐다.

1) 우리의 주장

우리는 과거 우리 민족해방투쟁의 귀중한 경험과 목전의 국제 및 국내 정치정세에 의거하여 견결(堅決)히 주장한다. 현 단계 조선혁명의 유일한 임무는 전민족적 통일전선을 결성하여 일본 제국주의를 타도하고 진정한 민주독립국가를 건설하는 데 있다.

2) 민족해방투쟁의 역사적 경험

과거 30년간 조선민족은 횡포한 일본 제국주의의 통치 아래 참혹한 노예생활을 해왔다. 전체 민족이 정치적 자유와 경제적 생존권을 잃어버렸을 뿐 아니라 4천여 년의 유구한 역사를 가진 민족문화와 민족의식이 극도의 억압을 당하고 있다. 이같은 민족의 피압박 사실은 조선민족과 일본 제국주의가 결코 병존할 수 없다는 역사적, 현실적 근거를 제시하고 있다.

우리의 민족해방투쟁은 나라가 망한 이후 지금까지 일본 제국주의의 폭압과 도살이 아무리 악랄해도 부단히 진전되고 확대됐다. 나라가 망할 당시의 전국적 의병봉기에서 시작하여 만주지역 조선독립군의 끊임없는 유격전쟁, 1919년 3.1운동의 전민족적 대궐기, 암살·파괴 운동의 전면적 전개, 사회운동의 급격하고 보편적인 발전, 6.10운동의 대중시위, 전국 노동자·농민·청년학생의 반일결사(노동총동맹·농민총동맹·청년총동맹 등)와 그들의 파업, 소작쟁의, 노예교육 반대 등 계속적인 투쟁과 폭동, 만주의 반일 대폭동, 특히 최근에 와서 날로 확대 강화되는 동북인민혁명군 중 조선인 부대의 항일유격전쟁 등의 끊임없는 혁명투쟁은 일본 제국주의 통치자들에게 강력한 타격을 주었을 뿐 아니라 조선민족이 지닌 독립자존의 정신과 능력을 충분히 발휘했으며, 우리 해방운동의 전도를 명확하게 지시해왔다.

다만 이 일체의 혁명투쟁이 당시에는 미성숙한 주관적, 객관적 조건 아래 번번이 일시적, 부분적 실패를 당하지 않을 수 없었다. 첫째 주관적으로는, 과거 우리 해방운동은 거의 전부 당시의 국제정세와 국내 각 사회계급의 현실적 요구를 정확하게 파악해서 권위 있는 혁명적 지도이론을 수립하지 못했고, 이로 인해 굳건한 혁명적 전위부대를 건립하지 못했을 뿐 아니라 대중을 충분히 교육하고 조직하지 못했다. 혁명역량도 통일적으로 집중되고 확대될 수 없었다. 둘째 객관적으로는, 우리의 원수 일본 제국주의의 침략기구가 과거 수십 년간에 공전의 확대와 강화를 이루었다. 반면 제1차 세계대전 후 폭발한 동방 피압박 민족의 해방운동, 특히 중국 국민혁명운동이 일시적으로 좌절당했고, 각국 무산계급혁명 운동도 일시적으로 진압당했다. 이같은 객관적 정세가 우리의 해방운동에 비상하게 중대한 억압적 영향을 주었다.

그러나 이같은 혁명의 침체상태가 조선 민족혁명의 전면적 실패와 일본 제국주의의 영원한 승리를 의미하는 것은 절대로 아니었다. 이같은 실패는 단지 표면적, 일시적인 것이었을 뿐이지 본질적, 영구적인 것은 아니었다. 우리의 해방투쟁은 이같은 간고(艱苦)한 투쟁경험 속에서 부단히 새로운 전투이론과 새로운 실천역량을 준비하고 발전시켰다. 이것이 바로 지금 우리 운동전선의 각 방면에서 바야흐로 생장·발전하고 있는 전민족적 통일전선운동이다. 바꾸어 말하면, 지금 우리가 적극 주장하고 추진하는 민족통일전선운동은 결코 추상적이고 공동적(空洞的)인 것이 아니라 과거 일체의 혁명투쟁 경험 속에서 생장·발전하고 진일보한 전투이론과 전투행동이다.

3) 민족전선의 사회적 의의

첫째로, 현 단계 조선혁명의 성질이 민족통일전선운동의 사회적, 역사적 의의를 결정한다.

현 단계 조선혁명은 그 자체의 반봉건적, 식민지적 사회성질에 근거하여 가장 광범한 민주주의적 전민족 해방운동으로 규정된다. 상세히 말하면, 현 단계 조선혁명은 조선이 일본의 식민지가 되고 전 민족이 이민족에 의해 극도의 압박을 받고 있다는 역사적 사실과 조선 사회의 반봉건적 성질에 연유하여 반드시 민주주의적 민족해방운동이 되는 것이지 사회혁명이 아니다. 이로 인해 현재의 조선혁명은 결코 어느 한 계급이나 어느 한 정당이 단독으로 부담할 임무가 아니다. 실제로 민족 전체가 똑같이 해방이라는 요구를 가지고 있고, 똑같이 반일이라는 임무를 가지고 있다.

물론 우리는 조선 공농(工農) 노고대중(勞苦大衆)이 가장 믿을 만한 혁명역량을 가지고 있음을 확인한다. 그러나 동시에 우리는 광대한 중소자산계급, 민족상공업자, 지주 등도 역시 반일적 혁명성을 상당히 가지고 있어 전민족 해방투쟁에서 상당한 중요 세력을 구성한다는 것을 인정하지 않을 수 없다. 그뿐만 아니라 조선 사회의 각 계급과 각 정당, 정파는 일본 제국주의의 폭압통치 아래에서 필연적으로 그 내부의 모순을 청산하고 민족전선의 깃발 아래 통일하여 다 함께 일본 제국주의 통치를 전복할 것이다.

4) 민족전선의 국제적 의의

둘째로, 최근 수년간 부단히 변화·발전하는 국제정세는 객관적으로 우리의 통일전선을 촉진하는 동시에 국제적 연합전선의 중요한 의의를 제시하고 있다.

목전의 세계 정치형세는 두 개의 진영으로 선명히 구분되어 있는데, 그중 하나는 침략주의적 파쇼진영이며 다른 하나는 민주주의적 화평진영이다. 전자는 일본과 독일, 이탈리아를 중심으로 하는 국제적 침략집단이며, 후자는 프랑스와 소련을 중심으로 하는 반침략적 화평진영이다. 이같은 국제형세는 필연적으로 세계 피압박 민족과 국가로 하여금 반침략 진영에 참가하게 하고 있다. 이런 형세는 이탈리아-에티오피아 전쟁과 스페인 내전에서, 그리고 특히 목전의 중일전쟁에서 현저하게 나타나고 있다. 바꾸어 말하면, 전 세계 식민지·반식민지 민족의 해방투쟁은 국제 반침략 전선과 긴밀하게 연계돼 있는 것이다.

특히 동아시아에서 우리의 적 일본 제국주의는 9.18(만주사변) 이래 미친 듯이 중국 영토를 침략함과 동시에 중국에서 열강세력을 몰아냄으로써 열강과의 대립이 날로 심해지고 있다. 더욱이 8.13 이후 중일전쟁이 전면적으로 전개되어 중국 내 열강세력이 더 많은 침해를 받았고, 이 때문에 국제적으로 영국, 미국, 프랑스, 소련과의 대립이 다시 첨예해졌다. 동시에 중국 4억 5천만 민족의 항일투쟁은 전에 없이 확대·긴장되고 있다. 특히 주목할 만한 것은, 중국의 국공 양당이 민족을 멸망에서 구하기 위해 과거의 미워하던 감정을 일체 버리고 단결·합작해서 민족적 통일전선을 건립하고 통일된 깃발 아래 전민족적 항일

총동원을 실행하고 있는 것이다. 이 전쟁의 전개에 따라 발전한 소련의 원동정책(遠東政策) — 원동군비 강화, 소몽협정(蘇蒙協定), 중소 불가침 공약 등 — 은 더욱 일본 제국주의의 파멸을 촉진하고 있다.

일본 제국주의의 이같은 미친 듯한 대륙 침략은 중국민족의 대동단결을 촉진할 뿐만 아니라 조선과 대만의 민족적 일치단결을 촉성하고, 수천만 일본 인민대중의 반파쇼 인민전선을 촉성하고 있다. 일본 제국주의는 한편으로는 중국을 침략하고 소련에 진공하기 위해, 다른 한편으로는 영국과 미국의 간섭에 대응하기 위해 적극적으로 방대한 군사역량을 준비하지 않을 수 없고, 동시에 이런 준비를 위해 부득이 일본 인민대중과 조선·대만 민족의 땀과 피를 더욱 더 착취하지 않을 수 없으며, 또 그들의 자유를 더욱 더 박탈하지 않을 수 없다. 그 결과로 필연적으로 일본 인민과 조선·대만 민족의 반항운동을 가속적으로 불러일으키고 격화시킬 것이다.

이상 말한 바와 같이, 목전에서 벌어지는 일본 제국주의 세력의 미친 듯한 팽창은 결코 조선의 민족해방운동을 불가능하게 하지 못할 뿐 아니라 오히려 우리 운동으로 하여금 가속적인 확대와 발전을 얻게 할 것이다. 사실 일본 제국주의가 침략의 기염(氣焰)을 높이면 높일수록 그 국제적 지위는 고립·악화되고, 그에 대한 반항세력은 더욱 앙양될 것이다.

이상과 같은 국제정세 아래에서 우리의 민족해방운동은 내부적 모순이 더욱 완화되고 일치단결의 각오가 더욱 보편화됐을 뿐 아니라 한 걸음 더 나아가 우리는 동일한 목표를 향해 손을 잡고 같이 나아가는, 전에 없이 광대한 동맹세력을 획득했다. 다시 말해 중국 4억 5천만 민족의 항일세력, 대만의 민족전선, 프랑스와 소련을 중심으로 한 국제 평화진영, 영국과 미국 등의 반일세력, 심지어 적국 내 반침략적 혁명대중 등이 모두 우리 민족통일전선의 동맹군 혹은 우군이 된다고 볼 수 있는 것이다.

5) 민족전선의 현실적 투쟁 의의

셋째로, 최근 국내와 국외에서 급격히 발전하고 있는 우리의 해방투쟁은 사실상 민족통일전선의 실천적이고 혁명적인 의의를 증명하고 있다.

최근 수년래, 특히 9.18사변 이후 한편으로는 일본 제국주의가 침략전쟁을 준비하기 위해 경제상, 정치상의 압박과 착취를 증대시키고 다른 한편으로는 중국민족의 항일투쟁과 소련 혁명세력이 날로 강화됨에 따라 조선의 국내외 혁명운동은 한 단계 높게 추진됐고, 또 합리적 발전을 이루었다.

일본 제국주의자들은 중국에 대한 침략전쟁을 실행하기 위해 전쟁의 후방 근거지인 조선에 대한 통치를 특히 강화하고 공전의 가혹한 법률을 시행하여 조선민족의 일체 정치적, 사회적 활동을 엄중하게 진압하고 있다. 저들은 수십만의 조직대중을 가진 노동총동맹, 농민총동맹과 청년총동맹을 강압적으로 해산시키고, 3만여 명의 전위부대를 가진 신간회의 활동을 진압했으며, 나아가 일체의 집회, 언론, 출판, 결사 등의 자유를 완전히 박탈했다. 그러나 우리의 투쟁은 결코 이로 인해 정지되지 않을 것이며, 오히려 적의 억압이 더해질수록 혁명투쟁은 더욱 심각하게 발전해오고 있다. 이같은 극단적으로 폭압적인 국면 아래에서 일체 민족반역자들, 자치운동파, 청산파 등은 공공연히 적의 주구로서의 임무를 집행하지 않을 수 없다.

반대로 일체 반일 혁명대중은 어떤 사회계급, 어떤 당파에 소속돼 있는지를 막론하고 모두 민족통일전선의 깃발 아래로 모여들지 않을 수 없다. 전국의 노동자, 농민 및 학생대중 사이에서 혁명적 비밀결사가 급속히 발전하고 있으며, 각종 종교·문화기관 사이에서는 반일적 정치조직이 급격히 증대되고 있다. 이리하여 전국 도처에서 노동파업, 소작쟁의, 동맹휴학 등의 혁명투쟁도 부단히 폭발하고 있다. 그들은 이미 반일투쟁의 실천 과정에서 필연적으로 그들 자신 속에서 이른바 사회운동과 민족운동 간에 종래에 대립돼온 진영을 통일하고,

전민족 통일전선의 정치노선을 향해 매진하고 있다.

특히 해외에서는 중일전쟁의 확대와 일소대립의 첨예화를 계기로 중국과 소련 각지에서 활동해온 조선혁명 단체 및 개인이 모두 공전의 활발한 투쟁을 개시했다. 소련에 있는 수십만 조선민족은 소련 정부와 공산당의 영도 아래 이미 견고하고 강력한 전투대오를 결성했고, 만주에 있는 수만 동포는 직접 동북인민혁명군에 가입하여 항일연군의 깃발 아래 영용한 유격전쟁을 실행하고 있으며, 중국 관내의 각 혁명 단체와 개인은 직접으로나 간접으로 중국의 항일전선에 참가하고 있다. 이같은 실천적 투쟁에는 다른 것은 없고 다만 적을 공격하는 혈전과 각 당 각 파 사이의 동지적 합작만이 있을 뿐이다.

6) 결론

이상에서 서술한 여러 가지 사실로 미루어볼 때 우리가 견결하게 주장하는 전민족 통일전선은 의심할 것 없이 현 단계 조선혁명의 유일한 실천적 임무다. 우리는 이 위대한 역사적 사명을 집행하기 위해 우선 해외에서 사회적 입장과 주의적 신앙이 서로 다른 3개의 혁명단체(조선민족혁명당, 조선혁명자연맹, 조선민족해방운동자동맹)를 결합해 조선민족전선연맹을 조직했다.

조선민족전선연맹은 물론 전민족의 완전한 통일전선기구는 아니다. 다시 말해 그것은 전체 민족의 의사를 실제로 대표하는 통일전선단체가 아니다. 왜 그런가? 이 연맹은 3개 혁명단체의 연합에 불과하며 전민족의 각 사회계층, 각 정당·정파, 각 종교·민중단체의 대표로 조직된 것이 아니기 때문이다. 그러나 이 연맹은 주의가 같지 않은 정치단체를 결합한다는 의미에서, 그리고 특히 민족통일전선을 정확하게 주장한다는 점에서 적어도 전민족 통일전선으로 가는 하나의 출발점, 하나의 초보적 형태로 간주할 수 있다. 우리는 물론 이 연맹을 전조선 혁명대중 위에 군림하는 총지도기관으로 간주하지는 않지만, 이와 동시에 오로지 이 연맹만이 전민족 통일전선의 주요한 지렛대로서의 임무를 정확히 집행·추진할 수 있다고 믿는다.

　조선민족전선연맹의 당면 임무는 한편으로는 전민족적 의사를 완전히 대표하는 민족전선 총지도기관을 적극적으로 촉성하는 일이며, 다른 한편으로는 중국이 항일전쟁을 전개하는 과정에서 중·한 민족 간 연합전선을 적극적으로 촉성함과 동시에 그 밖의 일체 반일세력과 긴밀한 연계를 획득하는 일이다. 이렇게 해야만 우리의 전투역량을 증강시킬 수 있고, 우리의 최후 승리를 확보할 수 있을 것이다.

　마지막으로, 조선민족전선연맹은 이미 창립선언 및 민족통일전선의 기본강령과 투쟁강령을 발표했다. 우리는 응당 이들 선언과 강령에 근거하여 최후의 승리를 얻을 때까지 끝까지 분투해야 한다.

1941, 임시정부, 〈대한민국 건국강령〉

이 글은 대한민국 임시정부가 대한민국 23년(1941년) 11월 28일 국무회의에서 제정하여 임시정부 공보 제72호에 게재함으로써 공포한 '대한민국 건국강령(大韓民國 建國綱領)'의 전문이다. 조소앙(趙素昻)이 기초한 것을 임시정부 국무회의가 약간 수정하여 확정했다. 1930년대 초에 조소앙이 제창하고 임시정부가 건국의 원칙으로 천명한 바 있는 삼균주의(三均主義)가 '건국정신'으로 채택됐다. 이 대한민국 건국강령은 광복 후 1948년에 제정된 제헌헌법에 기초가 됐다.

제1장 총강(總綱)

1. 우리나라는 우리 민족이 반만년래(半萬年來)로 공통한 말과 글과 국토와 주권과 경제와 문화를 가지고 공통한 민족정기를 길러온 우리끼리로써 형성하고 단결한 고정적 집단의 최고 조직임.

2. 우리나라의 건국정신은 삼균제도(三均制度)의 역사적 근거를 두었으니, 선민(先民)이 명명(明命)한바 '수미균평위(首尾均平位)'[351]하면 홍방보태평(興邦保泰平)[352]하리라' 하였다. 이는 사회 각층각급(各層各級)의 지력(智力)과 권력(勸力)과 부력(富力)의 향유를 균평하게 하여 국가를 진흥(振興)하며 태평(太平)을 보유(保維)하라 함이니 홍익인간(弘益人間)[353]과 이화세계(理化世界)[354]하자는 우리 민족이 지킬 바 최고 공리(公理)임.

3. 우리나라의 토지제도는 국유(國有)에 유법(遺法)을 두었으니 선현의 통론

(痛論)한바 '준성조지공분수지법(遵聖祖至公分授之法)[355]하여 혁후인사유겸병지폐(革後人私有兼併之弊)[356]' 라 하였다. 이는 문란한 사유제도를 국유(國有)로 환원하라는 토지혁명의 역사적 선언이다. 우리 민족은 고규(古規)와 신법(新法)을 참호(參互)하여 토지제도를 국유로 확정할 것임.

4. 우리나라의 대외주권이 상실되었을 때에 순국한 선열은 우리 민족에게 동심복국(同心復國)[357]할 것을 유촉(遺囑)하였으니 이른바 '망아동포(望我同胞)[358]는 물망국치(勿忘國恥)[359]하고 견인노력(堅忍努力)[360]하여 동심동덕(同心同德)[361]으로 이한외모(以捍外侮)[362]하여 복아독립(復我獨立)[363]하라' 하였다. 이는 전후(前後) 순국한 수십만 선열의 전형적(典型的) 유지(遺志)로써 현재와 장래의 민족정기를 고동(鼓動)함이니 우리 민족의 노소남녀가 영세불망(永世不忘)할 것임.

5. 우리나라의 독립선언은 우리 민족의 혁혁(赫赫)한 혁명의 발인(發因)이며 신천지의 개벽이니 이른바 '우리 조국이 독립국임과 우리 민족이 자유민임을 선언하노라. 이로써 세계만방에 고하여 인류평등의 대의(大意)를 천명하며 이로써 자손만대에 고하여 민족자존의 정권(正權)을 영유(永有)하라' 하였다. 이는 우리 민족이 삼일헌전(三一憲典)을 발동한 원기(元氣)이며, 동년 4월 11일에 13도 대표로 조직된 임시의정원은 대한민국을 세우고 임시정부와 임시헌장 10조를 창조·발표하였으니 이는 우리 민족의 자력으로써 이족전제(異族專制)를 전복하고, 5천 년 군주정치의 구각(舊殼)을 파괴하고, 새로운 민주제도를 건립하며, 사회의 계급을 소멸하는 제일보의 착수이었다. 우리는 대중의 핏방울로 창조한 신(新)국가형식의 초석(礎石)인 대한민국을 절대로 옹호하며 확립함에 공동 혈전할 것임.

6. 임시정부는 13년 4월에 대외선언을 발표하고 삼균제도의 건국원칙을 천명하였으니 이른바 '보통선거제도를 실시하여 정권(政權)을 균(均)[364]하고, 국유제도를 채용하여 이권(利權)을 균하고, 공비교육(共費敎育)으로써 학권(學

權)을 균하며, 국내외에 대하여 민족자결의 권리를 보장하여서 민족과 민족, 국가와 국가의 불평등을 혁제(革除)할지니, 이로써 국내에 실현하면 특권계급이 곧 소망(消亡)하고, 소수민족의 침몰(侵沒)을 면하고, 정치와 경제와 교육의 권리를 고로히 하여 헌지(軒輊)[365]가 없게 하고, 동족과 이족에 대하여 또한 이러하게 한다' 하였다. 이는 삼균제도의 제일차 선언이니 이 제도를 발양광대(發揚廣大)할 것임.

7. 임시정부는 이상에 근거하여 혁명적 삼균제도로써 복국(復國)과 건국(建國)을 통하여 일관한 최고 공리인 정치·경제·교육의 균등과 독립·민주·균치(均治)의 삼종방식(三種方式)을 동시에 실시할 것임.

제2장 복국(復國)

1. 독립을 선포하고, 국호를 일정히 하여 행사하고, 임시정부와 임시의정원을 세우고, 임시약법(臨時約法)과 기타 법규를 반포하고, 인민의 납세와 병역의 의무를 행하며, 군력과 외교와 당무(黨務)와 인심(人心)이 서로 배합(配合)하여 적에 대한 혈전을 정부로써 계속하는 과정을 복국의 제1기라 할 것임.

2. 일부 국토를 회복하고 당(黨)·정(政)·군(軍)의 기구가 국내에 전전(轉奠)[366]하여 국제적 지위를 본질적으로 취득함에 충족한 조건이 성숙할 때를 복국의 제2기라 할 것임.

3. 적의 세력에 포위된 국토와 부로(俘虜)[367]된 인민과 침점(侵占)[368]된 정치·경제와 말살된 교육과 문화 등을 완전히 탈환하고 평등지위와 자유의지로써 각국 정부와 조약을 체결할 때를 복국의 완성기라 할 것임.

4. 복국기(復國期)에서 임시약헌(臨時約憲)과 기타 반포한 법규에 의하여 임시의정원의 선거로 조직된 국무위원회로써 복국의 공무(公務)를 집행할 것임.

5. 복국기의 국가주권은 광복운동자 전체가 대행할 것임.

6. 삼균제도로써 민족의 혁명의식을 환기하며 해내외(海內外) 민족의 혁명역량을 집중하여 광복운동의 총동원을 실시하며 장교(將校)와 무장대오를 통일·훈련하여 상당한 병액(兵額)의 광복군을 곳곳마다 편성하여 혈전을 강화할 것임.

7. 적의 침탈세력을 박멸(撲滅)함에 일체 수단을 다하되 대중적 반항과 무장적 투쟁과 국제적 외교와 선전 등의 독립운동을 확대·강화할 것임.

8. 우리 독립운동을 동정(同情)하고 원조하는 민족과 국가와 연락하여 광복운동의 역량을 확대할 것이며, 적 일본과 항전하는 우방과 절실히 연락하여 항일동맹군의 구체적 행동을 취할 것임.

9. 복국 임무가 완성되는 계단(階段)에 건국 임무에 소용되는 인재와 법령과 계획을 준비할 것임.

10. 건국 시기에 실행할 헌법과 중앙과 지방의 정부 조직법과 중앙 의정원과 지방 의정원의 조직 및 선거법과 지방자치제도와 군사·외교에 관한 법규는 임시의정원의 기초와 결의를 경과하여 임시정부가 이것을 반포할 것임.

제3장 건국(建國)

1. 적의 일체 통치기구를 국내에서 완전히 박멸하고, 국도(國都)를 전정(奠定)하고, 중앙정부와 중앙의회의 정식 활동으로 주권을 행사하며, 선거와 입법과 임관(任官)과 군사와 외교와 경제 등에 관한 국가의 정령(政令)이 자유로 행사되어 삼균제도의 강령과 정책을 국내에 추행(推行)[369]하기 시작하는 과정을 건국의 제1기라 함.

2. 삼균제도를 골자로 한 헌법을 실시하여 정치와 경제와 교육의 민주적 시설(施設)로 실제상 균형을 도모하며, 전국의 토지와 대생산기관(大生産機關)의 국유가 완성되고, 전국 학령아동의 전수(全數)가 고급교육의 면비수학(免費修

學)이 완성되고, 보통선거제도가 구속 없이 완전히 실시되어 전국 각 리동촌(里洞村)과 면읍(面邑)과 도군부(島郡府)와 도(道)의 자치조직과 행정조직과 민중단체와 민중조직이 완비되어 삼균제도와 배합·실시되고, 경향 각층의 극빈계급의 물질과 정신상 생활정도와 문화수준이 제고·보장되는 과정을 건국의 제2기라 함.

3. 건국에 관한 일체 기초적 시설, 즉 군사, 교육, 행정, 생산, 위생, 경찰, 농·공·상, 외교 등 방면의 건설기구와 성적(成績)이 예정 계획의 과반이 성취될 때를 건국의 완성기라 함.

4. 건국기의 헌법상 인민의 기본권리와 의무는 좌열(左列)[370]한 원칙에 의거하고 법률로 제정·시행함.

    가. 노동권, 휴식권, 피구제권, 피보험권, 면비수학권, 참정권, 선거권, 피선거권, 파면권, 입법권과 사회 각 조직에 가입하는 권리가 있음.

    나. 부녀(婦女)는 경제와 국가와 문화와 사회생활상 남자와 평등 권리가 있음.

    다. 신체자유와 거주, 언론, 저작, 출판, 신앙, 집회, 결사, 유행(遊行), 시위, 운동(運動), 통신, 비밀 등의 자유가 있음.

    라. 보통선거에는 만 18세 이상 남녀로 선거권을 행사하되 신앙, 교육, 거주연수, 사회출신, 재산상황과 과거행동을 분별(分別)치 아니하며, 선거권을 가진 만 23세 이상의 남녀는 피선거권이 있으되 매 개인의 평등과 비밀과 직접으로 함.

    마. 인민은 법률을 지키며, 세금을 바치며, 병역에 응하며, 공무에 복(服)하고, 조국을 건설보위(建設保衛)하며, 사회를 시설지지(施設支持)하는 의무가 있음.

    바. 적에 부화(附和)한 자와 독립운동을 방해한 자와 건국강령을 반대한 자와 정신이 흠결(欠缺)된 자와 범죄판결을 받은 자는 선거와 피선거권이

없음.

5. 건국 시기의 헌법상 중앙과 지방의 정치기관은 좌열한 원칙에 의거함.

    가. 중앙정부는 건국 제1기에 중앙에서 총선거한 의회에서 통과한 헌법에 의거하여 조직한 국무회의의 결의로 국무를 집행하는 전국적 최고 행정기관임. 행정분담은 내(內), 외(外), 군(軍), 법(法), 재(財), 교통(交通), 실업(實業), 교육(敎育) 등 각부로 함.

    나. 지방에는 도(道)에 도정부(道政府), 부군도(府郡島)에 부군도 정부를 두고 도(道)에 도의회, 부군도에 부군도의회를 둠.

6. 건국 시기의 헌법상 경제체계는 국민 각개의 균등생활을 확보함과 민족 전체의 발전 및 국가를 건립보위(建立保衛)함에 연환관계(連環關係)를 가지게 하되 좌열한 기본원칙에 의거하여 경제정책을 추행(推行)함.

    가. 대생산기관의 공구와 수단을 국유로 하고 토지, 광산, 어업, 농림, 수리, 소택과 수상·육상·공중의 운수사업과 은행, 전신, 교통 등과 대규모의 농·공·상 기업과 성시(城市) 공업구역의 공용적(共用的) 주요 방산(房産: 재산)은 공유로 하고 소규모 혹 중등 기업은 사영으로 함.

    나. 적의 침점 혹 시설한 관·공·사유 토지와 어업, 광산, 농림, 은행, 회사, 공장, 철도, 학교, 교회, 사찰, 병원, 공원 등의 방산과 기지(基地)와 기타 경제, 정치, 군사, 문화, 교육, 종교, 위생에 관한 일체 사유자본과 부적자(附敵者)의 일체 소유자본과 부동산을 몰수하여 국유로 함.

    다. 몰수한 재산은 빈공(貧工), 빈농과 일체 무산자의 이익을 위한 국영 혹 공영의 집단생산기관에 충공(充公)[371]함을 원칙으로 함.

    라. 토지의 상속, 매매, 저압(抵押), 전양(典讓), 유증(遺贈), 전조차(轉租借)의 금지와 고리대금업과 사인(私人)의 고용농업의 금지를 원칙으로 하고 두레농장, 국영공장, 생산소비와 무역의 합작기구를 조직·확대하여 농공 대중의 물질과 정신상 생활정도와 문화수준을 제고함.

마. 국제무역, 전기, 자래수(自來水: 상수도)와 대규모의 인쇄, 출판, 전영(電映: 영화관), 극장 등을 국유・국영으로 함.

바. 노공(老工), 유공(幼工), 여공(女工)의 야간노동과 연령, 지대(地帶), 시간의 불합리한 노동을 금지함.

사. 공인과 농인의 면비의료(免費醫療)를 보시(普施)하여 질병 소멸과 건강 보장을 여행(勵行)[372]함.

아. 토지는 자력자경인(自力自耕人)에게 분급(分給)함을 원칙으로 하되 원래의 고용농, 자작농, 소지주농, 중지주농 등 농인 지위를 보아 저급(低級)으로부터 우선권을 줌.

7. 건국 시기의 헌법상 교육의 기본원칙은 국민 각개의 과학적 지식을 보편적으로 균등화하기 위하여 좌열한 원칙에 의거하여 교육정책을 추행함.

가. 교육 종지(宗旨)는 삼균제도로 원칙을 삼아 혁명공리의 민족정기를 배합・발양하며 국민도덕과 생활기능과 자치능력을 양성하여 완전한 국민을 조성(助成)함에 둠.

나. 6세로부터 12세까지의 초등 기본교육과 12세 이상의 고등 기본교육에 관한 일체 비용은 국가가 부담하고 의무로 시행함.

다. 학령이 초과되고 초등 혹 고등의 기본교육을 받지 못한 인민에게 일률로 면비보습교육(免費補習敎育)을 시행하고 빈한한 자제로 의식(衣食)을 자비(自備)하지 못하는 자는 국가에서 대신 공급함.

라. 지방의 인구, 교통, 문화, 경제 등 정형(情形)을 따라 일정한 균형적 비례로 교육기관을 설시(設施)하되 최저한도 매 1읍1면에 5개 소학과 2개 중학, 매 1군1도에 2개 전문학교, 매 1도에 1개 대학을 설치함.

마. 교과서의 편집과 인쇄・발행을 국영으로 하고 학생에게 무료로 분급함.

바. 국민병(國民兵)과 상비병(常備兵)의 기본지식에 관한 교육은 전문훈

련(專門訓練)으로 하는 이외에 매 중등학교와 전문학교의 필수과목으로 함.

사. 공사(公私) 학교는 일률로 국가의 감독을 받고 국가의 규정(規定)한 교육정책을 준수케 하며 한교(韓僑: 해외 교민)의 교육에 대하여 국가로써 교육정책을 추행함.

1942, 임시정부, 〈23주년 3.1절 선언〉

이 글은 대한민국 임시정부가 1942년 3.1절 23주년을 맞아 발표한 선언문이다. 전해인 1941년 12월 일본군의 진주만 공습으로 시작된 태평양전쟁이 확대되는 상황에서 임시정부가 대일 독립전쟁의 의지를 다지면서 삼균주의를 중심으로 독립 후 건국의 원칙을 제시하는 동시에 임시정부를 승인할 것을 연합국에 요구하는 내용으로 돼있다. 임시정부가 연합국으로부터 승인을 받는 것은 제2차 세계대전이 한창이던 당시에 대한민국이 연합국의 일원으로 참전함으로써 종전 후 승전국의 자격으로 즉각적인 독립을 확보하기 위해 필요한 일이었다. 이 글은 당시 임시정부 선전위원회 주임위원이었던 조소앙이 작성한 것으로 알려져 있다. 한문 번역본만 전하는 가운데 국사편찬위원회가 《대한민국 임시정부 자료집》 8권(2006년)에 그 한글 재번역문을 수록했는데, 이를 일부 교정해 싣는다.

이 3·1절 제23주년을 기념하는 국경일을 맞아 삼가 3천만 동포 및 26개국 동맹 민족에게 향하여 본 정부의 목적과 임무를 선포하고, 우리와 전 세계 인류는 밝은 신세계를 열어 본국으로 하여금 삼균제도(三均制度)를 전쟁 이후에 실현할 수 있게 되기를 기대한다.

(一)

본 정부의 정권은 3·1혁명 때에 이미 수립하였는데, 수십 년 동안 무수한 선열들께서 피를 흘렸고 참담한 투쟁의 혁명 민중의 도움을 받았으며 제1차 세계대전과 제2차 세계대전 중에는 압박과 고생 속에 일어난 각국 민족정기의 격려를 받고 15억 반침략국가의 항전 용사와 민중의 추진을 받았다. 이로 말미암아 본 정부의 정권과 위망은 성립할 수 있고 지지 발전하고 마침내 절대로 뒤엎을 수 없게 되어 드높이 세계에 독립하였다.

우리 민족은 처음 환국(桓國)이 창립된 이래 단군, 부여, 삼한, 삼국, 고려, 조선 및 대한민국을 거쳐 5천 년의 국가 주권은 한민족에 의해 계승되었으며 한국 강토에 근거해 서로 물려주면서 큰 난리를 겪어도 우뚝하게 독립하였고 민족의 광채를 보전하며 백번 전쟁에 분발하여 시종일관하였고 전 국가의 인격을 보전하였다. 이는 동아시아민족사의 이채로운 것일 뿐만 아니라 또한 세계사에서도 드물게 보는 바이다. 비록 저 적도들이 경술년(1910)에 함부로 침략한 것이 국가의 한 번 흠이 되었으나, 다행히 우리 충의의 기백을 가진 수백만 동포에 힘입어 멀리 외국에 있어서도 행여 유린되는 재앙을 벗어나고, 민족정신을 분발하여 정기(正氣)를 망하려는 데에서 일으키며, 국가 명맥을 끊어지려 하는 데에서 유지하고 있다. 높은 나무에 비유하면 풍상을 겪어 쓰러져 썩어도 새 줄기와 무성한 잎이 껍질을 가르고 빼어나오는 것과 같으니, 해삼위(海參威)의 권업회(勸業會), 경성(京城)의 신민회(新民會), 동삼성(東三省)의 부민단(扶民團)과 경학사(耕學社), 상해(上海)의 동제사(同濟社), 미국(美國) 상항(桑港)의 국민회(國民會), 단향산(檀香山)의 동지회(同志會)와 독립단(獨立團)은 특히 걸출한 한 가지이다. 이상 집단은 굳게 참아 우뚝하여 각각 천민(天民)의 책임을 다하며 국가를 회복할 계책을 맹세코 실행할 것이다. 국가 명맥을 국기(國旗)로 지키며 인심(人心)을 신한(新韓)에 결집시키니, 그 평소 의지를 물으면 민족의 일편단심이 아닌 것이 없고 그 유래한 바를 추구하면 뜻이 조국 광복에 있다. 기미년(1919) 3월 1일에 와서 대한민국이 피비린내 나는 전쟁터에서 우뚝 서고 임시정부가 여러 영웅들이 운집한 때에 창립되었다. 아직 호령을 시행하는 데에 미치기 전에 사방 호걸들은 명령을 받들기에 공손하였고, 군웅할거에 스스로 독단하던 버릇을 씻고 통일에 집중하는 방책을 힘써 행하였다. 여러 영웅호걸들이 부원(府院)에 모여 푸른 바다 건너에 정치권력을 멀리 잡으며 대양(大洋)에 배를 타고 여러 나라에 사신으로 파견되고 있으니, 이것이 3.1절 당년의 실황이다. 본 정부의 동지들은 옛날을 생각하고 길이 감개하며 선열들의 위대한 영령을 사모하며 뒤에 죽는 사람으로서 이룩함이 없는 것을 뉘우친다. 회상하건대, 우리 수십만 용사들의 충의의 혼백은 정부를 수립하고 민족자결의 정권을 실행하기 위한 것이고, 수백만 군중이 끓는 물에 들어가며 불에 뛰어들은 것은 국가를 창조하며 민주정부를 건립하기 위한 것이다. 백두산과 흑룡강(중국 동북 지방)의 밖에서 풍찬노숙(風餐露宿)하는 전사들이 수십 년 백전(百戰)을 거치면서 그치지 않는 것은 또한 독립선언의 대의를 실행하기 위한 것이다. 두루 세계 우방의 관민, 정당, 군인, 농부, 노동자, 교사, 상인, 학생 각계에서 한국에 대하여 열렬한 동정과 원조를 표시하는 이들이 안으로 군중을 결합하며 밖으로 적을 타도하여 이것으로 해방을 실현하며 조국의 신정권을 건립하려 하지 않음이 없다. 본 정부의 동지들이 구차하거나 위급할 때에 범 꼬리를 밟으며 봄 얼음을 밟는 듯이 조심하는 것은 실로 그 임무가 소중하며 길이 멀어 맹세코 실추해서는 안 됨을 자각하는 데에 기인한다.

저 적도들의 정부와 우리 정부가 대치하는 것은 서로 함께 적대시한 것이 이미 수십 년이다. 꺾으며 막으며 깎으며 흔들어서 우리 정부를 소멸시킬 수 있는 것은 그 기교를 다하여 조롱하고, 우리 독립의 권위를 손상시킬 수 있는 것은 반드시 그 지혜를 다하여 시험하고, 우리나라의 권위를 모욕하며 우리의 자주를 저지시킬 수 있는 것은 반드시 그 힘을 다하여 행하였다. 저들은 우방에 대하여 우리 정부를 힘써 헐뜯고 저들은 동포에 대하여 그 명의(名義)를 나쁘게 일컫고 '정치일원(政治一元)' '민족동원(民族同源)'을 높이 외치면서 억압, 살류, 착취, 말살하는 식민정책을 강렬하게 시행하고 있다. 지금 그 개략을 다음에 들어본다.

(二)

한국 국부자원(國富資源)의 그 요목을 들면 (1) 공업산물 4억 5천만 원, (2) 농업

산물 6억만 원, (3) 광산물 3천 3백만 원, (4) 수산물 4천 6백만 원, (5) 소금 4억 2천만 근, (6) 석탄 21억만 톤, (7) 금 5백억 원으로, 합계하면 1년에 9백 31억 7천여만 원을 얻을 수 있다. 이것은 10여 년 전에 얻은 통계숫자이므로, 1천억 원을 이미 초과했음은 의심이 없다. 일본이 한국에 대한 투자 총목을 말한다면 19억 4천여만 원인데, 순수하게 경제에 속한 투자 차관은 10억 6천만 원으로, 한국인에 비하면 26배를 초과할 만큼 많다. 한일 두 민족의 납세의 비율을 말한다면 인구 10만에 대하여 한국인은 1년에 5백 원을 납부하는 사람이 겨우 1명뿐인데 일인은 1백 7명으로 많고, 1년에 2백 원을 납부하는 사람이 겨우 14명뿐인데 일인은 2백 23명으로 많다. 봉급으로 말하면 한국인은 1원이고, 일인은 4원이다. 투자의 비례로 말한다면 (1) 공업자본은 일인이 한국인에 비하여 99%가 많고, (2) 금융자본은 일인이 28배로 많고, (3) 상업자본은 일인이 26배로 많고, (4) 임업자본은 일인이 3백 23배로 많고, (5) 농업자본은 일인이 93배로 많고, (6) 어업자본은 일인이 4백 61배로 많고, (7) 광업자본은 일인이 1백 18여 배로 많고, (8) 운수자본은 일인이 68배로 많고, (9) 전기자본(電氣資本)은 일인이 1백 9배로 많고, (9) 공사방면자본(公司方面資本)은 일인이 54배로 많다. 총괄하여 말하면 일인이 한국인에 비하여 백분의 99를 차지하고 한국인 자본은 겨우 백분의 1만 점유한다.

토지 분배상 한일 두 민족의 차이 정도를 말하면 경성, 부산, 평양, 대구, 인천 등 5대 도시의 토지 소유는 일인이 한국인에 비하여 36배로 많고, 백미(白米)로 말하면 연간 생산 2천만 석 중에 일본으로 수출하는 것이 대략 3분의 2를 차지하고 한일 두 민족이 그 나머지를 나누어 먹는데, 1인당 일인은 한국인에 비하여 1석 2두를 많이 먹고, 한국인이 매년 먹는 것은 5두에 불과하다.

전국 토지 소유로 말하면 적국 정부에서 말하는바 국유(國有)는 실로 강제 점령의 다른 이름이다. 1929년도 일부 통계숫자에 의하면 이른바 국유지 면적은 8백 88만 1천 5백 43정보를 이미 초과하였다. 이른바 1정보는 중국의 17.67

묘(畝)이고, 2백 61정보가 영국의 1평방마일이 된다. 일인의 사유 토지를 말한다면 그 면적이 5백 14만 9천 9백 24정보를 이미 초과하였고, 한국인이 소유한 총면적은 1천만여 정보에 불과하다. 이것은 1931년도에 얻은 일부 통계숫자이다. 동양척식공사(東洋拓植公司) 소유면적으로 말하면 20만 5천 8백여 정보이고 한국인 농가 1년의 부채 총액은 5억만 원으로 많고 전농(佃農) 부채는 평균 1호(戶)에 65원(元)으로 많다. 일인이 저작한 10여 년 전의 토지분배 숫자에 의거하면 '한국 토지의 35%는 동양척식공사 소유이고 15%는 농업은행 소유이고, 한국인 농부 67%는 이미 변화되어 농노(農奴)가 되었다. 매년 일본 국내에 유리하는 이는 2만여 인이고 매년 귀국하는 이는 1천 5백 34인이고 그중에 10원(圓) 미만을 소유한 이가 1천 2백 68인이다.' 하였다. 총괄하여 말하면 한국 내의 최대 지주는 일인이고 최대 자본가도 일인이고, 한국인은 이미 변화되어 일인의 농노와 공노(工奴)가 되었을 뿐이다.

교육으로 말하면 한국 내의 일인은 1천 1백 인 중에 1개 소학교가 있으나 한국인은 1만 2천 인 중에 1개 소학교가 있고, 일인은 1만 40인 중에 1개 중학교가 있으나 한국인은 60만 9천 인 중에 1개 중학교가 있고, 한국 내에 대학생이 진학하는 비례는 한국인이 2만 9천 2백 38인 중에 1개 대학생이 있으나 일인은 3백 11인 중에 1개 대학생이 있다. 교육 경비에 있어서는 총 예산의 3%를 겨우 차지하여, 경찰비용에 비교하면 31%를 차지하고 관영비용(官營費用)에 비교하면 50%를 차지하니, 어찌 천양지차일 뿐이겠는가! 1935년 통계에 의하면 학령아동이 2백 96만 9천 3백 64명 중에 입학자는 겨우 76만 6천 4백 53명이다. 그러므로 취학하지 못한 학령아동은 73%이다. 이와 같은 소수 취학의 아동도 노예화 교육을 시행하여 문화를 말살하며 민족정신을 소멸한 것이 이미 수십 년이다.

이상 열거한 통계숫자에 의거하면 한국인의 정치, 경제, 문화에 대한 지위는 일인에게 노예역(奴隸役)이라고 말할 만하여 이른바 민족자존의 지위는 없다.

적도들이 말하는바 자치(自治)라는 것은 순전히 헛된 명칭에 속하고, 전체 한국 13도의 4백 22명 의원(議員) 중에 관선(官選)한 이가 1백 39명인데 일인이 83명이며 한국인이 56명이고, 민선(民選)한 이가 2백 83명인데 일인이 38명이며 한국인이 2백 45명이다. 한국인이라고 부르는 사람들이라도 실은 노예가 되어 그들의 주구(走狗)의 일에 이바지할 뿐이다.

일인의 독립운동자와 반일사상자 압박에 대하여 말한다면 7.7사변 이후에 더욱 심화되어 일반 민중에 대하여는 그 교활한 기술을 시행하여 정신총동원연맹(精神總動員聯盟), 애국반(愛國班), 노동보국대(勞動報國隊), 청년훈련반(靑年訓練班), 국방헌금(國防獻金), 성한대(聖汗隊), 초서대(鍬鋤隊), 지원병(志願兵) 등이다. 1938년에 처음 시행한 지원병 제도는 이른바 3천 명마다 4백 명을 뽑아내는 제도인데 금년에 이미 25만 명이 강제모집을 당하여 전선으로 몰아가게 되었고, 이 이외에 혼혼제(混婚制)와 개성법(改姓法)을 엄격히 실행하여 저들의 한국에 대한 정책의 악랄한 정도는 이미 최고봉에 도달하였다. 확실한 보고에 의하면 국내 혁명지사가 체포되어 감옥에 들어간 이는 이미 수만 명이나 많은 데에 이르렀다. 작년 9월에 동삼성에서 만주국 정부를 전복시키려다가 적도에게 체포된 한국인 혁명 영수(領袖)는 72명으로 많았다. 기타 비밀히 체포된 자는 몇십만 명인지 알지 못한다. 적도들이 우리 민족을 어육(魚肉)으로 하며 우리 생명을 도마에서 칼질하니, 참혹하다고 할 만하다.

(三)

국내 한국인의 피압박 정세는 마침내 이 지경까지 이르렀다. 본 정부는 우리의 고통을 풀기 위하여 우리의 제도와 계획을 세우니, 일정한 합리적 건설계획과 파괴방략이 없어서는 안 된다. 이에 작년에 '건국강령(建國綱領)' 24개 원칙을 제정하여 이미 중외에 발표하여 모두 들어 알게 하였다. 그 원래 의도를 추구하면 첫째 민족의 정치의식을 이에 집중시키며 아울러 이에 확립시켜서 신앙하게 하는 것이고, 둘째 민족정기와 혁명원리를 이에 통일하는 것이고, 셋째 훌륭한 것을 택하여 굳게 잡아 진실로 알아 힘써 행하여 갈림길에서 방황하며 배회하지 않게 하는 것이고, 넷째 일관된 불변의 정당한 원칙을 표방하여 국민의 정치 노선을 지도하는 것이고, 다섯째 역사와 문화에 근거하고 과학 방법을 널리 채집하여 과거를 계승하며 미래를 개척하는 민족의 임무를 온전히 하고, 여섯째 국내의 실정을 가늠하며 각국의 제도를 비판하여 우리 민족 전체의 최대 최다의 공동 요구에 부응하는 것이고, 일곱째 구악을 버리며 신선함에 나아가며 사사로움을 버리고 공정함을 잡아 만대를 위하여 태평을 열며 인류를 위하여 행복을 꾀하는 것이다. 여덟째 강도를 징치하며 침략자의 무장을 해제하며 제국주의자의 독버섯을 소멸시키는 것이고, 아홉째 본 정부의 최고 임무를 달성하기 위하여 바로 삼균주의(三均主義)를 전쟁 후에 완성하려는 것이다. '건국강령'은 나누어 3장으로 되었다. 제1장은 강령(綱領)인데, 7항으로 나누어 한국 민족이 과거를 계승하며 미래를 개척할 범주를 누누이 열거하였다. 제2장은 복국(復國)인데, 10항으로 나누어 복국 단계의 임무와 정책을 대개 정하고 우리 독립운동자가 시행할 혁명적 과정과 직책을 명시하였다. 제3장은 건국(建國)인데, 7항으로 나누어 건국 단계의 임무와 기본원칙을 규정하되, 제1항에서 제3항까지는 그 순서를 보였고, 제4항은 인민의 기본 권리와 의무를 규정하였고, 제5항은 중앙과 지방 제도의 윤곽을 규정하였고, 제6항은 토지 및 일반 경제제도의 대강을 규정하였고, 제7항은 교육제도의 전형(典型)을 규정하였다.

 종합하여 말하면 건국강령은 본 정부의 지도원리이고 그 본질을 추구하면 역시 민족자결주의의 최대 실행이다. 그러므로 무릇 한민족에 속하는 이는 진실로 믿어 받아 봉행하여 우방의 동포에게 미치게 하고 역시 함께 옹호 지지하여 자기가 설 곳에 남을 세우며 자기가 도달할 곳에 남을 도달하게 하는 공중도덕에 부응해야 한다. 이것이 본 정부가 동포와 우방에게 갈망하는 바이다.

(四)

동포여! 우방이여! 작은 나라 적은 백성으로 독립을 유지한 것이 오히려 50여 국이 있다. 그들을 한국에 견주면 그 역사가 얕으며 그 백성이 적으며 그 땅이 척박하며 그 산물이 가난한데도 오히려 능히 국제무대에 나란히 치달리고 있다. 근래 나치가 발광적으로 살육을 좋아한 이후 네덜란드, 벨기에, 노르웨이, 폴란드, 체코슬로바키아, 그리스, 유고슬라비아 및 자유프랑스민족위원회 등이 이미 그 영토, 인민과 주권을 상실하였다. 그러나 (1) 드골의 민족위원회에 대하여는 1940년 6월 영국이 우선 드골을 승인하여 자유인민의 영수로 하였고, 1941년 8월에 비로소 영국 정부의 승인으로 말미암아 사실상 정부가 되었고, 드골이 그 직권을 근동과 태평양 등지에 실행함으로 말미암아 동년 10월 20일 이집트 정부로부터 정식으로 드골의 조직을 승인받았고, 동년 9월 26일 소련 정부에서 그 조직을 승인하고 아울러 군사협정을 체결하였다. (2) 폴란드에 대하여는 소련 정부가 폴란드와의 군사협정을 작년 7월에 체결하고 그 소련 경내의 폴란드인의 무장 참전을 윤허하였다. 폴란드 정부가 영국 서울로 망명한 후에 각원(閣員)은 7명만 남았고 국회의원은 24명에 불과하였으나 영, 미, 소 등 나라가 솔선하여 그와 조약을 체결하고 공동 참전하여 정권을 실행하게 하여 자기 나라처럼 하게 하였다. (3) 체코슬로바키아 임시정부에 대하여는 영국 정부가 1940년 7월 21일 정식 승인하고 소련은 1941년 7월 18일 소련 주영대사 매사기(邁斯基, 마이스키)와 체코슬로바키아 외무부장관 마살리극(馬薩里克, 마사리크)이 대표하는 양국으로부터 영국 서울에서 상호 협정을 체결하고, 소련 경내에서 조직한 체코슬로바키아 국민군을 윤허하였다. 아울러 서로 사절을 파견하기로 약속하고 소련 정부로부터 폴란드에 대한 선포에서 체코슬로바키아 및 기타 피정복국가에 그 자유를 회복할 원칙을 결정하고, 이미 비이림격(費爾林格, 피얼링거)을 파견하여 주소공사(駐蘇公使)로 삼았다. 영국 정부는 이어서 1941년 7월 18일 외상 애둥(艾登, 이든)이 체코슬로바키아 총리 마살리극을 접견하고 반고이사(潘高爾斯)를 파견하여 영국 주체코공사로 임명하겠다고 선언하였다. 중국 외교부장 곽태기(郭泰祺) 씨는 1941년 8월 26일 정식으로 체코슬로바키아가 런던에 조직한 정부임을 승인하였다. 소련 정부는 1941년 9월 27일 소련, 체코 양국의 최고통수부에서 군사협정을 체결하였다. 소련의 와서채야부(瓦西菜耶夫) 상장(上將)과 체코의 피변(皮卞) 상교(上校)가 두 나라를 대표하여 서명하였다. 미국 정부는 1941년 7월 30일 국무원에서 런던에 망명한 체코 정부를 승인함을 선포하였는데, 바로 패내사(貝奈斯, 베네시) 총통 주재 하의 체코 정부를 이룬 것이다. (4) 노르웨이 정부에 대하여는 영국 국회의 인준으로 정부 직권을 영국 서울에서 계속 행사하게 하였고, 덴마크 국회에 대하여는 의태리자유단위원회(義太利自由團委員會), 라마니아위원회(羅馬尼亞委員會)가 영국 서울에 있는 것은 1941년에 성립하였으나, 아직 임시정부를 이룩하는 데에 이르지는 않았다. 벨기에 정부에 대하여는 황제가 독일인에게 포로가 되었으나 식민지 인민으로부터 주영정부(駐英政府)를 옹호하였으므로, 영국 정부는 그들이 영국 측의 작전에 참여하는 것을 승인하였다. 네덜란드 정부에 대하여는 1940년 5월에 여황(女皇)을 따라서 영국 런던에 도착하여 그 본국의 통치권을 잃었으나 그 소속 지역 인민의 옹호를 얻고 각국과 정식으로 조약을 체결하며 사절을 파견하여 평시와 다름이 없다. 시리아에 대하여는 영국과 자유프랑스로부터 영토를 완전히 보증해 주어 1941년 7월 1일로 동맹국을 경유하여 발표 선언하여 그 지위는 이집트와 서로 같다. 인도동맹이 영국 서울에서 시위하여 임시정부를 조직하고 독립을 요구한다고 크게 외친 것에 대한 것은 1942년 1월 24일의 일이었는데 영국의 요인이 이것에 대하여 자치를 허락해 주겠다고 역설하였다. 1942년 1월 12일에 영국 서울에 있는 9개 망명정부는 회합하여 전쟁 이후에 죄인을 재판하는 조례를 결정하고, 1942년 1월 15일에 미국 정부와 망명정부는 약간의 망명정부를 미국 서울로 이주할 일을 담판하는 것을 진행하였다.

망명정부의 지위와 동태를 종합하여 살펴보면 날로 형편이 활발하여 성가가 높아가고 있다. 마침내 1942년 2월 1일에 26국의 '민족연맹'을 체결하여 발표 선언하였다. 본 정부는 마땅히 그 초청을 얻어 가입해야 할 것이고, 누차 참가할 뜻을 선포하여 오래지 않아 그 실현을 얻게 될 것을 깊이 믿는다. 그러나 26국 당국의 극동 정세의 인식에 대하여는 매우 모호하여 본 정부는 이를 유감으로 생각한다. (1) 조직된 햇수로 말하면 한국 정부는 유럽의 망명정부에 비하여 실로 선진(先進)이다. (2) 인구 문제로 말하면 한국 국민은 작은 나라에 비하면 많은 것이 10배나 넉넉함이 있다. (3) 전투력으로 말하면 한국 독립군의 30여 년 영웅적인 전적은 희랍 사람들이 독일에 항거한 것보다 우월함이 있다. (4) 시세로 말하면 한국의 시급히 필요한 무장과 동원은 모든 사람이 아는 바이며 일본을 격파할 무기는 오직 3천만의 육탄이니 이것으로 도전하여 적도의 심장을 돌파한 뒤에 태평양 전쟁의 쇠퇴한 형세를 만회할 수 있으며, 중국의 반격도 완전한 효과를 기대할 수 있다. (5) 밖으로 교민 전체의 옹호를 받고 안으로 국민들의 중망을 지고 있는 것이 실로 본 정부의 특질이다. (…) (7) 정부의 중추를 유지하는 데 노련하고 진중하여 수십 년 혁명 역사를 쌓아 위망이 많으며 직무에 충실한 것이 아님이 없다. (8) 사실상 정부로 승인받는 자격과 조건은 여러 망명정부에 비하여 실로 낮지 않다. (9) 한국이 동맹국에 대하여 공헌할 수 있는 가치와 역량은 과소평가할 수 없다. 그러면 의외의 손실을 부르거나 큰 국세에 영향을 미치게 될까 우려된다. 이에 의하면 동맹국에게 공동 승인을 요구하는 것은 실로 당연한 합리적인 것에 속한다. 이해를 헤아려 보면 위에 말한 바와 같거늘 더구나 라구선언(羅邱宣言, 대서양헌장)에서 이미 우방에게 그 위명(威名)을 떨쳐서 '세계헌장'이라 말하고 더하여 책임지는 대표 서명을 하여 금석지맹(金石之盟)으로 보는 것이겠는가! 헌장을 인용하여 한국 정부가 누릴 권리를 분석하고 아울러 헌장에 보증하여 서명한 맹우(盟友)들이 한국 정부에 대하여 시행할 의무는 다음과 같다.

1. 서언(序言)의 "조차법안(租借法案)에 근거하여 무기를 영국 및 기타 일체 반침략 국가와 각국 무장부대 전부에게 공급한다"에 근거하면 한국 정부는 당연히 정당한 참전 권리를 행사해야 하고 적용되는 무기와 조차법안을 한국에 요구하기를 한결같이 중국, 러시아, 영국, 네덜란드와 같이 해야 한다. 미국이 중국, 영국에 준 물자 및 비용은 당연히 한국보다 많을 것이지만 차별이 있어서는 안 된다. 가령 5억 인구의 중국이 5억 이상의 미화(美貨)를 얻었으면 3천만 인구의 한국은 당연히 3천만 이상의 미화를 요구할 권리가 있다. 금일 전쟁 국면은 승패의 중대한 원인이 인력 보충에 의하여 좌우된다. 그러므로 인구 문제는 참전 능력과 승부를 결정하는 일개 조건이 된다고 하는 것이다.

2. 제2조에 근거하면 "관련된 민족이 자유의지로 동의하지 않은 영토 변경을 양국은 그 실현을 바라지 않는다" 하였는데, 1910년 8월 29일 한국 영토의 전부는 한국 민족이 자유의지로 동의하는 것을 거치지 않고 강제로 일본에게 점령을 당하여 영토의 변경이 있게 되었다. 그러므로 영미 두 나라는 여러 나라와 서명하여 사실상 및 법률상 이미 한국 독립의 승인을 명백히 한 것이다. 이미 승인의 뜻을 표시하였으니 당연히 진일보하여 그 승인의 단계를 실행해야 한다. 동맹에 가입하기를 승인하며 혹은 무기 · 조차(租借)를 승인하며 혹은 외교 경로를 따라서 사절 파견을 교섭함을 진행하는 것은 현실적 승인의 일종 방식이 아닐 수 없다. 그러므로 본 정부는 동맹 각국에 대하여 누려야 할 권리를 요구한다.

3. 제3조에 근거하면 "각 민족이 그 의지하여 생존할 정부 형식을 자유로 결정할 권리를 존중한다. 각 민족 중에 이 항목의 권리의 박탈을 함부로 당한 자가 있으면 양국이 함께 그 원래 가졌던 주권과 자주정부를 회복하게 하려 한다" 하였는데, 1905년 11월 17일에 한국이 의지하여 생존하던 정부가 일본의 박탈을 함부로 당하여 한국 민족은 24년 전 1919년 3월 1일에 독립을 선포하여 "그 의지하여 생존하는 정부 형식을 자유로 결정할 권리"를 실행하고, 바로 대한민

국의 민주정치 체제를 건립하며 임시정부를 조직하였으니, 이것은 "주권과 자주정부를 회복함"의 정당한 운동을 진행한 것이다. 서명한 맹우들은 이미 "존중한다"는 뜻을 표시하고 모두 일보 나아가 "양국은 그들의 원래 소유한 주권과 자주정부를 회복하게 하기를 바란다" 하였으니, 당연히 우리나라 임시정부의 요구 조건을 존중하여 즉시 "원래 소유한 주권과 자주정부를 회복할 것"을 준비, 실행하여 서명한 국가는 한국 임시정부의 정당한 요구에 대응해야 할 것이다. 만일 주저하며 방황하고 시간을 끌어 고식적으로 의심하거나 무시하는 등의 정황이 있으면 실로 헌장을 위반하는 것이며 서명한 본의를 말살하는 것이다. 그러므로 본 정부는 재삼 그 주의를 촉구하여 그 의무를 집행하기를 충실하며 신속하게 한다.

4. 26개국이 선언한 "물자를 상호 사용하며 단독강화를 금지한다"에 근거하면 한국 정부가 일본에 대하여 전쟁을 선포하고 계속 교전한 것이 이미 수십 년인데, 단독으로 대일 항전을 실행하면서 단독강화를 도모한 적이 없다. 장래에도 이와 같을 것이다. 한국 정부는 단독강화에 참여하지 않을 의무를 반드시 이행할 것을 확신한다. 그러므로 당연히 필요한 물자를 동맹국 중 일부 국가에 요구해야 한다. 가령 신빙하지 못할 이유를 이끌어 한국에 물자를 공급하기를 거절한다면 이는 헌장을 위반하는 것이다.

본 정부가 소련-독일 전쟁 때에 독일, 일본에 대하여 정식 선전포고를 하지 못하였고 또 참전할 기회를 놓쳤으나, 본년 1월 9일에 이르러 독일, 일본에 대하여 정식 선전포고를 하였으므로 사실상 동맹국의 한 갈래가 되었다. 바라노니 영웅적으로 잘 전투하는 동맹국과 어깨를 나란히 하고 작전하여 최후 승리의 날에 이르고자 한다.

(五)

경애하는 동포여! 지금 3.1절 국경일을 맞이하여 우리 동포와 민족 문제에 관한 공동인식을 갖고자 한다. 어떤 국가는 "오만하게 스스로 큰 체하여 다른 민족을 능멸"하는 완고한 심리로 민족주의를 오해하고 있으며, 어떤 국가는 "다른 민족을 쳐 죽여 이웃 나라를 통제하는 것"으로 민족주의를 오해하고 있으며, 어떤 국가는 "다른 민족이 갖춘 특질을 소멸시켜 자기 민족에게 동화되게 하는 것"으로 민족주의를 오해하고 있으며, 어떤 국가는 "다른 민족에 대한 원수를 갚으며 치욕을 씻는 것"으로 민족주의를 오해하고 있으며, 어떤 국가는 "국가 평등이 목적이 되는 대외 투쟁 및 국민 평등이 목적이 되는 대내 투쟁"으로 민족주의를 잘못 인도하고 있으며, 어떤 민족은 자본주의의 초기에 있어서 봉건제도와 억압을 타도하여 사방에 분산하여 고립되므로 통일·집중을 광대한 민족 국가로 빨리 도모하고 있으며, 어떤 민족은 자본주의의 발전단계에 있어서 상업자유, 세계시장과 생산방법의 통일 등에 의하여 부득불 지방 민족의 고립과 쇄국주의를 타파하고 물질적 생산 및 정신적 생산을 제고하여 민족과 민족의 교역을 증가시키고 아울러 그 상호 의존성을 강화시킨다. 이것으로 인하여 민족의 방어선을 돌파하고 도리어 국제적 연계를 확대한다. 그러나 이윤의 추구와 경쟁에 시급하여 마침내 국제적 연계의 타파를 초래하였다. 즉 이른바 최고 단계의 독점자본주의는 이윤을 증가시키고 국외의 약소국가에 반드시 요구하니, 첫째 국내 축적 자본의 투자지로 하며, 둘째 염가 노동력의 제공지로 하며, 셋째 원료의 공급지로 한다. 그러므로 어느 종류의 강대한 제국주의 국가는 대다수 약소국 민족을 반드시 유인하여 자기에게 예속하게 하고, 식민지로 보거나 혹은 반식민지로 한다. 그러나 이러한 지역에는 자본주의의 발전을 능히 도모하지만 동시에 그 식민지의 궁핍과 반항을 도발하며 조장한다. 이 두 가지 큰 원인으로 말미암아 제국주의 시대의 민족문제에 있어서는 반제국주의 운동으로 변화되어 대두되었다. 이것이 여러 가지 초기의 민족문제가 본질적으로 다른 것이다. 그러나 이러한 민족문제는 세계 제1차대전 이후에 급속히 발전하게 되며 한국과 같이 일본에 강렬하게 반항한 것도 그 한 예이다. 본 정부의 민족문제에 대한 인식은 이것과 다르다. 이른바 '민족'은 일정한 구성요소가 있어야 하니 공동의 언어, 문자, 국토, 주권, 경제, 문화와 민족정기(民族正氣)가 그것이다. 그중 하나를 결여하면 그 민족의 고유한 요소를 상실한 것이므로 변하여 불완전한 민족이 되고, 그 전체를 결여하면 그 민족의 본질을 잃어서 일개 타민족이 된다. 가령 한국 민족의 언어가 다른 민족에게 말살당하고 한국 민족의 문자가 다른 민족에게 정복당하여 쓰이지 않고 한국 민족의 국토가 다른 민족에게 강점당하여 그 자유 수호와 이용의 권한을 잃고 한국 민족의 주권이 다른 민족의 침탈을 받아서 대내·대외에 활동할 수 없고 한국 민족의 문화가 다른 민족의 유린을 받아서 버려져 잊혀지고 한국 민족의 정기가 다른 민족에게 짓밟혀 능멸당해 감히 발동하지 못하면, 민족의 몸체와 생명을 갖추었다고 하더라도 한 떼의 걸어가는 시체와 달리는 고기에 불과할 뿐이며 또한 인종학상의 한 형태에 불과할 뿐이니, 완전한 민족으로 감히 자처하지 못한다. 일개 민족이 민족을 구성하는 데 대한 일개 요소마다 그 실제의 귀한 가치를 감각하는 것은 자기 본신의 사지(四肢)·육부(六腑)의 감각과 같다. 민족 요소의 하나를 상실하면 사지의 일부를 상실한 것과 같으니, 이것이 민족의 자각성이다. 이 자각성이 있은 뒤에 민족은 멸망이나 도태의 화를 면할 수 있다. 이 자각이 있은 뒤에 능히 자기 민족과 서로 단결하고 서로 단결한 뒤에 능히 강국의 조직체를 이루어 타민족의 침략과 병탄을 받지 않는다. 그러므로 민족주의라는 것은 민족의 요소를 가리키는 것이 아니라, 민족의 자각성과 단결력을 특히 가리킬 뿐이다. 하나를 결여하면 민족주의를 구성할 수 없다. 비유하면 사람 몸이 사지·육부를 갖추었다고 하더라도 그 이지(理智)와 원기(元氣)를 잃으면 변하여 무감각한 사람이 되는 것과 같으니, 이를 일러 불구자라 한다. 민족 역시 그러하여 만일 자각성·단결력이 없으면 사람들이 민족의 불구자라고 말할 수 있거늘, 더구나 그 고유의 요소를 많이 잃어 자각과 단결이 없는 것이겠는가! 우리 한국 민족의 요소는 단군(檀君) 조정에서 갖추어졌고 민족주의는 수천 년의 연진(演進)을 거쳐 발전하고 신라 화랑(花郎)에 이르러 그 뿌리를 붙였으며 고려 태조(太祖)에 이르러 그 줄기가 이룩되고 이조 세종(世宗)에 이르러 그 열매를 온전히 하였고, 3.1절 독립선언에 이르러서는 그 절정을 이루었다. 다시 말하면 3.1절의 위대한 동력을 조성한 것은 수천 년 이래 연진한 민족주의를 말미암지 않은 것이 없다. 본 정부의 민족 문제에 대한 해석은 극히 간단 명백하다. 한마디로 단정하여 말하면 '삼균제도를 시행하고 각 민족의 요소 회복을 주장하는 것'이다. 삼균제도란 정치적으로 인민에게 균등한 참정권을 주고, 경제적으로 인민에게 균등한 수익권을 주고, 교육적으로 인민에게 균등한 수학권을 주는 것이다. 민족의 요소는 영토, 주권, 언어, 문자, 경제, 문화와 정기(正氣)이다. 일개 민족마다 그 고유 요소를 회복하고 인민에게 정치, 경제, 교육의 균등을 실현하면 삼균제도 하에 민족문제가 해결되는 것이다. 본 정부는 이에 또 '민족자결'의 함의에 대하여 해석한다. 23년 전 오늘 수백만 동포가 떨쳐 일어나 혈전한 것은 민족자결주의가 고동하지 않은 것이 없다. 그 의의를 추구하여 동기를 말하면 민족이 다른 민족의 압박을 받고, 형태를 말하면 피압박민족과 압박자의 대립이 첨예하고, 원칙을 말하면 첫째는 자발적 해방에서 나와서 다른 민족의 이용을 받지 않으며 둘째는 민족 이익을 본위로 하는 것이 그것이다. 우리 한국 민족 정세로 보면 바로 민족자결의 함의와 서로 꼭 부합된다. 민족자결주의는 19세기 이래로 독일·이태리 양국 민족국가에 의지하여 성립한 요건이다. 제1차 세계대전 당시로부터 유럽 15개 부속민족은 민족자결을 협약국에 호소하였고, 1915년부터 프랑스에서 각 약소민족 대표회의를 소집하고 '민족권리선언'을 발표하였는데, 그 말에 "민족의 차이와 대립은 진보를 위한 귀중한 조건이며 어떠한 민족이라도 그 의지하여 성립한 바가 공동종족, 공동습속, 공동언어인지를 논하지 않고, 또한 그 성립한 원인은 다른 인종과 단체의 자원한 연합에 의한 것인지를 논하지 않고 자유로이 처리할 그 자신의 권리를 고르게 가지고, 어떠한 영토라도 민족의 의지와 이익을 위배하고서 합병하거나 혹은 이양하지 못한다" 하였다. 동시에 협약국이 윌슨의 질문에 회답하기를 "약소민족의 독립을 위하여 싸운다" 하였는데, 윌슨이 누차 성명서를 내기를 "어떠한 나라라도 그 정권을 기타 국가 혹은 민족에게 신장시켜서는 안 된다. 일개 민족마다 대소와 강약을 논할 것 없이 모두 방해를 받지 않으며 위협을 받지 않고, 조금도 그 두려움이 없이 그 자신과 정치적 생활 및 발전의 길을 스스로 결정한다. 민족이 살고 있는 토지는 물품처럼 보아 국가에서 서로 주며 받지 못하고, 인민의 동의를 거치지 않으면 변경할 수 없고, 금일의 정치가가 이 민족자결의 권리를 소홀하게 보면 끝내 실패할 것은 의심이 없다"라고 하였는데, 미국 상원의 대다수 의원들이 파리에서 협약한 민족자결 원칙을 보류하자고 주장하였다. 이것이 미국의 민족자결에 대한 태도이다. 소련은 또한 그 말을 높이 선창하여 1917년 혁명선언 중에 민족자결의 권리를 확인할 뿐만 아니라 또한 소약국에 대하여도 자결을 실행하게 하였으니, 예컨대 발트해 연안의 4개 나라가 그것이다. 1922년 에스토니아 선언에 대하여 말하기를 "일체 민족은 그 자신의 운명을 스스로 결정하고 원래 속한 국가의 완전한 이탈 관계의 권리를 균등히 가진다" 하였으니, 이것이 소련의 민족자결에 대한 태도이다. 종합하면 민족자결의 원칙은 이미 인류에게 환영을 받았고 3.1절을 전개한 일종 원소로서, 민족자결주의에 고동되지 않은 것이 없다. 본 정부는 거듭 민족자결주의와 한국 독립선언이 일맥상통하는 중대한 의의를 지니고 있다. 한국 독립선언서에 의거하면 "우리 한국의 독립국임과 한국 민족의 자유민임을 선언한다" 하였으니, 이것이 독립선언의 벽두에 제시한 큰 문자이고, 실로 한국 민족이 자결권을 실행한 최초의 장엄한 행동이다. 민족자결의 원칙을 말한다면 세 방면의 결정하는 권리가 있다. (1) 소속 국가에서 이탈을 자유로 결정하는 권리, (2) 이탈자로부터 건국을 자유로 결정하는 권리, (3) 이탈자로부터 그 정치, 외교, 군사 등의 건국강령을 자유로 결정하고, 다시 다른 나라에 부속되지 않는 권리이다. 이 세 종류의 실권을 자유로 결정하며 자유로 행사하는 것은 실로 민족자결주의의 본질적 함의이다. 이것을 통하여 선언서에서 말한 "한국 민족이 독립국임"은 제(1)과 제(2)의 권리가 포함되는 것을 알 수 있어서, 즉시 일본에서 이탈되어 대한민국의 권리를 건립할 수 있다. 선언서에서 말한 "한국 민족이 자유민임"은 제(3)의 권리가 포함되어, 바로 한국 전체 민중은 자유 민족의 자격으로 정치, 외교, 군사 등에 관한 국가에 필요한 공작을 충실히 집행하고 아울러 건국강령을 아울러 자유로 결정할 수 있어서, 맹세코 부속에 의존하는 악렬 행동을 다른 나라에 하게 하는 데에 이르지 않는다. 이로 말미암아 독립선언서는 실로 민족자결의 대의를 선언한 것임을 알 수 있다. 민족자결의 원칙은 한국 민족의 독립운동과 서로 부합된다. 일치하는 것은 문장에서 찾으며 시대 풍조에 말미암을 것이 아니라, 오천 년 민족정기에 의하여 일관되게 불변하고 응집하여 거대해졌다. 어긋나는 것이 있으면 기회에 닿는 대로 변하여 혹은 순국열사들의 충성스러운 피로 대응하고 혹은 독립을 선언한 대문장으로 대응하고 혹은 천지를 진동하며 귀신을 울릴 민족영웅으로 대응하였다. 이들 종류의 정기는 원수(元帥)가 되고 민족자결주의는 특히 그 전투의 일종 장비일 뿐이다. 이와 같이 서술한 민족자결주의는 3.1절과 이렇게 중대한 관계가 있다. 이로 인하여 본 정부는 수십 년 이래에 자기 민족 및 다른 나라 민족에 대하여 민족자결에 모범이 되지 않은 적이 없다. 장래 극동 민족, 예컨대 대만, 필리핀, 과파(瓜婆), 안남, 태국, 미얀마, 인도 등 피압박 피점령 동아시아의 일체 민족이 반드시 구미의 유망 민족 정부가 얻은 자유독립처럼 그 동등한 지위와 복리를 누리고, 다시 강포한 이웃의 횡포와 침략을 받지 않아야 할 것이다. 이것이 정부가 극동 민족에게 간절히 바라는 바이다.

(六)

한국은 1865년 서양 사람과 접촉하여 발생한 충돌로부터 1875년에 이르러 일본과 통상조약을 맺었고, 1882년 5월 22일에 북미합중국과 동맹조약을 맺었고,

같은 해에 중국 북경 정부와 통상조약을 맺었고, 이어서 영국·이태리·프랑스·러시아와 조약을 체결하고 사신을 파견했다. '태극국기(太極國旗)'의 국제적 사용은 실로 1882년부터이니, 지금 61년이나 오래되었다. 태극국기는 한국 독립주권을 표시함을 말하여 국체(國體)와 정체(政體)에 관련이 없다. 그러므로 3.1절의 대혁명을 발동하는 데에는 태극국기를 그대로 사용하고 혁명 군중의 붉은 피에 물들며 적도들의 창검 위에 휘날렸다. 태극국기는 3.1절의 혁명을 발동하여 인멸할 수 없는 세력이 되었다. 이어서 한국 주권의 지분이 발동한 역사적 광채는 백성에게 있어서 마멸될 수 없는 존엄과 인상(印象)이 있다. 이것으로 말미암아 나라가 망한 지 10년 만에 외국에 있는 한민족은 농인, 상인, 노동자, 학자를 막론하고 한민족이 속해 사는 곳에는 반드시 한 폭의 태극기를 걸어서 자신을 표시하고 조국과 나라를 회복하기를 결심하는 민족의 신조를 잊지 않는다. 본 정부는 첫째 나라가 망한 뒤에 해외 한민족의 독립운동을 집중하는 각 단체의 정권을 계승하며, 둘째 국내 '3.1' 혁명의 위대한 전적과 영광을 계승하며, 셋째 60년 이래 한국의 대외 주권의 혁혁한 역사적 사실을 계승하며, 넷째 3천만 민족의 정기와 역량을 집중 표현하고 태극기를 확정하여 대한민국의 국기로 삼고 국내외에 실행한 지 이미 수십 년이 되었다. 원컨대 우리 동포는 충성과 용기를 분발하며 맹세코 노력을 다하여 위대·장엄한 국기를 조국에 거듭 휘날린 뒤에 우리 선열의 순국한 적성(赤誠)을 저버리지 않아야 할 것이다.

(七)

7.7 중일(中日) 개전(開戰) 이래로 본 정부는 국인 등과 함께하는 근거지가 동요되지 않을 수 없어 만리 관문을 가서 중경(重京)에 임시 머물면서 협동하여 일본에 대항하는 것이 최대 결심임을 표시한다. 다행히 우리 우방의 당·정·군·신문·노동자·상인·학자 각계에 힘입어 열렬히 환영함을 표시하였고

아울러 정신·물질적인 직접·간접의 여러 가지 원조를 우리에게 주었다. 실로 중국의 역사적 우의와 정의에 말미암아 비록 위급함에 있더라도 조금도 느슨히 하지 않은 것은 실로 손중산(孫中山) 선생의 위대한 유풍(遺風)은 날이 갈수록 더욱 높이 선양되어, 작렬하는 포화 소리 속에서도 더욱 그 약자를 구원하며 기우는 자를 부축하여 신의를 강구하며 친목을 다하는 대외정책을 힘썼으니, 중국과 한국이 태평양 전쟁 중에 있어서 더욱 밀접한 관계로 손을 잡고 어깨를 나란히 하면서 맹세코 원수 적도를 타도할 것을 깊이 믿는다. 그러한 뒤에 중국의 삼민주의(三民主義)가 중국 옛 강토에 광채를 거듭 드러낼 것이며, 한국의 삼균주의(三均主義)가 반드시 한국 땅에 광명을 발휘할 것이다. 둘이 서로 제휴하여 동아시아 민족을 지도하기를 한결같이 수천 년 이래 양국이 실행한 바대로 하면 장차 동아시아 민족의 새로운 중심이 반드시 우리 두 민족의 수중으로 돌아올 것을 깊이 믿는다. 무릇 우리 27개 동맹진영 중에 물질과 군수가 가장 강대하여 의뢰할 수 있는 것은 오직 미국이다. 그 예산을 계산하면 6백억의 거금에 가깝고 군용기계(軍用機械) 생산은 장차 18만 5천 대 이상에 이를 것이며 전차(戰車)는 11만 5천 량 이상이고 고사포는 5만 5천 문 이상이다. 이것은 금년 내에 사용이 예정된 실제 수효이다. 더하여 소련의 위대한 군사력과 전투역량이 있다. 영국이 비록 극동에서 싱가포르를 잃었으나 최후로 협력하여 분전할 자치령으로 할 수 있는 것은 캐나다가 있고, 또 그 굳건한 힘은 국가를 영원한 곤경 중에도 호위할 수 있다. 중국은 이미 국가를 포화 속에서 보위한 것이 5년이 되려 한다. 그 군민의 협력이 주밀한 것은 국내 각파가 일치하여 구국활동을 하였고 각계 민중이 개인적으로 검소하며 국가에 충성하고 청년 남녀가 영웅적으로 행동할 기상이 있고 후방에서 일하는 각계 인사들은 구국활동에 용감하며 스스로의 공급에 분발하고 군사에 보충된 이들은 몸을 빼어 출전하여 마치 호랑이가 달리며 용이 뛰듯이 하고 각 기관 단체의 공무원들이 죽음을 두려워하지 않으며 돈을 아끼지 않는 무사의 기백은 전방의 장령(將領)과 사졸(士卒)들을 고무시키는 데 충분하지 않은 것이 없다. 그리고 전방 용사의 5년 내의 충성과 용맹은 신이(神異)함이 짝이 없으니, 예컨대 대아장(台兒莊)의 대첩(大捷), 장사(長沙)의 삼차 대첩, 악북(鄂北) 대첩, 중조산(中條山)의 승리, 평형관(平型關)의 대첩은 백세(百世)에 영광스러울 것이고, 중화민국 전쟁사 중에 최대 광영의 하나가 된다. 용사의 충성과 용맹이 저와 같고 대중의 한마음이 또 이와 같은 데다 더하여 신무하며 영특한 장개석(蔣介石) 선생이 군·정·당의 중심을 잡고 안으로 민중의 신앙을 집중하며 밖으로 동맹국가의 원조를 거두어 협동하여 전투하니, 최후 승리는 중화민국에 반드시 오게 될 것은 확실하며 의심의 여지는 추호도 없다. 또한 저 일본이 동아시아에서 실패한 것은 군사에 있다고 하기보다는 차라리 적을 만든 것이 많음에 있다고 할 것이다. 일본이 동아시아에서 적을 만든 것은 독일이 구주에서 적을 만든 것보다 훨씬 더 많다. 일본이 동아시아에서 적을 만든 것은 2천여 년인데, 한국이 가장 오랜 적이 되었고 중국이 그 다음이고 남양(南洋) 각 민족이 또 그 다음이다. 그러므로 일본은 남양에 망하지 않으면 또 한국과 중국의 손에 망하게 될 것이다. 중국과 한국에 망하기보다는 차라리 자중지란에 망하여 일본인을 잔학하게 하지 않겠는가! 지금 일시적으로 태평양의 도서를 점령하였으나 그들이 획득한 해골은 반드시 획득한 파인애플과 야자의 수량보다 많을 것이고 그 잃은 군함과 배는 반드시 전쟁 중에 제조한 수량보다 많을 것이고 그 얻은 물자와 포로는 반드시 잃은 물자와 포로를 당한 수량보다 많을 것이다. 이를 말미암아 적도들이 먼저 이기더라도 나중에 패할 것을 명확히 알겠다. 원하노니 우리 중·한 양국의 전방 용사들은 더욱 용감하게 전진하여 일본인이 목전에 승리한 짙은 안개에 혼미하게 되지 말고 곧바로 우리가 최후에 승리할 광명을 향하여 매진해야 할 것이다. 이것이 본 정부가 3.1절에 장차 중·한 양국의 전방 용사들을 향하여 재삼 치하하고 고무시키는 바이다.

총괄하여 말하면 한국이 세계 제1차대전 이후에 항일전쟁을 계속하여 곧바로 제2차 세계대전에 이르러 더욱 용기를 내어 전진하였다. 실패와 곤경은 이미 과거로 되었고 승리와 행복이 눈앞에 있다. 원하노니 우리 동포들은 정신·용기·공평·통명(通明)한 민족적 전통 정기를 집중하여 적도를 타도하고 나라를 회복하도록 전진할 것이며, 원하노니 우리 26개국 동맹 민족은 각각 나라를 구원할 도모를 다하여 즉시 공동 승리의 계책으로 삼아야 할 것이다. 전쟁은 구역의 차별이 있으나 승리와 영광은 이미 전체 인류에게 속하였다. 전쟁은 선후 시간의 다름이 있으나 전쟁의 목적은 두 가지 이치가 없다. 본 정부의 관찰에 따르면 각 민족의 요소를 회복하고 삼균제도를 실현하는 것이 바로 세계 헌장의 진체(眞體)와 정화(精華)이니, 인류를 승평으로 구제하며 세계를 균등으로 인도하는 것이 여기에 있을 것이다. 원하노니 우리 동맹국은 힘써야 할 것이다.

대한민국 24년 3월 1일
대한민국 임시정부

1945, 박헌영, 〈현 정세와 우리의 임무〉

이 글은 광복 직후 박헌영(朴憲永)이 작성하고 1945년 9월 20일 조선공산당 중앙위원회가 당의 정치노선으로 채택한 '현 정세와 우리의 임무'라는 문서의 전문이다. 흔히 '8월테제'로 불리는 이 글은 당시 조선혁명의 단계를 '부르주아 민주주의 혁명'으로 규정하고 기본과제로 민족의 완전독립과 토지문제의 혁명적 해결을 제시했다. 광복 이후 남북분단 이전 시기의 다양한 공산주의 그룹 중 가장 강력했던 그룹의 시국관과 혁명관이 반영돼있다.

이것은 조선공산당 재건준비위원회의 '일반 정치노선에 대한 결정'에 약간의 보충을 가한 잠정적 테제로서, 1945년 9월 20일 조선공산당 중앙위원회의 '정치노선에 대한 결정'이다.

1. 현 정세

독일의 붕괴, 일본의 무조건 항복으로 제2차 세계대전은 마침내 끝이 나고 말았다. 국제 파시즘과 군벌독재의 압박으로부터, 전쟁의 고통으로부터 전 세계 인류는 구원되어 해방과 자유를 얻은 것이다. 그러나 우리는 전쟁에서 이겼다는 것으로 만족할 것이 아니다.

무엇보다도 전후 여러 가지 국제문제의 해결과 평화유지를 위한 국제기관의 창설이 필요한 것이었다. 이것을 위하여 샌프란시스코 회의, 포츠담 회담이 열렸던 것이다. 이에 국제문제는 어느 정도 바르게 해결되게 되었고, 영구는 못 될지언정 상당히 오랜 기간의 세계평화를 위한 평화유지 기관은 조직된 것이다. 이에 조선의 해방은 실현되었다. 그러나 그것은 우리 민족의 주관적, 투쟁적인 힘에 의해서보다도 진보적 민주주의 국가인 소, 영, 미, 중 등 연합국 세력에 의하여 실현된 것이다. 즉 세계문제가 해결됨에 따라서 조선해방은 가능하였다. 그러므로 금일에 있어서는 어느 나라를 막론하고 한 개로 분리하여 고립적으로, 부분적으로 보아서는 안 된다. 즉 세계 전체의 입장에서 문제를 해결하는 정도로 국제정치는 발전되었으니 그것은 편협한 국가주의에 대한 국제주의의 승리를 의미하는 것이요, 제2차 세계대전의 쓰라린 실물교훈 덕택이다. 이번 반파시스트, 반일 전쟁 과정에 있어서 조선은 전체로 보아 응당한 자기 역할을 하지 못하였다. 그것은 조선의 지주와 민족부르주아지가 전체로 일본 제국주의의 살인강도적, 침략적 전쟁을 지지했기 때문이다. 이들 반동세력은 전시 국가총동원 체제 밑에서 조선의 노동자, 농민, 도시빈민 등 일체 근로인민의 진보적 의사를 무시하고 잔인무도한 군사적, 제국주의적 탄압을 행하였다. 그러나 솔직하게 말하면 그것은 우리 민족의 혁명적 투쟁이 대중적으로 전개되지 못한 약점 탓이다.

여기서 우리 조선은 민족적 자기비판을 해야 할 시점에 이르렀다. 이것은 조선이 앞으로는 국제 정국에 있어서 진보적 역할을 하기 위한 전제조건이 되기 때문이다. 그러면 금일과 같은 이러한 세계혁명 발전 과정에 있어서 어떠한 특수한 나라, 즉 조선과 같은 데에 있어서는 평화적으로 혁명의 성공이 가능하다는 실례를 보여주겠다. 그것은 세계혁명의 토대요 국제 프롤레타리아트의 조국인 에스에스에스에르(소비에트연방)가 전 지구의 1/5을 차지하는 넓은 나라에서 평화적 사회주의 건설이 성공하고 전략적으로 절대불패의 지위를 확보할 만한 위대한 승리를 얻은 결과다. 국제적 혁명정세는 조선의 해방을 혁명적으로 해결할 만한 유리한 조건을 만들어냈다. 그러나 국내정세는 좀 다르게 발전되고 있나니, 금일과 같은 혁명적 정세에 있어서도 우리의 주관적 요소인 혁명 세력이 미약하고 혁명적 전위가 아직 약한 사정에서 이러한 국제적 원조에도 불구하고 일본 제국주의 세력을 하루라도 속히 우리 힘으로써 구축하기 위한 전반적 대중적 반란 혹은 폭동을 조직하지 못하고 있고, 그와 동시에 민족해방으로 야기된 자연발생적 운동을 제어할 수 있는 세력도 없다. 이에 따라 조선에 있는 일본군이 일본 천황의 명령에 불복하고 북부조선 지방에서 소련군과 부분적으로 전투를 계속하여 앞으로 경성 부근에서 한바탕 싸움을 사양치 않겠다는 마뇌브르(機略)를 보이며 조선인에 대하여 야만적, 군사적 테러행동(주요한 물자와 시설, 건물 파괴, 살해행위 등)을 감히 행하되, 이러한 거만에 대하여 한마디의 반항과 투쟁도 우리는 조직하지 못하는 약점을 가지고 있다. 그럼에도 불구하고 국제적, 객관적 정세는 자못 예측하지 못할 만한 급속한 템포로 머리를 잡아 두르고 현기증이 날 만한 정도로 전개되고 있는 것이 금일의 특징이다. 한마디로 말하면 국제 파시즘의 전면적 궤멸과 진보적 민주주의와 사회주의의 승리는 세계혁명을 더욱 높은 정도로 발전시키고 말았다.

 그것은 한편으로는 소비에트연방의 국제적 지위와 그 비중을 훨씬 높이고 무겁게 만드는 동시에 다른 한편으로 국제 제국주의 체제를 그 토대와 근저로부터 흔들어놓아 나머지의 그들 체제도 필연적으로 결국에는 독일과 일본 제국주의와 마찬가지의 비극적 운명을 면할 도리가 없다는 것이다. 이것이 이번 제2차 세계대전이 자기의 쓰라린 경험에서 전 인류에게 주는 귀중한 교훈이다. 여기서 모든 세상 사람들은 단도직입적으로 문제를 세우고 있다. 즉 자본주의냐? 사회주의냐? 파시즘이냐? 민주주의냐? 다시 말하면 전후에는 사람들이 어떠한 사회를 건설하고 살아나갈까 하는 문제이다. 착취와 압박과 전쟁과 빈궁과 실업의 원인을 제도 자체 내부에 포함하고 있는 자본주의 제도의 사회를 선택하여야 할 것인가? 그렇지 않으면 자유와 평화의 발전을 보장하는, 착취와 압박과 실업이 없는 사회주의 제도의 사회를 건설할 것인가? 구라파의 여러 민족

뿐만 아니라 금일 우리 조선의 민족 앞에도 전후의 새 건설 문제가 서고 있는 것이다. 우선 우리에게는 진보적 민주주의 사회냐, 반동적 민주주의 국가의 건설이냐? 우리 조선 사람들은 오늘날에 있어서 이렇게 문제를 세우고 있다. 노동자, 농민, 도시민, 인텔리겐치아 등 근로계급은 전자를 주장하고 있으나 지주, 고리대금업자와 반동적 민족부르주아지 등 친일파들은 자본가와 지주의 독재 정권인 반동적 민족주의 국가의 건설을 요망하고 있다.

2. 조선혁명의 현 단계

금일 조선은 부르주아 민주주의 혁명의 계단(階段)을 걸어가고 있나니 민족적 완전독립과 토지문제의 혁명적 해결이 가장 중요하고 중심 되는 과업으로 서 있다. 즉 다시 말하면 일본의 세력을 완전히 조선으로부터 구축하는 동시에 모든 외래자본에 의한 세력권 결정과 식민지화 정책을 절대 반대하고 근로인민의 이익을 옹호하는 혁명적 민주주의 정권을 내세우는 문제와 동시에 토지문제의 해결이다. 우리 조선 사회제도로부터 전(前)자본주의적 봉건적 잔재를 깨끗이 씻어버리고 자유발전의 길을 열어주기 위하여 우리는 토지문제를 혁명적으로 해결하지 않으면 안 된다. 무엇보다도 먼저 일본 제국주의자와 민족적 반역자와 대지주의 토지를 보상을 주지 않고 몰수하여 이것을 토지가 없는 또는 토지를 적게 가진 농민에게 분배할 것이요, 토지혁명의 진행과정에 있어서 조선인 중소지주의 토지에 대해서는 자기경작 토지 이외의 것은 몰수하여 이것을 농작자의 노력과 가족의 인구수 비례에 의하여 분배할 것이요, 조선의 전 토지는 국유화한다는 것이요, 국유화가 실현되기 전에는 농민위원회, 인민위원회가 이것(몰수한 토지)을 관리한다는 것이다.

이러한 가장 중요한 과업 이외에 또한 몇 가지 중요한 것은, '언론, 출판, 집회, 결사, 가두행진, 파업의 자유' 의 권리를 완전히 얻어야 한다. 또한 '8시간

노동제의 실시'를 실행하여야 하며, '일반 근로대중 생활의 급진적 개선'을 위한 모든 시설과 수단을 실시하게 하기 위하여 투쟁하여야 한다. 일본 제국주의자 소유의 모든 토지, 사원, 산림, 광산, 공장, 항만, 운수기관, 전신, 은행 등 일체의 재산을 보상을 주지 않고 몰수하여 국유화할 것이다. 국가 부담에 의한 의무교육을 실시할 것, 여자의 경제적, 정치적, 사회적 지위를 향상할 것, 단일 누진세금제를 실시할 것, 조선의 자유와 독립을 확보하기 위하여 국민의용병제를 실시할 것, 18세 이상의 남녀평등 선거, 피선거권을 부여할 것, 이러한 여러 가지 과업은 인민의 기본적 권리를 보장하는 진보적 민주주의의 요구이다. 적어도 이러한 요구가 완전히 실시됨에서 민주주의 정치는 실현되는 것이요, 일반 인민의 기본적 권리는 존중되고 생활은 급진적으로 개선되어 진보적 새 조건은 건설된다. 노동자, 농민, 도시소시민과 인텔리겐치아는 조선혁명의 현 단계인 부르주아 민주주의 혁명의 동력이 되는 것이다. 그리고 이 혁명에 있어서 토지문제를 용감히, 대담스럽게, 혁명적으로 해결함으로써 광범한 농민계급을 자기의 동맹자로 전취하는 계급만이 혁명의 영도권을 잡을 수 있다. 곧 조선에 있어서 가장 혁명적인 조선 프롤레타리아트만이 이 혁명의 영도자가 되는 것이다. 금일에 있어서 그들 노동자, 농민은 혁명적으로 움직이고 있다. 동시에 다른 편으로 지주, 고리대금업자, 반동적 민족부르주아지는 어떠한 희생을 아끼지 않고서라도 종래의 친일적 태도를 감추고 새로운 카무플라주(보호색)를 쓰고 나선다.

  그것은 일본 제국주의 붕괴와 퇴각과 동시에 새로 나타나는 외국세력을 영접하고 그들의 대변자가 되면서라도 그들 자체 계급의 이익을 옹호하겠다는 배짱이다. 민족급진주의자, 민족개량주의자, 사회개량주의자(계급운동을 포기한 일파), 사회파시스트(일본 제국주의자와 협력하는 변절자 일파)들은 '민주주의', '사회민주주의' 혹은 '공산주의'의 간판을 들고 나서고 있다. 문제는 그들이 과거의 파벌운동을 그대로 연장하면서 노동자, 농민, 소부르주아지의 진보적, 혁명적 대중운동의 선두에 나서고 지도자의 역할을 할 것이라는 것이다.

튼튼한 볼셰비키적 공산당의 결여는 저 정치적 투기업자들로 하여금 조선 인민운동의 지도권을 장악해볼까 하는 환상을 가지게 한다. 여기서 우리에게는 이러한 '혁명적' 언사를 운운하는 사이비 혁명가와의 대중적 투쟁의 필요가 생기는 것이다. 이와 동시에 옳은 혁명적 정치노선과 배치되는 경향과 투쟁하는 문제이다. 그것은 조선의 지주와 대자본가들이 주장하는 노선이니 우리의 혁명적 노선과 대립되고 있다. 그것은 형식적 민주주의 국가의 건설로써 그들 지주와 대자본가의 독재 하에 그들의 이익을 옹호, 존중하는 정권을 수립하려는 기도이다. 이것은 해외에 있는 망명정부와 결탁하여 가지고 미국식의 데모크라시적 사회제도 건설을 최고 이상으로 삼는다. 반동적 민족부르주아지 송진우(宋鎭禹)와 김성수(金性洙)를 중심한 한국민주당은 지주와 자본계급의 이익을 대표한 반동적 정당이다.

3. 조선 공산주의 운동의 현상과 그 결점

일반적으로 조선의 혁명운동은 국내에 있어서나 외국에 있어서나 운동이 연락을 가지고 통일적 활동을 하지 못하였다. 특히 전쟁 시기에 군사적, 제국주의적, 전시계엄령적 상태 밑에서 모든 운동은 물론이고 하찮은 자유사상의 언사까지도 극악의 탄압을 당하고 있었던 것이다. 그러기 때문에 일반적으로 조선 민족해방운동, 특히 그중에도 조선 공산주의 운동은 깊이 지하실에서 계속되고 있었으나 표면에 나서지 못한 것이었다. 대중의 지지가 없었던 것은 아니겠지만, 끊임없이 일어나는 대중적 검거는 비합법적 조직운동을 극도로 위축시켰던 것이다. 이러한 모든 곤란한 환경 하에서도 어쨌든 국제노선을 대중 속에서 실천하는 진실한 의미의 콤 그룹의 공산주의 운동이 비합법적으로 계속하였던 것은 사실이다. 특히 1937년 이래 전쟁 시기에 들어가면서부터는 과거 파벌들은 모든 운동(합법적, 비합법적)을 청산하고 일본 제국주의자 앞에 더욱 온순한 태도를 표시하였던 것이다. 그 결과는 과거의 파벌분자와 그 거두들이 전시 하에 있어서 일본 제국주의의 군사적 탄압을 두려워하여 계급운동을 청산한 변절자 일파(전향파)가 다량적으로 산출된 것이었다. 그들은 자기가 신봉하던 주의를 헌신짝 버리듯이 쓰레기통에 집어던지고 민족과 노동계급을 배반하고 그들 자기 개인의 이익을 존중히 한다는 그 본래의 원칙을 노골적으로 발휘할 기회가 왔다고 생각하고, 이 일시적 과도기적 암흑시대에 있어서 운동을 포기하고 불안한 살림살이에 힘썼던 것이다. 그들의 대다수가 떼를 모아가지고 금광과 투기사업에 종사하는 데 전력한 사실은 그들이 모두 비합법 운동을 깨끗이 청산한 것을 실천에서 증명하려는 까닭이었다.

이와 같이 탄압시대에는 주의를 포기하고 투기업자나 금광브로커가 되고 합법적 시대(8월 15일 후)에 와서는 하등의 준비활동도 없이(공장조직은 물론이고 가두조직도 형식적 지상의 조직이다) 조선공산당을 조직(8월 15일 밤에)하고 조선공산당 중앙간부를 내세우고 조선운동의 최고 지도자가 되어 나서는 그 교묘한 수단은 과거 파벌주의자들의 전통적 과오를 또 한 번 범한 것이니, 그 결과는 조선 공산주의 운동이 또다시 분열 상태로 나타나게 된 것이다. 이들 합법주의자, 청산주의자들의 이러한 파벌행동은 조선 공산주의 운동 사상에 있어서 중대한 과오로 계급적 반당행동의 일종이다. 이와 같이 조선 공산주의 운동 위에는 모든 탁류의 물줄기가 흘러서 일반 노동자, 농민을 미혹에 빠뜨리고 있다. 이러한 탁류가 광포히 흐르는 금일에 한 가지 밝은 물결이 샘같이 쏟아져 나오고 있다. 캄캄한 밤중에 밝은 등불의 역할을 하는 진실한 의미의 공산주의 운동이 과거 백색테러적 탄압시대부터 오늘날까지 계속적으로 발전하여 나오고 있었다는 특징을 가지고 있다.

그것은 과연 혁명적이요 용감하며 정치적으로, 계급적으로 옳은 조선 공산주의 운동을 대표한 것임에 틀림이 없지마는 아직 미약하고 어리다는 약점을 가지고 있다. 즉 다시 말하면 과거 암흑시대에는 그 시기에 적당한 수공업적 소규모 활동을 계속하였지만, 적어도 금일과 같은 혁명적 정세에 있어서는 이러한 지방적, 국부적, 종파적 결점을 극복, 청산하고 참으로 대중적, 전투적 조직으로 전환하지 않으면 객관적 정세와 보조를 맞추어나갈 수 없을 것은 명백한 일이다. 과거의 소규모 섹트적 조직은 어린아이와 같이 약한 것으로 금일과 같은 객관정세 변천 속에 자기 이니셔티브를 가지고 대중을 지도하지 못할 것이니 이것은 더 자라야 하며, 더욱 튼튼하여져서 독립적으로 투쟁할 만한 힘을 얻어야 하며, 전투적 경험을 더욱 체험하여야 한다. 다시 말하면 대중의 지지를 받는 전투적 볼셰비키 당으로 전환하지 않으면 안 된다. 여기서 중요한 것은 대중에 접근할 것, 미조직층과 새로운 층을 동원할 것, 도처에서 새로운 창의를 각성시키고 모든 층 속에 새 조직을 만드는 것이다. 공장 노동대중을 토대로 한 조직을 수없이 많이 만들어야 하며, 섹트성을 극복하고 대중 앞에 용감히 나서서 대중적 투쟁을 전개할 줄 알아야 하며, 대중을 민족개량주의적 환상으로부터 해방시키기에 능하여야 한다. 또한 전위조직의 일련의 보조적 대중단체를 조직하여야 한다.

이러한 조직과 대중적 투쟁과정을 통하면서 기본적 조직을 강화, 확대하며 공장 내 기본조직을 전국적으로 더욱 중요한 산업부문과 도시에 조직하여 그들의 대표를 모아서 전국적 대회를 열고, 이 전국적 대표자회의에서 최고 지도기관을 내세울 것이다. 적어도 이러한 준비활동이 필요한 것이다.

금일 조선에 있어서 우리는 어떠한 당을 건설하여야 할 것인가? 프롤레타리아트의 전위는 볼셰비키 당이 되어야 한다. 우리의 당은 노동계급의 한 부분이며 한 부대이지만 그것은 보통 부대가 아니고 특별한 정예 부대이다. 레닌 동무는 당에 대하여 이렇게 가르치고 있다.

"당은 사회생활에 대한 지식, 사회발전 법칙과 계급투쟁 법칙의 이론으로 무장하여 노동계급을 인도하며 그 투쟁을 지도하기에 유능한, 노동계급의 선봉대이다."

이러한 당의 과업은 노동대중을 당의 수준에까지 올리며 자기 전 당원으로 하여금 의무적인 군대식 규율을 가지게 하여야 한다. 당은 최고 지도자로서 프롤레타리아트의 모든 단체를 지도하며 수백만 근로대중과 연결되어야 한다.

"프롤레타리아트의 혁명적 전위의 규율은 무엇으로써 유지되는가? 무엇으로써 통제되는가? 무엇으로써 강화되는가? 첫째로는 프롤레타리아트의 전위의 계급의식과 혁명에 대한 그들의 헌신, 그들의 인내, 그들의 자기희생, 그들의 영웅적 정신에 의하여, 둘째로는 그들의 광범한 근로대중, 우선 프롤레타리아 대중과 또한 비프롤레타리아적 근로대중과 결합하고, 그들에게 접근하고, 그리고 어느 과정까지 그들과 융합하기까지도 할 줄 아는 것에 의하여, 셋째로는 이들 전위에 의하여 실현되는 정치적 지도의 정당성에 의하여, 즉 광범한 대중이 자기 자신의 경험에 의하여 그 정당성을 확신하게 된다는 전제조건 하에서 그들 전위의 정치적 전략과 전술이 옳고 바른 것에 의하여 된다. ……
진보적 계급의 당을 위하여는 이러한 여러 조건이 절대 필요한 것이고, 이러한 여러 조건은 또한 돌연히 성립되는 것이 아니다. 그것은 다만 장기에 긍(亘)한 활동과 쓰라린 경험에 의하여서만 생기는 것이고, 그 발전은 바른 혁명적 이론에 의하여 용이하게 되는 것이다. 그리고 이 바른 혁명적 이론은 또한 그것이 다만 독단적이 아니고 참으로 혁명적인 대중운동의 실천과 긴밀히 결부되고 있음에서만 그 종국적 형태를 취하는 것이다."

우리 조선당도 레닌의 이러한 가르침을 실천할 줄 알아야 한다. 또한 이러한 당이 되지 않으면 안 될 것이다.

4. 우리의 당면 임무

금일의 정세는 혁명적으로 발전되고 있다. 조선 민중의 혁명적 열정과 투쟁은 전국적으로 폭발되고 노동자, 농민의 투쟁은 대중적으로 일어나고 있으나 전국적, 통일적, 의식적, 조직적 운동은 발전되지 못하고 있다.

이러한 인민대중의 자연발생적 투쟁은 옳은 정치노선을 가지지 못하였으며 전국적, 혁명적 지도가 없이 진행되고 있다. 이렇게 중대하고 절박한 시기에 있어서 노동자계급의 전위인 조선공산당이 시각을 다투어 속히 대중 앞에 나서야 한다. 그러므로 전국적으로 통일된 볼셰비키 공산당을 다시 건설하기 위하여 조선의 혁명적 공산주의자들은 모든 힘을 집중할 것이 첫째 가장 중요한 당면의 과업이 되고 있다.

우리는 우리 조직의 섹트성을 극복하고 조직된 군중과 미조직 노동자와 연락하고 대중을 동원하며 그들을 전취하기 위하여 대중적 전쟁을 전개하여야 한다. 일반 근로대중의 일상이익을 대표할 만한 당면의 표어와 요구조건을 일반적, 정치적 요구조건과 연결하여 내걸고서 대중적 집회시위 운동을 전개함으로써 대중을 동원하며, 특히 미조직 대중을 조직화하기에 노력하지 않으면 안 된다. 각각의 조선 공산주의자들은 근로대중, 특히 노동자와 농민 대중에 접근하여 새로운 군중을 각성시키고 그들을 당과 당의 보조단체에로 끌어들이며 민족개량주의, 사회개량주의의 영향으로부터 일반 대중을 우리 편으로 전취하고 토지와 완전독립을 위한 전국적 투쟁에 전 인민을 동원하여야 한다.

(1) 대중운동을 전개할 것

노동자, 농민의 구체적 일상투쟁의 요구에 일반적 정치요구— '조선의 완전독립', '토지문제의 혁명적 해결', '8시간제 실시', '언론·출판·결사·집회·파업·시위·행진의 자유', '일본 제국주의자와 민족반역자가 소유한 토지와 재산을 무상몰수하여 근로농민에게 분여할 것', '근로대중의 생활수준을 급진적으로 개선할 것', '조선의 완전독립을 위협하는 것과 같은 외국세력의 일체 행위를 절대 배격할 것' 등 — 와 결부하여 힘 있는 대중적 투쟁을 높은 정도의 정치투쟁으로 전개할 것이다.

① 노동자의 투쟁을 지도하며 조직할 것
우리는 노동자의 일상이익을 위한 투쟁을 일으키어 이것을 지도함으로써 대중을 전취할 수 있는 것이다. 즉 노동자 대중 속에 들어가서 그들의 아픈 점과 불평불만을 들어서 이것을 출발점으로 하고 투쟁을 일으키고 선동하며, 그들에게 계급의식을 넣어주고 조직하며 정치적 수준을 높여야 한다. 여기에 노동자 대중의 일상이익을 대표하는 요구조건은 이러한 것이다.

— 쌀 배급량을 더 올리자(5~6홉).
— 일반 생활필수품의 배급은 노동자를 우대하는 배급을 실시할 것.
— 평화산업을 다시 열어 생활필수품의 생산에 노력하자.
— 최저한의 노동임금제를 결정하고 노동시간을 단축하자.
— 공장에서는 노동자의 대우를 개선하는 모든 시설을 만들어라!
— 노동자의 사회보험법을 실시하자!
— 14세 이하 유년노동을 금지하라!
— 국가 부담에 의한 일반 근로대중의 문화교육 기관을 설립하라.
— 국수주의적 및 민주주의적 교화제도를 철폐하자!
— 1년 중 2개월씩의 휴가제도(임금을 지불하면서)를 실시할 것.
— 1주일에 하루씩 휴일제를 실시할 것.
— 유해로운 부문의 노동(지하탄광 노동)을 6시간제로 하자.

— 노동임금에 있어서 민족, 연령, 남녀의 차별을 폐지할 것.

— 노동 중의 피해자 가족에게 위자료를 줄 것.

— 부인노동자의 산전산후의 2개월간 노동을 면제할 것.

② 농민운동을 전개할 것

노동계급이 '조선의 완전독립을 이루고', '토지를 몰수하여 농민에게 나누어 주며', '일체의 봉건주의적 잔재를 청산' 하는 투쟁과 그들의 일상이익을 대표하는 요구조건을 결부하여 가지고 농민 대중운동을 전개함으로써 농민과 통일전선을 결성하고 농민을 전취하기 위하여 우리는 아래와 같은 농민의 당면요구를 내걸고 싸우지 않으면 안 되며 노동자, 농민의 굳은 동맹을 결성하지 않으면 안 된다.

— 쌀 배급량을 올리자(5~6홉).

— 일반 생활필수품을 공평하게 배급하되 특히 근로농민을 우대할 것.

— 농민의 교화기간을 국가 부담으로 실시할 것.

— 농촌 내에서 혁명적 계몽운동을 일으킬 것.

— 지주, 고리대금업자, 금융조합, 은행에 대한 농민의 일체 부채를 무효로 하자.

— 소작료를 3할 대 7할 별로 인하하고 이것을 화폐지대로 정할 것이요, 소작관계에 있어서 봉건적 잔재를 일소하자.

— 인신(여자)을 매매한다거나 양반, 상민을 차별대우하는 것과 같은 봉건적 잔재를 청산할 것.

③ 청년운동을 일으킬 것

조선의 청년운동은 지금까지의 소부르주아적 가두층(街頭層)을 중심한 운동으로부터 방향을 돌리어 노동청년을 중심으로 한 일반 노동청년 운동을 전개하지 않으면 안 된다. 근로청년의 당면의 이익을 옹호하며 이것을 위한 투쟁을 민족

해방과 토지혁명 등의 일반적 정치적 요구와 연결시킴으로써 일반 근로청년에게 계급의식을 넣어주며 공산주의 이론의 교양사업을 자기 과업으로 삼는 동시에 궁극에 있어서 프롤레타리아트의 해방투쟁을 지지하는 임무를 가진 공산청년운동을 일으키지 않으면 안 된다. 공산청년동맹은 노동청년, 농민청년, 학생, 인텔리청년 등 일반 청년대중을 포함한 대중적 단체(조선해방청년동맹 등)를 지도하여 광범한 청년대중운동을 투쟁적으로, 혁명적으로 나가게 하며 일반 청년대중을 자기 영향 밑에 끌어넣어야 한다. 민족개량주의 청년단체(천도교청년당)와 반동적 청년단체(고려청년당) 내부에 있어서의 활동을 게을리 하여서는 안 된다. 공산청년동맹은 진보적, 투쟁적 청년단체와 민족개량주의 청년단체와의 행동 통일을 주장하고 통일전선을 결성하여야 하나니, 그것은 결코 민족개량주의 청년단체 지도자들의 개량주의적 타협주의와 합류함을 의미하는 것이 아니며, 그들의 개량주의적 반동성에 대하여 비판을 포기한다거나 그것을 폭로하는 전술을 중지함을 의미하지 않는다.

 공산청년운동의 중심은 공장 노동청년과 농촌 내 근로청년이 이루어야 하나니 그들을 혁명적 이론으로 교양하며 그들의 경제적 이익을 옹호하며 그들의 생활조건을 급진적으로 개선하는 일상투쟁을 출발점으로 하고, 이러한 당면 투쟁을 정치적 요구와 연결시켜 청년운동으로 하여금 정치적, 전국적, 반봉건적, 반제국주의적 민족해방운동의 한 튼튼한 날개가 되게 하여야 한다.

 공산청년동맹은 당의 정치적 지도 밑에서 종파성을 극복하고서 일반 근로청년 대중과 연결됨으로써 그들의 지지를 받는 대중적, 투쟁적, 전투적, 교양적 청년조직이 되어야 한다. 또한 군사적 훈련과 교양이 공청사업의 한 가지인 것을 알아야 한다.

④ 부녀운동을 일으킬 것
현하 조선에 있어서 부녀는 봉건적 압박과 착취의 가장 온순한 대상이 되고 있

다. 남존여비와 현모양처주의의 아시아적 봉건적 유제는 조선의 여성으로 하여금 경제적, 정치적, 사회적 모든 방면에서 노예적 생활을 감수하게 만든다. 공장에서, 농촌에서, 직장에서 여성의 권리는 무시되고 동일 노동에도 불평등한 임금을 받고 있으며, 가정에서는 남자의 무리한 일방적 압제에 절대 순종을 표하지 않으면 안 되는 조선 고래의 전통적 유습에 속박되고 있다.

이러한 무리한 형편 밑에 살고 있는 조선 부녀를 위한 해방투쟁은 물론 계급적 해방투쟁의 한 부분으로서 출발하여야 하며, 오직 프롤레타리아트 당의 정치적 지도 밑에서만 그들 자신의 해방은 바른 길로서 해결되는 것이다. 그러므로 정견 또는 신교(信敎)의 여하에도 불구하고 거만(巨萬)의 근로자 부인대중, 특히 그중에서도 먼저 노동부인과 근로농민부인을 단일 민족전선에로 유입시키는 것은 현실적으로 필요한 것이다. 그것으로 근로부인의 일상요구와 일상이해 옹호 투쟁을 중심으로 하는 근로부인의 대중운동을 발전시키기 위하여 특히 물가폭등 반대, 남녀 불평등과 제국주의적 노예 반대, 완전독립, 공장폐쇄에 의한 대중적 해고 반대, 동일 노동에 동일 임금을 원칙으로 한 노동임금 인상을 위한 투쟁, 공창 폐지, 여자 인신매매 반대 투쟁을 일으켜야 한다. 민족적, 사회개량주의적 부인단체(부녀동맹) 내에서 활동하되 우리의 비판의 자유를 충분히 가지면서 그 대중을 투쟁적으로 지도할 것이다. 그러나 부녀운동의 중심은 노동부인과 농촌부인 대중조직과 그 투쟁에 있음을 강조한다.

⑤ 문화단체

가두층의 인텔리겐치아들은 민족적, 사회적 개량주의의 영향으로부터 해방되어 혁명적 진영에로 인입되어야 한다. 문화연맹, 과학자동맹, 무신론자동맹, 작가동맹, 스포츠단 등 각종 문화단체가 결성되어 당의 지도 하에서 활동하여야 하며, 당을 지지하고 협력하는 보조단체로서 활동하지 않으면 안 된다.

⑥ 소비조합운동

소비조합 회원은 일상이익 옹호 투쟁, 특히 물가폭등 반대, 약탈적 소비세 및 신세 부과에 반대하여 소비조합 운동을 일으켜야 한다.

⑦ 실업자운동

공산주의자는 실업자의 이익과 요구를 늘 극력 옹호하고 그들을 조직하여 직업의 확보 투쟁, 충분한 실업보조금 및 실업보험 등의 획득 투쟁으로 지도하면서 실업자를 통일전선 운동에 끌어넣지 않으면 안 된다. 금일에 있어서 일본인의 군수공장이 전부 폐쇄됨으로 인하여 무수히 많은 노동자가 실업자로 되었다. 이들을 위하여 '실업자동맹', '실업대책위원회' 등의 조직을 만들어 가지고 실업자를 위한 투쟁을 조직, 지도할 것이요, 실업자의 군중집회와 시위행진을 조직하여야 한다. 그리고 실업자운동은 취직노동자 조직과 유기적 연결이 있어야 한다는 점을 알아야 한다.

(2) 조직사업

노동자, 농민의 대중 사이에 모든 기본적 조직과 보조적 여러 단체를 조직할 것이다. 조직사업에 있어서 무엇보다도 먼저 당의 기초조직인 공장 '야체이카(세포조직)'를 확립하는 것이 급선무이다. 이와 동시에 대중적 보조단체를 내세우고 이 대중조직을 통하여 대중을 투쟁적으로 동원할 줄 알아야 한다.

① 조직이 없는 공장과 도시, 농촌에 있어서는 당의 기본조직을 새로 조직하기에 힘쓸 것.

② 이미 존재하는 것은 이것을 대중화하여 확대, 강화함으로써 전투적으로 대중투쟁을 능히 독립적으로 지도할 수 있는 볼셰비키 조직으로 할 것.

③ 공장 야체이카가 적어도 3~4개 이상이 있는 도시에서는 이들의 대표와 기타 가두 야체이카의 대표를 소집하여 '당 도시위원회'를 조직할 수 있다.

④ 이러한 도시와 지방당 조직의 대표가 모여서 전국대표자회의를 개최하고 여기서 중앙집행위원을 선거하고 이 위원회를 모아 중앙위원회를 조직한다.

⑤ 보조적 대중단체─공장위원회, 노동조합, 농민위원회, 농민조합, 농촌노동자조합, 공산청년동맹, 소비조합, 반제전선, 부인대표회, 혁명자후원회, 소년대(피오네르), 작가연맹, 무신론자동맹, 문화연맹, 스포츠단 등─를 조직할 것이다.

(3) 옳은 정치노선을 위한 양면작전 투쟁을 전개할 것

옳은 정치노선을 내세우고 이것을 실천하려면 모든 옳지 못한 영향과 적극적 투쟁을 전개하여야 한다. 첫째로 과거의 파벌들은 우리 운동선상에 또다시 파벌주의를 부식하기 시작한다. 그들은 사회개량주의자가 아니면 좌경적 기회주의자이니 이러한 단체와 그 경향을 반대할 것이다. 사회개량주의자의 영향 밑에 있는 군중을 밑으로부터의 통일전선으로써 우리 편으로 전취할 것이며, 좌경적 기회주의자는 우리 대열 내에서 가장 큰 위험이니 그들에 대한 힘 있는 투쟁을 일으키면서 그들로 하여금 자기 과오에 대한 무자비한 자기비판을 전개시킬 것이다. 이와 동시에 조선혁명의 현 단계에 있어서 사회주의 혁명의 과업과 성질을 운운하는 것과 같은 극좌적 경향과 싸워야 한다. 그것은 가장 '혁명적' 언사를 농(弄)하는 극좌적 경향으로서, 그들은 자칭 가장 혁명적인 것처럼 하여 대중을 속이고 운동을 교란하고 있다.

그들의 의견에 의하면 조선혁명의 현 단계의 부르주아 민주주의 혁명 과업은 거의 완수되면서 있으며(독립했다는 점을 들면서) 이중과업을 운운하며, 또한 곧 금일부터는 사회주의 혁명의 과업을 내세우고 싸워야 한다고 주장한다. '조선독립과 공산주의자의 긴급임무' 라는 테제 중에서 그들은 이렇게 주장하고 있다.

"조선에 있어서 혁명은 부르주아 민주주의 혁명으로부터 프롤레타리아 민주주의 혁명에로 단계적, 서열적으로 나가는 것이 아니다. 두 개의 혁명이 동시에 수행되면서 특히 전자가 후자의 일부분으로서 그중에 포함된 형태에서 전개되어 나가야 할 제 조건을 갖추고 있다." (동 테제 5페이지)

"조선혁명의 과정이 부르주아 민주주의 혁명으로부터 프롤레타리아 민주주의 혁명으로 계속적으로 진행하는 것이 아니고 양 혁명이 동시에 대항적으로 전개된다는 객관적 조건은 필연적으로 이 이중혁명에 있어서 헤게모니 문제를 제기하고 민족주의자 내지 민족개량주의자와 공산주의자의 사이에 격렬한 대립투쟁을 일으킬 것이다." (동 9페이지)

이러한 종류의 과오는 비단 그들 일본에서 나온 몇 개 동지들만이 주장한 것이 아니다. 요사이(9월 15일)에 소위 장안빌딩 '공산당'의 수령 최익한(崔益翰). 이영(李英), 정백(鄭柏) 등은 자기 당의 이름 밑에서 테제를 발표하였다. 그중 여러 가지 흥미를 끄는 문제를 내놓으면서 금일의 조선혁명의 성질을 언급하고 '현 단계의 정세와 우리의 임무' 중에서 이러한 주장을 하였다.

"…이 혁명이 부르주아 민주주의 혁명으로부터 프롤레타리아 민주주의 혁명으로 점진적이 아니라 비약적으로 진전될 수 있는 것이다. … 8.15 이래 우리는 혁명의 제2단계에로 돌입하였다. 제1단계에 있어서 중요한 투쟁대상은 일본 제국주의의 타도를 위하여 자유주의적 토착 부르주아, 지주 및 부농을 견제, 고립, 마비시키며 프롤레타리아트는 절대 다수인 중소농민과 굳게 동맹을 맺는 동시에 도시 중소상인층과 청년학생, 지식계급의 다수를 연결하는 것이 투쟁에 있어서의 중요한 세력배치였으나, 금일에 있어서는 정세의 변함을 따라서 자유주의적 민족부르주아지의 반동적 저항을 진압하고 농촌 중농과 도시 중소상공층의 동요, 불확실성을 견인 혹은 중립화시키는 이 역사적 순간에 있어서는 프롤레타리아트는 자기의 지도 아래 농업 프롤레타리아트와 전 인구의 압도적 대다수인 빈농 즉 반프롤레타리아트의 강고한 혁명적 동맹을 통하여 농민 및 도시 소부르주아지와의 일정한 통일적 전선체제를 광범히 전개하지 않으면 안 된다."

이런 극좌적 파벌주의자들의 종교적 경향은 적지 않은 위험을 가져오는 것이다. 이러한 좌경과 또한 투쟁하여 이것을 극복할 것이다. 또한 우리 자체의 준비공작도 없이 폭동을 일으키려는 좌경이 있다. 이것도 또한 옳지 못한 것이니, 폭동을 일으키려면 적어도 대중을 동원할 수 있는 조직과 옳은 전술이 나서야 한다. 이러한 모든 옳지 못한 좌경적, 극좌적, 기회주의적 경향을 극복, 청산하고 우리의 옳은 노선을 실천하기에 모든 힘을 집중하여야 한다. 이것은 곧 옳은 정치노선을 위한 원칙적 투쟁을 의미하는 것이니, 이러한 투쟁은 얼마든지 행해야 하는 것이다.

(4) 프롤레타리아트의 헤게모니를 위한 투쟁

조선의 노동계급은 자기의 혁명적 전위요 그 정당인 공산당을 가져야 하며 이 당의 옳은 지도 밑에서 대중을 동원하며 전취하여야 하나니, 여기에서 프롤레타리아트의 영도권 확립이란 문제가 서게 된다. 이 문제는 노동계급이 조선 농민대중을 자기편으로 전취하고 못함에 의해 결정되는 것이다. 노동자는 농민과 협동전선을 결성하여 조선의 독립과 토지혁명과 기타 모든 민주주의 혁명의 과업을 완전히 실행할 수 있는 것이니 농민은 노동계급의 옳은 혁명적 지도를 받아서야만 자기 해방이 가능한 것이다. 그러므로 '노동자, 농민의 민주주의적 독재'라는 전략적 표어가 실현됨에 있어서 또한 '프롤레타리아트의 헤게모니의 확립'이라는 역시 중요한 문제가 먼저 해결되어야 한다. 그러므로 노동계급의 영도권 문제는 토지혁명의 해결에 의한 농민의 전취 문제와 연결되고 있는 것이요, 또한 민족 및 사회 개량주의자의 영향 밑에 있는 일반 인민대중을 전취하는 문제와 또한 관련되고 있는 것이다. 요컨대 우리 당이 대중을 전취, 동원할 능력이 있느냐 없느냐 하는 문제가 가장 중요한 문제이다. 그러한 능력은 공산당이 옳은 정치노선을 내세우고 그것을 옳게 실행함으로써 노동자, 농민과 일반 노동대중이 당을 지지하느냐 안 하느냐의 문제이다. 문제의 중점은 여기에 있다.

(5) 민족통일전선의 결성으로 수립된 '인민정권'을 위한 투쟁을 전국적으로 전개할 것
우리는 정권을 위한 투쟁을 전국적 범위로 전개하여야 하나니, 해방 후의 새 조선은 혁명적 민주주의 조선이 되어야 한다. 기본적 민주주의적 여러 가지 요구를 내세우고 이것을 철저히 실천할 수 있는 인민정부를 수립하여야 한다. 그러므로 반민주주의적 경향을 가진 반동단체(한국민주당 등)에 대하여는 그 반동성을 폭로하며 반대투쟁을 일으킬 것이요, '정권을 인민대표회의로' 이러한 표어를 걸고 진실한 의미의 진보적 민주주의 정치를 철저히 실시하기 위하여 투쟁할 것이다. 따라서 이에 대지주, 고리대금업자, 반동적 민족부르주아지와 싸울 것이요, 특히 민족 및 사회 개량주의자의 영향 밑에 있는 일반 인민대중을 우리 편으로 전취함에 있어서 그들의 개량주의적 본질을 구체적으로 비판하며 폭로할 것이다. 그러므로 노동자는 농민대중은 물론이요 일반 인민대중을 자기 편으로 전취하여야 한다. '인민정부'에는 노동자, 농민이 중심이 되고 또한 도시 소시민과 인텔리겐치아의 대표와 기타 모든 진보적 요소가 정견과 신교와 계급과 단체 여하를 막론하고 모두 참가하여야 하나니, 즉 민족통일전선을 결성하여야 한다. 이런 정부는 일반 노동인민의 이익을 대표하는 기관이 된다. 이것이 점차 '노동자, 농민의 민주주의적 독재정권'으로 발전하여서 혁명의 높은 정도로의 발전을 보장하는 전제조건을 만드는 것이니, 우리는 모든 힘을 집중하여 프롤레타리아트의 영도권을 확립하기 위하여 대중을 전취하여야 하며 대

중이 지지하는 혁명적 인민정권을 수립하여야 한다.

5. 혁명이 높은 단계로 전환하는 문제

조선의 혁명이 그 발전에 따라서 부르주아 민주주의 혁명에서 높은 단계인 프롤레타리아 혁명에로 전환한다는 것은 가장 중요한 이론문제인 것이다.

그러나 금일에 있어서 부르주아 민주주의 혁명의 중요과업(완전독립과 토지혁명)을 완전해결은커녕 이제 시초의 첫걸음을 내디디는 처지에 있는데도 불구하고 벌써 그 중요과업이 완수되었다고 보고 부르주아 민주주의 혁명이 프롤레타리아 혁명으로 넘어섰다고 규정함은 절대로 옳지 못한 가장 큰 정치적 오진이다(최익한 일파와 이것을 지지하는 동지들의 주장).

보라! 중국혁명의 발전을. 거기에서는 벌써 서금(瑞金)시대(1927~8년)로부터 근 20년 동안이나 강력한 소비에트 정권과 영웅적 홍군의 세력 밑에서 부르주아 민주주의 혁명이 발전되고 있으나, 오늘날 아직도 부르주아 민주주의 혁명 완수의 필요를 주장하고 있지 않는가? 아직도 '노동자, 농민의 민주주의 독재정권' 수립을 위하여 우선 당면에 있어서 '단일 민족전선 정부', '민주주의적 연합정부', '공산당과 국민당의 민주주의적 연합정권'을 조직하면서 있지 않는가? 공산당과 국민당의 민주주의적 연합정권이 수립되고 있다. 물론 거기에서는 사회주의 혁명에로 넘어가기 위한 전제적 제 조건을 만들어내고 있다. 그럼에도 불구하고 아직 중국혁명의 성질이 프롤레타리아 혁명으로 변경되었다는 것이 아니다. 어쨌든 조선의 객관적 정세(경제·정치·사회적)는 우리로 하여금 무조건하고 부르주아 민주주의 혁명의 제 과업의 수행을 강경히 요구하고 있는 것이요, 조선에서는 프롤레타리아 혁명의 단계는 아직 오지 않고 있다는 것을 힘 있게 주장한다. 물론 이것은 조선혁명이 앞으로 그 발전에 따라 혁명의 제2단계인 사회주의 혁명으로 전환되어야 하며, 그것이 역사적 필연성을 가지고 있는 동시에 주관적 요소인 혁명세력이 이것을 힘 있게 촉진시키는 것이라는 마르크스·레닌주의적 혁명관을 망각하였다는 것이 결코 아니요, 그와 반대로 조선공산당은, 프롤레타리아 혁명으로 속히 넘어가게 만들기 위하여 그 전제조건인 제 문제, 즉 반제·반봉건적 투쟁으로 그 자유발전의 길을 열어주고, 또한 노동자, 농민의 민주주의적 독재정권의 수립과 프롤레타리아 헤게모니 확립이란 중요 문제의 해결을 위하여 민족적 통일전선의 실현을 강조하여 둔다. 이러한 실천적 정세를 파악하므로 우리가 금일에도 부르주아 민주주의 혁명의 과업을 실현할 임무를 주장한다고 해서 우리가 비혁명적이라거나 개량주의적이라는 것은 결코 아니다. 이렇게 문제를 옳게 구체적으로 규정하는 것만이 가장 혁명적인 것이요 가장 옳은 정치노선이 되는 것이다.

1945, 이승만, 〈건국과 이상〉

이 글은 독립운동가 이승만(李承晩)이 광복 직후 귀국하여 쓴 글과 연설문 등으로, 1945년 12월 25일 국제문화협회(國際文化協會)가 발간한 이승만의 저서 〈건국과 이상〉의 본문 부분을 옮긴 것이다. 이 저서에는 안재홍(安在鴻)이 쓴 서(序)가 들어 있으나 이것은 옮기지 않는다.

1. 고국에 돌아와서

조선을 떠난 지 33년 만에 처음으로 돌아와서 그립던 산천과 고국 남녀동포를 만나니 기뻐서 웃고도 싶고 슬퍼서 울고도 싶습니다.

　내 예정은 중국에 있는 임시정부 당국자들과 상의하고 김구 씨와 같이 돌아오려고 했으나 중국 방면에 여러 가지 장해가 많아서 함께 오지 못하고 미국 군용비행기로 태평양을 건너오게 된 것입니다.

　내가 이번에 이렇게 온 것은 임시정부나 외교 관계로 온 것이 아니고 다만 평민의 자격으로 사행(私行)처럼 온 것입니다. 미경(美京) 워싱턴을 지난 10월 4일 태평양을 향하여 떠나올 적에 아무에게도 알리지 아니하고 몰래 떠났는데, 급히 정거장에 나와 남녀 친우 수십 명이 전송을 해주셨습니다. 밤 9시 발 상항(桑港)에 도착하여 비행기를 바꾸어 타고 하와이와 괌도를 거쳐서 지난 10일 동경에 도착하니 전후 6일간에 조선 리수로 3만3천 리를 온 것입니다.

동경에서 하지 중장을 만나서 담화하고 그 이튿날 중장이 떠나면서 피로도 회복할 겸 쉬었다 오라고 하기에 3일간 동경에서 쉬어가지고 어제(16일) 아침에 동경을 떠나 오후에 서울에 도착하였습니다.

내가 조선에 소문 없이 온 것은 비밀관계나 어떤 정당과 연락이 있어 온 것도 아닙니다. 모든 정당과 당파가 협동하여 우리 조선의 완전무결한 자주독립을 찾는 것이 나의 희망하는 바입니다. 지금 이 기회는 전무하고도 또 후무한 기회입니다. 미국인들이 우리들에게 한번 기회를 주어보자는 것이니, 우리가 이때에 사감과 사리를 버리고 합심협력하여 회복을 주장하면 잘될 수 있는 것을 나는 확신하는 바입니다. 이 말을 일반 동포에게 일일이 잘 알려주시기 바랍니다.

미국 정부나 백성은 우리의 독립을 절대로 주장하고 있습니다. 일본에서 조선까지 오면서 맥아더 대장과 하지 중장, 아놀드 소장은 모두 우리들의 동정자임을 알았습니다. 그분들이 말하기를 한인(韓人)이 차차 배워가며 자치자립할 능력을 얻을 수 있다고 말하였습니다.

친구들이 일을 도와주더라도 일을 아니 하든지 자기에게 능력이 없으면 남의 도움이 아무 소용이 없는 것입니다.

이후 또 말할 기회가 있을 것이므로 오늘은 이만 그쳐야겠습니다만, 끝으로 다시 한 번 부탁할 것은 남녀 여러분은 일심합력으로 이 기회를 잃지 말기를 바라는 바입니다.

2. 3천만 동포에게 고함

나의 지극히 사랑하는 동포여, 내가 귀국한 지가 벌써 3주일이 되었습니다. 그동안에 서울에 계신 여러분과 시골에 계신 손님들이 날로 문이 미어지게 나를 보러 와주십니다. 나는 무한히 감격합니다. 그동안 여러분을 접대하기에 좀 분주하니 아무 일도 못 하고 지냈으며 연속 오시는 분들에게 충분한 기회도 못 드리고 또 그 외에도 여러 번을 문밖에 왔다가 들어오시지 못하고 가신 분이 많다 하니 이 사람 마음에 심히 죄송합니다.

내 마음에 원하는 것은 책임 없는 일개 평민(平民)으로 우리 동포를 집집이 찾아다니며 심방도 하고 담화도 해서 기쁘고 슬픈 것을 함께하고 싶습니다. 그러나 우리가 지금 비상한 시기를 당해서 한편으로는 좋은 기회요 또 한편으로는 심히 위태한 시기입니다. 이 기회에 있어서 우리 3천만이 한 몸 한 뜻으로 한 뭉치가 되어 사나 죽으나 한 길로 나가기로 결심하면 우리 조상의 반만년 유업인 삼천리강토를 회복하여가지고 자손만대의 자유복락(自由福樂)을 누릴 기초를 베풀 수 있고 만일 그렇지 못하면 다시 어떤 지경에 빠질는지 알 수 없는 터입니다. 이런 중요 시기임을 각오하는 우리는 일시일각이라도 허송할 수 없는 처지입니다.

내가 처음에 여기 오니까 하지 중장이 종잇조각에 쓴 것을 주며 만세운동 때에 독립선언에 서명하신 33인 중에 아직도 생존하신 이가 여러 분이니 이 분들을 먼저 만나는 것이 좋겠다 합니다. 이 어른들을 당장에 가 뵈려 한 것이 지금껏 못하고 있으니 과연 죄송합니다. 시간이 허락하는 대로 여러 분을 일일이 만나도록 주선하려 하니 아직은 심방을 좀 정지해주시고 긴절히 하실 말씀이 있거든 글로 써서 보내주시면 도움이 많이 될 것입니다.

포악무도한 왜적은 아주 망하고 말았습니다. 온 세상이 다 저희 것으로 알고 방정을 떨다가 아주 결단났지요. 이번에 일본 후목(厚木, 아쓰기) 비행장에 내려서 동경으로 들어가며 보니까 횡빈(橫濱, 요코하마)은 참 쑥밭이 되었어요. 미국 폭탄이 공중에서 내려와서 횡빈은 100에 99분이 평지가 되고 동경은 100에 75분이 파괴되었습디다. 그 외의 몇 도성은 말이 아니라 합디다. 횡빈에서 목도한 이의 말을 들으니 첫 두 주일은 모든 건물에 불붙는 연기로 살 수 없었고, 그 다음 두 주일은 송장 태우는 냄새에 견딜 수 없었다고 합디다. 너무 악독하게 하던 왜적의 손에 학살을 당한 우리 충렬(忠烈) 남녀 혼령을 위로할 만합니다. 물론 우리 손으로 우리 원수를 갚지 못한 것은 우리가 불만히 생각할 수밖에 없으나 예수교 성경에 말한 바와 같이 "너희는 원수를 보복하지 말라, 내가 갚아주리라" 하신 것 같이 과연 그대로가 된 것입니다.

일인들은 영영 저희 것을 만들어 만년 무강의 터를 닦아 건설과 개량을 저희 소용대로 만들어놓고 차라리 일본 섬은 내놓을지언정 조선은 내놓지 않는다 하던 것이 일조에 저희는 망하고 우리는 다시 일어나게 되었습니다. 그래서 그자들은 다 손을 떼고 가만히 물러가게 되니 그 사람들은 참 복통할 것입니다. 지금 여기 남아있는 사람은 조선 시민이 되어서 잘 복종하고 살기를 원하여 허락해달라고 애걸합니다. 그 정경을 생각하면 측은한 점도 없지 않으나 일본 사람들이 기왕부터 도처에 너무 악독하고 교활해서 믿기가 어렵습니다. 일후 우리 정부에서 이 사람들에게 대한 정책이 있을 것입니다.

지금은 우리 독립의 원수인 일본이 패망한 것은 우리나라를 해방한 것이니 우리 독립에 대하여는 다시 문제가 아닌데 아직도 우리가 주권을 차지 못 하고 있는 것은 무슨 연고입니까? 다름아니라 일본이 지난 45년 동안에 우리를 겹겹이 속박하여 아무것도 할 수 없게 만들어놓고 한편으로는 세계를 향하여 "조선 사람들은 저희끼리 분쟁을 일삼으며 일을 할 줄을 모르고 하려 하지도 아니하는 고로 자치자주할 능력이 없으니 일본이 다스려주는 것이 저희의 큰 복이 된다"고 역선전을 한 까닭입니다. 1941년 12월 7일에 진주만 사건이 생긴 이후로는 미주와 중국 방면으로 소수 불평분자들이 임시정부를 해칠 목적으로 돌아다니며 모든 악선전을 한 것은 참 한인이 되고서는 들을 수 없는 일이 많았습니다. 임시정부를 아는 이는 내지에는 도무지 없다, 임시정부 당국들은 다 무능해서 소용이 없다는 등 언론으로 연합국 당국들의 이목을 현황케 한 고로 연합국 정부들은 한인들이 분열되어 분쟁하니 승인할 수 없다, 어떤 단체가 전국을 대표한 것인지 알기 어렵다 하는 언사로 한국 문제를 가라앉혀온 것입니다.

그리하여 일본의 항복을 받게 되니 물론 임시정부가 들어와서 인심을 집중하고 정권을 잡게 되었다면 모든 문제가 다 차서로 해결되고 미국 군정부에서도 아무 어려운 일이 없어 우리 정부로 넘기고 말았을 것인데, 임시정부는 들어오지 않고 나라는 로군과 미군이 반씩 갈라 점령하게 되매 민심이 자연 선동되는 중에서 여러 정당이 생겨나서 각각 기치를 들고 주의주장을 세우기에 이른 고로 서울서 발표된 신문 통신에 정당이 열이라 스물이라 하는 불미한 보도가 전차되니 한인들이 자치활동력이 없다 하는 사람들의 말이 더욱 믿기 쉬울 만치 된 것입니다.

그래서 근일에 국제신탁이라는 말도 다 이러한 관계로 인하여 나는 것이니 그 본의는 다른 것이 아니요 한인들이 저희 일을 해결할 만한 자격이 못 되니 누가 대신 다스려서 한인들을 넉넉히 교육시킨 후에 맡게 할 터인데 어떤 나라이든지 한 나라에 맡기면 그 나라가 맡아가지고 어떻게 할지 모르니까 여러 나라가 합동하여 신탁처럼 만들어 그 이름으로 맡아서 다스리자 하는 말입니다. 이 의론이 지금 널리 유행하는 중이니 이때 우리가 무식하여 모르고 앉았든지 무능하여 알고도 아무 수 없이 앉았으면 필경은 이런 언론으로 작정될 것이니 그때는 아무리 반항해도 매우 어려울 것이요 몇십 년 동안을 또 남의 노예로 지낼 터인데, 전에는 왜놈 하나가 우리의 상전 노릇을 하였지마는 국제신탁제가 되면 우리의 상전이 여럿이 될 것이니 그 굴레를 벗어나기 어려울 것입니다.

그런즉 이때에 한시바삐 우리가 합동하여 한 덩어리를 만들어가지고 우리의 자치자주할 능력을 세계에 표명하는 것이 제일 급하고 제일 긴급하지 않습니까. 다행히 미국 군정부 당국들은 다 우리 독립의 친구입니다. 동경서 맥아더 장군을 만나니 고성으로 말하기를 "한인이 자주독립할 능력이 없다는 것이 다 거짓말이고 실상은 잘해 나갈 수 있는 것을 믿는다"고 합디다. 여기 군정부 당국들은 일인에게 빼앗은 건물과 재산을 다 봉쇄하여놓고 한국 정부가 하루바삐 승인을 얻는 날은 다 넘겨 맡겨서 한인들의 생활을 개량하며 한국의 권리를 공고케 하기로 전력 중입니다. 그러므로 내가 귀국한 이후로 각 단체를 모아놓고 이런 내색을 설명하여 지금 최급선무인 합동을 주창하여 모든 정당이 다 일치로 협의하여 민족대표기관으로 한 단체를 이루어 우리의 원하는 것이 무엇이라는 것과 우리가 능히 자주독립할 자격이 된다는 것을 세계에 표명하자고 결정되어서 10월 23일에 조선호텔에 모든 대표가 모여 독립촉성중앙협의회(獨立促成中央協議會)를 조직하고 11월 2일에 천도교 대강당에서 다시 모여 그 협의회 이름으로 각국에 선포문을 보내어 38도 분담한 문제를 속히 해결하여 달라는 것과 신탁통치를 우리가 원치 않는다고 하였으니 이 소문이 각국 정부에 전보로 다 도달되려니와 각국 신문에도 널리 게재될 것입니다.

　우리 합동 문제에 대하여 가장 어려운 관계는 공산당입니다. 타국에서도 이것으로 인연하여 민족분열이 되는 고로 당초에는 우리도 이 문제에 대하여 염려한 것입니다. 그러나 우리가 몇 번 토의한 결과로 조선에 있는 공산당 간부 중에 유명한 인도자들이 모두 국권을 회복할 때까지는 각 정당의 주의주장을 희생하여 정지하고 오직 통일된 민족으로 한 뭉치가 되자고 언명하고 공식에서 선서로 맹세하였으니 이 모든 인도자들의 애국심에는 우리가 다 감복하는 바입니다.

　내가 여기 와서 들은즉 인민공화국이라는 명의로 정부를 조직하고 주권자들을 선정하였는데 나를 두령으로 선거하였다는 말을 듣고 즉시 공식으로나 비공식으로나 관계없는 것을 알리고자 하였으나 각 인도자들과의 합동을 생각하는 바가 있어서 침묵하고 있었습니다. 나는 본래 임시정부에 복종하여 김구 선생과 그 정부 안의 몇몇 우리 인도자들을 옹호하여온 터이니 다른 정부와 관계를 둘 수가 없는 터입니다. 그러나 지금은 이상에 말한 바와 같이 우리의 국권 회복을 위하여 통일이 제일 긴급한 줄로 각오하고 각 정당이 대동단결하여 독립촉성중앙협의회로 뭉치게 된 이상 다른 이의가 없이 정부도 하나가 되어야 할 것입니다. 그러므로 나는 공산당과 그 외 여러 정당의 인도자들이 애국심으로 자기들의 주의주장을 이만치 희생하고 대동통일을 완성케 하는 것을 깊이 감사합니다.

이미 공포한 바와 같이 이 협의회는 정부도 아니요 정부대표기관도 아닙니다. 다만 우리의 임시정부가 각국의 승인을 받고 국권을 맡을 때까지 우리 민국 전체를 대표하여 우리 국민 전체의 의지를 발표하자는 주의로 성립된 것이니 각 지방에서도 이와 같이 아시고 모든 단체가 속히 합동하여 공동기관을 세우고 대표를 선거하여 본회에 참가하도록 유의하시며 중앙에서 의결되는 일을 따라 준행(遵行)하기를 바랍니다. 이와 같이 해나가면 오랜 시기를 요구치 않아도 양호한 결과를 볼 줄 믿습니다.

3. 전 민족의 급무

내가 귀국하면서 각 단체의 대표를 청하여 통일 문제를 의론한 것은 다 아셨을 것입니다. 이 단체를 청한 것은 그 단체가 다 상당한 자격이 있다 해서 그렇게 한 것도 아니요, 그 각 단체의 인도자가 다 전 국민의 대표권이 있다 하여 그렇게 한 것도 아닙니다.

이 외에도 뒤에 앉은 큰 인도자도 많고 또 유력한 단체도 있을 것입니다. 그러나 그 단체나 그 인도자들로 인하여서는 아무런 문제도 없으나 이상 각 단체들은 각국 신문에 전파되어 이 육칠십 단체로 인연하여 한국이 분열이라 한 고로 이 단체들을 우선 한 뭉치로 모아보자는 의미에서 그와 같이 착수한 것입니다. 이렇게라도 방법을 도모하지 않고는 도저히 국제상에 있어서 문제를 해결할 길이 없는 까닭입니다. 우리가 파당으로 인연하여 혼돈한 상태를 그대로 계속한다면 연합국 사람들은 우리 한인들의 원하는 바가 무엇인지 알 수 없다 하는 것이 보통 비평입니다. 이럼에도 불구하고 우리들이 정당싸움이나 하고 앉아서 통일을 이루지 못하면 종당은 연합국이 우리의 원치 아니하는 것을 만들어다가 내려누를 것입니다. 그때에는 우리의 국권을 회복하기 더욱 어려울 것입니다. 국권이 없는데 정당이 어디 있을 것입니까. 그러므로 내가 여러분과 같이 하루바삐 통일의 전면(前面)을 이루어가지고 우리의 전 민족이 원하는 것이 무엇이며 우리가 우리의 일을 할 수 있다는 것을 세계에 표명하자는 목적이 유일한 동기가 된 것입니다.

기왕에 설명한 바와 같이 각 단체의 인도자의 우국성심(憂國誠心)으로 심리적 단결이 형성되어 각 단체의 대표가 합동하여 독립촉성중앙협의회를 조직하고 이 회에서 내게 위임하여 전형위원(銓衡委員)을 택정하고 그분들의 공천으로 중앙집행위원회(中央執行委員會)를 설치하기로 한 것입니다. 그러나 임시정부가 수일 내에 입성한다는 보도를 듣고 아직 정지하고 있습니다. 그것은 당국한 제공(諸公)과 상의하여 진행하는 것이 더욱 좋을 줄로 믿기 때문입니다.

그러나 불행한 것은 아직도 결렬분자가 약간 있어서 통일완성을 은근히 방해하는 모양이라 합니다. 조선사람이 다 합동해서 조선강토를 회복하여 가지고 조선민족이 같이 살 길을 찾아 나아가자 하는 것을 조선민족의 피를 가진 사람들로서 반대한다면 이것은 곧이들을 수 없는 말이요, 이것이 우리 민족 전체의 큰 근심이 되는 점입니다.

이왕 전제정권 밑에서는 백성에게 정권을 허락하지 않았은즉 이조 말년에 모든 부패한 정령(政令)은 그때 당국의 죄라 할 수 있고 과거 40년 동안 포악잔혹한 정치는 왜적의 죄라 할 수 있으되 지금은 공화제도 아래에서 모든 속박은 다 끊어버리고 일국(一國)의 존망과 안위를 전수(全數)의 일반 인민에게 맡겼은즉 이후부터는 조선이 잘되든지 못되든지 전혀 조선사람의 담책이니 우리 삼천만 민족 가운데 하나도 이 책임을 면할 수는 없을 것입니다.

지금부터는 할 수 없다는 말은 영영 없이해야 될 것입니다. 해도 우리가 하고 아니 해도 우리가 아니 하는 것이지 시킬 사람도 없고 막을 사람도 없습니다. 우리가 할 수 없다 하고 앉았으면 이는 다만 남의 노예 노릇밖에 할 수 없다는 말입니다. 남의 노예로만 살자 할진댄 이는 결코 우리 민족의 정신도 아니요 사천여 년 부여유족(扶餘遺族)의 기상도 아닙니다.

공화정치 미래는 높고 귀한 이도 없고 얕고 천한 이도 없는 것입니다. 경향(京鄕)의 구별이나 지위의 등분이나 다 없을 것입니다. 중앙정부나 지방정부의 잘되고 못되는 것은 다 그 정부 밑에 사는 남녀가 일체로 책임을 지는 것입니다. 이는 다름이 아니라 그 정부의 당국을 인민이 공동히 투표하여 선정하는 까닭입니다. 인민이 각각 그 직책을 다하여 그른 사람을 피면하고 옳은 사람을 보호하면 나라가 잘되고 지방이 잘되나니 이는 각각 인민의 여론을 따라서 하는 연고입니다.

그런 고로 인민이 각각 사욕만 있고 공심(公心)이 없어서 남은 살든지 죽든지 나라는 있든지 없든지 나 하나만 살면 그만이라 할진댄 그 나라는 서지 못하는 법입니다. 나라가 서지 못하면 나의 정당은 어디 있으며 나의 가정은 어디 있으며 누가 보호할 것입니까. 이것은 지난 40년 동안에 지낸 경험이 소상(昭詳)하니 더 말할 필요가 없을 것입니다.

왜적의 압박정치가 무너지고 공화자유를 공포한 이후 모든 충애한 동포는 공심을 가지고 이 복스러운 자유권을 보호해서 만세복락의 기초를 세우려고 노심노력하는 가운데에 불행히 선동하는 자들이 있어서 민중의 사욕과 불행을 고취하여 경향 각처에 불소한 폐해를 주는 일이 있다 하니 그 사실을 깊이 조사하지 못하고 경솔히 말하기는 어려우나 우선 보고된 바에 의하여 몇 가지 폐단 되는 조건을 간단히 설명하려 합니다.

첫째로는 동맹파공입니다. 선동자들이 말하기를 우리가 지금부터는 공전을 많이 받고 일하는 시간을 줄이고 모든 대우는 더 낫게 하려 하여 동맹파공하면 우리의 원하는 대로 될 수 있다 하는 것이니 이것은 실로 나라가 먼저요 개인이 뒤라는 것을 생각지 못하는 말입니다. 이때에 각 개인이 다 사사의 이해만 위하고 민국의 이해를 불고하면 우리 독립의 일은 어찌 될 것입니까. 동맹파공을 주장하는 분들 생각해보시오. 우리의 원수가 우리를 노예와 우마처럼 몰아다가 우리 동족을 잔해하는 일을 억지로 시킬 적에도 우리는 아무 말도 없이 40년을 참아왔거든 지금 우리가 우리나라를 찾아가지고 자유독립의 기초를 세우려고 하는 이때에 설혹 불공평한 대우를 받을지라도 우리가 애국애족하는 마음으로 참고 민국 건설에 도움이 되도록 힘을 써야 할 것입니다. 기계 하나라도 놀려서는 아니 될 것이라고 결심해야 됩니다. 그렇게 하는 것이 참으로 자유민의 애국하는 본의입니다.

둘째로는 농민들이 전답의 추수를 아니하는 폐단입니다. 내가 미국에서 각 신문에 보도되는 소식을 들은즉 우리나라의 농민들이 지금은 자유를 얻었으니 일을 아니 해도 먹고 살 터이라 해서 모두 손을 떼고 노는 사람이 많다 하는 것입니다. 나는 이 기사를 보고 이것은 보도의 잘못이요 사실이 아닐 것이라 하였습니다. 그런데 급기야에 귀국하여 들은즉 과연 그러한 폐단이 있었다 하니 이는 이면에 불량분자들이 있어 경향에 출몰하여 이런 선전 저런 선전으로 많은 손해를 끼치게 한 것이 분명합니다.

우리의 충애한 남녀들은 이러한 선동에 흔들리지 말고 더욱 더욱 부지런히 일하여 세상사람으로 하여금 여러분 농민들의 애국애족하는 성심을 알게 합시다. 우리가 곡식을 버려서 밭에서 썩으면 양식이 부족하여 우리의 불상한 동포가 굶어죽게 될 것입니다. 이렇게 되면 이것이 누구의 죄책이 될는지 생각해보시오. 전에는 우리의 양식을 왜적이 빼앗아다가 먹고 우리들은 굶어죽게 하는 것을 우리가 알고도 추수를 거두어 보냈거든 하물며 지금은 쌀 한 섬도 왜적이 가져가지 못하게 되었으니 우리의 곡식이 많을수록 우리가 자급자족하여 넉넉히 먹고 살며 남은 것은 외국에 발매하여 우리에게 없는 것을 바꾸어다가 우리의 생활 정도를 개량케 하며 우리 후생의 복리를 향상케 하리니 이것이 우리 경제 발전에 큰 방책이 될 것입니다. 거둔 곡식이 유여한 이들은 동포에게 고가를 받기 위하여 장치하지 말고 기근에 빠진 동포를 살리기 위하여 시가(時價)대로 방매하시오. 국중의 식량문제를 잘 해결해야 됩니다. 우리가 풍족해서 여유 있게 지내도록 한 후에 나머지는 외국에 수출해서 국가경제에 공익이 많도록 노력하기를 바랍니다.

셋째는 탄광이 봉쇄된 것입니다. 군정부에서 지금 가장 주의하는 것은 양식이 넉넉하여 굶어죽는 자가 없도록 하며 화목을 준비하여 오는 겨울에 얼어죽는 사람이 없도록 하자는 것입니다. 다행히 금년의 미곡은 전무한 풍년으로서 저으기 근심을 놓겠으나 화목은 극히 곤란한 현상입니다. 석탄을 캐야 합니다. 석탄을 캐면 기차를 부려서 운수할 터인데 모든 기관수는 거의 일인이라 한즉 일인 기관수를 쓰지 않고는 필경 탄광도 열지 못하고 철도도 폐지할 지경이라 하니 삼동에 얼어죽을 사람은 우리 한인들뿐입니다.

그런즉 아무리 싫더라도 일인 기관수를 임시로 써서 모든 공장이 열리게 하고 일변으로 배워서 한인 기관수가 대신할 만하면 즉시 갈아내게 해야 될 것입니다. 이와 같은 결심으로 일을 시작하는 것이 실로 애국하는 본의입니다. 탄광의 광부들은 일제히 분기하여 나라를 위하여, 동포를 위하여 노력하기를 바랍니다. 우리가 하루바삐 일인을 다 몰아내고 싶지마는 일변으로는 일인을 얼마 동안 잡아두는 것이 옳을까 합니다. 저희가 우리나라에서 쫓겨나게 될 때에 모든 기계와 건물을 파상시킨 것이 불소합니다. 이것은 일인을 잡아다가 채찍질로 때려가며 다시 건축도 하고 개량도 해놓아야 할 것입니다. 평안히 돌려보내고 우리 손으로 개량하는 것은 오히려 어리석은 일입니다.

넷째로는 친일분자들을 징벌하자는 문제입니다. 도처에 일어나는 중요한 문제는 과거 수십 년 동안에 왜적을 의지하고 해국잔민한 여러 반역분자들을 군정당국에서 처벌치 않아 선악이 분별되지 않고 동공일체(同功一體)로 대우하여 충역을 혼잡시키니 인심이 불복이라 합니다. 과연 나라를 팔고 동족을 잔해

한 공적을 일일이 징벌하여 국민성을 청결케 해놓아야 장원한 기초가 바로잡힐 것으로 믿습니다. 그러나 내 생각에는 이 사람들을 아직 방임하여 두었다가 일후 국권이 회복하는 날에 우리 법정에서 심판처리하는 것이 옳을 것입니다. 이는 다름아니라 첫째는 우리의 공분을 우리의 손으로 설치(雪恥)할 것이고 외인의 손을 빌려 하는 것은 우리의 원이 아니며, 둘째로는 미국사람이 우리를 대신하여 벌을 준다 해도 누가 누구인 것을 알기도 어렵고 상당히 징치(懲治)할는지도 의문이니 이것은 아직 정지하였다가 시기를 기다리는 것이 옳은 줄로 압니다.

다섯째는 양반계급과 자본주의와 완고사상들입니다. 근자에 선동하는 자들의 말이 임시정부는 완고한 양반계급이요 자본주의자들이니 국가와 민생에 방해를 줄 터이라 하는 말이 있습니다. 이런 말을 듣는 선량한 남녀는 주의하여 들어주기를 바랍니다.

1919년에 한성에서 임시정부를 조직한 국민대회의 선포한 약장에 알렸으되, 우리나라는 민주주의요 정체는 공화제이며 문벌과 등급을 타파하고 법률 아래다 일시평등이라 하였으며 남녀의 구별이 없이 연령이 찬 사람은 일병(一竝) 투표권을 허한다 하였습니다.

이 정체 밑에서 다른 것이 있을 수 없습니다. 그리고 지금 군정에서 모든 일본인의 토지와 부동산을 봉쇄하여 두었으니 일후에 우리 정부에서 법칙으로 타정(妥定)하고 각 농민에게 상당하게 분배하여 연기를 한하고 경작하게 될 것입니다. 공업을 권려하되 법률로 재정하여 자본과 노동이 평균히 이익을 누리게 하고 국가의 부요를 도모하게 하려 하는 것입니다. 이것이 다 우리 정부 당국자들의 계획 가운데에 있는 몇 가지만을 말씀하는 것입니다.

이상의 각 조건이 다 나라를 먼저 회복하고야 쉽게 진행될 일이요 나라를 회복하기는 전 민족이 먼저 통일되고야 할 일입니다.

일반 동포는 남의 선동에 흔들리지 말고 각각 그 맡은 책임을 부지런히 행하시오. 부지런히 일할 적에 한 가지 목적을 가지고 나아가야 합니다. 이 목적은 우리가 다 합동해서 잃었던 나라를 먼저 찾자는 것입니다. 이대로 하면 성공될 줄 믿습니다.

4. 공산당에 대한 나의 관념

오늘은 공산당에 대하여 나의 관념을 간단히 설명하려 합니다. 나는 자초로 공산당에 대하여 호감을 가진 사람입니다. 그 주의의 얼마는 찬성합니다. 일후 우리 정부에서 경제정책을 세울 적에 공산주의에서 채용할 것이 여러 가지입니다. 자본주의나 계급주의를 혁제하여 농민은 땅이 있고 빈민은 의식이 있게 할 것입니다. 나는 공산주의에 얼마큼 동정입니다.

서백리아 눈바람에 갖은 풍상을 겪으며 고국을 위하여 혈전고투하는 동포들과 악독 왜적의 압박 밑에서 지하공작으로 백절불굴하고 배일항전하던 공산당원들을 나는 공산당원으로 보지 않고 애국자로 인정합니다.

왜적이 항복한 후에 외국의 승인을 얻기 위하여 인민공화국(人民共和國)을 세운 것은 사욕이나 불의의 생각이 아닌 줄로 믿습니다. 내가 그 정부의 두령으로 피선된 것은 나의 과분의 영광으로 압니다. 그러나 한 나라에 두 정부가 있을 수 없는 것은 내가 선포한 바와 같으며, 또 나 개인의 소원은 다른 것이 없습니다. 여러 번 죽었던 목숨이 살아서 고국에 들어왔으니 지금은 우리 독립정부 밑에서 일개의 자유로운 평민으로 우리 동포와 사생을 같이하자는 것이 나의 소원입니다.

과거 수년래로 한인 공산당에 대하여는 다소 우려하는 점이 있습니다. 공산주의를 두 부분으로 나누어 말할 수 있는데,

첫째는 공산주의가 경제 방면으로 근로대중에게 복리를 줄 것이니 이것을 채용하자는 목적으로 주장하는 인사들입니다. 이러한 공산주의에 나는 얼마큼

찬성합니다.

둘째는 경제정책의 이해는 어찌되든지 공산정부를 세우기만을 위하여 무책임하게 각 방면으로 선동하는 중에서 분쟁이 발생하여 국사에 손해를 끼치는 이들이니 이 극렬분자가 참으로 염려되는 점입니다.

미주와 중국에 있는 한인계에도 이런 분자가 몇몇 있어서 내외국의 인심을 현혹케 하는 바가 있습니다. 한인이 분열이라 또는 한인이 자치할 능력이 없다 하는 등 모든 악선전이 다 이 분자들의 선동한 결과입니다.

우리 한인뿐 아니라 중국과 구라파의 각 해방국에도 다 각각 이러한 분자들이 국중에 있어서 국민이 분열되고 골육이 상쟁하는 참화를 양성하니 나는 이러한 공산분자로 인연하여 근심합니다.

이 사람들이 일인의 재정을 얻어가지고 모든 활동으로 각 지방에 소란을 일으키며 외국인을 배척하는 선전과 임시정부를 반대하는 운동으로 인심을 이산시켜서 미국 군정부가 한국을 해방시키지 못하고 속히 밀려나가기를 도모하는 것이니 이는 일인의 모략에 빠지는 것입니다. 일인은 한미 양국간에 오해가 생겨서 형세가 일본에 유리하게 전개되기를 바라고 있는 것입니다.

이 사람들로 인연하여 실로 애국하는 공산당원들의 명예가 손상됩니다. 이 분자로 인연하여 장차는 한국과 노국 사이에 친선한 우의를 손상하며 국제상 오해가 생길 염려도 불무합니다.

각 지방에 흩어져서 모든 부언낭설을 고작하여 인심을 현혹시키며 위협과 공겁으로 당파를 확장해서 민간의 재정을 강탈하는 폐단이 종종 있어 일국의 정령을 문란케 하니 이런 난국을 수습치 않고는 안녕과 질서를 유지하기 어려울 것입니다.

순량한 청년들을 백방으로 꾀어다가 애국자의 미명을 쓰고 암살대를 조직하여 동족간에 피를 흘리게 하고 보자는 언사로 맹약을 받아 불법행동을 비밀히 양성합니다.

경향 각처에 이 극렬분자들의 선동으로 농민이 추수를 걷지 않는다, 기계공장에 동맹파공을 시킨다 하는 등 모든 분요와 충돌이 다 이 분자들의 활동하는 결과입니다. 이것을 방임하면 앞으로 큰 환란을 만들어 종당은 중국이나 파란국(폴란드)과 같이 민족간에 내란을 일으켜 피를 흘리고 쟁투하기에 이를 것입니다. 국제상 영향이 어디까지 미칠는지 모릅니다.

이러한 폐단을 막을 계획은 다만 우리 애국애족하는 모든 남녀에게 있습니다. 각각 제 정신을 차려서 이런 선동에 흔들리지 말고 각도 각군에 단체를 조직하여 서로 밀접하게 연락하며 촌촌 면면이 심방하며 선전해서 모든 동포로 하여금 그 위험한 음모를 알게 하는 것이 유일한 방책입니다. 많은 동포가 사실을 모르고 그 선동에 빠져서 민국 장래를 위태케 하는 것을 일반 민중에게 회유하며 권면하여 일조에 석연히 각오만 되면 그제는 다시 악수 환영으로 합심합력하여 화평과 안락의 길로 함께 나갈 줄 믿습니다. 요컨댄 이때는 우리가 사정과 사욕을 버리고 국권을 회복하며 강토를 찾는 한 일에 대동단결하여야 될 때입니다. 이 일에 대하여는 각 개인이 일일이 책임을 진 것입니다. 여러분은 하나로 빠지지 말고 분투노력하시기를 간절히 부탁합니다.

5. 임시정부와 김구 주석

날마다 고대하던 우리 임시정부와 그 주석인 김구 선생 이하 합 15인이 지난 25일에 상해에서 미국 군용비행기로 서울에 도착하였으니 우리 전국 인민은 일심으로 환영합니다.

각료 중 아직도 상해에서 떨어지신 분들과 합하면 일행이 합 수십 인인데 그분들을 차서로 데려오기 위하여 로건(Col. Logan) 씨가 하지 중장의 지휘로 어제 상해에 갔으므로 며칠 내로 일동이 다 입성될 줄 믿습니다.

우리가 이분들을 공개로 환영치 못하고 비밀히 입성케 된 것은 일반이 다 큰 유감으로 생각합니다. 그러나 그 이유는 다만 한인 중 불평분자들이 임시정부를 은밀히 반대하여 백방으로 조전하다가 필경은 몇백 명이 노상에서나 정거장에서 습격을 한다 또는 각 방면으로 충돌을 일으킨다는 등의 각종 낭설이 유행하는 고로 군정당국들은 생명과 질서를 보호하는 책임에 극히 근신을 주장하여 비밀을 지킨 것이니 이것으로만 보아도 한국의 독립은 불량한 한인들의 장해로 손해를 받는 것입니다.

우리 임시정부는 기미 만세운동에 우리 애국남녀의 의혈로 세운 것입니다. 기미년 만세운동은 비폭력혁명이라는 명사가 세계역사에 처음 되는 영광스러운 사적으로 세인의 칭송을 받는 것입니다. 각국 신문잡지와 각종 서책에 우리 3.1운동을 기재한 것이 많습니다. 그러나 재내(在內)한 동포들은 왜적의 압박으로 인연하여 아는 동포가 많지 못한 것이 사실입니다.

세상에서 인도국 간디를 비폭력혁명의 시조로 인정하는 이가 많으나 실상은 우리가 비폭력혁명을 먼저 시작한 것입니다.

자고로 혁명이라는 것은 인명을 살해하고 폭력으로 정부를 번복하는 것인데, 기미년 우리의 만세시위운동은 우리 원수를 살해하지 말고 우리가 죽기로써 정신적 항거로 폭력을 쓰지 않고 적국을 몰아내자는 주의입니다. 과연 역사상에 처음 되는 빛나는 일입니다.

기미년 3월 초하루 날에 13도 대표 33인이 서울 명월관(明月館)에 모여서 독립선언서에 서명하고 왜(倭) 경찰서를 전화로 불러서 우리가 독립을 선언하였으니 와서 잡아가라고 앉아서 기다렸습니다. 그중에 길선주(吉善宙) 목사는 늦게 도착하여서 같이 잡혀가지 못하고 도경찰서에 가서 말하기를 자기도 33인 중 하나이니 가두어달라 하였습니다. 나라 독립을 위하여 죽기를 자원한 사람들이 이분들입니다.

독립선언서를 미리 목판(木板)에 새겨 여러 만 장을 인쇄하여 비밀히 전국에 전파하였다가 3월 1일에 33인이 서명한 후로 서울에서는 탑골공원에 수만 명이 모여서 독립선언을 낭독하고 국기를 내저으며 만세를 부르고 종로 네거리로 행렬하여 나갔고, 동시에 전국 300여 도회처에서도 역시 일시에 이와 같이 하여서 왜적이 어찌할 줄을 모르게 된 고로 경찰 정탐의 실패와 한인의 비밀조직력의 성공에 세상이 깜짝 놀랐습니다. 그 후는 왜적의 만행으로 우리 충애하는 남녀를 한없이 살해한 것과 우리 애국동포가 백절불굴로 어린 학생 아해들까지 열렬한 정신으로 독립운동을 계속한 사적은 과연 자랑스러운 일입니다.

왜적의 순검, 병정, 헌병 등이 전국에 편만(遍滿)해서 인민을 무한히 살해하여 집집이 수색하기와 사람마다 검색하여 꼼짝 못하게 만들어 놓았으되 13도 우리 대표가 서울에 비밀히 모여서 국민대회를 열고 임시정부를 조직한 후 전문(全文)을 또 인쇄하여 세계에 발포하고 잡혀가서 옥에 갇히고 악형을 당한 것입니다.

그런즉 우리 임시정부는 몇천 몇만 동포의 보배로운 피로써 세운 것입니다. 이 정부가 상해로 위치를 정하고 처음은 내지의 많은 재정이 동(動)하여 원조하다가 나종은 다 막히고 미주와 하와이, 멕시코, 쿠바 동포들과 요동 외지 동포의 열성으로 27년을 유지하여 왔는데, 이번 전쟁 이후로 중국 정부와 같이 이리저리 피란하다가 중경으로 가 있었으며, 중국 정부의 정치와 경제상 원조로 지내온 중 가장 장개석 주석과 그 부인의 힘이 많았으니 우리는 장 주석에게 감사할 일이 많습니다.

이번에 모든 각원(閣員)의 귀국하신 것도 대부분 장 주석과 여러 당국의 동지자(同志者)의 협동 찬성으로 미국 대통령과 협의하여 된 것이니 중미불(中美佛) 3국으로는 벌써 법적 승인을 할 만한 준비가 된 것입니다. 그러나 아직 연맹 국간에 양해가 충분되지 못함으로 승인이 좀 지체되는 중인데, 소위 신탁통치와 위임제통치라 하던 언론은 다소간 정지된 모양인데 하지 중장이 미 정부에 보고한 힘이 많습니다. 지금은 국제상 다른 고장만 없으면 한인들이 합동하여 저의 원하는 것을 이의 없이 표명한다면 우선 38도 이남에 대한 해결책은 순조로 진전될 줄 믿습니다.

우리 정부를 지금까지 유지하여 온 것이 경제상으로는 원동 각지와 미·포·묵(美·布·墨) 각처에서 간단없이 지원하여 주신 여러 동포의 순전한 애국성심입니다. 극소수인 불량분자의 백방 저해를 받았으며 지금도 이런 분자의 폐해가 없어지지 않았으나 구름과 안개가 어찌 태양열에 사라지지 않겠습니까.

정치 방면으로는 해내외에 여러 인도자들의 진충갈력(盡忠竭力)한 공효(功效)를 다 일일이 설명키 어렵습니다. 그동안 작고하신 이도 여럿이요 각원 중으로도 생존하신 분이 몇 분 있어 무한한 풍상을 겪고 고국에 돌아와서 자유로 모여 앉게 되니 슬프고 기쁜 정회를 금하기 어렵습니다. 임시정부를 지금까지 유지하여온 공효를 정치상으로 보자면 김구 주석의 변치 않고 지켜온 공로가 가장 많은 줄 압니다.

나는 우리 정부의 주권(主權) 될 인격을 구할 적에 황홀영롱(恍惚玲瓏)한 영웅을 취하지 않습니다. 삼두육비(三頭六臂)의 비상한 인물을 요구치 않습니다. 특수한 기능과 신기한 수완으로 조변석개하는 인도자들은 아직 믿어서 국권을 맡기기 어렵습니다. 그러므로 다만 애국애족하는 열정으로 이익과 사정을 초월해서 직책을 맡기면 몸이 두 조각이 나더라도 주저치 않고 지켜나가며 신의를 세워서 내외국인에게 추앙을 받을 만한 자격을 가지신 이면 나는 더 요구가 없습니다. 5조약, 7조약에 이름만 한 번 두면 부귀영화 다 자기의 장중물(掌中物)이 될 것을 알고도 아니 할 사람을 나는 원합니다. 천검만창(千劍萬槍) 중에서도 굴하지 아니하고 우리 독립을 위해서 끝까지 싸울 사람을 나는 요구합니다. 이런 인도자가 있다면 나는 무조건하고 추대하여 그분이 그 지위에 있어야 될 줄 압니다. 지금 그분이 있으니 그분은 우리 임시정부 주석인 김구 선생입니다. 우리가 김구 선생의 인솔 밑에 나아간다면 멀지 않아 성공할 줄로 믿는 바입니다.

통일합동하자

1. 귀국 후의 제일성

34년 만에 그리운 고토(故土)로 귀환하니 무엇이라 감회 깊은 말을 일일이 표현할 수 없을 만큼 가슴이 벅찬 것을 느끼게 된다. 그러나 현하 조선의 실정을 생각할 때 우리들의 감상을 말할 시기가 아니라고 보겠다.

회고하건대 과거 40여 년간 우리들에게는 모든 해방의 대로가 폐색(閉塞)되어 우리의 감정을 여의(如意)하게 표현 못 한 것은 지극히 유감된 일이라고 할 수밖에 없다. 그러나 지금은 이 대로의 장애가 전부 제거되어 대도무문(大道無門)의 형태에 있은즉 우리는 지금부터 우리 조국의 재흥(再興)을 위하여 협심육력(協心戮力)하지 않으면 안 될 것이다.

과거의 우리의 역사를 회상할 때 우리 연배들이 책임져야 할 일이 많으며 동시에 제군 청년에게 부여된 사명은 앞으로 큰 것이 있으며 그 책임은 또한 중하다 할 것이다.

지금 외국의 조선에 대한 최대(最大)한 관심은 40년간 피압박민족으로 탄압되던 조선민족에게 자유해방의 기회를 주면 과연 자주자립의 훌륭한 정치를 해 내갈까 하고 관심하는 것이다. 그만큼 우리의 실력을 평가하며 주시하고 있다.

그러므로 우리는 외국인들이 주시하고 평가하는 그 사실을 진지하게 생각하고 우리 한인 자체가 시급히 대동단결 합동통일 전선을 형성하여 건국의 새 역사를 창조치 않으면 안 될 것이다. 따라서 군정하의 치안을 담당하고 있는 미국 주둔군은 하루빨리 귀국하고저 원하므로 우리들 자신이 치안을 확보하고 우리의 정치력을 집결시켜야만 할 것이다.

이번 내가 고국으로 귀환하고저 한 것은 정전이 된 이후부터 계획한 것이었으나 사정이 허락지 않아 오늘까지 지연되었으며 이번에 귀국하여 하지 지휘관과 아놀드 군정장관과 협의한 결과 공통된 논점을 발견하였고 의견의 합치가 있었음으로 우리는 다만 그들과 협조하여 조선 건국의 기본 방침을 확립하지 않으면 안 될 것이다.

34년간 고국을 떠나 있었으므로 이곳 형편을 전연 알 수 없으며, 여러 가지로 이곳 사정을 들어 동포 제위와 제휴하여 허심탄회 오직 건국의 대로를 매진하고저 노력할 뿐이다.

이번 귀국한 것은 중경에 있는 임시정부의 대표로 온 것도 아니요, 또한 외교부 책임자로도 온 것이 아니며 다만 한국 백성의 한 사람으로, 한 평민으로 온 것이다. 따라서 이곳 군정청과 연락이 있어 온 것도 아니다. 다만 군정당국에서 알선해주어서 온 것만은 사실인데, 앞으로는 다만 '프리랜서'로 각 방면과 면담하고 협의할 터이며 또 정견(政見)을 달리한다 하더라도 건국의 목적을 위해서는 같이 투쟁할 것도 사양치 않겠다.

우리는 오늘 세계 이목의 초점이 되는 절호한 기회와 처지에 있는 만큼 우리는 소아(小我)의 영광과 자기 개인의 지위와 사인(私人)의 사욕을 버리고 다만 조선의 신국가 건설과 삼천만 동포의 신생중흥(新生中興)을 위하여서만 싸워야겠고, 일 개인의 생명을 희생해서 우리 민족 천 년의 역사 창조와 우리 민족 만년의 영광을 위하여 통일합동해나가기만 바랄 뿐이다.

2. 각 정당 대표에게

오늘 모처럼 내방하신 제위(諸位)와 일당(一堂)에 회동할 기회를 갖게 된 것은 가장 흔쾌한 일입니다. 시간의 여유를 갖지 못하여 개별적으로 면담 못 함을 유감으로 생각합니다.

그러나 앞으로 서서히 시간을 만들어 여러분과 흉금을 터놓고 여러 가지 의론할 시기가 있을 것을 믿고 있습니다. 모처럼 회동하신 기회임에 한 말씀 부탁하고저 하는 것은, 어제도 신문기자단을 통하여 말씀하였고 또한 방송으로 말씀한 바 있지만 우리는 하루바삐 우리의 국토를 반환시켜 완전한 자주독립을 반석 위에 건설치 않으면 안 될 것입니다. 그러자면 우리는 사사로운 입장을 버리고 개인의 사욕과 개인의 영광을 생각지 말 것이며, 또한 당과 당의 대립을 떠나 오직 합동통일이 있어야만 하는 것입니다. 이 사실은 내가 말씀치 않아도 현명한 제위께서 잘 이해하시고 숙지하실 줄 압니다.

회고하건대 40년 전 우리가 조선의 완전강고한 독립국가를 창조하고자 독립운동을 일으켰던 그때를 생각하면 여러분으로 더불어 감개무량한 바 있으나 그 감개에 앞서서 더욱 절실히 느껴지는 것은 그 당시의 국정(國情)보다 지금의 국정이 더욱 위급하다는 것을 말하고 싶습니다.

즉, 그 당시 국운이 기울어질 것을 그냥 방관할 수 없어 미주 기타 각국으로 특사를 파견하여 우리의 실정을 토로하였지만 지금 우리는 새삼스럽게 우리의 실정을 토로할 시기가 아니며, 따라서 우리는 연합국의 특별한 의사(意思)로 오늘의 해방을 가졌은즉 이 해방의 뒤에 올 자주권(自主權)을 위하여 대동단결 모든 힘과 마음을 결탁하여 새 조선 건설의 기초를 삼지 않으면 안 될 것입니다.

우리가 바라는 이 자주독립, 다시 말하면 우리의 자유라는 것은 무상으로 얻어지는 것이 아닙니다. 연합국의 시례를 보더라도 그들이 자주독립 국가를 건설하고 모든 굴욕과 압박과 탄압에서 자유를 얻기까지에는 그 민족국가의 유혈이 존귀한 대가로 지불된 것입니다.

그러면 우리는 우리가 차지할 자주독립에 대하여 무슨 대가를 지불해야겠습니까? 물론 유혈의 대가를 지불하게 되면 그도 피치 못할 것입니다. 그러나 이 유혈은 타민족과 타국가로부터 우리의 잃었던 자유를 획득해올 때에만 있을 수 있는 것이나 우리는 이러한 유혈의 대가 없이 우리가 바라는 자유를 획득할 수 있음을, 공연(空然)한 파쟁으로, 불필요한 당파로 무형적인 유혈의 대가를 지불하는 것은 가장 우매한 일이라고 아니할 수 없습니다.

우리가 과거 독립운동의 경험으로 보더라도 거기에는 민족의 반역자라 할 불순한 분자가 있었던 까닭에 이 운동이 좌절되었던 것을 우리는 아직도 기억하고 있으며, 그 당시 우리가 조국의 독립을 위하여 열렬히 제창하고 절규하던 그 신념의 각서(覺書)를 지금도 나는 소지하고 있소이다.

그러나 오늘날 우리의 진정하고 지대한 자주독립은 다만 조국애에 불타는 정열과 자기 생명을 희생하고라도 전선의 최선봉에 나설 만한 용기와 기백을 가져야만 가능할 것입니다.

이번 30여 년 만에 귀국해보니 우리의 자주독립을 위하여 일본 제국주의의 혹독한 탄압과 가혹한 압박의 철쇄(鐵鎖)에 사로잡혀 갖은 신고(辛苦)를 체험하신 제위를 대할 때 눈물이 앞을 가리나, 그러나 우리는 이 치욕을 설분(雪憤)할 절호한 기회가 온 것을 또한 여러분과 같이 명심하지 않으면 안 될 줄 압니다.

오늘 이 자리에 회동하신 여러분의 건전하신 그 모습을 뵈올 때 나 자신도 백발에 칠순을 넘은 노인이라고는 하지만 과거 40년간 형극(荊棘)의 생활을 걸어온 나요 투옥의 과거도 가진 나인 만큼 여생이 그 얼마나 되든 최후의 일순(一瞬)까지 여러분과 같이 합력하여 우리 조국의 독립을 위하여 애써보겠습니다.

여러분이 불초한 나를 지도자로 환영해준 것에 대하여 만강(滿腔)의 치하를 드리는 바이며, 그렇게 지도자로 추대를 해준다면 나는 여러분을 유도(誘導)해 나갈 자신과 책임을 갖지 않으면 안 될 줄 압니다. 그러나 우리의 과거의 운동사를 살펴볼 때 거기에는 민족의 반역자가 없지 않아 이들의 모반으로 우리의 운동은 그 종국의 결실을 보지 못한 것이 수삼회가 아닌 만큼, 지금 이 자리에서 이러한 말씀을 하는 것은 본의가 아니나 만일에 여러분 중에서 나를 환영해주는 그 기분이 작심삼일로 그친다면 그 역시 하는 수 없는 일일 것입니다.

그러나 이러한 경우가 만분의 일이라도 있다면 나는 단호(斷乎)코 그와 상대하여 최후까지 투쟁할 것을 사양치 않을 것이며, 노골(老骨)이라 할지라도 과거의 경난(經難)을 살리어 죽음이라도 불사하는 바입니다. 그러므로 우리는 이 당면한 시급한 문제, 즉 합동통일을 유일한 방법수단으로 하여 자주독립의 조급(早急)한 실현을 도모할 것만이 우리에게 맡겨진 절대한 과제라는 것을 믿고 오직 이 길을 위하여 단합하는 전진이 있기만 바랄 뿐입니다.

3. 잃었던 강산을 찾자

여러분이 열과 정으로 나를 찾아주니 무엇이라고 치하할 길이 없습니다. 우리는 감(甘), 고(苦)를 같이합시다. 우리에게 급한 문제는, 잃었던 삼천리강산을 찾는 것이 급한 문제이고 유일한 문제입니다. 우리가 이 기회에 찾지 못하면 또다시 얻을 수 없는 기회인 것을 알아야겠습니다.

북쪽의 문제는 아직 알 수 없으나 남쪽에는 우리에게 동정하는 분들이 많으니까 이 모든 문제의 해결은 우리의 손에 달렸습니다.

내가 미주에서 들을 때에는 하지 장군이 한인에게 불공평한 정치를 한다고 신문지에 선전되어 미국 내에 다소간의 여론이 있었으나 와보니 이 모든 점이 오전(誤傳)되어 있는 것을 알 수 있습니다. 하지 장군은 우리와 동일한 목적을 갖고 있습니다. 우리가 할 일만 한다면 지금이라도 우리의 자주독립은 실현될 것입니다. 다만 우리에게 요구되는 것이 통일뿐입니다. 여하한 일이 있다고 하더라도 잃은 땅을 찾는 일에 전력할 뿐입니다.

우리가 파가 갈리고 각자가 각각 자기의 의견만을 갖고 쟁론만 하고 있다면 우리가 찾을 것을 못 찾고 말 것입니다. 그러니까 찾을 것을 찾고 나서 연합군이 떠나간 다음에는 각자의 의견도 발표하고 주의(主義)를 위해서 싸워도 좋을 것입니다.

우리는 과거 40년간 일본인이 세계에 대하여 조선사람을 묵살시키는 선전만 한 것을 상기하고 우리는 뚜렷한 한인이라는 것을 이 기회에 세계에 선전합시다. 세계는 우리 한인에게 주목(注目)을 갖고 있습니다. 4300년의 역사를 가진 우리가 과거에 있어 우리의 부형(父兄)의 잘못으로 40년간 극도의 통고(痛苦)를 받았고 지위(地位) 싸움에 우리는 망하고 만 것입니다. 지금에는 이 추태와 더러운 것을 버립시다. 지금은 애국심만을 갖고 나아가야 할 것입니다. 만일에 불행히도 싸워야 한다면 나도 끝까지 싸움으로 일생을 마치겠습니다. 우리는 민생(民生)을 위하여 죽기를 배웁시다.

북쪽 문제가 갑갑합니다. 지금이라도 뛰어가서 보고 싶습니다. 그러나 나는 믿습니다. 우리가 나아갈 길이 있는 것을 확신합니다. 나에게 계획이 있습니다. 우리는 각각 한 자리씩 분담해서 충실히 일합시다. 돈과 힘을 모아서 이 국가를 위하여 바칩시다. 그리하여 이 국가의 목숨을 살립시다.

4. 전 국민에 맹세

이 자리에서 여러분 수만 시민을 대함에 나의 감격은 이루 말할 수 없습니다.

이번 내가 미국에서 온 것은 한 시민으로, 한 평민으로 온 것이며 나는 한 평민이 되기를 좋아합니다. 그러므로 정부의 책임자가 되기를 원치 않으며, 높은 지위와 권세 있는 자리보다는 자유를 나는 더 사랑합니다. 나는 항상 우리 민족의 자유를 얻고저 애써왔으며, 어떻게 하면 자유롭게 여러 나라 사람과 함께 살아갈 수 있을까를 생각하고 오늘까지 싸워온 것입니다.

우리는 이 자유를 사랑하는 세계각국 사람과 동진병행(同進並行)해야 할 줄 압니다. 그러므로 우리는 이 자유를 얻기 위하여 정당분열과 40년간 일본 제국주의의 탄압으로 찌들어진 당파적 정신을 털어버리고 우리의 주의주장을 버리고 오직 통일되어야만 하겠습니다.

나 역(亦) 이 점을 염려하며 이번에 귀국하였으나 여러분은 통일협조할 것을 잘 알고 계시며 잘 합쳐야 우리나라를 찾을 수 있다는 것을 듣고 나는 감격하고 있습니다.

　이번 동경에서 맥아더 대장이 나에게 북위 38도 문제는 어떻게 된 일인가 하고 질문을 하였으며 이곳에 와서 하지 중장과 아놀드 소장에게서도 이러한 질문을 받았습니다마는 나는 이를 대답 못 했습니다.

　그러나 이 문제를 잘 알고 잘 대답하는 사람이 있으리라는 것을 나는 알고 있습니다. 그러므로 우리는 이 문제를 알아야겠고, 또 알아야 할 권리가 있을 줄 압니다. 그것을 아는 길은 자기를 버리고 다 합치는 그 길밖에 없습니다. 우리는 죽어도 같이 죽고 살아도 같이 살아야 합니다. 이 길을 위하여 나는 앞잡이로 나설 터이니 여러분도 다 같이 나와 함께 나아가십시다.

5. 태극기와 젊은이들

내가 미국에 있을 때에 미국 사람들이 와서 전하는 이야기를 듣고 이것을 종합하여다가 영문으로 박힌 책이 있는데 그 책 이름은 《대한 어린 애국자들》이라 한 것입니다. 그 속에 든 이야기는 모두 1919년, 즉 기미년 3.1운동 때에 우리 어린 사람들이 애국정신으로 죽기를 두려워 아니하고 태극기를 날린 영광스러운 사적입니다. 그중에 좋은 이야기가 많은데, 나는 두엇만 간단히 전하여 드리고자 합니다.

　지금은 왜국이 패하여 모든 땅을 내어놓고 저의 섬으로 쫓겨 나갔으니까 우리가 임의로 태극기를 날릴 수 있게 되었지마는 그때는 우리나라에서 태극기를 가진 사람이 있으면 잡아가두고 악형으로 벌을 주던 터입니다.

　3.1운동 때에 어떤 소녀 하나가 태극기를 들고 길가에서 높이 내저으며 만세를 부르는데 왜 순사가 와서 소리를 지르며 칼로 팔을 쳐서 떨어뜨리자 그 소녀가 왼손으로 기를 집어 들고 또 만세를 부르니까 왼손을 또 때려서 태극기가 땅에 떨어지니 그때는 그 소녀가 입으로 태극기를 집어 들고 두르며 만세를 부르

더라 합데다.

또 한번은 미스 마이어스라는 선교사의 부인이 눈으로 보고 와서 하는 이야기입니다.

남대문 안에서 여러 사람이 몰려서 만세를 부르는데 어떤 아해 하나가 태극기를 들고 만세를 부르니까 일본 순사가 쫓아가서 그 아해를 때려 거꾸러치니 아해는 넘어지고 태극기는 땅에 떨어지니 왜 순사가 집기 전에 다른 아해가 먼저 가서 태극기를 집어가지고 만세를 불렀다 합니다. 왜 순사는 또 따라가서 그 아해를 땅에 넘어뜨리니 또 다른 아해가 집어 들고 만세를 불렀다 합니다. 이렇게 하여 태극기가 남대문 밖까지 나아가도 왜 순사가 빼앗지 못한 것을 보았다 합니다.

또 한 이야기는 관립 중학교 학생들이 퇴학도 아니 하고 시험까지 다 치르고 졸업식을 거행하게 되매 일본 관리들은 청첩을 받고 좋아서 졸업식에 참예하였는데 소위 총독부의 고등관리가 많이 참석하였다 합니다.

이때 학생들은 순서대로 잘 진행하였는데, 그중에 한 학생이 마지막 판에 연단에 올라서서 내빈과 교사에게 일일이 감사한 후에 말하기를, 지금은 마지막 순서로 한 가지 예식이 있어 이것으로 막는다, 하고 가슴속에서 태극기를 내어 두르며 "대한독립 만세"를 부르니 400명 학생이 일제히 일어나서 각각 가슴에서 태극기를 내어 두르며 "대한독립 만세"를 부르고 졸업증서를 쭉쭉 찢어버리며 걸어나가더라 합데다.

이것이 우리 대한 어린이의 기상이요, 이것이 우리 대한 청년의 정신입니다. 이 기상과 이 정신만 가지고 수화를 무서워 말고 전진전진 나아가면 우리의 만년유전하는 삼천리 금수강산은 우리 대한 사람의 대한으로 영원무궁히 보전할 줄 믿습니다.

주석

1 초(楚)나라 사람 변화(卞和)가 초산(楚山)에서 옥돌을 얻어 여왕(厲王)에게 바쳤다. 여왕이 옥공(玉工)을 시켜 감정하니 "돌입니다" 하므로 변화가 자신을 속였다 하여 그의 왼발을 잘랐다. 훗날 변화는 그 옥을 다시 헌황(獻王)에게 바쳤는데 이번에는 헌황이 그의 오른발을 잘랐다. 이어 문왕(文王)이 즉위하자 변화는 그 옥돌을 가지고 초산 아래서 사흘 밤낮으로 울었다. 왕이 까닭을 묻고 그것을 가공하니 거기서 훌륭한 옥이 나왔다.
2 송(宋)나라 사람. 국권 회복에 뜻을 두어 금(金)나라를 저지하기에 힘쓰다가 정승 진회(秦檜)에 의해 영주(永州)로 귀양 갔으나 그의 강화 주장에 끝내 동조하지 않았고, 사람들이 그의 충성을 칭찬했다.
3 남의 일에 개의하지 않는다는 뜻. 월은 지금의 절강성(浙江省)에 속하고, 진은 섬서성(陝西省)에 속함. 남쪽 멀리 떨어진 월나라 사람은 서쪽 진나라 사람이 살찌거나 여윈 것을 조금도 마음에 두지 않았다.
4 성인 다음 가는 현인.
5 근본적 해결책이 아니라 당장의 편안함만을 취하는 일시적 방편.
6 사악한 학문. 기독교를 이름.
7 셋 다 중국 남송(南宋) 때 주전파에 맞서 금(金)과의 화의를 주장한 대신들.
8 몸이 한가하고 마음이 편안함.
9 금나라 오랑캐.
10 서양 오랑캐.
11 먹을 것이 있는 곳으로 호랑이를 인도하는 나쁜 귀신.
12 이는 《주역(周易)》위 박괘 상구효(剝卦 上九爻)에 나오는 석과불식(碩果不食, 큰 과일(씨 과일)은 먹지 않는다)을 인용한 표현이다.
13 나라를 침범하는 외적.
14 불충하고 불효한 사람.
15 일본과 주고받은 외교문서.
16 해바라기.
17 조정에서 벼슬을 하는 신하.
18 손토로((孫討虜)는 중국 삼국시대 때 조조(曹操) 밑에서 토로장군(討虜將軍)을 지낸 오(吳)의 초대 왕 손권(孫權)을 가리킨다. 오나라에서 조조를 치기를 의논할 때 참석한 장수와 신하들이 모두 조조의 위세를 두려워하여 그를 맞이하기를 청하자 손권이 칼을 뽑아 책상을 찍으며 "감히 다시 조조를 맞이하자고 말하는 자가 있으면 이 책상과 같이 될 것이다"라고 말했다.
19 알렉산드르 2세.
20 두만강.
21 이리와 같은 진나라.
22 청나라 4대 황제 강희제(재위 1661~1722년)를 가리킴.

23 청나라 6대 황제 건륭제(재위 1735~95년)를 가리킴.
24 청나라 수도 베이징.
25 안락함과 근심걱정.
26 맹약의 문서를 보관하고 관리하는 관부.
27 수레의 덧방나무와 바퀴의 관계처럼 서로 돕고 의지함.
28 병사를 훈련시킴.
29 풍신수길(豊臣秀吉). 일본의 무장, 정치가. 1536~1598.
30 1875년 운양호 사건.
31 정한론(征韓論)을 주장한 일본의 정치가. 1828~1877.
32 지기지피(知己知彼).
33 지형의 험준함만 믿고 지키기만 하는 것.
34 일본인.
35 제물.
36 옥과 비단.
37 교황.
38 키가 큰 나무.
39 깊은 계곡.
40 신하의 신하, 또는 제후의 신하. 여기서는 조선 왕의 신하를 가리킴.
41 만주 봉황에 설치한 관청.
42 황제의 깃발.
43 수도.
44 직예성.
45 청나라 말기에 이홍장(李鴻章)이 조직한 군대.
46 아편을 가리킴.
47 중국에서 당나라 때부터 대외무역과 관세징수 등의 업무를 맡아보던 관청.
48 서양의 물건.
49 개의 이빨이 서로 어긋나게 물려 있는 것처럼 많은 요인들이 겹치거나 엇갈려서 상황이 복잡하거나 국경이 들쭉날쭉함.
50 이름난 나라.
51 필리핀.
52 중국 남경(南京)의 옛 이름.
53 젓가락을 빌림. 남을 위해 계책을 세워서 알려줌. 중국 한나라 고조 유방(劉邦)이 식사를 하고 있는데 장량(張良)이 들어와 유방의 젓가락을 빌려서 그것을 점괘를 표시하는 산가지로 삼아 계책을 논의한 고사에서 나온 말.
54 편안한 가운데서도 위태로움을 잊지 않음.
55 먼 곳의 백성을 쓰다듬어 순종케 하는 것.
56 공자의 출생지.
57 맹자의 출생지.
58 양자와 묵자.
59 노자와 부처.
60 예(禮), 악(樂), 사(射), 어(御), 서(書), 수(數)의 다섯 과목과 시서(詩書: 시경과 서경).

61 하(夏), 은(殷), 주(周) 세 왕조.
62 황건적.
63 백련교(白蓮教)의 신도들.
64 눈살을 찌푸리고 얼굴을 찡그림.
65 중국의 옛 서적인 〈산해경〉에 나오는 두 짐승 공공거허(蛩蛩駏虛)와 궐(蹶)을 가리킨다. 공공거허는 말 같이 생기고 몸 색깔이 흰 짐승이고, 궐은 앞은 쥐, 뒤는 토끼 같이 생긴 짐승인데, 둘 사이의 관계가 좋았다. 궐은 몸의 앞뒤가 조화를 이루지 못해 빨리 걸으면 넘어지곤 했으나 공공거허가 좋아하는 감초를 구해다 주기 때문에 공공거허는 그 대가로 궐에게 위험한 일이 생기면 반드시 궐을 업고 달아났다고 한다. 서로 상부상조하는 관계였던 셈이다.
66 조개와 도요새. 도요새가 조개의 속살을 빼먹으려고 부리를 들이밀자 조개가 입을 꽉 다물어 그 부리를 붙잡고 놓아주지 않고 서로 다투다가 어부가 둘 다 잡아 갔다는 중국의 고사에서 유래된 말.
67 중국 하나라의 마지막 왕. 역사상 대표적인 폭군으로 알려짐.
68 요 임금과 순 임금.
69 성주(成周)는 주(周)나라의 수도가 낙읍(洛邑)에 있었을 때 낙읍의 칭호. 따라서 '성주의 시대'는 주나라의 국운이 최고조에 이르렀을 때의 시대를 가리킴.
70 백성.
71 예를 아는 나라.
72 황무지.
73 연(燕), 제(齊), 초(楚), 한(韓), 위(魏), 조(趙).
74 중국의 소수 민족인 저족과 강족.
75 중국 5대시대에 석경당(石敬瑭)이 후진을 세울 때 책사인 상유한(桑維翰)의 건의에 따라 거란에 '연운 16주'를 넘겨주고 거란의 도움을 받은 일을 가리킨다.
76 '겨드랑이만 꿰매어 옆이 넓게 터지고 소매가 큰 옷'이라는 뜻의 봉액지의(縫掖之衣)를 줄인 말. 유생들이 이런 옷을 입었다. 여기서는 '선비'를 가리킴.
77 중국 송나라 고종 때 추밀원 편수관으로서 상소를 올려 금나라와의 화의를 주장하는 대신들의 목을 베어 처벌할 것을 주청했다.
78 미국.
79 워싱턴.
80 요코하마.
81 샌프란시스코.
82 호놀룰루.
83 홍콩.
84 뉴욕.
85 호텔.
86 매우 정답고 친절함.
87 여러 가지로 생각하는 마음의 깊은 속.
88 정성껏 대접함.
89 호사스럽고 화려함.
90 이익이 생기는 근원. 천연자원을 가리킴.
91 제도.
92 무기.

93 병력 수.
94 남북전쟁.
95 입법권.
96 대법원장.
97 작위 세습.
98 관료.
99 일반 백성.
100 1804년 미국 의회가 12차 수정헌법을 의결한 뒤에는 대통령 후보에 대한 투표와 부통령 후보에 대한 투표가 분리되어 러닝메이트 제도가 도입됐다. 동일한 투표에서 차점자가 부통령이 되는 방식은 그 전의 제도였다.
101 스위스.
102 멕시코.
103 페루.
104 칠레.
105 영국.
106 단백석(蛋白石)과 옥수(玉髓, 석영이 변하여 된 광석)가 섞인 차돌. 광택이 있고 고운 빛을 낸다.
107 새로 일으켜 지음. 여기서는 각종 사업(事業)을 가리킴.
108 민영(民營).
109 증빙이 되는 문서.
110 절기의 차례.
111 날씨의 춥고 더움.
112 로웰(Percival Lawrence Lowell).
113 소임. 담당 업무.
114 인허가.
115 인디언.
116 집에서 부쳐 온 편지.
117 1867년에 미국의 태평양우편증기선회사(Pacific Mail Steamship Company)가 우편업무를 시작했다. 이 배를 통해 홍영식 집안의 가서가 미국에 가 있는 그에게 전해진 것으로 추정된다.
118 공사.
119 조약 체결.
120 즐거워하고 흡족해 함.
121 청불전쟁.
122 푸트(Lucius Harwood Foote).
123 슈펠트(Robert Wilson Shufeldt).
124 프레지던트(president)를 음차한 말. 대통령.
125 침대.
126 요와 이불.
127 멀리 있는 요지.
128 캐나다를 가리킴.
129 브라질.
130 멕시코.

131 페루.
132 칠레.
133 스페인.
134 샌프란시스코.
135 통상의 상황.
136 석탄.
137 시모노세키.
138 임오군란을 가리킴.
139 정부에서 주는 돈.
140 친청당(親淸黨), 즉 사대당(事大黨)을 가리킨다.
141 김홍집.
142 민씨 일파를 가리킨다.
143 여기서 '전년'은 임오년인 고종 19년, 즉 1882년을 가리킨다. 이 해에 임오군란의 사후처리를 위한 제물포조약(濟物浦條約)이 조선과 일본 사이에 체결됐으며, 그 제4조에 조선이 손해배상금 50만 원을 물도록 규정됐다.
144 서광범(徐光範)과 서재필(徐載弼)을 가리킨다.
145 유홍기(劉鴻基).
146 손톱과 이빨, 매우 쓸모 있는 물건이나 사람.
147 일본의 언론인. 〈한성순보〉의 고문이었다.
148 화(火)의 파자(破字)로 '불'을 가리키는 것으로 보임.
149 김옥균, 박영효, 서광범, 홍영식을 가리킨다.
150 도야마학교. 일본 육군이 운영하던 군사학교. 지금의 도쿄 신주쿠 내 도야마(戶山)공원 일대에 있었다.
151 담장의 끝부분.
152 문지르거나 무엇에 부딪치면 불이 일어나도록 화약에 다른 물질을 섞어 만든 고체의 황.
153 임금을 사사로이 만나는 것.
154 《수호지》에 나오는 여장부.
155 よろしい, '좋다' 또는 '괜찮다'라는 의미.
156 편전(便殿)의 앞문.
157 일본 공사는 와서 나를 호위하라.
158 왕명을 전하는 내시.
159 대비.
160 맏아들.
161 사창(社倉)에서 백성에게 꿔준 곡식을 가을에 갚게 하는 것.
162 환상된 곡식을 쌓아두고 해마다 모곡(耗穀; 쌓아두는 동안 줄어드는 분량을 짐작하여 그만큼 더 거두는 곡식)만을 받아들이는 것.
163 쓸모없는 벼슬.
164 국난 때 나라를 위하여 의병을 일으킴.
165 동학의 조직인 포(包)를 중심으로 봉기함.
166 정해진 액수 이외의.
167 세금을 가혹하게 거둠.

168 백성이 쌓은 보.
169 버려두어서 황폐해진 땅. 황무지.
170 제대로 도정하지 않은 쌀.
171 아전(衙前)의 무리. 아전은 관청의 하급 관리.
172 원한을 가진 백성.
173 무기.
174 군대에서 쓰이는 물건.
175 진을 치고 머무름.
176 경군의 진영.
177 겁박하여 노략질함.
178 알리는 글.
179 벼슬과 작위를 재물을 받고 팜.
180 조세를 정해진 것보다 더 거두어들임.
181 뭇 사람의 입으로 퍼져 와자하게 됨.
182 영(營)은 전라감영, 읍(邑)은 고부군을 말함.
183 백성이 작성한 송사나 청원에 관한 서류.
184 사물이 어떠한 기준에 의하여 분간되는 한계.
185 충청도.
186 원통함을 들어서 말함.
187 관에서 의병을 모집하기 위하여 임시로 파견한 사람.
188 일반 백성.
189 어떤 때에는. 때로는.
190 중국.
191 책력. 봉정삭(奉正朔)은 신하로서 복종한다는 뜻임.
192 한 번도.
193 마음을 단단히 차림.
194 두루 배치함.
195 맨손. 빈손.
196 그러하였고.
197 자유를 구속함.
198 일찍이. 이전에.
199 오만한 태도로 업신여기고 깔봄.
200 역시 그러함.
201 이다음에.
202 匹婦含怨 五月飛霜. 필부라도 한을 품으면 오월에도 서리가 내린다.
203 有始有終. 시작한 일을 끝까지 해서 마무리함.
204 炤炤. 밝고 흰함.
205 斯巴達. 스파르타.
206 戰亡. 전쟁터에서 죽음.
207 意太利. 이탈리아.
208 靑樓. 창녀가 있는 집. 사창가.

209 百折不回. 백 번 겪일지언정 돌아서지 않음.
210 怯懦. 겁이 많고 나약함.
211 겉으로 나타남이 없이 그윽함.
212 獨立旗. 독립을 기념하여 다는 깃발.
213 衷曲. 마음속 깊은 곳.
214 시체. 송장.
215 기러기 털.
216 단 엿.
217 침노하여 약탈하는.
218 서로 맞음.
219 몽매. 미개하여 인지가 발달되지 못한 상태.
220 떨어진 먼지.
221 머리를 돌림.
222 높이 치솟음.
223 죽이고 빼앗음.
224 영원함. 긴 세월.
225 다함이 없음. 끝남이 없음.
226 사나운 추위.
227 의협심과 혈기.
228 하늘과 땅처럼 영구히 끝이 없음.
229 슬퍼하며 울음.
230 스스로 기약함.
231 Kaiser. 독일의 황제.
232 장대하고 뛰어남.
233 계략을 세움. 계략.
234 세력이나 살림이 보잘 것 없어짐.
235 아주 끊어지지 아니하고 겨우 붙어 있는 숨. 거의 죽게 된 목숨.
236 야만. 오랑캐.
237 러시아혁명.
238 웃으면서 이야기하고 덤비지 않고 침착함.
239 스스로 파기함.
240 무섭게 밀려오는 큰 파도와 두려움을 불러일으키는 물결.
241 노름꾼이 남은 돈을 한 번에 다 걸고 마지막 승패를 겨룸. 전력을 기울여 모험을 함.
242 거듭 일어남.
243 만고에 없고 아직 있어본 적이 없음.
244 기괴하고 희한함.
245 떠나보내는 모임.
246 아픈 몽둥이. 좌선할 때 스승이 마음을 안정시키지 못하는 사람을 징벌하는 데 쓰는 방망이.
247 오래된 나무의 그루터기.
248 하늘로 오름.
249 홍수가 져서 강물이 제방을 무너뜨리고 넘쳐흐름.

250 폴란드.
251 아일랜드.
252 필리핀.
253 이전의 잘못.
254 길짐승.
255 날짐승.
256 여우와 삵.
257 큰 기러기와 고니.
258 제비와 참새.
259 용과 뱀.
260 지렁이.
261 벌.
262 개미.
263 사람과 동물 같이 감각이 있는 생물.
264 자기 집단을 스스로 사랑함.
265 티베트족.
266 누구나 공통으로 가지고 있음.
267 남쪽 나뭇가지.
268 오랑캐가 사는 땅. 주로 중국 동북부를 지칭함.
269 데라우치 마사타케[寺內正毅].
270 하세가와 요시미치[長谷川好道].
271 10시간 미만.
272 아교와 옻칠처럼 아주 친밀하여 서로 떨어질 수 없는 관계.
273 어리석은 행동.
274 집우이(執牛耳). 소의 귀를 잡음. 동맹의 영수가 됨을 가리킴. 옛날 제후가 회맹할 때에 그 맹주가 소의 귀를 찢어서 그 피를 마시며 맹세한 데서 유래한 말임.
275 남을 간사하게 속이는 꾀.
276 지나간 일.
277 경사스럽고 복스러운 조짐.
278 John Armor Bingham. 1815~1900. 미국의 법률가, 정치인. 1873~85년에 일본 주재 미국 대사를 지냈다.
279 Hermit Kingdom. 중국 외에는 세계에 대해 문호를 닫았던 17~19세기의 조선을 서양에서 가리키던 말.
280 사우디아라비아 서부의 홍해 연안 지역에 있던 왕국. 1920년대 말에 사우디아라비아로 통합됐다.
281 불법점유나 역점유라고도 함. 소유권이나 임차권 같은 권원(權原)이 존재하지 않는 상태의 점유.
282 이것은 '영어 조약문'의 해당 부분을 우리말로 옮긴 것이다. 당시 동시에 작성된 '한문 조약문'의 해당 부분은 다음과 같다. "若他國有何不公輕侮之事 一經照知必須相助從中善爲調處 以示友誼關切(만약 타국이 불공경모(不公輕侮)하는 일이 있게 되면 일차 조지(照知)를 거친 뒤에 필수 상조(相助)하여 잘 조처함으로써 그 우의를 표시한다."
283 페르시아.
284 그 임금을 죽이고 그 백성을 위로한다는 뜻으로, 《맹자》에 나오는 구절이다.

285 대나무로 만든 그릇에 담은 밥과 단지에 담은 간장, 즉 보잘것없이 간소한 음식으로 왕의 군사를 환영해 맞이한다는 뜻으로, 《맹자》에 나오는 구절이다.
286 몹시 번거롭고 바쁨.
287 이탈리아 르네상스 시기의 자연철학자.
288 임금은 신하에 대하여 모든 가치관의 기준이 된다는 유교 학설.
289 정여림의 설.
290 번갯불이 한번 번쩍하는 것.
291 파도가 세고 멀리 감.
292 묶은 자취.
293 보편적 성질.
294 꾸미거나 숨김이 없이 정직함.
295 고구려가 처음 개국한 압록강 북쪽 땅.
296 만주 요동에 있는 고구려의 성.
297 단군이 국부(國部)를 옮긴 곳.
298 영랑(永郎), 술랑(述郎), 안상(安祥), 남석행(南石行).
299 크샤트리아 인종.
300 진나라와 한나라의 유민.
301 한민족은 중국인이 동쪽으로 이주하여 형성됨.
302 조선 정조 때 사람.
303 중국의 정자(程子)와 주자(朱子) 또 그들의 성리학(性理學).
304 나라를 보필하고 백성을 편안하게 하며, 폭정을 금하고 그 해악을 제거함.
305 가면놀이, 연극, 줄타기 등을 하는 자. 재인(才人)이나 광대(廣大)로도 불림.
306 권력과 세력을 가진 간사한 신하.
307 관리가 옳지 않은 짓으로 재물을 탐함.
308 옛것을 버리고 새것을 취함.
309 좋은 감화를 받음.
310 물음표(?)는 원문의 표시임.
311 메이지 정부가 실행한 중앙집권화 조치 중 하나로서 다이묘들로 하여금 각자의 영지(版圖)와 영민(戶籍)을 천황에게 반환하게 한 것.
312 일본의.
313 듣기 좋게 표현된 말.
314 우리 나라.
315 달갑지 않은 인물.
316 민비, 명성황후.
317 책을 꾸린 상자(笈)를 짊어지고(負) 동경으로 떠났다.
318 중간에 넣음.
319 이름이 세상에 널리 알려진 사람.
320 현악기와 관악기, 즉 음악을 가리킴.
321 그보다 먼저인 것이.
322 며칠 지나지 않음.
323 몇 달간.

324 실제로는 1883년 5월부터 1884년 7월까지 13개월간 있었음.
325 〈동아일보〉에 게재된 글에서는 이곳의 [ ] 부분이 '중략'으로 처리됐다.
326 궐내 내정(內庭).
327 즐거움과 기쁨.
328 손을 잡음.
329 임금과 같은.
330 썩어 문드러짐.
331 〈동아일보〉를 지칭.
332 국내.
333 멀리서 기원함.
334 그리스도.
335 짧은 원고.
336 선박의 유기물.
337 맏형.
338 어리보기, 어리석은 사람.
339 놈, 그놈.
340 의술을 펴며 살아감.
341 일본 공사관이 있던 곳의 지명.
342 일반국민.
343 굳게 약속함.
344 러시아 공사관.
345 엎드려 아룀.
346 몹시 꾸짖음.
347 지방배달.
348 〈동아일보〉에서는 이곳의 [ ] 부분이 '중략' 처리됨.
349 '무일푼'과 같은 말.
350 연구.
351 머리에서부터 꼬리에 이르기까지 지위를 고르게 함.
352 나라를 일으켜 흥하게 하고 태평을 지켜 유지함.
353 널리 사람을 이롭게 함.
354 세계를 이치에 맞게 함.
355 성조(聖祖)의 지극히 공평하던 분수법(分授法)에 따름.
356 후인(後人)의 겸병(兼倂)하는 폐단을 고침.
357 한 마음으로 나라를 회복함.
358 바라건대 우리 동포는.
359 국가의 치욕을 잊지 않음.
360 굳게 참고 노력함.
361 마음을 하나로 하여 다 같이 덕을 닦음.
362 외부로부터의 모멸을 막음으로써.
363 우리의 독립을 회복함.
364 고르게 함.

365 높고 낮음.
366 옮겨 자리를 잡음.
367 포로.
368 침범하여 점령함.
369 추진하여 감.
370 왼쪽에 열거된. 이 표현은 원문이 세로쓰기였기 때문이며, 여기서는 '아래와 같은' 정도로 바꿔 읽으면 됨.
371 몰수하여 공유화함.
372 힘써 행함.